李欣频的
人生学校
Li Xinpin's
School of life

广告副作用

艺文篇

李欣频 著

人民东方出版传媒
東方出版社

旧版他序之一

当文案变成一种文学

知名文化评论人南方朔为《诚品副作用》所写的推荐序

每一个企划或广告行销的文案，都只是一个刹那的故事，一次小小的事件，最后变成一张海报，一份插页的广告或DM里的一个角落，它是使用过后就被遗忘的创意，没有人还会继续记得。

文案尽管会被遗忘，但却未曾消失。一份文案是停格的单独画面，但10个、20个，或更多的停格画面却成了动作，有动作斯有历史。因此，个别的文案是枚基因，累积成总体的遗传。文案的风格演练也像蚌珠一样，层层包裹出它的华艳。文案史里浓缩着另一种版本的企业史。文案的影像塑造，语言运用，和它的风格呈现，意识背景，诉说的是一个非关业绩数字的成长故事。

因此，李欣频是幸福和幸运的。她年纪小小，就能参与“诚品意识”的塑造。文案是“诚品”的衣服，她做着设计、裁制的工作。《诚品副作用》一份份文案的汇积，就仿佛一场服装的展示，人们读到的不是服装，而是穿着服装的“诚”，毕加索说过：“艺术是虚构的谎言，却说出真实。”在这些虚构的文案里，“诚品”第一次显露出她绰约的奥秘。

“诚品”是20世纪90年代一个独特的奥秘。它是书店，但其实却又早已不再只是书店，而成为台北文化地图上的一个地标，一枚记号。“诚品”之于文化台北，就仿佛埃菲尔铁塔之于巴黎，它们都带领着城市走往想象和期待的方向。

因而，埃菲尔铁塔的意义也就可以模拟为“诚品”的意义。罗兰·巴特说过，埃菲尔铁塔高高耸立，人们的眼光无法回避。它是巴黎的地标，也是一种代码符号。它在风雨里聚集雷电，而夏夜的塔顶灯光则仿佛成了萤火虫。它在旅游中被看，但也在高处俯瞰。它是理性的纪念物，而同时却又是认同、标示、仪典、欢乐、消费，以及给着不断变化中的巴黎意义。

而“诚品”不正是台北文化地图上的埃菲尔铁塔吗？它从店铺开设之日起，就已叛离了书店的初衷，而把自己变成一则台北的神话传奇。书对“诚品”而言，业已非书，而是一种饕宴，一种耽溺，一种期待，一种内心的着迷和品味；而“诚品”对“诚品”是梦幻东区里的另一种梦幻，由和现在不一样的期待与张望编织而成。“诚品”是台北文化地图上的风景，不但妆着今日的花红柳绿，也用它的梦幻呼唤着那些即将的未来。

20 世纪 90 年代的台北，甚或台湾，以及华人文化圈，似乎都免不了要让“诚品”占住醒目之位置。以前，当麦肯锡写《旧金山》这首歌的时候，曰：“如果你到旧金山，千万记住要在发间别一串花束。”旧金山与花束是那时的新价值、新代码以及新的流行，而今日则能听到：“如果你到台北，莫忘了要到‘诚品’走上一回。”

“诚品”是奉流行的叮咛，一种不能疏落的风向及参考坐标。“诚品”对知识分子，如同左岸咖啡座对巴黎文化人，只要有那么一两个月未曾涉足，就让人产生不知道巴黎在想些什么的无名焦虑。人们到“诚品”去停、看、听、嗅，以便攫住台北的知识风情，或来段惊艳式的知识邂逅。“诚品”被观光，被展示，成为指向未来的文化橱窗，也是文化社交暨情报交换中心。在台北的中心逐渐东移的时代，它守候着新东区的大门，并形成了一个“诚品文化生活圈”，被它吞进而后又吐出的人群，吞吐之间仿佛真的反刍出了某一种不同的风韵。

植物的芽顶和根尖，都有生长点，城市也同样有生长点。它细胞分裂旺盛，尚未被分化成某一种定型的机制，因此，它缺乏被认定的可能性，而没有可能性却也正是它的一切可能性。这就是年轻的旺盛。“诚品”之成为“诚品”，就是因为它的年轻。

“诚品”的年轻，也是李欣频的年轻，《诚品副作用》无论如何阅读，都可以读出年轻的风采。当21世纪初，近代的广告概念出现而名家辈出，历史学家斯图尔特·尤恩（Stuart Ewen）称赞他们是“意识的船长”，其最高的境界已不再指涉商品，而是将人的反省向着自己的不足，罗曼史的想象，性的势能，以及衰老和死亡的解毒药。广告已非说服，而是一种晕染，李欣频用她年轻的晕染美学在替“诚品”造像的同时，也在反映着“诚品”的年轻历史。《诚品副作用》的文案写作，是一种诗与非诗之间的实验、拼剪，无关系联想的营造，或者就是各种断想的接枝与配交。它多半不以具体的书或活动作明言的诉求。而是在具体的外围浮绕，以想象来勾勒实体，用朦胧挑动出本质。它有时营造炫酷，有时则推促着乡愁，甚至有些时候则教唆叛逆。文案写作愈来愈成为一种表演，在这个谁也别想说服谁的时代，文案不再那么实用的像结构功能，而愈来愈接近文学创作，而欣频原本就是个很有才情的文学创作者啊！

多年以来，我始终用“虚构文本”的角度来看“诚品”的活动文宣及企划文案。那是一种年轻的造句法，经常故意打乱语言的既定指涉，却又接上另外一些意义的枝丫。这是诚品成功的文案及头脑体操。它突兀而悬疑，有如不断进行的变装秀。文案的表演和游戏风格，其实也就是“诚品”魅力的一个超人气侧面缩影。

“诚品”是个传奇，它将书变成不是书，书店也不是书店，而文案则变成了文学，在人们对书已愈来愈失去敬意的时代，它以一种转折的方式，重新为书找回地位，这乃是“诚品”的终极。每当想到这一点时，就觉得它所做的一切，其实都已值得，故不仅只有文案而已！

旧版他序之二

继续字恋，是诚品的副作用

百帝广告公司前执行创意总监叶旻振为《继续字恋》所写的推荐序

作家纷纷上电视节目打广告，广告人纷纷在广告上偷渡文学欲图变成作家。当文学广告化，广告只好文学化，这是一种反扑，也是一种互补。当文学慰藉严重缺货，人们开始在广告词或流行歌词上寻求寄托。没有举杯邀明月的雅兴，至少有一饮而尽的爽快酒量。

李欣频在《诚品副作用》之后，《继续字恋》，都是广告文学化的典型例子。由一篇篇诚品书店的宣传文案，以及其他广告创作结集而成，每一篇都是一首美丽的散文诗，像是让文字穿高跟鞋，亭亭玉立，到处展示魅力。有些篇章是文字与文字比武，前面的词句和后面的词句决斗，形成精彩可观的文字浴血战。不像时下一般的广告信函，以张牙舞爪的文字暴

力捣毁你家信箱，然后告诉你：恭喜你中奖了，这是你独享的权利。

广告是21世纪的诗，诗人不死，只是逐渐变身成广告人。既然市场上没有文学的容身之处，此处不留人，自有留人处，被传统阅读形式驱逐出境，展开绝命大逃亡，隐姓埋名搭上广告传单的便车，逃亡到广告招牌中藏身，躲进电视报纸的夹缝中生存，从此挂广告的头卖文学的肉。商业迫害文学、文学卧薪尝胆，以牙还牙将商业文学化，一点一滴慢慢收复文学失土。在这个商业到令人悲伤的时代，读李欣频将广告文学化的《诚品副作用》后，《继续字恋》，让人有一种复了仇似的快乐。

精心创造的广告比粗制滥造的文学高尚，有良知的广告人比没良知的作家道德。我不是"央行"总裁，无法干预台币贬值，但是身为文字工作者，却乐见有人挺身挽救文学贬值的危机。一本好书就像强势货币能让心灵富有，因为惜墨如金，所以字字珠玑。苏格拉底说，没有经过熬夜写出来的文章不值得一看；显然这本书必定是无数个失眠的夜晚结晶而成的。阅读李欣频《诚品副作用》的副作用，就是让人非常容易《继续字恋》，精神上爽快两次。

旧版他序之三

咒语、通灵者与猫

北京大学新闻与传播学院副院长、博士生导师陈刚教授推荐序

李欣频是年轻一代华人广告圈中的佼佼者，她延续了传统文案的精髓，并进行创新，逐渐形成了自己独特的风格。在由以诚品书店文案为主所汇聚而成的《广告副作用》一书中，这一风格得以尽情展现：从具体的广告环境中，把文案抽离出来进行阅读，这些文案仿佛具有了独立的生命，因而提供了一种观察广告文案的新角度。

如果把广告活动看作一种仪式的话，那么，在这个仪式中，一个非常关键的因素就是广告文案。广告文案就像某种神秘的咒语。在很多宗教仪式中，咒语被认为具有神奇的力量，轻念咒语，人与宇宙万物间沟通的关系一下子就打开了。好的广告文案也是如此，一句看似不经意的广告

语，对消费者而言，仿佛是撬动心灵之门的按键。消费者被真实所触动，然后领会、感悟，最终参与到消费的过程中。对于广告活动而言，好的广告文案，是灵魂，是活力之源，具有咒语一样的魔力，它会触发广告效果的能量场，创造品牌与消费者的沟通。

咒语虽然是一种语言形式，但这种形式必然有不同于日常语言的特质。咒语是不可知的世界与可知的世界之间的桥梁，所以咒语必须创造一种表达方式，在咒语中必然有不可解的要素。这正是咒语的魅力和魔力的所在。广告文案也是对语言的一种重新发现和定义。广告文案把商品同消费者关系的不可知的层面通过语言表达出来，像咒语一样激发消费者形成对商品的感应。因而，广告文案的语言表达必然具有某些反日常语言的特性。只有对语言的陌生化，语言本身的力量才能充分显现。

在可知与不可知之间来去自如，所以，创作出一流文案的人必定是通灵者。他（她）虽然生活在常人中间，但就像游曳在世间的猫一样。猫的目光经常穿透了物质之墙。由于看到了前世、来世以及其他丰富的迹象，它的眼神当然是飘移而诡异的。我看到许多优秀的文案创作者都具有猫一样的神态，猫一样的特质。无论他们呈现出或温顺、或威猛、或萎靡的形态，或蜷伏、或伸展，在特定的时刻，他们的眼中总是瞬间闪烁出迷离又决断的光芒，就像猫在散漫的行走中突然警觉到未知的形体的存在。

优秀的文案创作者，是社会的神经末梢。他（她）所表达的是自己的情感，但代表了不同群体最隐秘和最真实的内在的需求和意识。他（她）对社会变迁所带来的个体心理最细微的变化是如此敏感，以至于发出呓语一样的呻吟，这种表达的结晶应该是诗，但同商业文化结合的时候，就成为广告文案。如南方朔先生所言，广告文案是介于诗与非诗之间的。广告文案用语言的形式凝聚和提炼了消费者的情感，并建立了同商品的精致的链接，因而对消费者产生了引导和感染的力量。这是一种晕染，广告文案赋予商品以动人的意义和价值，吸引消费者关注和拥有。

以上文字与其说是序，不如说是读罢《广告副作用》一书的感想。

旧版他序之四

一本书的传奇与可能

大陆前知名龙之媒广告连锁书店董事长徐智明推荐序

在今天这个版本之前，大陆能买到这本书的地方大概不超过 5 个，想读或者会对它一见钟情的，大概会超过 5 万人或更多，包括广告人、书店店主、出版业者、时尚体验者、文化阅读者、书的精神狂热者。按照作者李欣频在字里行间留下的密码，还能联络到知识劳动者、中产阶级、另类文化迷、流浪艺术家、王家卫的观众、三宅一生的拥趸、高木植子绘本迷、字恋者……

在我所服务的广告业，读者把它当专业书。它的确也是广告书，而且在广告书中，它还绝对是一个独特的存在，在你所能见到的每一面闪着确切又难以捕捉的光，扑朔迷离，可遇难求。广告可以这么写？一家书店的广告可以这么写？文案功能的极限在哪里？文字意蕴所能达的疆界又在哪里？当你迫不及待地从头读到尾，又回来在某处停下，为这些无法回答的问题冥思时，作者已经惊鸿般掠过每一个广告文案撰稿人都梦想着达到的那个境界，留下这些看似平常叙说，却时时有某种柔韧的力量穿透重重屏障直达诉求对象内心的文案，转战更广泛的领域挥洒文字、才情、感悟去了。

没有第二个李欣频，没有第二个当年的诚品，所以作为专业书，这本书不是用来学的，是用来读和感悟的。李欣频不愿意复制自己，同样，谁也复制不了李欣频。或者，这本书只是让我们看到一种可能，并因这种可能而心生希望，原来广告的疆域并不像我们日日见惯的这样狭小，所不能突破的，唯心而已。

在我所处身的书业，店主和出版人也把它当专业书。一家书店，如何成为岛内的文化地标？又如何跨越海峡，成为大陆有理想的店主建设自己书店的榜样？如何给一个书店品牌，注入如此多样又如此和谐的符码和内涵？如何将浓郁的商业氛围与深远的文化意境两样看似格格不入的元素集于一身？

身为书店店主，说诚品的氛围是无数同行的梦想，理解大概不差。这本书，则被视为一个书店传奇的解读密码。书店及文案和李欣频一样，不可复制。但我相信，好书店是可学的，毕竟，这本书的每一篇文案，都是为一家书店的商业活动而做，其中隐含或明示的信息，已经足供体味甚或探求。

这样一本书，其可能性自然不仅如此。如果你爱书，并且在情感上与某家你钟爱的书店发生过丝丝缕缕的联系，你很可能在这本书中，重温到某一刻的心驰神往；如果你爱的是阅读不同但独特的文本，那么这本书，很可能带给你一些全然不同的体验；如果你爱文字，看到一种如此独特而有魅力的叙说方式，一定是件无比过瘾的事。

旧版他序之五

用文字夺权，让文学政变

台北市前新闻处长、诗人罗智成推荐序

广告文案为什么看起来和文学这么接近？

是不是文化和商品有时分不清？文学与非文学有时分不清？

从李欣频的作品来看，文案与文学的雷同，似乎在于它的创意、修辞与表现技巧，它所依据的人性基础，甚至还包括了它所传达的某种态度，或某种对理想的追求。

但是，文学的本质是不会退让的，它必须出自创作者个人的感受与动机——即使当作工具，也只能作为创作者个人的表现工具。读者因为相信这些，所以相信文学的真诚。但是，会不会，另外一些更大的可能性已绕过文学的本质而展开了……

同时在成长的两个紧邻的事物，终会挤掉彼此的界线，而产生“混淆”或者“混血”。“越界”就是这样一个快速成长的年代典型的文化现象——甚至，快速成长的两个不相邻的事物，也会挤掉彼此的边界……

李欣频作品所鲜明呈现的新写作浪潮（我并没有用文学来称呼它）正是这样：年轻世代的创作者，正带着未经“文学”规范或不曾被“文学”规范到的态度与作品，绕过文学本质，向溃不成军的文字书写传统传达了“支持”或“篡夺”的信息……

旧版自序之一

魔岛浮自脑海中

《诚品副作用》自序

法国导演侯麦曾经说过，如果能做一个好的小说家，何必当导演？同理可证，如果能成为一个好的诗人，又何必去写文案？之前曾对于应接不暇的诚品文案工作量稍有抱怨，觉得占去了很多自己创作的时间。5 年下来，五十多篇的文章居然已达出书的数量，成了我的第一本出版作品。

詹姆斯·韦伯·杨（James Web Young）曾提出一个“魔岛理论”：“古时候水手们曾传说，有一种‘魔岛’存在海面上，比方地图上没有的岛，却突然在一觉醒来，发现出现在周边。这些文案的产生，有时也像魔岛一样，一醒来就自然而然地浮在脑海中，魔岛是一夜形成的吗？当然不是，经过了无数次珊瑚在海底中的累积成长，在最后一刻浮出海面。”

诚品之于我，与其说是一间书店，不如说是一种态度，一种事件，一种耽溺，一种自恋，一种性格，一种过瘾，一种感染，一种必要。于是自 25 岁至 29 岁这 5 年来的心情、观点、情绪、感受……一夜之间，就像一座海岛般地，浮自于每一篇的文案事件中；有时会把它们当成日记在看，而这些早已成我 30 岁前最重要的人生资产，搬家时总是第一优先处理。

最好的文案还没有写出来，最好的朋友已经交到：感谢已故的诚品创办人吴清友，以及诚品同事廖美立、乾瑜、芳蕙、文琪、廉瑛、筠平、玉华、淑真、晓君、政弘，感谢小叶及意识形态的那一年，让我开始学着用想象力写世界。

就像雨果曾说，出版一本书，就像在荒岛上向海丢出一只求救瓶，随着天候潮汐，随着命运，瓶中的稿子，会漂向何处，何时落到何人手里我一无所知，正因为一无所知，所以充满希望。

于 1998 年 5 月 1 日，台北木栅桃花源

旧版自序之二

字恋 · 自序 · 字爱

《继续字恋》自序

因为自恋，所以字恋。以字描出另一个自己，复制另一个人代我生存，代我维生，而原我则得以衣食无虞地书写，所有非现实超现实的部分。

广告注定不能成为宗教。宗教讲生死，有明暗，分善恶，一阳一阴，天堂和地狱并存。但广告总是隐恶扬善，永远完美幸福快乐的世界，怎么看也不是人生的全部，另一半的境界，只好用文学来弥补。在这本《继续字恋》中，文案是表象，是魔岛，顶端客户付了钱，是中兴百货，是诚品，是你们看得到人生明亮的部分：诗化的超现实小说则是精神自渎下的私人产物，填补了广告明灯下必然产生的人生阴影，陪在旁边一起展示，阴阳分久必合，相生相应并不相克。

像双胞胎一样，这本《继续字恋》的确是与《诚品副作用》

同卵双生,新生脱胎换骨地公开在字里行间暴露出原我的幻象。在诚品迈入10周年的时间下诞生，它将陪着《诚品副作用》双入双出，流浪在书店与书桌之间。

感谢诚品的Rita，乾瑜及所有的催生者。感谢从台湾各地、大陆、香港，甚至是英国读者的回应。《继续字恋》企图放慢你们阅读广告的惯性速度，看完不必决定喜欢不喜欢、买或不买,记不记得是卖什么也不再重要,1999年文字回归大限一到,我们都解脱了。

旧版自序之三

横跨三阶段人生际遇的广告文案书

2002 年版《广告副作用》自序

人生每逢 7 年会有重大转换。我 21 岁进广告圈，开启了我好奇观看流行、书写艺文的 7 年。28 岁出版我第一本著作《诚品副作用》，开启了后续十多本著作的高创作 7 年。现在进入 35 岁、我人生第五个 7 年，因《诚品副作用》与《继续字恋》转换出版合约之故，在市面缺货一年多的空窗准备下，终于要改编完成，重新出版。

两本广告文案集，横跨 21 岁、28 岁、35 岁，三阶段的人生 7 年，现在回首看过往一切，宛如一场快到来不及反应的繁华如梦，第一篇文案仿佛是昨天才完成的，然后一连串不一样的生命就此展开：开始要与出版编辑、媒体记者、在校学生、各地读者、广告业主……接触，我得走出自己的创作书房，与更大的世界见面，与更多的人交流，这是当初出版《诚品副作用》时我料想不到的，我似乎被推到高速更迭的舞台上，被刺眼的镁光灯照着，无处可逃。我总是在通告与通告之间，找寻独处创作与出国旅行的缝隙，我仍努力把自己放回到最初的原点，尽力不让各方炫耀的潮流光影，把自己冲得魂飞魄散。

我很珍惜这 14 年的特殊际遇——我过着公众人物与私创作者的双重生活，无论是在记者座谈会上，竞赛评审会上，我有幸在最短时间里、最近距离内目击到各方顶尖精英的精彩面貌；在非常多的场合中，结识各方极优秀的作者，及不吝给予最多鼓励的读者们，让我因为这些人而看到不同的生命层次与质地。

正因为如此，我必须回到源头，感谢很多人在我的漫漫广告创作生涯中，所给过我的重要帮忙：带我走出高中升学压力阴霾的甘训宾老师、建议我念广告系的父亲、政大广告系所的老师与同学好友们、给我启蒙的叶旻振、诚品书店的同事们，以及对这本书再次出版义务协助的蔡美惠小姐、最早催生《诚品副作用》的谢金蓉小姐、接手再版繁琐事务的东方出版社，以及无以数计的热心读者写信催问……没有他 / 她们其中一人，就没有这本《广告副作用》的诞生。

这不只是我旧的广告文案再度出土，而是我新的创作生命再次蜕变、重新开始。

旧版自序之四

12 年前的广告文案，12 年后的《广告副作用》

2010 年版《广告副作用》自序

1998 年出版的《诚品副作用》（《广告副作用》的前身）是我的第一本书，至今已经整整 12 年了，从我 28 岁到 40 岁。如果照电影《再见了，不联络》的说法：“人生有好多个 10 年，如果刚好是 18 至 28 岁，那就是一辈子了。”这本书等于代替我 28 岁之后又活了一辈子，活出了 2004 年增订合版《广告副作用》（与《继续字恋》合版），2007 年到大陆出版又分开为《诚品副作用》（艺文版）、《广告拜物教》（商业版），2010 年台湾新版比照大陆版的形式，增订为《广告副作用》艺文版与商业版两本。

相信读者看了以上的 12 年演进史都晕了吧，我自己根本没想过在这么高速汰旧换新的市场上，这本书还能活到现在，连书中经历的广告公司、中兴百货都已经走入历史，我也从文艺热血青年变成了关心地球暖化的中年人。我好奇的是，12 年前买了《诚品副作用》的读者，这 12 年来你们过得好不好？

这12年你们经历了什么？我影响了你们什么？你们影响了别人什么？我们影响了地球什么？

时针走完一圈12格之后回到原点，我也回到了新的起点——出书史满12年，让我从广告人变成作家（从广告横跨到创意、旅游、爱情、美食、建筑、数位艺术、灵修、地球），作家变老师、老师变评审、评审变博士、博士变节目主持人……还有很多繁衍的身份，例如：影评、旅游作家、广告代言人……出版了第一本书之后开始认识很多很精彩的人，涌进了非常多的机会，开启了我的各种生命版图，这12年我活得很过瘾，没有虚度，死而无憾。

要感谢的人很多，之前的自序中都提到过，还好他们现在都在，仍是我至今保持联系、继续支持我的好友；要感谢的读者越来越多，还好你们都在，不弃不离地支持我继续写书；还要感谢出版社愿意让这本书继续活在这个地球上，它会在书店一直让我看见12年前的自己，也让你们仍能看到12年前的我。

未来地球环境的变化会越来越剧烈，但我会越来越缓慢静定，因为我已中年，即将迈入老年，我已不若过往的年少轻狂，出书的速度从一年 4 本减缓到一年 1 本，未来会越来越慢，直到彻底从公众舞台上消失，回到没有读者的世界，回到我自己。

目　录　Contents

A　诚品·缘之初·阅读者的群像

B　旧书·旧货·旧感情

C 喜新·念旧·移馆别恋

D 书店·诞生·创世纪

E　人·书·书展

F 欲望合理化·集体利益·价值重新理解

A

诚品·缘之初·阅读者的群像

《诚品阅读》杂志形象广告之一

阅读者的群像

海明威阅读海，发现生命是一条要花一辈子才会上钩的鱼。
凡·高阅读麦田，发现艺术躲在太阳的背后乘凉。
弗洛伊德阅读梦，发现一条直达潜意识的秘密通道。
罗丹阅读人体，发现哥伦布没有发现的美丽海岸线。
加缪阅读卡夫卡，发现真理已经被讲完一半。

在书与非书之间，我们欢迎各种可能的阅读者。

这是我为诚品写的第一篇文案，原本只是 Interview 时应征用的作品，后来就这样为诚品写了十多年。

我脑海中的阅读梦境

阅读一个具象，发现一个抽象。

当时脑中的画面，是一张有纱有被的四柱床，

人坐在上面，用钓竿钩着

卡夫卡的蜕变，

漂在空旷无际的海上。

关于阅读的另一个概念

不懂卡尔维诺，不懂爱情。

不懂身体气象学，不懂同性恋。

不懂女人，不懂玛格丽特·杜拉斯。

不懂 Free Jazz，不懂死亡。

不懂世纪末占星学，不懂包豪斯。

不懂特吕弗，不懂政治权力和斗争。

所以我们阅读。

誠品閱讀

在書與非書之間
我們歡迎各種可能的閱讀

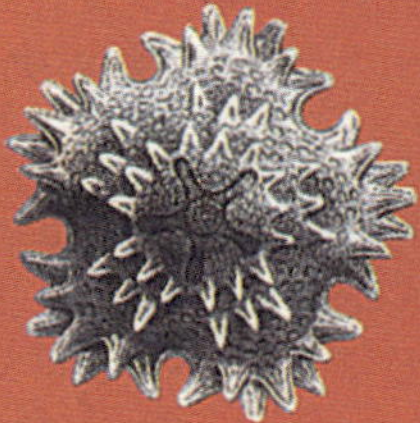

6 ＋ 6 ＝ 16 的意外，请您验算！

1 只黑羊加上 1 只白羊，等于 2 本村上春树的剧情。

2 颗红苹果加上 2 颗青苹果，等于 4 种夏娃式的诱惑。

3 杯鸡加上 3 杯 Chivas，等于 6 次饮食过度的情伤。

4 轮传动的吉普车加上 4 套换洗衣物，

等于 8 次精神性出走的疲惫。

5 件张爱玲式的祖母上衣加上 5 条世纪末梦幻项圈，

等于 10 场上海服装秀的颓废。

6 本《诚品阅读》加上 6 本《诚品阅读》，

等于 16 次大量提领精神食粮的挤兑事件。

《诚品阅读》

现正举办“订阅 1 年赠送 2 本，订阅 2 年赠送 4 本”回馈活动，

关于 3 + 3 = 8，6 + 6 = 16 的意外之喜，您可以打电话来验算一下！

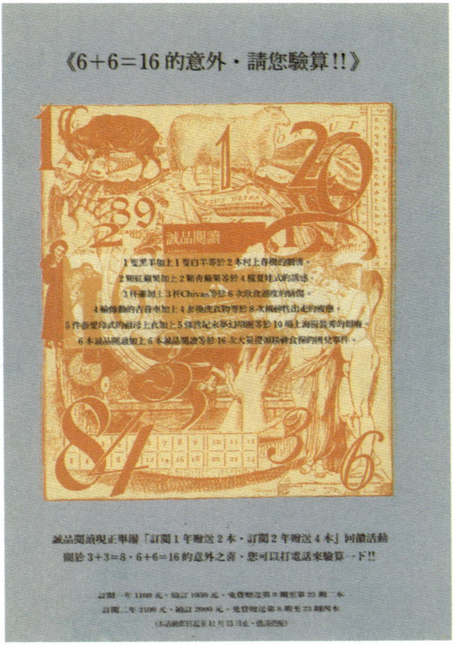

1 加 1 大于 2 的诱惑游戏

这次促销活动办法很简单，订阅 1 年《诚品阅读》送 2 本，订阅 2 年送 4 本，促销只是 1 加 1 大于 2 的游戏。关于数字，彼得 · 格林纳威的电影《淹死老公》中，1 到 100 的 100 个数字，分别出现在浴室、船、腐败的苹果、鞭炮和帽子上。数字被物化后，具象的加减乘除可以得到抽象的结果，就像是 1 只黑羊加 1 只白羊可以等于 2 本村上春树《寻羊冒险记》的剧情是一样的道理。

买一送一的特权

对买刚出炉的法国面包，要求附赠一束阳光的人。

对看电影要求附赠一辈子回忆的人。

对买房子要求附赠空中花园的人。

对喝蓝山咖啡要求附赠一杯灵感的人。

对买好书要求附赠额外智慧的人。

订《诚品阅读》送人文特刊，买一送一的特权，

送给以上懂得要求的人。

B

旧书·旧货·旧感情

要完成一件地道有旧衣质感的服装，要等10年。

我想开始设计“时间”，比方设计旧衣、旧物、旧家具……

所有可以包含“时间”的旧对象。

——日本服装设计师山本耀司

用过即弃的爱情

用过即弃的爱情，用过即弃的虚荣，用过即弃的问候，
现代人大量抛弃物质，凡事过了 3 个月的保存期限，
就彻底失去忠诚。在文化高度传染区里，
办一场属于文化人的跳蚤市场，在杂货堆里寻找艺术，
带着发现宝藏的惊奇，把永恒感找回去。

人与物的保存期限

用过即弃的爱情，用过即弃的弹簧床垫，用过即弃的寒暄，
用过即弃的保暖袋，用过即弃的问候，用过即弃的雷诺圆珠笔，
用过即弃的现代人大量抛弃物质。

凡事过了 3 个月的保存期限，就彻底失去忠诚。
期待这一场诚品跳蚤市场，让你我在旧货堆中找到艺术，
在旧鞋里发现脚的生命，在旧照片中体悟新情感，
在世事难料、风云不测中找到永恒感。

1994.10.29 — 11.6　02:00PM — 10:00PM

过期的旧书·不过期的求知欲

过期的菠萝罐头，不过期的食欲。

过期的底片，不过期的创作欲。

过期的 PLAYBOY，不过期的性欲。

过期的旧书，不过期的求知欲。

全面 5 ~ 7 折拍卖活动，货品多、价格低、供应快，

知识无保存期限，

欢迎旧雨新知前来大量搜购旧书，

一辈子受用无穷！

生活的过期与不过期

在王家卫的《重庆森林》中，金城武女友提出分手后，

他以为只是玩笑一场。

在金城武 5 月 1 日生日之前，他等待她的回心转意。

于是他大量搜购 4 月 30 日到期的菠萝罐头，

同样也是爱情的有效期限。

4 月 30 日零点整，他的女友仍未出现，他开始酗菠萝罐头。空罐头淹没了电影的镜头和他的世界。所以，用过期的菠萝罐头填满不过期的空虚，用过期的旧书填饱不过期的求知欲，在旧书买卖会里，人是可以很知足的。

1995.3.11—3.19

C
誠品

喜新·念旧·移馆别恋

旧爱是负担，新欢是解放；

旧衣要回收，新装有看头；

旧友谈交情，新友要投资；

旧屋有回忆，新家有期待。

旧的不去，新的不来，

所有旧的人事物还没消失，

都留在随时随地的想念里……

1995 诚品敦南店·10 月搬家启事

关于搬家：

送旧迎新·移馆别恋

加缪搬家了、马尔克斯搬家了、

卡尔维诺搬家了、莫奈搬家了、

伦勃朗搬家了、毕加索搬家了、

瑞典 KOSTA BODA 彩色玻璃搬家了、

英国 Wedgwood 骨瓷搬家了、

法国 HEDIARD 咖啡搬家了、

可可诺可皮件搬家了、

金耳扣大大小小的娃娃也要跟着人一起搬家了。

1995 年 10 月 1 日，诚品敦南店搬家，

请你跟我们一道送旧迎新，移馆别恋。

关于大甩卖：

论斤计两 · 移馆大甩卖

喜新念旧，移馆别恋，
我们搬家，你搬书。

诚品举办大规模的知识抄家活动，
在旧货打包、跳蚤市场打烊之前，
会有令人兴奋的新折扣。

搬书时期：9 月 27 日至 9 月 30 日（只有 4 天）
搬书地点：诚品书店 B1 艺文空间

租约到期，覆爱难收。
情非得已，喜新弃旧，不要怪我移情别恋

1995 年 9 月底，诚品敦南店从仁爱路圆环，搬到隔壁的新光大楼，真正理由是租金考量。

“搬家”其实是一种非常复杂的心情，全部盘点消耗财、永久财、库存和堆积物。有限的纸箱，大量耗损的胶带、奇异笔……搬得走画、照片、书、精品、有形的重量，却搬不走风景、人的气味、混合着对话的空间、上班时间出走的流浪心情、第一次外遇的约会记忆。

今夜无宵禁，仁爱路上诚品夜未眠。1995 年 9 月 23 日上午 11 点至 9 月 24 日 9 点，疯狂涌进诚品敦南旧馆的人潮、小剧场表演、跳蚤市场的赶集、陈明章的露天演唱会，及一整夜的舞会和啤酒。

“喜新念旧、移馆别恋的主题”，只想借着所有生活在台北东区都会人的一点点心事，一点点留恋、一点点出轨、一点点挣扎、一点点不舍、一点点兴奋……共构一次最大规模的台北人感情搬家事件，如此而已。

关于留言板：

听到哔一声之后，请留话

火车站留言板上分手情人的留话。

公司留言板上 PIZZA 的外送电话。

PUB 留言板上口红印和 Heineken 的啤酒盖。

搬家之前，诚品留一面 15 英寸 ×21 英寸的墙，

作为收集每一个人思念、不舍和等待回音的情绪留言机。

9 月 30 日前如果你会来诚品，麻烦你听到哔一声之后，请留话。

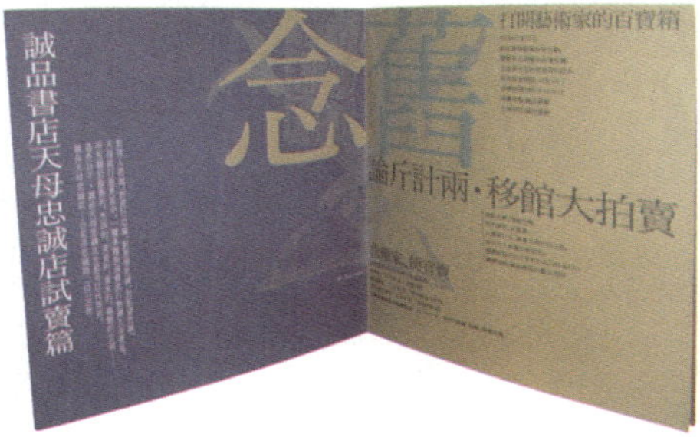

你不在，所以留言给你

告诉你我新家的电话，告诉你我新办公室的电话，
告诉你我新申请的手机，告诉你我的新地址，
告诉你我的新生活。

搬家是为了逃避旧生活，但我却真的舍不下你。

留言板的空白，最后是被填满了各式各样的涂鸦及留话。
满满地，全搬到了敦南新馆。

附注：根据1995年《突破》杂志第125期报道，这次诚品的“喜新念旧·移馆别恋”活动，已经创下了台湾书店史上的三大纪录：营业的时间最长（18小时），人潮最踊跃（超过2万人），及凌晨3点买书要排队等创举。当天开出了6000张发票，业绩高达60万。

喜新念舊，移館別戀
印刷品
喜
新

Bestsellers
誠品書店
TED Talk
CAPITAL
THOMAS PIKETTY
兒童・文學類
經濟大思維
人文・科學
1年計
10年對
抗藍光眼鏡
STEAL LIKE AN ARTIST

D

书店·诞生·创世纪

这座城市还很新，很多东西还没有名字……

诚品书店 ESLITE BOOKSTORE

以欲望别，而非物品别分类，一个盛产心灵粮食的精神集散地，诚品书店，开始起源于敦化南路，仁爱路口，1989 年迄今。

小剧场表演、舞蹈、绘画、摄影、面具展、纪录片、旧书拍卖、古书交易……所有关于宗教的、性别的、节庆的、非节庆的，欢迎东区的知识劳动者、中产阶级、另类文化迷、无产阶级的流浪艺术家、非真理教徒的精神狂热者，自主地在诚品书店集结，或是事先不张扬地秘密前来。

早上 11 点至晚上 10 点，这里都有台北最新的事件发生。

临时之必要

在道路正式通车之前可以先走临时便道。

在新国家未形成之前可以成立临时政府。

在法律未公布之前可以订定临时条款。

所有的“临时”都是存在旧秩序之后，完美形成之前，

在敦南新馆未正式开幕期间，诚品的临时卖场，

1995 年 10 月 10 日起为您先行服务。

诚品敦南新馆：台北市敦化南路一段 245 号（新光大楼）

临时卖场：新光大楼地下二楼

临时之必要

为了忘了 A，

所以找 B。

后来回头要求重修旧好，

选 A，就和 B 难交代；

选 B，又舍不得 A。

在 B 和 A 之间取决不下，

所以决定临时再找 C 来躲 B、挡 A。

临时情人、临时停车、临时动议、临时保姆、临时空间……

所有的临时都有非常时期的非常必要。

9999种繁衍生活的创意方式

米兰·昆德拉和费太太相见恨晚，
Hediard Cafe 与诚品家具趁夜团聚，
Parker 钢笔和 Picasso 再次相逢。

需求重计疆界，感官互通有无。
张爱玲式的恋物情结复活，22次强烈狩猎的暗示不断，
请带着生物的直觉，全方位释放你的欲望，
诚品敦南总店，有9999种繁衍生活的创意方式。

楼层指南

2F 诚品书店

在广大的知识页岩中，提供你最期待的矿源。

文字零国界，信息零时差，

诚品书店以最广域的书香，交换你的品位。

1F 知性·风采

签约用的笔，写情用的纸……

各式的书房文具展示区，是你眷恋生活的精品空间！

GF 美馔·风尚

食物恋的起源，三角形的味觉地图，在这个小小的世界上，

唯一能唤醒你的，只是一种简单却独特的味道。

B1 创意·生活

品时工业下生活提案空间，保留创意最盛期，

与你重质不重量的相处。

B2 艺术·人文

创意自治，艺术自立门户，你灵感的潜意识层，现在出土。

搬新家之后

诚品敦南总店，在 1995 年 9 月，万人轰动搬家后，
1996 年 10 月 12 日终于全馆新开张。

据建筑师的构想，它是一个图书馆的形式，楼层变多了，楼面变宽了，移动了诚品爱好者的阅读惯性，改变了生活消费的作息，影响了新的文化取向。

敦南大道上，诚品替台北城加入了流行的嗅觉，人文的触觉，感官的味觉，台北东区新文化纪元，已经开始。

風格
嶄新的一天
A Brand New Day
Discovery

文化·逸乐·月光下的甜蜜私生活

9月中秋夜，
月亮刚出炉，玉兔罢工，
只有诚品欢乐开张。

请全台北的人暂停数羊，
取消一夜情，延缓睡眠，离开网络，
到诚品来喝酒、听歌、翻书、跳舞、看月亮；
在敦化南路上，全面解除白天和黑夜的时差，
大量缩短月亮和地球的距离，
在能见度低的抒情月光中，
和嫦娥一起寻找逸乐千年的解乐……

附记

一段阴错阳差的插曲：

因开幕时间延后，错过了中秋，

这篇应景的文案，便随着月缺而消失。

有梦就是孩子·新儿童乐园10月开张

把地铁当云霄飞车。

穿上直排轮鞋就是现代哪吒。

旋转木马是村上春树的心灵马术。

刺青贴纸是高龄婴儿的新胎记。

对漫画愈老愈不能免疫。

从格林童话找到对待情人的新方法。

芭比是最小的大人，老莱子是最老的小孩。
梦想是不老的保养品，有好奇心才能继续长大。

诚品儿童新乐园，没有身高上限，

给想长大的小孩，不想老的大人，

10月24日至11月2日入园期间，

一律9折儿童价。

1997·新儿童宪法

新儿童哲学

从今天起向孩子们看齐，以他们的高度放大万物，

透过他们的双眼，重新用一种简单的方式看世界。

新儿童假期

每个大人都需要小孩来恢复青春和想象力，

陪孩子一起返老还童期限：10月24日至11月2日晚上12点。

新儿童庆典

音乐会、现场演唱会、

纸风车儿童剧、佛朗明哥舞、

布袋戏台、娃娃屋展、袖珍博物馆……

今天孩子最大，

诚品敦南馆竭尽所能，

延长所有人的童年时间。

趁着好奇心还在，把灵感发射升空

小时候，用十块钱坐一次旋转木马，听一首机器儿歌，
转动着全世界的童年。

现在诚品开放五个楼层，扩大快乐半径，以童话改装，
变身成一座童年旅店，让大人的童年追着孩子的童年，
童“颜”无忌，一起疯狂。

玩得再晚，都不会有人怪你太晚回家。趁着好奇心还在，
梦想还没变，把灵感发射升空，这里就是你永远的童年馆！

华洋共处的高雄，变得很上海

50 年代的大新百货顶楼，
5 毛钱可以用 3 分钟的高倍望远镜看美国军舰。

60 年代的七贤三路，酒吧女、美国大兵和 The Beatles，
华洋共处的高雄变得很上海。

70 年代的书包大王，常出现在五福四路的亚洲戏院门前，
排队看“不清场”一次 10 元的洋片。

80 年代，大勇路的“西瓜大王”、爱河边的“地下街”，
分别在下午 4 点，晚上 8 点，男人、女人和学生最多。

90 年代，在市长民选之后，亚太营运中心之前，
南台湾第一家诚品书店，
5 月 6 日将在高雄汉神百货正式开张！

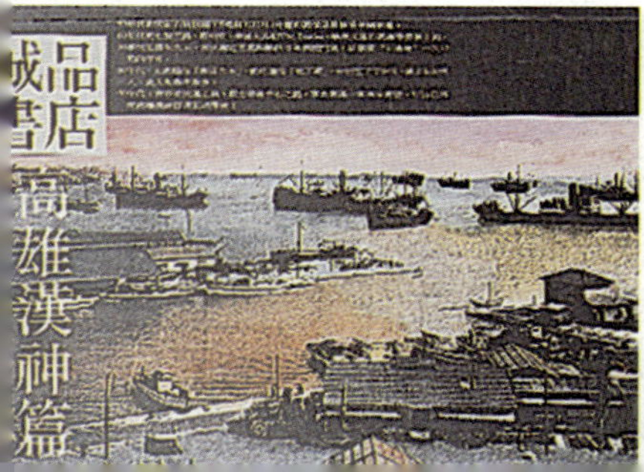

高雄，不驯之地，丰饶之港

50 年代的大新百货。

60 年代七贤三路酒吧和体育场的东方大马戏团。

70 年代地下街、五福四路的亚洲戏院和三凤中街的南北货。

80 年代的西瓜大王、饺子大王、书包大王和牛乳大王。

关于高雄的过去、现在和未来，

在老一辈的高雄人记忆里和中国时报高雄专辑中都有记载。

天母忠诚店试卖篇

关于忠诚与不忠

对情人忠诚。对流行忠诚。对思想忠诚。对欲望忠诚。

天母流行租界区中，一个多种族消费流行热潮正在蔓延。

所有关于服饰的、生活的、美食的、书本的、视听的，
过些日子，诚品天母忠诚店里你都可以找得到。

诚品天母忠诚店
台北市忠诚路二段 188 号。

天母忠诚店开幕篇

以最高的忠诚度向新思想投诚

以最高的忠诚度向新思想投诚。

以最高的忠诚度向新路线投诚。

以最高的忠诚度向新开幕投诚。

以最高的忠诚度向新消费投诚。

一座集结流行的、影音的、文化的、感官的诚品生活馆，

即将在天母忠诚路上精彩开张，

以四个楼层，交换您的忠诚度！

庆祝诚品忠诚店开幕，

1 月 20 日起，全面 9 折出轨价。

面9折·會員85折
書展
1/20-2/29 '96
1月27日，
忠誠
誠品書店天母店盛大開幕
對情人忠誠。
對流行忠誠。
對思想忠誠。
對慾望忠誠。
開幕期間回饋忠誠顧客
1月27日-2月4日

诚品忠诚店的专柜命名

完全不忠诚的欲望蓝图

衣由心生，非主流穿衣新选区。

身体与衣服的配对游戏区。

私人品牌，新尺度衣柜。

新世代创意换装区。

新风格接班人的话题衣柜。

衣服与身体的未来进行式。

增加身价的新衣架集散地。

打破惯性，衣服的自由落体区。

自由组装，自做自售特区。

前卫置装，科技穿衣法则。

风格想象，身体后设区。

时尚策略，个人美学区。

身体意识，态度演习区。

另类选择，流行颠覆区。

前卫叛徒的新身体引擎。

个性商标，特色识别柜。

双性品牌，别出新裁区。

天母忠诚店楼层简介

对善变的流行·一向忠心耿耿

忠诚路上·时尚先行取阅馆

知识效忠馆

衣服是身体的文化，你手上的书，是脑袋的文化。

魅力来自知识的首度引用权，在书店找最新的流行情报，
是这个时代“书妆打扮”的绝对手段。

精品效忠馆

在一座不常跟自己沟通的城市里，
春夏秋冬穿同一个设计师的衣服，是一种最快自我认同的方式。
收集和衣服同一品牌的耳环、项链、化妆品、皮带、鞋子……
是对所爱的设计师品味，全面而绝对的忠诚。
然后到咖啡厅的落地橱窗旁喝下午茶，
同时在栾树道上展示你的新衣装。

eslite 誠品天母忠誠店
Rockpo
Rockport
Rockport
168

名牌效忠馆

名牌贵在独特，贵在惊艳，贵在价值，而不是价钱。

你对秋天的浪漫期望值，可以在一件枫红色的风衣上得到满足。
想要在会议桌前展现权力，
你不能忘记一件最具群众魅力的克什米尔高衩长裙。

美馔效忠馆

卡尔文·克莱恩出现在比弗利山坎农路上，不是为了女人，
而是一盘螃蟹色拉。
圣罗兰只要一想起俄式夹山煎饼的味道，几分钟之内，
人就在玛德达大道上，大快朵颐。
设计师坚持某种独特的风味，
就像你会在某个品牌专柜中待上一个半天一样，乐此不疲。
这里所有会上瘾的美食，都是让你出现在忠诚路上的各色理由。

5折
BLONDE
A NOVEL
True Believers
BLONDE
JOHN UPDIKE
FOR THE LOVE OF BOOKS
SAVING
PAUL GARRISON
FOR THE LOVE OF BOOKS
TENTH INSIGHT
TENTH INSIGHT
CELESTINE PROPHECY
The Tom Clancy
Cat

关于忠诚与不忠

多么好啊！我终于找到一个主题叫作不忠……对他们五个不忠……如果能够爱上第六个人就可以分别减轻对他们不忠的程度。我认为不忠有一定的量，随人数的增加而减少……到底要对多少人不忠才能彻底地不感觉不忠呢？

——夏宇《腹语术》

所以，我所谓的“忠诚”定义，只是将“不忠”不停地开平方根，不停地分裂给更多的对象，就像任何数字不停地开平方根，第 26 次的结果永远是 1 的永远忠诚。

再见了，诚品忠诚店

2015 年诚品忠诚店要跟我们天母人说再见了，对于写忠诚店文案的我而言非常不舍。我想对诚品说的是：“如果准备好了，就赶快回来吧！”

健康養生系列書展
維生素全書

诚品台大分校，创立宣言

人造气候学系，

民众音乐社会学系，

原子咖啡学系，挪威森林学系，

声音记忆学系，城乡互玩学系，

网际网路学系，文化劳工学系，

神话真理学系，事件剧场学系，

经济动物学系，植物保养学系，

唯物辩证学系，工业神权学系，

耳语感染学系，票房生存学系，

时间预言学系，虚拟经验学系，

儿童福利学系，文化家具学系，

放射性情绪学系，

颜色心理学系，

野兽派官能学系，欲望学系，

美感殖民学系，食物政治学系，

回忆统计学系，

世纪末权力学系，

文字能量学系，英雄橱窗学系，

蒙太奇运动学系，

文化裁缝学系，身体气象学系。

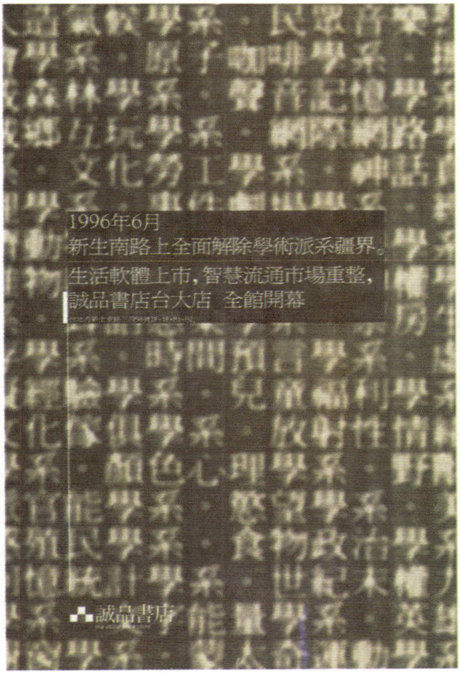

1996 年 6 月，新生南路上全面解除学术派系疆界，
生活软件上市，智慧流通市场重整，
诚品书店台大店，全馆开幕。

6 月 15 日，诚品台大分校创立宣言

打破 68 年学院疆界，扩张台大的知识影响力，
特于新生南路三段，
台大侧面口成立诚品台大分校，
在原校园外增设艺术、人文、生活的思考领域，
成立观念美术学系、左派建筑学系、
风格生活学系、挪威森林学系、Swatch 时间学系、
马汀大夫学系、班杰尼儿童学系、银镇人体装饰学系、
另类音乐学系……
入校者，并享有免图书证新书阅览室、最新艺文事件展演中心。

学院外的新学院，为期 165 天的智力秘密建校行动，
台大分校，将成为台大文化圈中，
改革思想、另类文化、前卫艺术的新兴发源地。
6 月 15 日开学典礼，
你将成为诚品台大分校的荣誉创始校友，
诚品各大分校，同步承认你的智慧学位！

LATTEA
綠蓋茶·館
3F
誠品書店

发现南京东路的新况味

离开会议发现安静的快乐，

离开策略发现创意的快乐。

离开同事发现和平的快乐，

离开权力发现安全的快乐。

离开网络发现无知的快乐，

离开键盘发现手写的快乐。

离开饭局发现美食的快乐，

离开办公室发现新况味的快乐。

美食、咖啡、彩妆、饰品、书店……

诚品南京店，10 月 12 日全面开幕，

发现南京东路新况味。

南京东路 269 巷，记录一段出走后的私生活

上午 11 点 50 分

胆固醇过高、胃肠长期欠安，

离开排骨便当，基于自保的理由，

改吃淡口味的日式料理是健康的。

下午 2 点 30 分

旋转木马式的偏头痛，没有咖啡因的焦虑，

丢开工作效率，ESLITECAFE 和你的办公室恋情小小出轨。

下午 4 点 20 分

文件过量、享乐含量不足，离开 26℃的冷气，

YOGEN FRUZ 的冰淇淋，和你玩一场不设防的清凉游戏。

下午 5 点 30 分

老是闯红灯的欲望，下班即是解严，

用 MANDY’S 的公文包提书香，是一种比爱还危险的勾引。

效率过高，焦虑过夜，

办公室竞技场上人心茧居，不适者也要生存。

10 月 12 日诚品南京店全馆开幕，

给每一个想在压力中假释的人，一个随时出走的私生活。

JAZZ
二場爵士音樂賞析，四種都會搖滾發情 無限個出軌幻想
269巷醞釀一種期待 南京東路開始發情
南京東路269巷裡的盛事
"新好男人的爵士樂"爵士音樂賞析
爵士樂是....
都會搖滾 "南京東路269巷 STREET PUB" 街頭演唱會
南京店1F露天廣場 10/11,18,30 PM6:30~8:30 10/12 PM3:30~5:00
eslite
Open
開幕期間全館優惠
10/10-10/20
誠品南京店
4F 誠品美食
咖啡/牛排/沙拉吧/名品
1F.2F.3F 誠品書店
商業/電腦/藝術/人文/生活/童書/卡片/海報/禮品/文具
◎開幕期間至誠品書店購書買滿700元送100元購書券
◎前100名一次購書滿3000元讀者，可獲贈誠品愛書人會員卡一張
MANDY'S 皮件
YOGEN FRUZ 冰淇淋
菊川日式料理
仁川韓國烤肉
Open
eslite

南京東路新況味
Open
10/12
發現南京東路新況味
10月12日
誠品南京店全面開幕

人声鼎沸，找一种无声的智慧

一天之中，行色匆匆。
我们应该还是有
看一本书的时间。

在永和最匆忙的地方，闹中取“近”。
晚餐之后，失眠之前，
到旅行书区，安享一本《布拉格的散步》。

在永和情节最多的地方，闹中取“净”。
远离追逐，走到清心的健康书区镇定几分钟，
调慢身体节气，平静吐纳掉焦躁忙碌的一天。

在永和群影杂沓的地方，闹中取“镜”，
人多的地方迷失的航向，

到心灵书区，跟着克里希那穆提的途径找到自己。

在永和最繁华不休的地方，闹中取“境”。
煮得浓烈的咖啡，和一本莫泊桑的小说，
香味透进意境之中，
我们阅读到再真实也不过的巴黎下午。

在永和分贝最高的地方，闹中取“静”。
兴一座知识的后院在地铁站出口，
转乘三万本无声的智慧。

诚品永和店，地铁顶溪站出口，
悠闲开幕。

西门町新生活片场

西门町新生活片场，1997 开幕大片
诚品书店西门店 OPEN · 12 月 6 日 · 精彩首映

把新天堂乐园的废弃胶卷送给男友当皮带。
用电影院的字幕机宣告自己刚上映的新恋情。
到书店展示阿莫多瓦的高跟鞋。
去 New Arrival 货架上翻阅下一季的流行宣言。

依电影配乐更换菜单和客厅的布景。
胃和楼下的美食自秋之后片约不断。
伍迪 · 艾伦戏假情真。
费里尼说梦是唯一的现实。
把自己的照片放大做成电影海报，
自己做自己一辈子忠实的影迷。

集结流行、电影、美食、服饰、艺文的西门町新生活片场——
诚品书店西门店 · 12 月 6 日精彩 OPEN · 全面通告中。

开幕全馆八折 · 超值片酬 · 势必卖座

片酬一 / 电影剧情用品 · 抽奖搬回家

片酬二 / 发票换电影票：开幕凭发票，

送 1997 年金马奖电影海报、院线片电影票

片酬三 / 早场优惠特别大礼：开幕期间，

每日前 200 名送电子舞曲 CD 或电影 VCD

片酬四 / 票根换咖啡：西门町任一戏院票根，

免费换一杯咖啡，让你回味一下刚才电影的余味

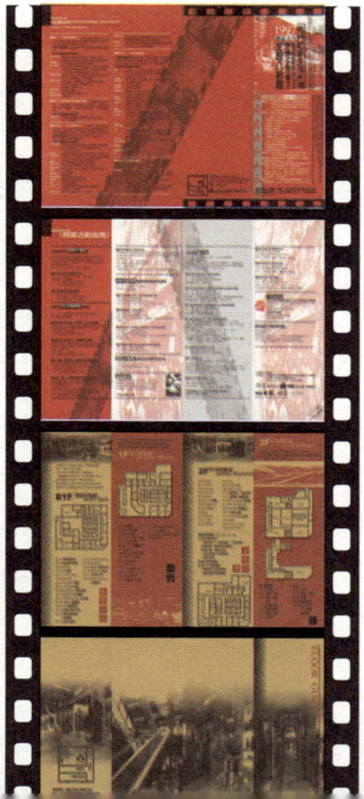

特别情商口碑场

11 月 20 日诚品 VIP 会员 Pre-sale，各橱窗优先试片

诚品西门片场消费指南，
欢迎依喜好自由运镜，剪接你的满足感

场景一：3F

电影《高山上的世界杯》的导演宗萨仁波切说：

自己是自己的导演、自己的制片、自己的演员、自己的观众。为了导演一出很棒的戏，到书店去找自己下一部剧本——以包罗万象的书、文化商品为创意剧本，供给你自编自导，下一阶段独一无二的生活大戏……

场景二：2F/1F

人生如戏。流行的星探们，提前张罗下一季演出的行头：

以国内外知名品牌服饰，提供最时尚的戏服选择，让你在自我的生活大戏里，扮演最出色的明星风采……

场景三：B1

依气温更换生活布景・寻找家的创意新道具：

提供高质量及设计感兼具的时尚用品，构筑你生活大戏里每个重要分镜中的品味场景……

场景四：B2

胃和楼下的美食片约不断 · 永远的食物恋：

美食、咖啡、芭比的盛宴、巧克力情人的电影食谱，具体而为。

一场嘴与鼻的食欲对白，全天候热腾上映中……

诚品西门店，各季 ON SALE 活动主题

电影一刀未剪才好看，衣价一剪再剪才划算。

——诚品西门店 · 全面剪接冬季价格 · 冬季 ON SALE · 全馆 7 折起

关于诚品西门店的片场概念

还记得前几年的金马影展，捷克导演扬·斯维拉克（Jan Sverak）的作品《光纤电人》（*Accumulatorl*）吗？这部片在讲述一位名叫 Olda 的男子，终日沉迷于电视屏幕前，最后竟被电视机吸走了他的灵魂，游走在电视里各个频道中——有时在中古世纪战争片现场，有时在新闻实时播报台旁，有时则置身在连续剧的布景后……他走进了电视的立体世界中，时空交杂，是一部想象力十足的魔幻写实片。

诚品商场西门店，就开在西门町电影街，也就是在今日百货的旧址上。它所处的位置，宛如在各大影片场景的中心点，或许左边正热热闹闹地上演着《星球大战》，右边则神秘地回到了《侏罗纪公园》……置身在这个跨时空、跨国界的台湾好莱坞电影街廓中，诚品商场西门店，将可以完全保有电影的想象力，演员的生命力，舞台经验的橱窗设计……所以，它被定位成了“一个结集流行、电影、美食、文化的西门町新生活片场”：三楼是以“生活剧本馆”为名的诚品书店，二楼是以“时尚映画馆”为名的魅力商品区，一楼是以“流行装置馆”为名

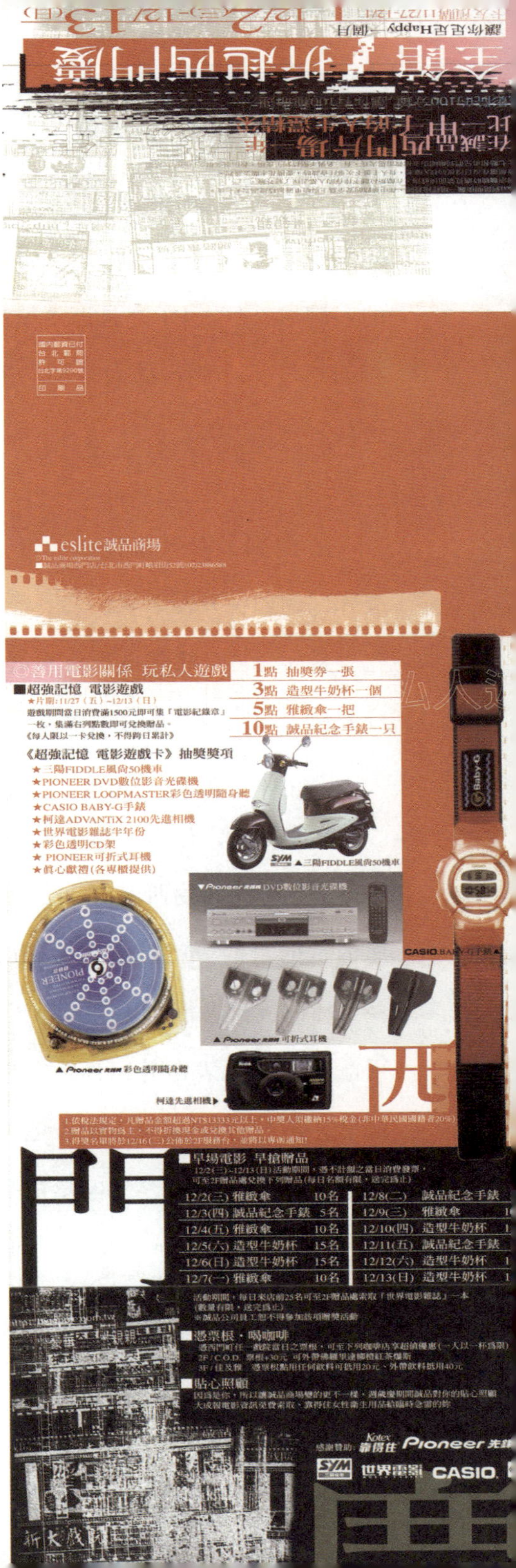
國內郵資已付
台北郵局
許可證
台北字第9290號
印刷品
eslite誠品商場
◎善用電影關係 玩私人遊戲
■超強記憶 電影遊戲
★片期:11/27（五）~12/13（日）
遊戲期間當日消費滿1500元即可集「電影紀錄章」一枚，集滿右列點數即可兌換贈品。
《每人限以一卡兌換，不得跨日累計》
1點 抽獎券一張
3點 造型牛奶杯一個
5點 雅緻傘一把
10點 誠品紀念手錶一只
《超強記憶 電影遊戲卡》抽獎獎項
★三陽FIDDLE風尚50機車
★PIONEER DVD數位影音光碟機
★PIONEER LOOPMASTER彩色透明隨身聽
★CASIO BABY-G手錶
★柯達ADVANTiX 2100先進相機
★世界電影雜誌半年份
★彩色透明CD架
★ PIONEER可折式耳機
★真心獻禮(各專櫃提供)
▲三陽FIDDLE風尚50機車
▼Pioneer DVD數位影音光碟機
▲Pioneer 彩色透明隨身聽
▲Pioneer 可折式耳機
柯達先進相機▶
1.依稅法規定，凡贈品金額超過NT$13333元以上，中獎人須繳納15%稅金(非中華民國國籍者20%)
2.贈品以實物為主，不得折換現金或兌換其他贈品。
3.得獎名單將於12/16(三)公佈於2F服務台，並將以專函通知!
■早場電影 早搶贈品
12/2(三)~12/13(日)活動期間，憑不計額之當日消費發票，可至2F贈品處兌換下列贈品(每日名額有限，送完為止)
12/2(三) 雅緻傘 10名
12/3(四) 誠品紀念手錶 5名
12/4(五) 雅緻傘 10名
12/5(六) 造型牛奶杯 15名
12/6(日) 造型牛奶杯 15名
12/7(一) 雅緻傘 10名
12/8(二) 誠品紀念手錶
12/9(三) 雅緻傘
12/10(四) 造型牛奶杯
12/11(五) 誠品紀念手錶
12/12(六) 造型牛奶杯
12/13(日) 造型牛奶杯
活動期間，每日來店前25名可至2F贈品處索取「世界電影雜誌」一本(數量有限，送完為止)
※誠品公司員工恕不得參加該項贈獎活動
■憑票根・喝咖啡
■貼心照顧
感謝贊助: Kotex 靠得住 Pioneer
SYM 世界電影 CASIO.

的名牌服饰区，B1 则是以“欲望采集馆”为名的美食区……宛如走进一个流行的大片场，随意地置装、采购行头及布景道具。

在 12 月 6 日开幕期间，数十种不同的电影主题活动盛大展开，例如：开幕杀青酒会、经典电影配乐演奏会、西门町文化史料展、波兰手绘电影海报展、光复初期电影广告牌画师现场表演……吸引了上万人潮即兴参与，叫好又叫座。

除此之外，开幕广告的文宣，则将电影与人生做个反向思考：整个诚品商场西门店，给人置身在电影流行片场的错觉，而消费的目的，就是希望所有人，能从这里、从电影带走一些生活的灵感及能量，回到现实生活里。除了把胶卷当皮带、用电影字幕机表白外，你也可以用打光机当台灯，用片匣装情书，用打板留言……所有电影的道具，都可以是生活上的创意，更重要的是，从电影中找到新的人生观，不做别人的替身，把自己升格成人生电影的主角，这就是诚品新生活片场的新世代主张！

全館7折起
西門店週歲慶，全館服飾7折起
◎西門片場・年度鉅片
1F 流行裝置館
■CK JEANS・abahouse・ENERGIE・Kenneth Cole・W&LT・dexter wong / 全面8折
■This is DUE・KENZO、芙蘿麗仕 /全面9折
■POLO JEANS / 7折起
■CASIO / 指定錶款5折
■NINE WEST / 滿百送二十
■點睛品 / 卡友金飾工資9折、鑽石珠寶95折 (特價品除外)
■POLO JEANS・W&LT・Kenneth Cole・ENERGIE /部份商品5折
2F 時尚映畫館
■H2O・U2・SCOOP・G2000・T-PARTS・Cantwo・COPINE・SISLEY・BENETTON・ESPRIT、Benetton F1・E-WEAR・TO"be / 全面8折
■BIGI・NICE CLAUP・CK inner / 全面9折
■MORGAN・NICE CLAUP / 持誠品生活卡可享8折優惠
■SODA JEANS / 秋裝5折、冬裝7折
■銀鎖 / 部份商品8折
■時間廊 / 瑞士TITUS・CYMA 5折
B1F 慾望採集館
■IN JEANS・MISSHATO・baiter・USNS・VIVAYOU・MADE IN HEAVEN / 全面8折
■JOJO、Buy or Die・MIHO MATSUDA / 部份商品8折
■BODYMAP / T恤、皮件8折
■老式情歌 / 服飾部份8折、鞋全面9折
■1998 / MOSCHINO男裝全面8折、名牌皮件全面折扣中
■MARCH / SUPER STAR系列8折
■Wrangler・BOBSON・EDWIN / 全面8折起
◎西門片場・假日聯映
商品假日超低價：限12/5、12/6、12/12、12/13 四日
1F
■abahouse毛衣 特價$980
■W&LT襯衫 原價$4980特價$1980、手繪外套 原價$6780特價$2780、大圍巾特價
■Kenneth Cole女鞋 原價$2900特價$1000
■n.e暖柔大衣 原價$7960特價$3980，原價$5960特價$2980
■ENERGIE 商品3折特價推出
■This is DUE西班牙商品 2件特價$800
■KENZO即時彩繪組 原價$699特價$599
■芙蘿麗仕 沐浴乳+香精油 特價$2200
■dexter wong T恤 原價$2480特價$1480
2F
■Benetton F1 單件8折、2件6折
■G2000毛衣二件特價$1590、女裝一套特價$1590
■E-WEAR套裝 特價$2980、毛衣特價$2680
■CK inner內衣一套 特價$980 (限指定5款)
■銀鎖CZ項鍊 特價$499、純銀義大利字母墜 特價$499
■時間廊adidas 特價$2300 (一天限量6支)
B1F
■MISSHATO皮帶 特價$980
■baiter過季秋冬商品1折
■VIVAYOU當季長短大衣 原價$5980特價$2990、原價$4380特價$2190
■BODYMAP T恤 原價$3800特價$1500起
■Buy or Die過季秋冬商品 特價$499起
■老式情歌雪靴鞋 5折
■MADE IN HEAVEN CUSTO T恤 原價$1550特價$590
■1988名牌眼鏡 全面特價、MIMSPIRIT卡通毛衣 買二送一
■MIHO MATSUDA過季商品 5折
■MARCH衣架 特價$2250
◎西門片場・賀歲大片
1F
2F
B1F
★精彩評鑑 CASIO
◎群眾遊戲 電影的連鎖反應
■紙上電影 美麗人生-1998台北金馬影音展
★片期：11/21(六)-12/13(日)
★片場：誠品商場西門店 3FA生活空間
■葛瑞凡戴克動畫座談會
來自荷蘭的動畫導演-葛瑞凡戴克將與你展開一場面對面的接觸
★片期：12/9(三) 3:00pm-4:30pm
★片場：誠品商場西門店3FA生活空間
▲荷蘭動畫導演-葛瑞
■電影原聲 餘音繚繞
一部感人的電影、一段動人的音樂，電影原聲重現，帶你重回往日情懷……
★片期：12/5(六) 7:00pm-8:30pm、12/6(日) 4:00pm-5:30pm
★片場：誠品商場西門店1F娛樂騎樓
★卡司：12/5(六) 外交合唱團、12/6(日) undo樂團
■白雪西門歌舞片
豪華的綜藝表演，精彩的巨型歌舞片隆重上映
★片期：12/12(六) 7:00pm-8:00pm
★片場：誠品商場西門店1F娛樂騎樓
★卡司：白雪綜藝團
■真人模擬 實況演出
電影劇情、真人模擬呈現
★片期：12/3(四)、12/4(五) 5:00pm、7:00pm、9:00pm
12/5(六)、12/6(日) 3:00pm、5:00pm、7:00pm、9:00pm
★片場：誠品商場西門店 各層樓不定點上映
■西門片場閉幕盛會
西門週歲慶閉幕演唱會、現場LIVE熱情演出
★片期：12/13(日) 4:00pm-5:30pm
★片場：誠品商場西門店1F娛樂騎樓
★卡司：藍色精靈樂團
■零距離mini concert 劉若英《很愛很愛你》新歌發表會

诚品西门新势界

影音·情报·流行·享乐版

后天异种混血·新势力接班新世界，

你终于可以亲身实现虚拟自己的过程：

把自己变成复数，多重实验你的各种人生版本。

你的眼睛是最快的搜索引擎，

橱窗成了你看过最大的PDA视窗，

一个个都是与你一般高的动漫人物，你不兴奋吗？

西门新攻略手册：决战五重天

安装好程序，开始和你的战友们，玩真人版的角色扮演游戏

直奔二楼，插进变装加速卡，下载衣势力试玩版，

决定自己的身份阶级：

世纪帝国元帅

城堡公爵

恭亲王

教皇

尼古拉二世

神鬼巫师

星际大战指挥家

设定好自己上半身的颜色，在镜子前而不是电脑屏幕

前面，当场修改自己的形象：

战场红

极速黄

原野绿

魔幻紫

海底蓝

阿尼橘

在这城市冒险要有新装备，加装下半身动力系统：

有攀岩功能的吊带

半截裤拉链，可长可短，符合逆向关节

其他

用衣服的生产地，决定自己的血统（请先用 WAP 手机占卜）：

日本武士

法国贵族

美国辣妹

美日混血女

日法混种男

其他

潜入三楼找最炫的饰品，镶进自己的颈、耳、手、脚，决定自己的种族图腾：

闪电金链

魔法戒指

太空项圈

灵光手环

然后秘密改教、改年代、变发、变色迅速，没有来得及抓到你：

金庸年代 · 小龙女式长发

星际未来纪 · 女战士红色短发

蛮荒原始期 · 女巫银白色卷发

其他

入侵四楼，与死党部署好自己的随身部队成员：

变形金刚

烤焦面包

寿司猫

趴趴熊

四贱客

其他

玩音分子者移动到音乐 DJ 城，决定接下来攻城的背景音乐：

混音舞曲

电子音乐

抒情歌曲

圣乐

其他

攻下一楼，以鞋跟设定自己的高度，改变自己的比例：

战士运动鞋

忍者纯布鞋

微高淑女鞋

极高美少女厚底战斗靴

终极杀阵直排轮鞋

再去彩绘区画好你女巫的首页，设定好变形人格，用亮光粉勾出法术的效果：

致命银

魔媚蓝

烈阳红

神秘紫

收到短信，与同伴相会，回到四楼美食基地，集体补充身体能量：

日式料理

爱尔兰酒吧

贝里尼意大利餐厅

电能充足后，依密件指示潜进人类最大的情报局：

诚品书店

目标／谋掠别人智慧，增进星球文明

指令／接受下一次益智任务，大量浏览：

个人流行情报

爱情罗曼史

自助旅行藏宝图

远古神话传说

东洋漫画书

最后一关，直攻五楼取得游乐制空权：

摄影棚走 SHOW 舞台

舞力竞技场

娱乐天堂

未来，就是完成极限，想象变成真实的时候

西门町最酷的人生游乐平台——西门新势界，

在电玩里已经习惯上山下海的你，整整五层楼、五个行动回合，

网上再高段的招式，在这里都要秀真功夫。

有最发达数字光能神经细胞者，

请练到99级转生，发挥最大的人格声统效果。

最多人同步角色扮演，

让你当众玩遍数百种最HIGH品牌的剧情结局。

诚品商场西门町新世界店，完成人类科技想象的极限空间，

已经实现的虚拟天堂里，有最宽带的SHOPPING街道、

超大容量的流行情报档案库、

最真实的生活游戏界面、与真人真事第一线交手互动，

当下意念启动，

不必等下载时间，只要等电梯时间，

就可以身历其境青春的动线，

不怕被电脑病毒瘫痪你的行动力。

创始期间，来西门新势界，就送有翅圣兽

楼层命名

用舞步划分自己的辖区，各楼层网域攻略图

一楼 www. 流行彩妆 .eslite.com

二楼 www. 服饰配件 .eslite.com

三楼 www. 前卫沙龙 .eslite.com

四楼 www. 音乐美食 .eslite.com

五楼 www. 影音舞场 .eslite.com

75
YEARS
SUPERMAN

板桥车站·扩建一座幸福的转运站

到了车站，进哪一个月台，就决定了转运的方向。

从板桥，东往台北，西向树林，北上新庄，南下中和，
好像想去哪里，只要一进火车站，都一定到得了。

1998 年 10 月，板桥车站，
即将正式启用一座幸福的转运站：诚品板桥站，
全栋十层楼，宛如通往各种心境的大型转运台，
几秒钟之内，在各个月台成功地转换家的气氛、
爸爸和女儿的关系、
朋友的交情、情侣的对待、
甚至转变了一个人的运势未来……

你可以发现更多的路径，心情像身体那样自由移动，

所有的幸福都可以迅速抵达，跨足可及。

诚品在板桥的幸福转运站，通车时刻表

试乘时间：1998年10月7日至12月3日

启用时间：1998年12月4日

幸福转运月台·最新版指南

第十一月台·创意转运站

创意是用光年计算的,档案在这层开启,所有的神话和幻想,表演和展演，都享有最大的治外法权。

第十月台·欢乐转运站

欢乐和梦想在同一个对流层，
大人和小孩在同一个年龄层，虚拟现实，
提供你迅速脱离现状的快捷方式，
这里是笑声最频繁的路线……

第九月台·美食转运站

找一个好餐厅，度过两小时美好又美味的用餐时间——
我们需要各国各式的美食，来料理一成不变的生活，
顺便调剂一下聚少离多的感情……

第八、七月台 · 知识转运站

迷信村上春树，可以让你遇见百分百的女孩；

信仰彼得 · 梅尔，可以教你一生受用的品位。

在这里，你可以借着大量阅读，

自由地转进上万个丰富的心灵出口……

第六月台 · 逸乐转运站

趁新世纪还没到家，赶快找齐新配备改装后现代。

更香的咖啡机，更好看的 DVD，声色味俱全的家，

比 Pub 更有亲情，

就更有理由找酒肉朋友来享乐！

第五月台 · 活力转运站

这里是最没有地心引力、最容易出汗的地方。

活力无边，绝对有足够的能量，足够的装备，

补给你走到下个世纪。

第四月台·风格转运站

珠宝的风华，皮件的风情，丝巾的风采，孩子的风光，

这里每个人都有形成风潮的实验空间，练习你的风韵风姿。

第三月台·青春转运站

诗人说，年轻是一生唯一的一次奇迹。

在这个不老的时光隧道里，可以让你和一只无尾熊，

用加量的青春，延长奇迹的存在……

第二月台·流行转运站

流行的灵敏嗅觉，导航你的视觉。

第一手的服饰、配品情报，

减少你与别人重复的擦撞……

第一月台・时尚转运站

用更高标准的美学，抵抗现实的不完美。

世界最顶尖大师的作品，在这里形成十分赏心悦目的盛况，

你是参与时尚内幕的首要目击证人……

地下月台・生活转运站

省下长途飞行与转机的时间，从这里可以通到韩国吃烤肉，

在欧陆品味一份午时简餐，饭后再来一客意大利冰淇淋，

并到日本杂货店做一天的哈日族。

时空迅速转换，完全没有时差……

一个很好玩的诺亚方舟，现在出发

诺亚方舟首航宣言

公元 1999 年即将来临，我们急需一艘诺亚方舟：
以自由为底板，以青春为燃料全速前进，无边界地航行。

立起一根梦想的支柱，
将万事万物纵横成船的骨架，连夜搭出欢乐的甲板，
升起冒险的风帆，提前航向新世纪，率先体验流行。

诚品龙心店，一个很好玩的诺亚方舟，现在出发。

【注】诺亚方舟：自由·年轻·流行先行体验馆，食、衣、住、行、育、乐一次全满足的地方。

6F HELLO KITTY
25週年限量發行紀念商品
年少輕狂
消暑酷賞會全面9折
BLUE WAY
EDWIN
Wrangler
『七夕戀情・珍愛表白』
`99情人選商品 心動推薦
截角
空前『截』後
ETUDE
PIZZA HUT
必勝客
誠品商場龍心店
『愛情眞偉大・雙重歡樂送』
「Mr Friendly」傳呼機快樂送
「高空彈跳」驚駭超值送
『高手盃模型大賽』
愛情眞偉大 抽獎活動
姓名：
年齡：
電話：
住址：
身份證字號：
陪你一起暑修
服飾3折起
民意變天
春品上市
全館服飾8折起
ESPRIT
UNITED COLORS OF BENETTON
CLINIQUE

新世代诺亚方舟的驾舱手册

跳过世纪末，提前向新世纪投诚：

新世代诺亚方舟起航处，请立即找到它的踪迹。

B1 · 时尚发表舱

现在流行什么？不必再偷看别人，

流行的第一手情报，就在这里的每一个衣柜里。

1F · 精品展示舱

等到奖金、等到中奖发票、等到意外之财，

就在这里挑个东西犒赏自己，取悦情人，或是报答恩人。

2F · 个性营造舱

如果不想从穿着打扮就被人归类成 X、Y、Z 世代，

用创意调配新特征，重组你的新出生血统。

3F · 青春复制舱

羊肉炉到处都是，青春稍纵即逝。拥有一百只复制羊，

不如拥有一座五光十色的青春复制舱，冷藏永远的 YOUNG。

4F · 都会演练舱

年轻的外表，也可以有老练的手腕！

这里是上班族补足装备，补充能量，小试身手的大场合。

5F · 体能回力舱

换一条牛仔裤，比吃一颗威而钢还有效。

穿一双乔丹鞋，比赢十场球赛还过瘾。

休闲不是老年人的特权，有闲没钱，也要来这里 Relax。

6F · 生活减压舱

自由之下，解放有理。我们的压力，从一出生就开始——非常需要找一些可以解放身体、头痛、可以满足心理和生活的配备，让 HAPPY 赚回一点年轻的本钱。

7-8F · 意识活力舱

谁说年轻人只有漫画和 KTV？除了教科书和日本偶像剧之外，这里是我们深化脑力的加油站。

9F · 梦幻料理舱

梦幻料理人，台湾也有。梦想中的大厨大餐，牛排西餐，这里都能满足一触即发的食欲。

10F · 文化美容舱

别人做脸、塑身体，我是用音乐、戏剧、展览来活化灵魂，

美容气质——这里是我和死党们，每周必到社交沙龙。

文案之外的联想

末世纪的创世纪宣言

一个人在伊甸园里忤逆了上帝，全人类都背了罪；

一个人在十字架上被钉死，赎了全人类的罪。

博尔赫斯觉得很不公平，只好默许叔本华所说：

我，就是所有的别人。

西蒙尼第斯发明记忆术：

波斯国王塞鲁士可以叫出他军队每位士兵的名字；

密斯瑞戴登斯、优帕特，能以 22 种语言执行法律；

梅绰朵勒士，能一字不漏地复诵所有他听到的话。

以上所有惊人的记忆力，在《博物学》上都一一明列，

所以只要带着这本记忆，上诺亚方舟即可。

至于在方舟上面，我们将实行 17 世纪洛克一度主张，

但因数量过多而放弃的命名学：

一种给予每颗石头、每只鸟、每条树枝、

每片树叶名字以区别彼此的方法。

唯一担心的是，泰坦尼克号在 20 世纪初撞上冰山而沉入海底，那么，准备航入 21 世纪的诺亚方舟，能让我们幸免于难吗？

在有味觉的果园书店，为爱人买菜，给自己买书

诚品书店高雄 SOGO 店，2001 年 9 月 5 日新开张，
欢迎带着菜篮来秋收知识！

为爱人买菜，给自己买书。

离开厨房炉火，提着菜篮到书店找新的烹调创意：
在诗的牧场，收割一本能闻到野香的《草叶集》。
到文学农庄，采摘一本刚上架的《番茄》。
辗转采集有味道的知识，找几本合你口味的书。
用营养与卡路里考虑书/果的综合菜单。
走之前记得带一本作家写的食谱，
或是架上有水果名的诗集，
放进盛满青菜、面包和书的菜篮里。

在厨房弄张小躺椅，悠闲地度过火候时间：
读完泰戈尔的《采果集》，
用油醋和橄榄腌的蔬菜应该入味了。
意淫完伊莎贝拉·阿言德的《春膳》，感觉到烟热，
炖牛肉汤就可以起锅。

逛完一圈彼得·梅尔的《茴香酒店》，闻到微焦香味，
苹果派已经烤好。
作家的灵感是有味道的，能帮你用感情料理三餐，
用唇尝一杯葡萄酒和消化一整页的爱情。

诚品书店就在高雄SOGO百货楼下，在最新鲜的超市对面。
让书本跟着蔬果有季节变化。
你每买一本书，我们就送一颗刚采下来的新鲜柠檬，
让每本从这里带回去的知识，
一剖开都有维生素C的味道……

9月5日，请带着你的好胃口来秋收最新鲜的智慧！

书店全面时令价再打9折·会员85折
书店里的假日厨房·用味蕾阅读·可口的特惠：9月5日至9月16日
新开张书展，惊喜不断：
“味觉书展”有味道的书，一律8折。
“百汇书展”一律200元特价，任君配食。

向天展页的中国新文明

线装书，是中国书籍装帧形式发展的一个重要阶段，
藏书家们视收藏经典线装书为惊奇的志趣。

线装书以手工将一页页的平面知识串起，
以线缝合成了一件智慧的立方构体，
线装书因此成了中国古文明经典的象征之一。

于是，在中国南方重要的汕头大学图书馆案中，
我们直接取“线装书”的意象，作为俯瞰此案的建筑盒体，
象征这是一本自南方大地生起、浮在水面半空中、
巨幅向天展页的中国新文明宣示。
源自东方精神的巨型线装书盒体，
其收藏全世界知识的野心，
不亚于埃及亚历山大城图书馆——

收集所有被历史保存下来的先人智慧，
后代的求知若渴者，进入这巨幅的知识理路，
采集并交融出新的体悟。

新生的能量，再度由这个线装书盒流向大地四方，
盒体盒外，百花齐放，众声喧哗。

整个线装书的建筑盒体，采用多层次的细部安排，
透过天窗与天桥，引入光与影、云与水的自然穿透效果；
回旋梯与三层高书墙，阅读者的动线，
成了穿梭在这巨型线装书盒里的视线轨迹，
亦是一个可被窥见的知识神经网络系统——
有趣的阅读与藏书巨盒体，
让书与阅读者、古人与新人、人与科技、科技与空间、
建筑与自然之间，
交流成了新界面的天人合一，
宛若一首意境超然的“田园诗”氛围，
亦是一个片刻即永恒的大器空间。

田园诗，是中国智慧文明史中，最具禅意的表现，
真正体现天人合一：
人与自然和谐的、超然的、合一的生命史观，
也是东方足以向西方支配性、分类化之知识系谱，
对应与对话的哲学平台。

而这座已达“田园诗”至极意象的东方图书馆，
置于汕头大学校门的绿轴带起点，更具意义。

广东省汕头大学图书馆提供

空间分配介绍

知识的天人界面：（云星阁+巨幅书墙）

这是书的百库界面，知识的多层理路。阅读者穿梭在三个楼层其间，仿佛是在书与书之间穿针引线，裁缝出属于自己的知识版本。

从图书馆各角落都可以望见这巨幅：鲜活的知识采集者群像，亦是一幅动人的知识迁徙图。

白天的晨光、夜晚的星月，日以继夜地为知识点亮了恒久不灭的光明，指引着明日世界。

来自上方的光与云，来自四方的风与水，让知识、自然、读者，形成了一个循环生生不息的智慧对流层，亦让王维“行到水穷处，坐看云起时”的生命哲学在此体现。

知识的梯田：（阶梯自习室）

可容纳 400 人同时在此，宛如一个知识的梯田，所有的好学者在此俯首耕耘。

在埋首探索知识之旅的片刻，面向虚拟竹林柱间不动的远山与多变的浮云，超然的视野，让阅读者得以当下了悟书本背后，智者在面对大自然、面对生命那种无法言传的感动与顿悟。各时空的智慧，于此瞬间呼应与传递，借着春耕、夏耘、秋收、冬藏的四季运行，每位展书者在此获得生息、慰藉、了悟，以及来自智者与大自然原生的涵厚力量。这就是此“知识的梯田”所欲形成的：一个得以让稻苗长成稻穗、知识蜕变成智慧的空间，亦是“采菊东篱下，悠然见南山”的哲学意象在此活现。

知识的廊谷：（阅读长廊）

整排天窗借光，两岸有书，岸间形成了众人阅读的廊谷。走到终点，就是一个回旋向上的知识阶梯，亦可视为企图接近天、接近真理的天梯。

建筑意境在此，每个人从各个角度，都能看到不同的启示与感动，众人在此各自形成了新的生命哲学。陶渊明的“晨兴理荒秽，带月荷锄归。道狭草木长，夕露沾我衣。衣沾不足惜，但使愿无违”，就在这知识的廊谷里，就在日以继夜地耕耘与收获中完成了。

广东省汕头大学图书馆提供

广东省汕头大学图书馆提供

E

人·书·书展

你未读过的书。你打开前已读过的书。如果你的命不只一条，必定会读的书。目前太贵，必须等到清仓抛售才读的书。可以向人家借阅的书。人人都读过，所以仿佛你也读过的书。好久以前读过现在应该重读的书。你一直假装读过而现在该坐下来实际阅读的书……

——卡尔维诺《如果在冬夜，一个旅人》

看不见的书店

所有创建一座书店的欲望，
所有关于一座书店所创建的各种欲望，
都即将在这里发生。

这是一座“看不见的书店”，
它是全新的，
你可以尽情地提供对新书店的期待、
幻想、欲望、改革意见……
成为书店的主人。

形式不拘。
你可以借用任何文字、线条、颜色、影像……
描绘纵驰梦想的、幻丽奢华的、异想天开的、私密个人的、
异国偶遇的……书店，
我们不设限所有书店风情展现的可能性。

我脑海中那一座看不见的书店

如果有一座书店，有气候、有气味、有情绪、有突发事件，不是中央统一空调的恒温书店——中午有雷阵雨，下午有伊斯兰教徒向安拉跪地礼拜，地上有香港地下铁的三彩路线图，墙上有街景、电线杆、码头、气象台、旅馆和电话亭，傍晚有葱爆牛肉和麻油腰花的腥酒香……

如果有一座书店，是市集，是另一种形态的菜市场，可以买到刚从打字机打出来，像面包刚出炉般新鲜的情绪，可以买到一

摊摊散装的书页，只选择合自己口味的各种素材。例如可以选择夏宇《摩擦·无以名状》中的“橘色条纹寓言”，再配上尼古拉斯·柯瑞琦的《流行阴谋／名牌时装帝国》的序——完全依今天的口欲，或是不自作主张地参考“书店食谱”，计算知识卡路里后均衡选配都可。然后用菜篮子到柜台称斤计两，并可享有随意抓几把葱、几头蒜、些许酱油为佐料之顺手牵羊的小小犯罪快感。如果要附带水果的木箱，箱底用波德莱尔的诗屑丝，衬着抵消搬运时的摩擦力，只需再加100元……所有创建一座书店的欲望，所有关于书店所创建的各种欲望，都即将在这里发生。

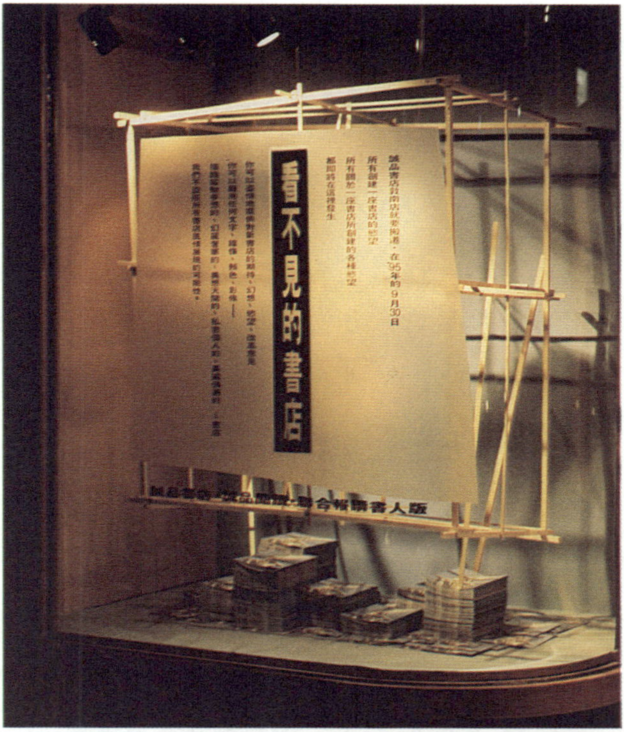
看不見的書店
誠品書店敦南店就要搬遷，在'95年的9月30日
所有創建一座書店的慾望
所有關於一座書店所創建的各種慾望
都即將在這裡發生

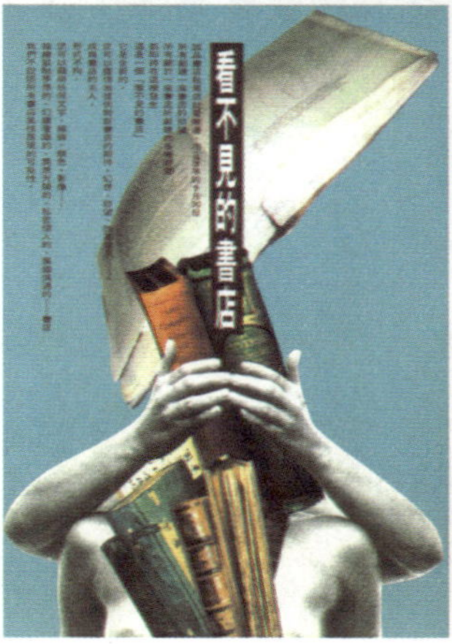
看不見的書店

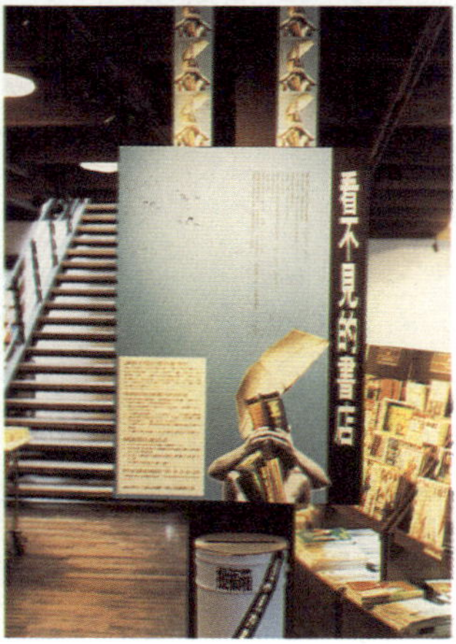
看不見的書店

1994，台湾一项阅读革命正在进行

情色书籍

究竟性学是一门人人须知的学问，还是只是知识分子意淫的工具？当性学开始取代健康教育；当情趣商店与情色书籍一起热门；当艺术电影与色情电影间的尺度开始因模糊而暧昧；90 年代的台湾，你被允许在光天化日之下，翻阅一本本禁忌的图片与敏感的书。

心灵书籍

当人不再相信自己，当人不再相信爱情，当阴寒的天气和忧郁症一起滋长，当三毛的自杀事件与前世今生的精神自疗互为因果，当心灵书籍随着失意人口增加而快速畅销，若你想依靠的不只是佛陀或基督，你可以选一些禅书或心灵书籍。

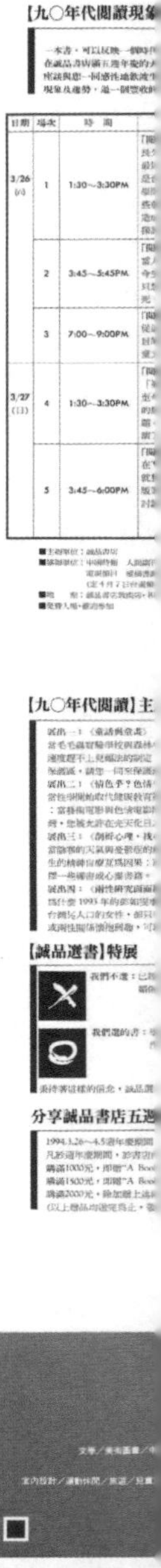

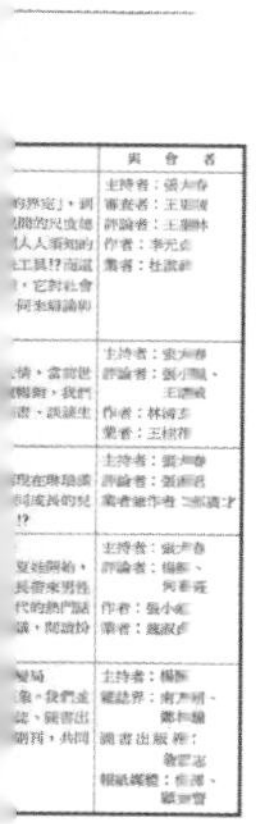

儿童书籍

当毛毛虫实验学校与森林小学令人注目的这一年，当受虐儿童的成长速度赶不上儿福法的制定，我们规划了一处“童话与童画”儿童保护区，与你一同来保护濒临绝种的快乐儿童。

两性书籍

为什么 1993 年的邓如雯事件，不是台湾第一次的杀夫事件？为什么占全台湾人口半数的女性，却只有个位数的女性市长？如果你对性别认知或两性关系怀抱兴趣，可以来找你要的书。

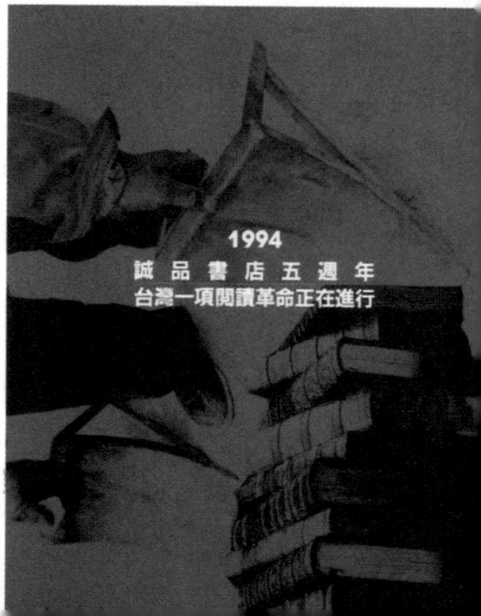

对书的 100 种偏见

9998 个人打开过咖啡馆的门

8778 个人参与了流行阴谋

6006 个人走进文化苦旅

5959 个人知道了台湾赏树情报

1001 个人使用过香水

999 个人目击到戴眼镜的女孩……

对书的 100 种偏见，来诚品的 100 种理由，

诚品书店 1995 年度书籍排行榜，

请你前来清算文化账目，告解你的偏好！

无可取代的偏见

你为你的玫瑰花所花费的时间，使你的玫瑰花变得那么重要。

——《小王子》

对无农药的绿色蔬菜一向偏食，

对红裙短发的女孩一向偏心，

对德制的 BMW 双门跑车一向偏好，

对留山羊胡的牡羊座男人一向偏爱。

每个人心目中都有一本无可取代的书。

正因为每个人都有自己的偏见，异中求同，

诚品书店 TOP100 排行榜书展，

便成为台湾精英取向的年度文化指标。

有史以来，咖啡因最多的书展

歌德、叔本华、尼采、李斯特、西班牙广场、克里克咖啡馆。
白先勇、黄春明、林怀民、50年代、现代文学的明星咖啡店。
巴赫、海顿、舒伯特、即兴演奏、深夜打烊的音乐咖啡馆。
余光中、洛夫、杨牧、无限续水的衡阳田园咖啡厅。
我不在家，就在咖啡馆；
我不在咖啡馆，就在往咖啡馆的路上。

有史以来咖啡因最多的书展，
1995年4月8日至30日，诚品邀您酗咖啡。

书桌上的咖啡书，咖啡桌上的欧洲

把中间位置留给哲学家的维也纳 Café Sperl。

一个门通往天堂，另一个门靠近地狱的 Demel。

36 法郎，左岸最贵的巴黎 Café Aux Deux Magots。

一直延毕的老大学生，视 Café Haag 为维也纳咖啡大学。

六十多家有故事的咖啡馆，都在欧陆，

都在张耀的《咖啡地图》里，正灵感沸腾地煮出咖啡香……

戏梦人生，日以继夜

美国导演科波拉拍电影，是为了要还清过去拍片的累债。

德国导演文德斯拍电影，是要纪录所有事物消逝的过程。

加拿大导演丹尼尔拍电影，是为了要减轻孤独和对抗死亡。

法国导演夏布洛尔拍电影，是想建构自己的法律和奇迹。

意大利贝托鲁奇拍电影，是因为他既不会唱歌也不会跳舞。

人生不满百，电影工业却已百年有成，

1995 年末除了金马影展外，另一个台湾影界盛事——

诚品世界电影百年书展，请您来当电影书的忠实观众。

11 月 18 日至 12 月 28 日，

全省五家诚品同步首映！

MARIONETTE NTHEATER
SCHLOSS SC ÖNBRUNN

诚品香水香料书展

找寻关于香味的各种故事

ELYSIUMO 以木精召唤失魂的女人。

OPIUM 的海狸香囊，放在古董店毒瘾的小药盒里。

SONIA RYKIEL 以麝香戴罪的野兽味，诱惑暧昧的恋情。

VAN GOGH 让那颗使凡·高还依恋的太阳继续燃烧。

嗅觉是无所不能的魔法师，

能送我们穿越数千里，穿过所有往日的时光……

7 月 20 日至 8 月 10 日，诚品书店香水书展全面散发魅力，

欢迎您以调香师的身份，前来调配酒精、香料的独特比例，

找寻关于香味的各种故事。

关于味道

在8月日出前采集晚香玉，
开一个房间，以油脂萃取，
把花铺在冷油层的玻璃板上，
包在浸油的棉布里，安抚它们慢慢睡死去，
吐尽芬芳，
与麝香的野兽味一同化为油脂。

小心移开，再撒上另一层鲜花，
就这样重复了十至二十次，
直到油膏吸饱，直到棉布上流出香味……
——调香师

马普蒂斯特·格雷诺耶在聚斯金德的《香水》里，
用味道画成一张巴黎地图来认路认方向。

在冬天，他还用绷带缠着瞎眼的女乞丐一整天，
为的是要取得她身上的油脂和味道……
他爱的不是人，他爱的是气味。

他努力研究制香的方法，让自己有体味，透过香水来爱自己。

新“书”情方式

亚当阅读夏娃，找到上帝创世纪中不存在的秘密花园；
罗丹阅读卡蜜儿，发现哥伦布没有发现的美丽海岸线；
萨特阅读西蒙·波伏娃，
发现一本不是用荷尔蒙书写的爱情白皮书；
罗密欧阅读朱丽叶，相信爱情不能得永生，
却比任何事都值得去殉教。

爱情难求，情“书”唾手可得，
今年情人节唯一可以取代玫瑰和巧克力的示爱品，

2月3日至2月29日，
全省五家诚品书店浪漫展出。

阅读恋人，恋人阅读

此刻你正被阅读。你的身体在接受系统性的阅读，

通过触觉、视觉和嗅觉信息的管道，

还穿插着一些味觉的蓓蕾，听觉也扮演着它的角色，

警觉到你的喘息与震颤。

爱人阅读彼此的身体，它可以从任何一点出发，跳略，重复，后退，持久……

——卡尔维诺《如果在冬夜，一个旅人》

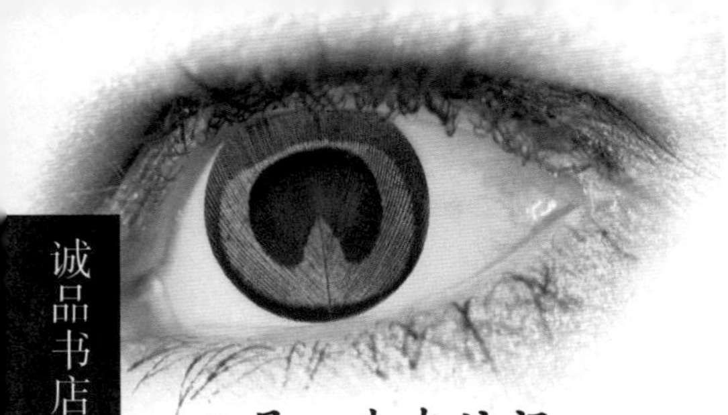

8 月，生态注视

现代画家约翰·拉斯金（John Ruskin）说，
人的灵魂在这个世界上所能做的最伟大的事，
就是能清楚地看到事物。

人体 70% 的感官接收器集中在眼部，
你的视觉可以穿透香草田野，越过鸟声高山，到达人村。

1 亿 2500 万个杆状细胞能分辨白天和晚上，
700 万个圆锥细胞可以展现生物的明亮，和人的色彩。

你有一对让世界丰富、生态活络的眼，
8 月，万物茂盛，人激情，
让你专心注视，所有关于大自然的生命奇迹。

自然主义复兴现象

反吸烟、反农药、反污染、反核能、
反添加剂、反辐射、反胶袋、反药物、
反皮草、反油脂、反胆固醇、反商、
反政治、反封建、反歧视、反战事。

植物性减压风潮，精英移出城市，
断食静坐冥想瑜伽气功流行，
文明师法原始，
自然在20世纪末
因稀有而大幅升值……

上帝的野生剧本

用鹿的听觉，感应异性求偶的诱惑，而不是诱杀的陷阱。

用羊的触觉，敏感土地的峰回路转，而不是山刀的锋钝。

人与兽争的时代已过，不流血的革命期待和平。

请带着最动物的直觉，

触及书中每一只野生动物神秘的生命力。

野心不能面对野生

人与兽之间、男人与女人之间、兄弟姊妹之间、同事与同事之间——社会版层出不穷的野生动物走私事件、男女情杀事件、江湖恩怨的凶杀血案……24 小时随时上演着追逐甚至追杀的生死游戏。

同类之间的厮杀最具杀伤力，能一次杀死 30 万人的也只有人类自己才办得到。
太多的假想敌让强者嗜血如命，杀气腾腾；弱者，包括小孩，老人，原住民和稀有动物只能疲于奔命，逃命。

刘其伟以狂野的画大声疾呼，祈求保护它们的生存权利。

女人写书，书写女人

D.H. 劳伦斯笔下的女人，期待阴茎带来的性高潮。

萧伯纳笔下的女人，不可能成为艺术家。

陀思妥耶夫斯基笔下的女人，没有信仰的智慧。

弗洛伊德笔下的女人，因没有阳具而缺乏自我完整性。

女人在自己写书之前，

所有关于两性著作，是用精液而不是月经写成的。

所以我们举办女性书展。

文案书写之外

发现自己是女人

3 岁发现不能打赤膊、不能和弟弟一样站着尿尿。

13 岁发现红红的叫月经，来的时候可以不用上体育课。

23 岁性经验，一夜打破了中国千年的处女情结。

53 岁更年期停经后，以为自己从此不再是女人。

太少的女性艺术家。太少的女性政治家。太少的女性音乐家。
太少的女性作家。太少的女性主厨。太少的女性导演。
太少的女性哲学家。

以前女人看的是男人眼中的自己，现在女人从男人的定义中走出来，
在女书、女书店后，女性终于有了自己第一次的女性书展，
在诚品。

女人私房书

女人上桌压轴，惊艳食欲的宝贝菜，叫作私房菜。
女人秘密压箱，未雨绸缪的宝贝钱，叫作私房钱。
女人睡前压枕，取悦自己的宝贝书，叫作私房书。

12月10日至1月7日，诚品秘密举行“女人私房书大公开”，
请你将回味多日，偷偷压枕不借人的宝贝好书，泄密给诚品，
我们的目标，是将101位以上的女人私房书结集公开，
包括你在内！

女人不只要看书，还要“建国”

联合国调查：全世界53%的工作是女人完成的，
但她们的报酬，只有全世界的1/3。

法国传播学家Mike Burke说：女人是男人的将来。
趋势专家John Naisbitt也说：女人正在改变世界。

于是，我们决定推翻男人自以为是的世界，接管自己的身体，
扩大领地，收回权力，主宰欲望，及一个国家。

我们相信，女人一旦治国，将会在最短的时间内
减少最多的贪污、官商勾结、黑道、性暴力——
把浪费在权力、财力争夺战的金钱及人力资源，
全数转用在国家的社会福利上，让每个人过得更幸福。

男人即将式微，女人，你准备好了吗？

重温握笔的感动

一支竹笔蘸了尼罗河的水，填满了埃及的历史哀荣。

一支钢笔蘸了日夜思念的泪水，

写成了阿伯拉与爱洛伊丝的情书。

一支彩笔蘸了大溪地的水，画出了高更的原始野性。

笔因气候而有情绪，人因情绪而有灵感，笔因灵感而有生命。

在每张白纸的童贞前，

百支有年份、有来历、有气味、有流传的古董笔，更显珍贵。

6月15日至6月30日，诚品敦南店古董笔特展，

邀请你重温握笔的感动。

写字的人不说话，一段关于笔的二三事

曾几何时，工厂统一规格的笔，取代手工制笔，让不同的手习惯一种握笔、一种表达。

曾几何时，电话取代了书信往来，1 分钟 90 字的效率，取代纸上耕耘的笔迹，过耳即忘的冷漠，取代永志于心的感动。曾几何时，电脑打字取代了手写笔迹，文字失去了入木三分的感情线条，人失去纸上刻镂思绪的力道，而笔，失去了人的气味。

史学家的笔，第一次写字的笔，父亲送的笔，签约用的笔，专家用的笔，代表身份的笔——古董笔展，重新端详每一支有年份的笔，重新思考另一种无声的情绪表达，重温握笔的感动。

“书”妆打扮

川久保玲的服装，染上三岛由纪夫式的死亡黑。

伊夫·圣罗兰的房间，

以《追忆似水年华》的角色替房间命名。

罗夫·罗伦专柜的长裤和衣衫间，摆一本临床心理学。

Gianni Versace 的皮革配真丝，

暴露了肉感的意大利古典主义。

哈美奈把佛教戒律学和集体潜意识哲学，

反映在运动衫的设计上。

服装让身体自恋，阅读让心灵自觉。

对漂亮衣服和好杂志一样没有抵抗力的男人女人，

诚品阅读提供了服装之外,更多让您自信出门的生活情报。

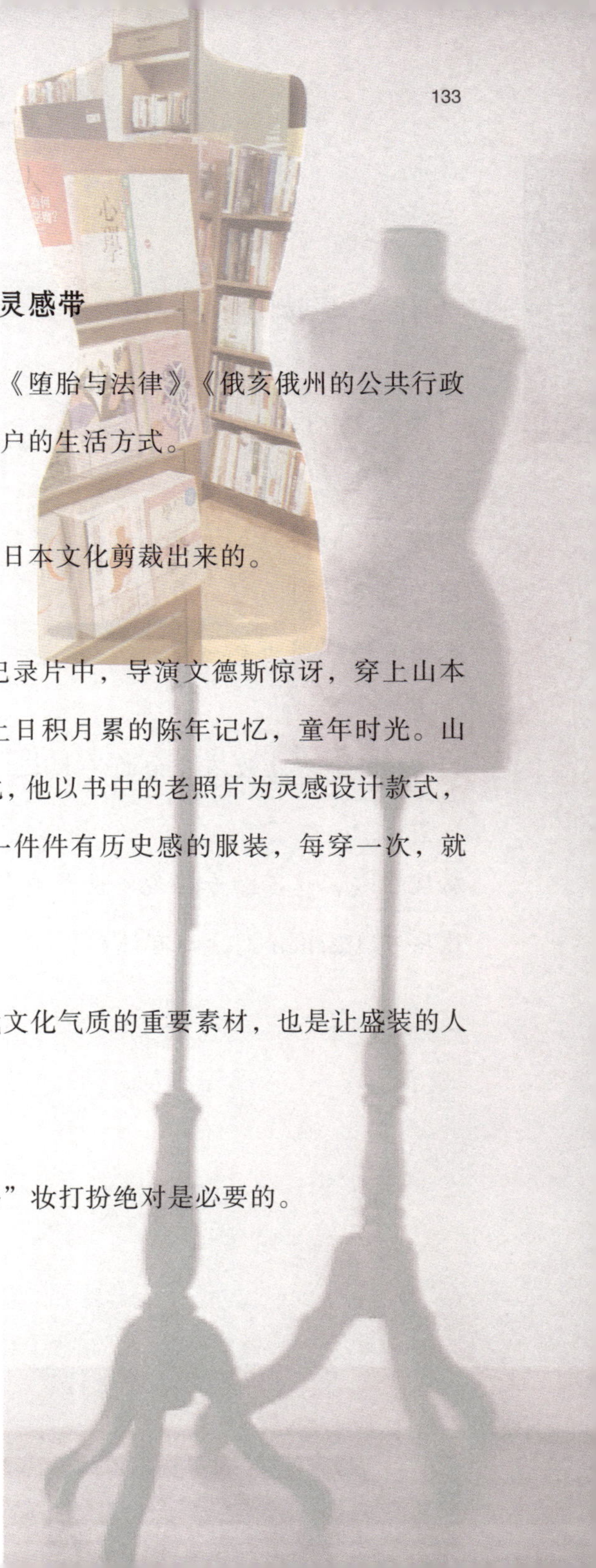

服装和书之间的共同灵感带

罗夫·罗伦在专柜里摆《堕胎与法律》《俄亥俄州的公共行政课题》，来反映罗伦客户的生活方式。

山本耀司的衣服，是用日本文化剪裁出来的。

在山本耀司工作坊的纪录片中，导演文德斯惊讶，穿上山本耀司的衣服，就像穿上日积月累的陈年记忆，童年时光。山本继承了日本战争文化，他以书中的老照片为灵感设计款式，以终极的黑色，缝制一件件有历史感的服装，每穿一次，就变身一次。

书，是服装设计师剪裁文化气质的重要素材，也是让盛装的人看起来更美的化妆品。

不管你现在几岁，“书”妆打扮绝对是必要的。

为什么要读 Taschen

因为天堂。因为 Hunderwasser。

因为梦想。因为 Dali。

因为童话。因为 Miro。

因为寂寞。因为 Van Gogh。

因为爱情。因为 Picasso。

因为这个世界上没有业余的艺术家。

从现在起，您不必专程跑遍世界美术馆欣赏真迹，

这些在 Taschen 上，都有记载。

基于非常私人的理由，拥有 Taschen 的 13 种精神必要

自戀

「我畫我自己是因為我經常感到孤獨，同時，也因為我是我最瞭解的題材。」

—— Kahlo 卡蘿

藍色及粉紅的安全感

目錄

「沒有東西不是在孤寂中誕生的，我為自己製造一種沒有人知道的孤寂，今天因為有了錢，我們已很難獨處，你曾見過一個戴錶的聖者嗎？我沒見過，即使鐘錶業的守護神也不戴錶。」

—— Picasso 畢卡索

雌雄同體

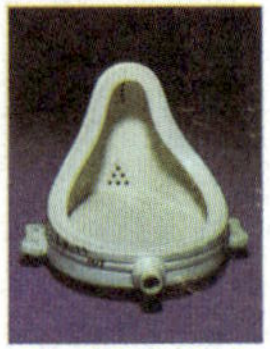

「是的，我想變換我的身分認同，本來想取個猶太名字，我其實是個天主教徒，改換宗教本就是個變化，但我沒有找到喜歡或吸引我的猶太名字，不過我忽然想到為什麼不換個性別？這不是更簡單嗎？」

—— Duchamp 杜象

得不到的情人

「我會在藝術中找到表達的方法，一本小冊子或是一份目錄，記錄所有我得不到的情人，為偉大的性經驗提供了一份諷刺的備忘錄。」

—— KLEE 克利

病與隔絕

「與世隔絕於我最合適，這樣至少我不會受制於人。」

—— Cezanne 塞尚

偷窺

「我不喜歡逐車，因為看不到人，我喜歡小巴士，因為可以觀察人，我們生來就是要可以彼此觀看。」

—— Degas 竇加

酒與婚外情

「當時少婦的丈夫似乎不在場，這裡表現的是偷情事件的開端.....那個男人正彎腰與少婦交談，顯然喝了點酒，也可能是一種春藥。」

—— Vermeer 維梅爾

致命的女人

「在世紀交替的維也納，像是世界末日的實驗室，男人顯然各方面受到威脅，被排除於女人或女人統治的世界之外，像女同性戀者的自戀世界，她們在〈水蛇〉裡相戀，就是典型的對女人統治宇

相遇

「人形不只被迫要繞著圓環走路，還得在圓的最前方與對方相遇，一位白色的樂觀主義者與一位黑色的樂觀主義者，彼此握手打招呼。」

—— M.C.Escher 愛薛爾

假日花園

「我在這裡，四周皆是我所愛的事物，我把時間花在戶外，在暴風雨中或是在漁船出海時的海灘上.....傍晚時分，我親愛的朋友在我小房子裡有溫暖的火，及小家庭的愜意.....我現在正享受著一段平靜、沒有雜務干擾的時光.....」

—— Monet 莫內

光的印象

「想像自己如果出生於知識份子的家庭，一定得耗費多年的時間才能消除偏見，進而忠實地看待事物，而且可能雙手笨拙。」

—— Renoir 雷諾瓦

相信太陽

「一個人如果健康，應該能靠一片麵包過活，並且能整天工作，還有力氣抽煙喝酒；在這種環境裡，你需要的就是這個。還有，你可以感覺到星星和無限的天空，儘管有許多雜物生命還是像一則童話故事，你知道嗎？在這種環境下不相信太陽的人是無神論者。」

瘋狂預言

「五歲時，我看過一隻被螞蟻吃得只剩空殼的昆蟲，從牠身上的洞可望見天空，每當我希望獲得純淨，我就透過肉注視天空。

基于非常私人的理由
拥有 Taschen 的 13 种精神必要

自恋

我画我自己，是因为我经常感到孤独，同时，也因为我是我最了解的题材。

——卡罗（Kahlo）

蓝色及粉红的安全感

没有东西不是在孤寂中诞生的，我为自己制造一种没有人知道的孤寂，今天因为有了钟，我们已很难独处，你曾见过一个戴表的圣者吗？我没见过，即使钟表业的守护神也不戴表。

——毕加索（Picasso）

雌雄同体

是的，我想变换我的身份认同，本来想取个犹太名字，我其实是个天主教徒，改换宗教本就是个变化，但我没有找到喜欢或吸引我的犹太名字，不过我忽然想到，为什么不换个性别？这不是更简单吗？

——杜尚（Duchamp）

得不到的情人

我会在艺术中找到表达的方法，一本小册子或是一份目录，记录所有我得不到的情人，为伟大的性经验提供了一份讽刺的备忘录。

——克利（Klee）

病与隔绝

与世隔绝于我最合适，这样至少我不会受制于人。

——塞尚（ Cezanne）

偷窥

我不喜欢篷车，因为看不到人。我喜欢小巴士，因为可以观察人，我们生来就是要可以彼此观看。

——德加（Degas）

酒与婚外情

当时少妇的丈夫似乎不在场，这里表现的是偷情事件的开端……那个男人正弯腰与少妇交谈，显然喝了点酒，也可能是一种春药。

——维米尔（Vermeer）

致命的女人

在世纪交替的维也纳，像是世界末日的实验室，男人显然各方面受到威胁，被排除于女人或女人统治的世界之外，像女同性恋者的自恋世界，她们在（水蛇）里相恋，就是典型的对女人统治宇宙的恐慌幻想……

——克林姆特（Klimt）

相遇

人形不只被迫要绕着圆环走路，还得在圆的最前方与对方相遇，一位白色的乐观主义者与一位黑色的乐观主义者，彼此握手打招呼。

——埃舍尔（M. C. Escher）

假日花园

我在这里，四周皆是我所爱的事物，我把时间花在户外，在暴风雨中或是在渔船出海时的海滩上……傍晚时分，我亲爱的朋友，在我小屋子里有温暖的火，及小家庭的惬意……我现在正享受着一段平静、没有杂务干扰的时光……

——莫奈（Monet）

光的印象

想象自己如果出生于知识分子的家庭，一定得耗费多年的时间才能消除偏见，进而忠实地看待事物，而且可能双手笨拙。

——雷诺阿（Renoir）

相信太阳

一个人如果健康，应该能靠一片面包过活，并且能整天工作，还有力气抽烟喝酒；在这种环境里，你需要的就是这个。还有，你可以感觉到星星和无限的天空，尽管有许多杂物，生命还是像一则童话故事，你知道吗？

在这种环境下不相信太阳的人是无神论者。

——凡·高（Van Gogh）

疯狂预言

5岁时，我看过一只被蚂蚁吃得只剩空壳的昆虫，从它身上的洞可望见天空，每当我希望获得纯净，我就透过肉注视天空。

——达利（Dali）

国际文化市集·诚品精彩赶集

想要体会凡·高的孤独，不必读懂西奥的荷文书信。

想要解析雷诺阿的沥青黑，不必研究雨果的钟楼怪人。

想要回顾莫奈的开始，不必看过1865年沙龙展的《美术通讯》。

想要发掘埃舍尔的灵感，不必对照英国心理学期刊。

享誉国际的德国艺术专业书籍出版社 Taschen，在43本艺术大师的专书中，率先将凡·高、雷诺阿、莫奈、埃舍尔4册翻译成中文，结合传记的翔实，和近百幅彩色大图片，是艺术学的启蒙，也是专业的参考书——深入艺术，从此不必一知半解，更不用查字典。为维持画册品质，坚持在德国原厂印刷，空运来台。Taschen 以最便宜的价钱，让艺术离你最近。

Taschen
畢卡索 Picasso 的74幅真跡，在台灣
I wanted to be a painter, and I became Picasso
—— declared Pable Picasso (1881-1973)
特別展出來自法國畢卡索美術館及龐畢度中心的74件大師真跡原作。74件包括油畫、素描、版畫、雕塑等作品，完整地呈現出其著名的藍色時期，粉紅色時期以及立體派畫風等各種階段的作品。
1998年9/26至1999年1/20
地點：台北故宮博物院 主辦單位：MMMMMMMMMMMMM 協辦單位：MMMMMMMMMMMM MMMMMM
誠品書店
PICASSO
TASCHEN
尺寸 19.5x24.5x6.5cm
740頁
近千幅彩圖・英文
原價 2,000
特價 1,550
送
畢卡索天天見面記事本乙本
你必須撥出一天，親自去見一個人。
20世紀結束以前，
PICASSO
尺寸 19.5x24.5x6.5cm
740頁/二冊盒裝
近千幅彩圖・英文
原價 1,100
特價 850
送
畢卡索世紀末月曆乙份
Kahlo
Degas
Klee
Cézanne
Duchamp
M.C. Escher
Vermeer
尺寸：30x23cm
96頁/平裝
近百幅彩圖
中文
原價 4,550
特價 3,600
送
畢卡索紀念手錶乙支

买书为聘，以书陪嫁

纵使有越来越多人追逐一夜春宵，
我们仍选择了一辈子居家的爱情。

纵使有越来越多人从婚姻出走，
我们仍选择了结婚的温暖信守。

在这个不喜承诺、变心频传的时代，
我们的誓言弥足珍贵。

6月14日，诚品书店6月结婚书展，
全面打点好您结婚的行头，
以书的盛大排场，见证您一生的婚礼。

关于婚宴，另一种最口欲的书写形式

把一个爱情的蛋黄打在半品脱的清水里，
溶入两磅的黏腻焦糖，
加热糖浆，开始沸腾时就加一点生活的冷水，
就这样连续沸腾三次，
然后把糖浆从现实的炉子上端下来，
让激情静置一会儿，
再把幻灭的泡沫抹去，
加入午后的橘皮、大茴和丁香浪漫调情，
文火直到它充分入味的阶段，
最后用锅子上的亚麻布滤出耐久的相处余韵——

6月，盛夏盛情，
我们将成为夫妻，期待您的祝福。

找一张纸，让它有表情

1998 年诚品月历·卡片·记事本设计征选，
9 月 30 日前，寻找新锐平面导演，
无条件替你接生创意，
极有机会行销你的个人品牌。

纸，在诚品从此有了光荣的记录

用济慈的诗句剪出一枚书签。

把爱情的叨絮收进一张卡片。

找四季的景色摆出一份月历。

将一生的回忆排成一本记事。

找一张纸，让它有表情。

1998 诚品月历 · 卡片 · 记事本设计征选，

在 1997 年 9 月 30 日前，

一共收到数百件各式各样精彩的纸上作品，

数十位纸上新锐导演脱颖而出，

纸，在诚品从此有了光荣的记录。

大过新年·枕书冬眠

1 月 20 日至 2 月 15 日，全省发布低温特报，

呼吁全民做好保暖准备，预防寒害。

请就近至诚品书店各分店，买书粮增加知识卡路里，维持体温。

冬眠前最后一次补粮行动，现在开始。

99种翻书的方法

把书视为一种能量，日本前卫导演寺山修司玩了很多这样的意象：用脚踏车的动能翻书，以水的浮力翻书，以沙漏的流动翻书，以天平的砝码重力来翻书，以打沙包的撞击力转换动能来翻书……

卡塞尔文献展中也有一件作品跟翻书有关：人走进一个长廊，整排的电视机里，有不同书页的文字静置地供人阅读，时间到了，书页会在屏幕中自动翻过去……

书的能量可以是无形的，也可以是有形的，甚至可以被量化成重力加速度，或是卡路里，全看你对书的想象有多么与众不同……

世纪末·无国境医疗团影像展

如果你的照片拍得不够好，
那是因为离战争不够近。

——Robert Capa

面对即将消失的世纪，

10 位摄影师用相机，延续烽火下幸存的生命力，

所有的镜头与底片，在人的使用下有了人性。

11 月 23 日至 12 月 8 日，

世纪末·无国境医疗团影像展，请您目击，

MSF 全力抢救，一切来不及阻挡的悲剧生命。

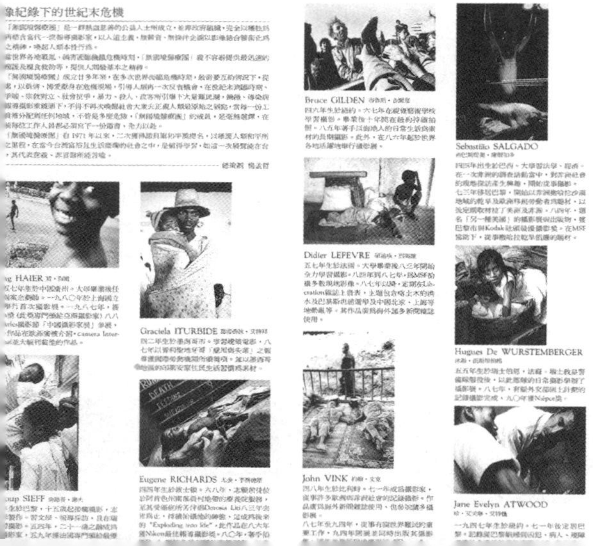

关于无国境医疗团——Médecins Sans Frontieres——MSF

非官方组织，成立27年

宗旨：

以紧急医疗援助为主。联合国关联机构，EU重要友好组织。对受自然灾害侵袭或第三世界因种族、宗教因素而起的内战，所导致虐杀的难民，进行医疗援助。成员包括医生、护士、麻醉师及复健师等。

摄影集来由：

来自世界各国的10位优秀摄影家，被送往MSF医师团积极活动中的几个地点，让国籍各异的他们，以摄影家的眼光及体验，记录MSF的实践活动，给予我们一个机会，借以理解、省思MSF的存在意味。

关于摄影展

容易激动、容易对立、容易感染、就是不容易感动。

不停天灾、不停人祸、不停流血、不停的人心腐败。

罹患绝情、罹患绝症、罹患绝望、绝处没有再逢生。

镜头下这些人，不知道是否还活着——

如果 1994 年的台风放过马达加斯加岛上的 30 万人，

如果艾滋和毒品从未进入泰国，

如果 1975 年莫桑比克的 300 万人免于内战，

如果巴黎的 700 个孩子躲过铅落尘，

预言中的末日尚未发生，枪口下的悲剧已经开始。

面对即将消失的世纪，

一夜屠杀，输光了所有的信任，

请看看这些历劫归来的人。

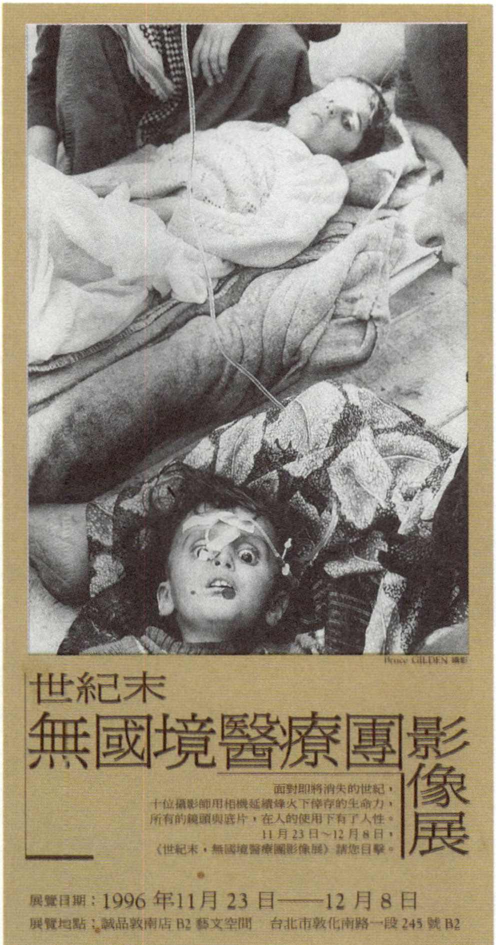
Bruce GILDEN 攝影
世紀末
無國境醫療團影像展
面對即將消失的世紀，
十位攝影師用相機延續烽火下倖存的生命力，
所有的鏡頭與底片，在人的使用下有了人性。
11月23日～12月8日，
《世紀末，無國境醫療團影像展》請您目擊。
展覽日期：1996年11月23日——12月8日
展覽地點：誠品敦南店B2藝文空間　台北市敦化南路一段245號B2

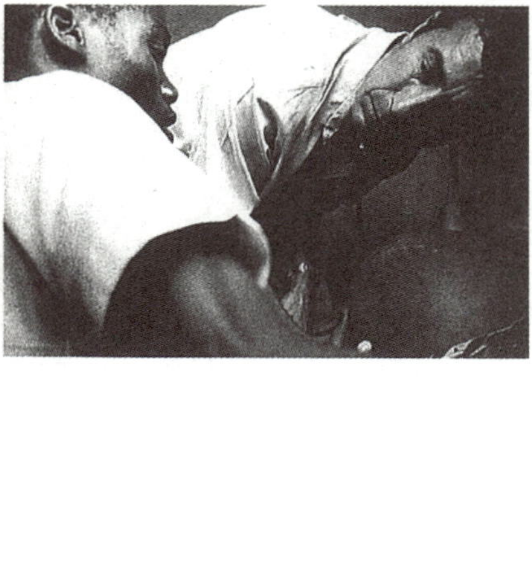

20世纪结束前
——必须在家中设置的10个心灵出口

乡愁

渡海

先民航海来台，十个移民有“六死三留一回头”的说法。迄今，澎湖附近的黑水沟海底仍然留存着海难沉船的残骸，和未曾在史籍留名的移民。

——1978年《薪传》

中年

战后出生的孩子，匆匆步入中年，忽然有了记忆；乡愁可能是北平，府城，西安，大稻埕，水里，斗六。落在这块生长的土地，时间到了80年代，这些人在高耸的大厦间匆匆急行之际，竟也有驻足的时候。而海滨忽然挤满了垃圾，如果重新拍照，照片里的人物也不再，冲岸而来的浪涛报复似的吐出许多惊人的垃圾袋。

——1986年《我的乡愁，我的歌》

潜意识

把钞票穿上身的现代飞天女，伏游潜行的星宿，石窟壁画中的慈眉善目，裙带飘飘的 Queer，集体潜意识，一次跨越 N 个光年的旅行，正在进行……

——1985 年《梦土》

神话

生存

天空来了两个轮流出现的太阳，炎热不堪，难以生存。泰雅族人团结起来，一代射日失败了，继起的新生代，继续奋勇地拿起了弓箭来射日：一个太阳吓坏了，连忙逃走，孩子们的箭射中了另一个太阳。他的血溅到了天空，成为满天繁星，他那苍白失血的脸，就变成了月亮。

——1992 年《射日》

挫折

“九歌”实际上原是春秋两季祭慰战士亡魂的仪式，重述“九歌”诗篇，“挫折”才是真正的主题，神祇从未降临楚地的祭典，湘君湘夫人无法会面，山鬼始终没等到他所等候的人。正因为人世间的种种遗憾，人们不得不祭祀不断，祈神不断……

——1993 年《九歌》

境界

挂碍

……心无挂碍。无挂碍故，无有恐怖，远离颠倒梦想，究竟涅槃。那金饰堆中带着体温的白发，以及这些年来照过面的黄土高原上贫农，巴厘欢庆的火葬，恒河畔待焚的尸骸，都在我心中盘踞着亲密的角落……

——1982 年《涅槃》

流浪

如是我闻。不旅行的人绝无快乐，罗希塔！活在人的社会，最善良的好人也会变成罪人……那么，流浪去吧！流浪者的双足宛如鲜花，他的灵魂成长，修得正果：浪迹天涯的疲惫洗去他的罪恶。那么，流浪去吧！他的福分跟他一起作息，跟他一起站立，睡眠，如影随身和他一起移动。那么，流浪去吧！

——1994 年《流浪者之歌》

无常

顽石谪落凡尘，宝玉、宝钗、黛玉之情，旧时大家之兴衰，无常之处，假作真时真亦假，无为有处有还无……

——1983 年《红楼梦》

记忆

爸爸

1947 年 3 月 12 日，爸爸，被 5 个便衣带走。妈妈已经无法活在这世间，她的精神都已经随爸爸去了。

我们就带她去医院。靠神明，宗教的力量，决心要活下去。但是，妈妈有一个条件，爸爸所有的东西都要烧掉，身边都不能留有爸爸的东西给她看见。

——1987 年《家族合唱》

25 年

1973 年迄今，云门舞集 25 年了。

将 25 年来的精彩片段，形成一部精彩的群诗，从《薪传》《红楼梦》《流浪者之歌》《九歌》，一起家族合唱。

——1998 年《云门 25》

失忆招领

你睡时，台湾还醒着。

历史从未被遗忘，只是你错过了。

“弟弟无法从父亲当街被枪杀的噩梦中醒来，这一辈子他从来没有成就过任何事情，永远不断在换工作。而且他常三更半夜打电话给我，一句话都不说，只是不断在电话那头哭泣……”

“1943年美军轰炸期间，23岁的我，跟几个女朋友，每天把自己打扮得漂漂亮亮，即使是我们在这么年轻时就要面对死亡，我们还是希望可以死得非常美丽……”

“我给了大陆亲戚所有的一切，然后两手空空回台湾。可悲的是，在台北，我被称作外省人，回到大陆却被叫成台湾人……我是谁，我真的不知道……”

寻找亲人的浪子已老，人依旧粉墨登场。

从未有任何一个人在这出戏中真正死去，只有诞生。

数百张老照片，各种族的留声，一夕出土，
在没有钟的舞台上，舞者用比回忆更慢的速度，说着你的故事。

云门舞集十周年秋季公演，
在秋天之前找到老照片，把记忆还给你。

请带着惦记一辈子的心事，与我们准时相认！

文案之外的微创作

这座城市关于死亡的记忆

β 城兴建时没有围墙，毁灭前范围无限制地蔓延至无限大，无从收拾。

钟表店的老板把所有的时钟按停，剧场演员开始排练神话剧以接近天神，婴儿用品店及才艺教室全面关闭，百货公司超级业务员改办“寿衣大出清”一折活动，哲学家兼职送终牧师，理容店老板改行殡仪馆整容师，学生开始学习冥界语言，其他人则在教堂前，花钱排队登记死后居住地点及职位，入夜后则兴建自己的墓园。

每天至少有一栋公共建物倒塌，β 城随时等待大灾难，无时无刻都有葬礼正在举行，观礼者都被染上病菌。

β 城成为丧葬之城，到处都是挤过的牙膏管、压扁的宝特瓶、发臭的塑胶袋、熊的尸块、剥皮后的蛇身、断弦的乐器、破轮胎、沾有血渍的酒瓶、充满辐射剂量的食物空气花和水、错字连篇的百科全书、生虫的保险套，和对来世充满希望的快乐人民，如同一群等待移民通知的次等公民。

XII
I
II
III
IV
V
VI
VII
VIII
IX
X
XI

征召 2000 年的梦想

为了让下个世纪更幸福，我们必须

重编 20% 的旧尺度，

遗忘 30% 的旧定律，

淘汰 50% 的旧词汇，

调整 80% 的旧态度，

接受 100% 的新可能。

同时，我们也需要新的祝福，新的话语，

新的视野，新的卡片，新的联络方式……

2000 年贺年卡图文创作选，

请现在就来为您的梦想大兴土木！

时间有限・看清条件：

文案限 30 字内，图横直彩色不拘，但必须含“2000”字样。

资源有限・只选十件：

得奖者可得稿酬，诚品图书礼券 2500 元。

SANTORINI
POSTCARDS
HANDPAINTED ON SANTORINI
JUST BLUE
Greece
Greece
Greece
SANTORINI
SANTORINI
POSTCARDS
HANDPAINTED ON SANTORINI
JUST BL
Greece
Greece
Greece
SANTORINI

身心灵舒眠·女人特休假！

2006年11月21日至12月20日，整整一个月，

诚品与GSK给你一个最温暖的避风港，让你喘口气，为你舒压，

一起复活心中真正的你，好好爱自己！

这一辈子，我们努力扮演好：

女儿、姐姐、妹妹、妻子、母亲、员工、主管的角色，

一天24小时每分每秒，所思所行，

都是为了身边的人。

久了，觉得自己所付出的心血，

与所收到的感谢与回馈不成比例，

于是开始感觉倦怠、无力，

不知自己为何而来，为何而活。

现在，诚品与GSK号召全天下女人，

从11月21日起特休一个月，

每分每秒只为自己想、只做自己喜欢的事、

只专心爱自己、只为自己而活，

想象你活在一个只有你独尊的星球上，

没有人有权利要求你做任何事，

你可以用自己想要的速度与航道，

运行出你心中真正渴望的幸福地图，

你只要以自己为中心自由地移动，心之所至，路之为开，

全宇宙都会绕着你在转！

最富裕的人，就是需求最少的人！

反虚华，Be Rich 夏秋心灵补给活动开始！

人们常常倒退着过日子：

他们想要拥有更多东西或更多金钱，以便能做更多想做的事情，好让自己更快乐。

其实反方向才是对的，你必须先成为真实的自我，然后做你必须做的事，以便拥有你想拥有的。

——Margaret Young

太多的虚华，让我们忘了自己是谁，

太多的追逐，已经搞不清楚自己到底要的是什么。

卸下一身的名牌，才发现自己什么都不是。

炫耀手上五克拉的定情戒，

其实心里想要的是两人真心独处 5 小时。

一身病痛，踩着名贵的高跟鞋进出冰冷的医院，

其实想要的是能有一天，赤脚健康地在草原上享受阳光。

不要再为别人的眼光做牛做马了，
我们的尊严不需要光鲜亮丽的头衔，
我们的价值不需要巴洛克式的虚华，
转向内心找到真实的自我，
想清楚自己要的是什么，
Be Real，then be Rich.

今年夏秋最丰沛的心灵补给线：
反虚华，Be Rich 系列活动，
请现在就开始为自己预约，
在一场场幸福富足的心灵宴飨里，
与真实的自己相遇相知的惊喜。

欲望高温不退 22℃刺激阅读快感！

7 月 20 日至 8 月 20 日的整整一个月的全民阅读欢愉，2006 年诚品读书节，现在开始消暑！

酷热盛暑，灵魂饥渴，
求知欲高温不退，
我们需要低温的阅读空间与另类的阅读幻想，
集体享受最大的精神性欢愉！

阅读，让灵魂拥有最大的领空权！
陀思妥耶夫斯基带我们远走高飞，
狄更斯则引领我们贴近地面飞行，
圣埃克苏佩里把我们全引诱到了星际。

书是灵魂翱翔的翅膀，
翻开的那一瞬间，就能飞离受困的地表。

阅读，让灵魂走得比时间更快！
丹·布朗以两小时的剥丝抽茧，

带我们从天使与魔鬼之界迅速破案。

J.K.罗琳以文字魔法召唤超现实的异想世界，

同时解答了我们的生命谜团。

跟着达尔文与小猎犬号，

一个晚上就可以走完耗时5年的演化地图。

诚品书店2006年读书节，

阅读，是灵魂最高的狂喜！

叶芝在催眠曲中偷窥巴利斯王子，

在黎明初醒的海伦怀中，

整个世界的警报都吵不醒他。

文字形成句子之后，就有了秘密；

句子装订成书之后，就有了魔法。

作者的好奇心可以自由穿梭时空，

但更有想象力的我们，

可以决定何地开始一首情歌，何时看到悬疑的结局。

今天的诚品读书节，要无所不用其极地，

全方位刺激你的视听快感，尽享阅读的惊喜初体验！

活动文案

A 名人系列导读座谈·活动文案

比足球更刺激，比狂舞更爽快，
比美食更满足，比烈酒更痴醉，
比爱情更让人有安全感，
比 SPA 更能达到身心灵的放松。

让作家带你看到无限可能，
开启各次元的异想世界。
阅读比魔法更快，
只有好书，
才是真正可以穿越时空的时光机器。
当你在书中的丛林里冒险，
当你正在情诗的床上体验，
每个文字，是一处处异秘的隧道；
我们不只能到无尘烟的桃花源，
还可以到外星球，或是侏罗纪公园。
阅读，比旅行更远！

与作家的灵魂一起双修暑修，
独阅乐，更要众阅乐。
12 场名师导读，12 种阅读快感，
就在诚品的读书节现场。

B 学生优惠・活动文案

阅读，让灵魂比身体更自由。
不必急着脱掉制服，
带着可以帮你打折的学生证，
站在书架前面，数一数，
自己可以带回几本幸福！

去吧！去书店找一位陪你探险到明天的作家！

诚品2007读书节“转变，从一本书开始”活动，

7月6日至8月19日与你一起，在书的浩瀚地图中冒险。

自古至今，所有的作家们都还活着，并且正在对你讲话。

主张人生而自由平等的卢梭《社会契约论》，

催生了美国独立宣言、法国人权宣言。

一本《马可·波罗游记》，让哥伦布从西班牙转向中国，

途中发现了美洲新大陆。

亿兆本书，宛如天际。

数学家约翰·纳什在星空下找出暗藏于中的密码律则，

我们也可以在无尽的书海中，找到向我们眨眼的作家。

阅读，所接触的不只是文字而已，
而是瞬间接收作者的巨大创造能力，瞬间 empower，
你的生命因此有巨大的能量与勇气，
于是你能义无反顾地改走自己真正想经历的旅程，
一路都有这些勇敢的作者相伴。
当时被人们误解或是遗忘的作家，
在我们经历过生命沧海之后，终于都读懂了他们当时的远见。

《小王子》，帮我们在孩提时就储备好了，
这一生所需的梦想。
《切·格瓦拉传记》帮我们在青春期就储备好了，
这一生关键时刻的革命勇气。
《庄子》帮我们在起航时就储备好了，
这一生惊涛骇浪时所需的转弯智慧。

书永远在彼岸等我们，
它永远最有耐心，等着我们拿起它，快读，慢读，停下，
合上，忘了，抛弃——
它还是继续等着，等你恋爱，又失恋了，
等你经历了更多的生命风雨，

等到有一天有人向你提起了它，等你再度翻阅它，体验它，
等你再度在它身上找到新生的力量，
书是你一生旅程中，永远不离不弃的好友。

去吧！去书店找一位带领你冒险到明天的作家，
去书店找一本转变你未来航道的书，
让书在你的黑暗中点灯，让书为你的寒冬中添烧温暖，
让书带你体验无重力的飞翔！
你所选的书，就是你将成为的人，
诚品 2007 读书节，7 月 6 日至 8 月 19 日期间
将在全省 46 家诚品书店，亲眼目睹你的惊人转变！

7月·8月·9月·10月·11月·12月

7月

慵懒的热暑，

很适合信仰一种蓝色。

买几本清凉洗脑的书，

在仲夏夜的凉椅上吹风，

愉悦地

享受依然故我。

8月

父亲从我们很小的时候，

就教我们认识这个世界。

现在，

就让我们带着几本新书的知识，

谢谢他，

让我们诞生在这个趣味无穷的

大千世界。

9月

与家人约好在中秋，

一如往常

例行团圆。

这次我打算带几本

重量级的好书，

走在月光之下，

衣锦还乡。

10 月

一触即发的烟火，
指出了我们仰望的方向，
点亮了南台湾的知识文明。

全部的人都在用灵感庆生，
你在书店
就可以捡到满天满地的灵思片羽。

11 月

苏格拉底点了第一根蜡烛，
柏拉图吹熄了，
亚里士多德接着许愿。

让我们切着知识甜蜜的蛋糕，
一起向诚品台南店说，
生日快乐！

12月

台南没有雪，

还不必用到火炉的圣诞节，

我们仍可以围上围巾，

在火锅

及一支雪白的牛奶棒冰之后，

抱着一本书

取暖。

让我们感谢，一起许愿圆梦的18年时光！

2007年3月23日至4月16日，诚品18周年庆，
邀您一起来重温我们的梦想足迹！

人的伟大，在于他是桥梁，而非终点。
那些心胸宽阔、不需求感谢的人，
他们永远在付出，而未尝保留。

——尼采

18年前还在台北仁爱路圆环的诚品，
无法想象18年后，
会有怎样的风景与规模。

18年梦想的里程，竟是如此不可思议之遥——
眼前本来只有200公尺的视线，
凭着对明日无私、无惧、无畏的信心，
一步步地坚定向前。

无以数计来自全球各地的文化人、影音图文、生命作品……
在诚品汇流集散，形成一股生生不息的能量圈，
如今北到基隆，南抵屏东，46 家店遍地开花，
影响了上千万曾在诚品看书、喝咖啡、听演讲、欣赏艺术、
添购新生活的人，
也改变了他们往后的生命。

诚品 18 岁之美，
在于她是桥梁，而不是终点，
在于你的陪伴，而未曾离开。
2007 年 3 月 23 日至 4 月 16 日，让我们再度相聚，
一起感谢 18 年的圆梦时光，一起庆祝 18 年的生命丰收！

18岁独立宣言：我，一个创造者诞生了！

诚品18周年庆，2007年3月23日至4月16日，
与全世界分享：18岁巨大的梦想创造力！

18岁，
不是比17岁大一点这么简单，
那是一种神圣的声明，
等于向全世界宣告：
从今以后，我已经完全独立了！

我可以百分之百地决定
之后人生的每分每秒
可以做什么、值得拥有什么、
能为这个世界带来什么非凡的惊奇！

当我想去旅行，就是背起包包走出门就好。
当我想跳舞，所到之地就是我的舞台。
当我想去爱，每个人都是我的恋人。
当我想唱歌，全世界都是我的听众。

当我想要自由，眼前每一条都是我的路径。

当我想去梦，整个宇宙的能量，都绕着我的梦成真！

不需崇拜偶像，不必听命于谁，

当我决定开始对自己的命运负全责，

当我全心聆听自己真正想要什么，

此时此刻，就是我思想最有力量的时候，

整个世界都会听我的。

活着，做自己，随心所欲，就是最大的成就。

把自己活成一个最神奇的创造者：

从无到有、无所不能、心想事成，

活出最美好的版本，

好到不想跟其他人交换我的人生！

这个世界，

因为我18岁，

因为我无上限的想象力、我的无穷尽的活力，

已经变得很不一样了！

F

欲望合理化·集体利益·价值重新理解

原来每个人都这么友善，大家的关系可以这么好。

脑力决胜论：1000元价值之重新理解

1000元买不到一副眼镜，

却可以买到比尔·盖茨的眼光。

1000元看不到几次心理医生，

却可以买到一辈子受用的EQ智慧。

1000元请不到一位趋势顾问，

却可以买到爆米花报告的未来商机。

1997年新局势当前，脑力决胜未来。

企业取代学校，唯有加强公司内部人员的学习能力，

才能因应变局。

想丰富财库，必先充实智库，

诚品图书礼券是你精神犒赏员工，再造企业生机最好的选择。

1000 元价值之重新理解

为什么公司成员智商都在 120 以上，团队智商只有 62？

为什么 70 年代 500 大公司，在 80 年代有 1/3 销声匿迹？

为什么大型企业平均寿命不到 40 年，只有人类寿命的一半？

——《第五项修炼》

1000 元的最大边际效用，可以是图书礼券的形式。

以老板丰厚的“才”力，开立有价的智慧支票，

以书香代替铜味的智慧加岁钱，和平转移老板的智慧财产权。

生生不息的知识，

让员工成为最有价值的球员！

新欲望法则：兑现图书礼券的 12 种方法

1 月 1 日，兑现村上春树的弹珠玩具，

2 月 14 日，兑现罗兰·巴特的恋人絮语，

3 月 8 日，兑现西蒙·波伏娃的女性自觉，

4 月 4 日，兑现小王子的想象力，

5 月 5 日，兑现聂鲁达的灵感，

6 月 6 日，兑现波德莱尔的忧郁，

7 月 7 日，兑现莎士比亚的爱情，

8 月 8 日，兑现傅雷的家书，

9 月 16 日，兑现张爱玲的一生，

10 月 10 日，兑现加西亚·马尔克斯的秋天，

11 月 11 日，兑现米兰·昆德拉的玩笑，

12 月 31 日，兑现卡尔维诺的世纪预言。

延长送礼的有效期限，

取代入口即化的蛋糕，及美丽不过 3 天的花束，

一年 365 天，全省 11 家诚品书店，

随时均可兑换一生智慧的即期支票。

诚品图书礼券，让您的心意在字里行间，陪他 / 她一辈子。

1000 元为梦想之本

1000 元，能让一个人享受几小时？

1000 元，要一个人为它付出几小时？

一张 1000 元能怎么用？

很多张 1000 元又要怎么花？

把图书礼券当成支票，就有很多的想象空间。

兑现的时间是自由的，兑现的地点是自由的，

兑现的内容是自由的。

能在不朽和缓慢之间选择米兰·昆德拉的自由，

能在弹珠玩具和发条鸟之间选择村上春树的自由，

能在天母中山北路和屏东中正路之间选择诚品书店的自由……

1000 元的礼券，因自由而有无限的价值。

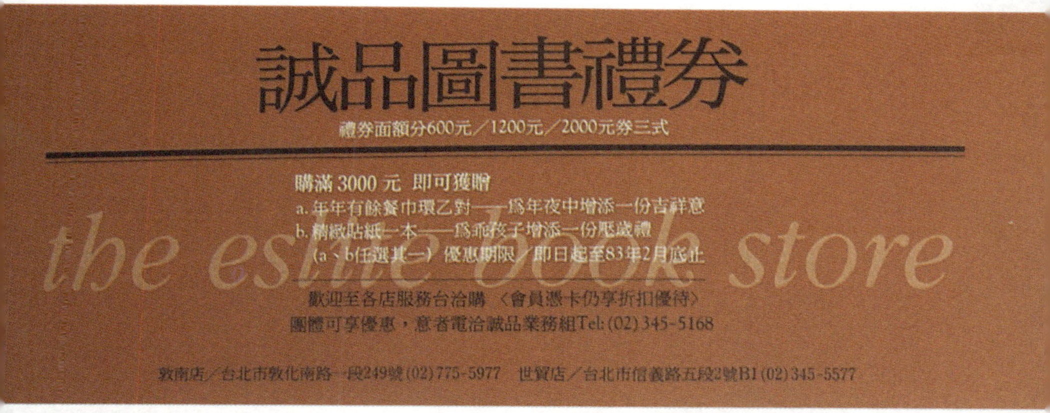
誠品圖書禮券
禮券面額分600元／1200元／2000元券三式
購滿 3000 元 即可獲贈
a. 年年有餘餐巾環乙對——爲年夜中增添一份吉祥意
b. 精緻貼紙一本——爲乖孩子增添一份壓歲禮
(a、b任選其一) 優惠期限／即日起至83年2月底止
the eslite book store
歡迎至各店服務台洽購 〈會員憑卡仍享折扣優待〉
團體可享優惠，意者電洽誠品業務組Tel: (02) 345-5168
敦南店／台北市敦化南路一段249號(02) 775-5977 世貿店／台北市信義路五段2號B1 (02) 345-5577

誠品書店
誠品圖書禮券
禮券面額分 600元／1200元／2000元券三式
團體可享優惠，意者電洽誠品業務組Tel: (02) 345-5168
歡迎至各店服務台洽購〈會員憑卡仍享折扣優待〉
天母店／台北市中山北路七段34號1-3樓

当蝙蝠飞完时——《诚品阅读》期待您的回声

蝙蝠，没有视觉，
凭着场域回应的声讯辨认方向，
如果环境过于复杂，信息过度混乱，
它会撞壁受伤，

如果四周太过空旷，所发出的声呐得不到回应，
它也会找不到方向，横冲直撞。

经营四年的《诚品阅读》选择停刊，
我们只是想停下脚步，
在空旷的场域中，
渴求阅读环境的回声及您主动表达的强烈讯息，
好让我们更易辨认以后的方向，
为了下一次，更完美的飞行……

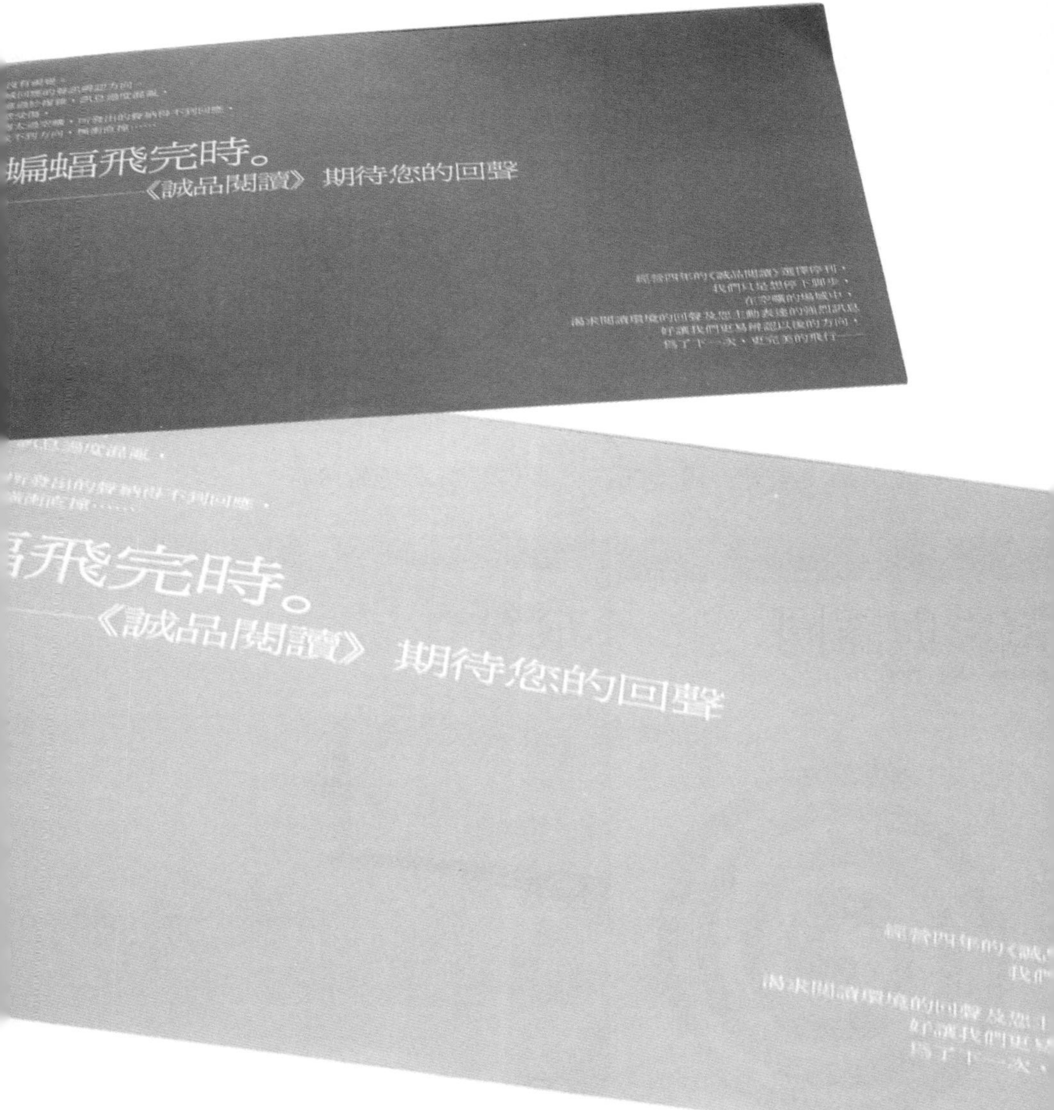
蝙蝠飛完時。
《誠品閱讀》期待您的回聲

《诚品阅读》——期待你的回声

《当蝙蝠飞完时》是一部电影的名字。当时非常迷恋这6个字所组成的无声意境，像是在安哲罗普洛斯的《雾中风景》里。直觉想用《当蝙蝠飞完时》来做这次主题的包装，蝙蝠在太空旷或太复杂的场域，会因为找不到方向，或是回应太乱而撞壁受伤，就像出版市场，不是没反应要不就是信息紊乱，轻易地将一本好杂志夭折。

说再见一向不容易，没有人能保证以后是不是有机会再见。正因为太多变化未知，那种也许可能不能再见的可能，让“说再见”挟着一份不舍之情。

当蝙蝠飞完时，阅读沉寂，我们仍渴求您的回声。

《诚品阅读》各期主题回顾展

没有椅子，咖啡馆挤得使我们无法分离。

越过音乐和音乐拼图的分界河，

去同性恋的书店送信。

爱情翻开，

风打翻了一整座的艺术村；

所有的文字四散，只留下一条路，

和一件不再悦己者容的美丽服装。

没有电影与认同，

我穿越孤独，

以读酒的忧郁飞行，

用时间忘记激情，没有成功，

空洞的目光有如家变后的和平。

改行做女体摄影的卡蜜儿说：

再给我一个名字吧！

我要表演成罗丹。

在艺术节的夏天中，

当蝙蝠飞完时，

以最动人的回声，向永恒告白。

《讲义》杂志读书会文案

读一段文章，交一生朋友

余秋雨说，学生读书要静读，才能默默体会，
毕业后人生感受虽然成熟，
阅读上反倒处境孤立无援，
这时就要多找机会和人交流读书信息。

知识，有循环才有活力；
智慧，因流通而倍数增值。
《讲义》，一本行走台湾人精神领域十多年的杂志，
规划出一连串主题读书会——
交流加强感应，交谈共掘深度，
一本书，加了每位读者的人生阅历，
将有不同的解读力道，和生命质地。

《讲义》请您密切注意每一场精彩的读书会谈，
让我们一起以书香广结善缘，
读一段一生受用的好文章，交一生为伴的好朋友！

《讲义》杂志读者茶叙文案

真情煮沸，茶言观色

以虚心的壶，滚烧百度的热情，
先冲去茶叶和初见面的青涩，
再加一次热水，
让每位对《讲义》的珍贵意见，
如同叶片般舒展开来；
融会一段时间后，
借着严格的期许，过滤余渣和缺失……

茶，和诤言一样，能明目、善思、去腻、清心，
得之则安，不得则病。

烹茶需甘泉，解文需善友……
《讲义》因茶而满室生香，因您而改善更好，
春季读者茶叙，
茶已备好，期待您的亲临指教！

《讲义》杂志禅坐活动文案

学习禅坐，是你一辈子能给自己最大的礼物

在地小人稠、过度复杂的环境里，
有限的生命都消耗在无尽的不满、焦虑、追逐和争夺上；
朝九晚五慌动不停的脚步，心都忙得没有时间沉淀杂质，
碌碌一生究竟赚到了什么，失去了什么，
人，为什么总是把最珍贵的宁静留在死后？

宁静，是让生活越来越简单，
智慧，是让自己越来越有力量。
佛教高僧说，练习禅坐，
是最好、最快、最有效的清静觉悟之法。

讲义堂的禅坐会，在你最想安静的时候，
留一个位子，让你把心带回家；

不管你是年轻、中年，还是老年，

学禅，永远不会太早，也不会太晚，

现在，是你一生中最好的学禅时机！

《讲义》杂志登山活动文案

看一段好文章，走一程好山水

您多久没爬山了？

张潮说：文章是案头的山水，山水是大地的文章；
山，不是死了万年的标本，而是活了万年的生命。

走过《讲义》的人文山水，
更要走进自然留给我们的大山大水，
因为山可以提高我们的视野，水能加强心灵的景深，
让急促不安的呼吸，和静立十年的大树一起吐纳，
让匆忙奔波的脚步，与千年沉叠的土地一起脉动。

讲义堂登山会，请您起个大早，
与同好们一起走进：大自然横亘万年的人格学校，
探访书本之外的人文山水，走进生生不息的第一现场。
以年轻的力行脚力，走中年的宽广格局，
享受老年的无限豁达！

富邦讲堂，夏季尖峰供电中

在这个比速度、比带宽的高度竞争时代，
面对突来的舞台、机会、变局，
一个人数十年的经验、智慧被科技商业大量消耗殆尽，
资产一夕之间被掏空的能源危机，
哪里找得到源源不绝的精神矿源？

富邦讲堂，延揽八方功力深厚的师资，每周发功给你，
做你关键决策的宝贵智囊团，按节气供应
网络世纪的四大能量：创意、人文、美学、游移的行动力，
有效率地提供高单位的补给，
让你在四处挤兑脑力的科技时代中，
游刃有余。

讲堂指示一

20 世纪初，一群艺术家在巴黎汇集，我们想知道的是，

当时的文明如何刺激他们源源不绝的创作分泌?

而这些基因，在 21 世纪初的今天，还有多大的新效益?

讲堂指示二

身为中华文明的后裔，经过几番华洋杂处之后，

我们还保有多少美学的血统?

是否可以从中国的古书画工艺中,找到一点前世不可自拔的感动?

讲堂指示三

身体在空气中流转，一种极美的动能，释放了不安的灵魂。

我们想要凝视，每秒姿态之下，每一门值得深究的灵魂力学。

讲堂指示四

洞穴是上天给的，自我们被逐出伊甸园后，

建筑师开始建构有温度的城市，收容被放逐的情欲，

让亚当夏娃的感官，有一个不再被诅咒的人间天堂。

讲堂指示五

明天是用来想象的，对于科技时代，

我们必须跟上东京最 Top 的展示，

从影像流光中找到一辈子的快感，除了创意，

我们只能用魔术应对。

讲堂指示六

流行是一种预言，预言一种信仰的可能，

预言一条众人追随的路径，

预言一种风格，一种特别色，一次大规模移民的风潮。

希腊罗马时代开始雌雄同体，僧袍与修女从中世纪活到现在，

至今仍走在英国的伸展台上。

关于性别与服装，你得学会语焉不详，

超现实是一种很好的现实梦境，永远符合未来的期望。

讲堂指示七

在每个观光景点之前，人人都自许为摄影师。

一台相机宣示到此一游的存在证据，

除了用安全感浪费底片之外，

我们该再多学点美的本事，即使是一台不具专业架势的拍立得，

只要是会说故事的导演，就可以有一张充满剧情的杰作。

讲堂指示八

在越来越快的科技时代，我们想起了老子、庄子、逍遥游。

自强不息的入世肉体，有一个疲累至极的灵魂想出世，

我们找到一个人，她会带你去一个地方，暂时隐居几小时。

讲堂指示九

历史上第一次从封建出走，道德解禁的心灵革命——

六朝的灵魂都醒了，好恶爱欲解冻之后，都鲜活起来开始写诗。

在城市里迷路的我们，需要这股强大的力量，洞悉生死的迷障，

遇见久违的自己。

讲堂指示十

好玩又停不下来的DNA，永不满足的味蕾，

要有一座可以玩到忘了回家，足以体验酸甜苦辣的城市天堂。

茶、咖啡、酒是研究对方心理的最好线索，

享乐是明天会更好的生存法则。

想要成为一个自得其乐的城市玩家，你得学会一些新游戏态度。

讲堂指示十一

我们要目睹一件艺术，

从一个人的身体里激动地走出来的分娩过程，

就到艺术家工作的第一现场吧。

这是一次虚拟现实的灵感旅行，

我们已请到最好的导游全程陪你。

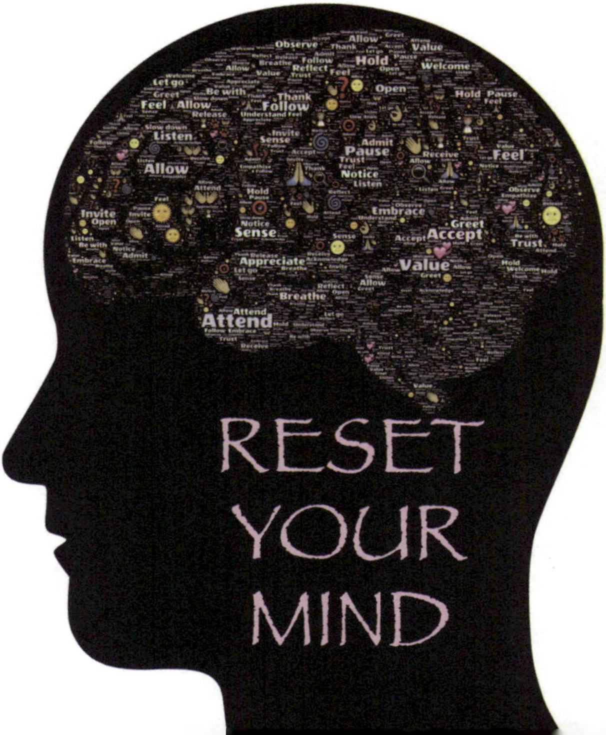

我们应该把每一天，献给艺术所带给我们的每一场生命奇迹

时间

在我们的生命中有若干个凝固的时间点，

卓越超群、瑰伟壮丽，

让我们在困顿之时为之一振，

并且弥漫于我们的全身，让我们不断爬升，

当我们身处高处时，激发我们爬得更高，

当我们摔倒时，又鼓舞我们重新站起。

——华兹华斯（引自《旅行的艺术》）

人生是一场美丽的旅程，在每次不经意地驻足时，

艺术便在我们眼前，慷慨地展现一望无际的惊奇。

富邦艺术基金会自 1997 年开始，

已经举办了上百场的展演与讲座，

所有由精彩生命所分享出来的惊喜，

已经在上万人的生命中，埋设了几个重要的时间点，
在他们心灵需要蜕变或升华时，
悄悄地发生了作用。

富邦艺术基金会不只是一个艺术展演中心，
而是一个让生命交相激荡的场域，
每日每夜，进行着希腊哲学家所谓的“实践的幸福”。

创意

我的感官需要重新调整，来体会夜晚里坚实土地，

风的感觉，以及沉静的声音。

——阿兰·德波顿

创意是什么？

就是换一个全新的目光看世界，

就如同普鲁斯特所说：

真正的发现之旅，不在于找寻新天地，

而在于拥有新的眼光。

以一种新的高度、新的速度、新的向度望着我们的生活，
一年不再只有四季更迭，一周不再只有日夜交替，
一天不再只有 24 小时生灭，
我们可以用佛罗伦萨的月光，布置家的温馨，
用济慈的眼光对待情人，
踩着马勒巨人交响曲的节奏去上班，
以伦勃朗画一幅人像素描的时间，端详家中的老奶奶……

富邦讲堂，请了建筑、艺术、美学、
宗教、文学、旅行、美食……
各领域的名人，
为我们看世界的眼光，做了一场场生动的导览，
于是单调不变的视野转换了，
我们的日子突然变得丰富多彩。
新的意义从我们旧的观看模式中挣脱出来，
这是他们为我们趋于常轨的生命旅程，
所做最大的革命与冒险。

艺术

伦敦是没有雾的，因为惠斯勒把这雾画了出来，伦敦才有了雾。

——王尔德（引自《旅行的艺术》）

艺术，以一种独特的生命形式，
传递着艺术家从灵魂底层蔓长出来的情绪与价值，
引发了我们灵魂深深地颤动。

霍姆斯说：伸展至新思想的心灵，
绝不会再回归其原先的视界。
艺术家眼中的世界，是如此的与众不同，
于是我们有了一双奇迹般的双眼，
有了一张全新的生活地图，
就如同伊塔洛·卡尔维诺在《看不见的城市》所写的：
艾斯玛拉达的居民，免于每天走同一条路的厌烦，
在阶梯、驻足台、拱桥、倾斜的街道之间上上下下，
每个居民，每天可以享受从一条新路，
抵达相同地方的乐趣。
富邦的艺术小餐车，

已经为我们上了非常多道庆典般的灵魂飨宴，

艺术以各种新鲜的形式，在人与人、人与城市间流动着，

让我们在没有规则的梦境中，尽情尽兴地游戏着。

气味

一阵突如其来的香气，唤起了波戈诺山区湖畔的童年时光……

另一种气味，勾起了佛罗里达月光海滩的热情时光……

第三种气味，让人忆起全家人团聚在一起的丰盛晚餐，炖肉、面条布丁和甜薯。

——黛安·艾克曼（引自《感官之旅》）

艺术，以一种无条件的美，
将你与他人形成一种感动的联系，
这个世界便以超乎你的想象方式，展现出她的大千风景。

这里不再是博物馆，
是一个可以听到呼吸与话语，
可以闻到人与作品气味的艺术市集，
世界上没有比气味更容易记忆的了。

在这里，我们都变成了好奇好动的孩子，
眼前的一切，都成了爱不释手的玩具，
就如同英国桂冠诗人曼斯斐尔所说：
在快乐的日子里，我们变得更聪明。

FRESH FLOWER WAREHOUSE

明星经典

从 1949 年红到现在的传奇美味！

1949 年，那是一瞬间创造最多明星的时空！
从俄国、上海，到台北，
Astoria 跨越边界、穿透记忆，
成了永不可被磨灭与取代的经典美味！

1949 年，简锦锥与俄国沙皇侍卫长乔治·艾斯尼等 6 位白俄罗斯皇族后裔，把记忆中的美味，从上海霞飞路延续到台北，在武昌街开了“明星西点面包厂”，由白俄人的妻子提供食谱，烘焙出许多经典的西式糕点。1950 年，在面包店的二楼开了“Astoria”咖啡馆，Astoria 就是俄文的“明星”之意，让刚出炉的俄式甜品、沸腾的咖啡香、柴可夫斯基的高昂、人的兴奋梦想……一起在这个空间里，激荡出无数个改变全台湾的经典灵感！

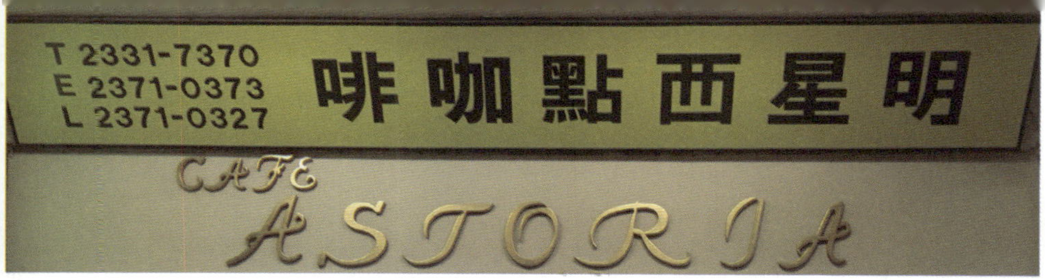

楚戈的画、林怀民的舞、周梦蝶的诗、黄春明的记忆、白先勇的故事、王祯和的小说、侯孝贤的电影、赖声川的剧本、李泰祥的音乐、季季的理想、龙应台的省思……都从“明星”的气味里蕴生出来，这里就是台北最丰沛的灵感发源地。简锦锥没想到，在这个全台北第一家咖啡厅的小小空间里，居然演化了一部台湾艺文创意史！

周梦蝶、黄春明、白先勇、七等生、林怀民、侯孝贤、赖声川、陈映真、刘大任、李泰祥、楚戈、龙应台……这些经典人物，至今还在影响着我们。

60 年一周期，这里即将再度复兴一个新的明星时代！

明星以经典的口感与气味，
把上个时代的创意爆发力，
通过你的六感，风华继承！

“明星咖啡屋”仍保留这个全台湾最有创造活力的空间，老师傅的手艺继续烘焙出触燃灵感的美味。等你来这里点一杯，可以写出撼动下个时代故事的俄罗斯咖啡；等你来尝一口，灵感可以穿梭时空的松露巧克力蛋糕；等你来含一枚，梦想可以瞬间成真的俄罗斯雪国软糖……这些口感与气味，都是启动创意最大的触媒。

明星咖啡屋的明星商品，保留明星风采的气质口味：
绵密入口即化，
蒋方良、摩洛哥王妃格蕾丝·凯利最爱的天使巧克力。
德式巧克力蛋糕，是白先勇在台北最甜蜜的记忆。
陈映真、黄春明最难忘，
以上等里脊肉为食材的明星肉丝炒饭。
加桂皮与丁香的俄罗斯咖啡，
是赖声川、林怀民启动故事灵感的气味触媒。
以极品核桃、葡萄干、桂圆
所凝成的爽口老俄核桃糕与明星纸盒，
让创意人许舜英爱不释手。
香软不腻，馅料扎实的凤梨酥，
荣获 2006 年台北原味凤梨酥大奖的明星光环。
酥脆香醇的手工饼干，是蒋徐乃锦难以割爱的幸福时光。

《优家》杂志三刊形象文案

最有魅力的女人，把典范都留在这里了！

修身

身体是心灵的殿堂，必须美丽。

所有文明的不老秘方，

都在这里出土。

身体是心情的风景，也要换季。

春卉、夏浪、秋枫、冬雪，

都在衣衫展演。

最有魅力的女人，把典范都留在这里了。

她们旺盛充沛的自信，

刺激我们美丽荷尔蒙与时尚激素。

“修身”就是吸引目光的伸展台，

一翻开，就让你爱上自己的独一无二！

齐家

女人，是一整个家最重要的心灵地基，
支撑着男人、孩子、兄弟、父母公婆。
她的智慧可以调解家里的大小纷争，
她的知识可以解答每一个人的疑惑，
她是全家最安定的精神支柱，
也是最能倾听的心灵咨商师！

家，是与所爱的人一起建构出来的小宇宙。
有创造力的女人，就是生活的缪斯。
她佐花入菜，以惊喜料理三餐。

有美学风格的餐具、花器、家饰、床单，
全是她发挥艺术天分的生活舞台。
她是全家人的生活导演，
也是幸福氛围的空间设计师！

她懂家庭医学、节气养生，
比任何一位医生更关心全家人的健康，
义不容辞照顾家门外需要帮助的人。
她的母爱还扩及地球，源源不绝，
她是这个星球最有责任感的守护者！

每个有生命历练的女人，
内心必须够强大，但也都需要被支援。
“齐家”就是每周最高单位的能量补给品，
是你最重要的智囊团，给足全家人所需的新知，
也是你生活的创意来源，为家增添世界级的灵感，
更是你最强大的精神后盾，为你分担重担，为你的幸福保鲜！

游天下

女人从厨房走到办公室，还继续走向全世界！

赴京都为女儿找到樱花的发饰，
去希腊为家找到爱琴海的颜色，
到印度为自己找到心灵的安定，
在巴黎为爱人找到浪漫的惊喜。

所有梦想探险的地方，“游天下”都先帮你踩点。
每周六我们约好，不带护照，不拎行李箱，
就带好奇心，跟着我们一起环游世界！

《周末画报》形象文案

每七天就是一个全新的时代，
每一页都是中国的现在未来式！

这个世界变化太快，

很多东西还来不及命名。

每七天就是一个全新的时代，

每一页都是中国的现在未来式！

没有经纬度的隔阂，没有时差的框限。

台北、东京、伦敦、米兰、巴黎、纽约、墨尔本……

近到就在前后两页，一翻页就跨到了南半球！

“新闻”是望远镜，从欧美到中东，带你目睹第一现场。

“生活”是透视镜，从宫廷宴到法国菜，邀你享乐当下 。

“城市”是广角镜，从上海到台北，随你转机过境场景。

“财富”是放大镜 ，从黄金到外币都是手中的无限筹码。

这不只是一本有角度、态度、深度，

而且还是最有速度的精英读本！

来不及预言的国际政经动向，刚捕捉到东西文化风潮。

关于全球变局的蛛丝马迹、人与物的最新情感……

我们都以第一手采集情报，交到每一位意见领袖的眼前！

iWeekly:Picture of the Day 形象文案

你只需滑动手指，就能让地球绕着你自转！

当我们选择了 iPhone、iPad，
我们就自主决定了冒险的非凡血统，
包括我们看未来的态度，
都敢与众不同。

拿回知识的优先定义权，
连接世界云端。
直觉就是我们的阅读途径，
文化、风尚、情感、极客、美食、乐活，
全球的知识，在这里都有了新的分类档案库。

我们把全世界美好的文字与视觉激动，
设计成一页页的橱窗，浓缩进了你的 iPhone。
你只需滑动一下手指，就能让整个地球在你面前，
以你想要的速度，绕着你自转！

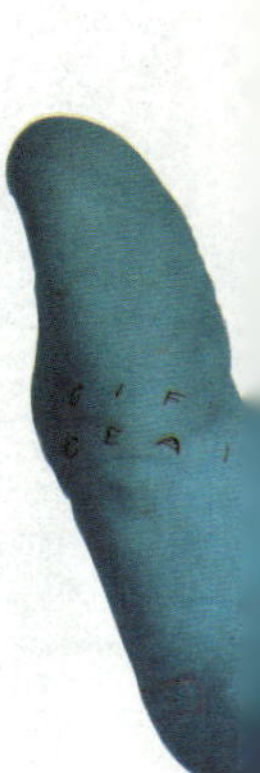

上海、北京、广州、全球，

这是世界的新界面，

也是最鲜活的纸上精品盛会！

《商业周刊》（*Bloomberg BusinessWeek*）形象文案

预言未来的最好方式，就是由你亲手创造它！

你对金钱的看法，决定你与金钱的关系

为了看清全球的财富流向，

我们深入东莞的工厂、温州的钱庄，

挖掘鄂尔多斯的能源、非洲的石油

以及澳大利亚的中国移民，

观察腾讯与淘宝怎么创造下一代的新花钱方式，

追踪 iPhone 与社交网络如何连成了全球网络经济体。

你看世界的角度，决定你与世界的关系

视野决定财富格局，我们从纽约请来最权威的财经专家群。

152 个新闻分社、2300 位专业记者，

以复眼看透每个观点，不留视觉死角，

从鹰眼看清来龙去脉，洞悉因果关系。

借他们的世界广角镜，把你带到地球之上，

宏观欧洲的风险、分析美国的走势，

微观亚洲的牵动、特写中国的机会！

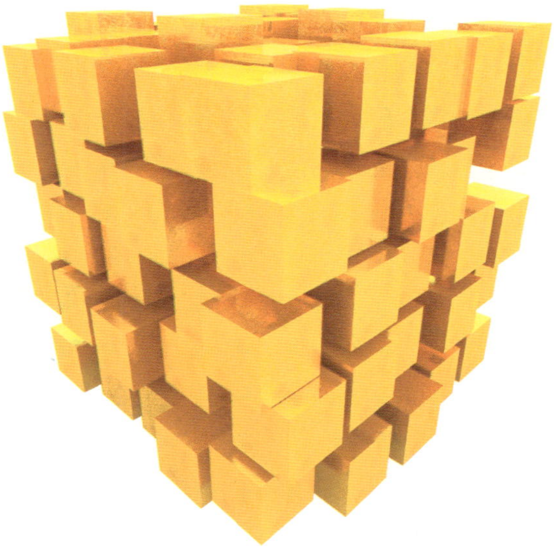

《生活》杂志形象文案

每一页的壮阔，他们都活出来了！

这里的美没有欲望、没有野心，
大风大浪过后，壮阔而淡然，
人的时代。

历经风霜的人很美，
每一页的气度，他们都活出来了；
发生故事的地方已成历史，
每一页的顿悟，他们都拍下来了。

这些美必须放大，文化的厚重必须留下，
永恒的经典，我们以超大开本展示出最美好的年代，
每一页都是博物馆收藏级的尺寸，
在中国的大街小巷，每个书报摊都占有一席之地。

当代最真实的呼吸、声音、气味、脚印、光影……

所有感动开始发生或是结束的现场，

你只能以灵魂深度阅读

《生活》杂志里的“质”地有声！

《艺术界》杂志形象文案

把中国最繁荣的版面，
留给这个世界上最美好的事物！

美不是你锁定的目的地，而是一种能量通道！

王尔德说：伦敦是没有雾的，
因为惠斯勒把这雾画了出来，伦敦才有了雾。
一旦你的感官染上了艺术的激情，
你的世界就从此与众不同。

东西方的美学典范，我们每期都会重新改写标准。
全球还没被写进当代史的前卫艺术家，
在你眼前优先成为最新鲜的经典。

雕刻、绘画、文本、装置、影像、行动、
笔触、色彩、观念、主张、评论、人的精神状态……
中国最繁荣的版面，留给这个世界上最美好的事物。

《LOHAS乐活》健康时尚杂志形象文案

天人合一不是退休后的境界，
而是你现在乐活的每分每秒！

你怎么过今天，就怎么过一生！

决定不再抱怨了，
从现在开始打造自己想要的生活：
身为绿色牧民，
你对时令节气比汇率更敏感，
对植物品种比股市更熟悉，
坚持选择绿色能源，
你就是新生活的创世者。

我们是自己的有巢氏，
回到开天辟地、原始的纯净无染：
找最干净的土地、环境、水源、食物，
把有机的品种拿到自家阳台来栽种，
建立居家微生态体系，决定温度湿度气候，养蜂养蝶。

厨房就是绿色博览会，
罗勒、马鞭草、柠檬、迷迭香、欧芹、
甜叶菊、薄荷、西红柿、百里香、月桂叶，
全世界的茂盛都移植到餐桌上，摆成了花园盛宴。
每一道菜上桌都是经典，永恒地留在味蕾记忆里。

我们是自己的神农氏，尝百草，慢慢活，
深知体质穴位，对于保健汉方与植物疗效非常娴熟。
只让当季食物天然调理我们的感官能量，增强免疫力，
以胶原蛋白修复情绪压力，更新我们的身心周期。
除了好眠，你还可以决定今晚梦的味道：
甜橙、薰衣草、洋甘菊或是杏仁。

大自然的季节就是生活庆典，
日夜进行着希腊哲学家所谓的“实践的幸福”。
天人合一不再是退休后的境界，
而是你现在《乐活》的每分每秒！

《新视线》杂志形象文案

当你有了《新视线》，
所有的旧势力都会知难而退！

波西米亚的颓废与布尔乔亚的奢华，
嬉皮的摇滚与雅痞的时尚，
就在左页右页，
既不颠覆也不和解。

愤怒与狂喜就在同一篇文章的情绪里，
你可以恨意与快感读这本杂志：
从电音派对到隈研吾的梦想竹屋、从庞克铆钉到皇室珠宝，
精神错乱的创意，永远脱离地球运行轨道，
最反骨的时尚，只挺另类的义气，
你的离经叛道总是撞到别人的目光！

前卫设计依荷尔蒙随意转向，永远停不下来，
创意江湖的底线朝令夕改，迷离又独特，
视觉系的末日奢华，比精英更理性，比禅师更神秘，

以艺术质疑一切勇气，

你必须冒险地读，因为它一直挑战你的禁忌。

现实是一连串不停翻页的超现实幻觉，

当你有了《新视线》，

所有的旧势力都会知难而退！

《大都市》（*Numero*）杂志文案

以中国视角，裁剪出法国最尖锐的流行风向图

从法国而来，高速飞驰过后，
时尚成了传说，变成了神话。
以中国视角裁剪出最尖锐的流行风向图，
御风御己。

时装，这个时代最大的创意产业，
风格，则是每个人可驾驭的身体帝国，
标志性的人物，从法国编辑室走向中国舞台，
每一页，都是一个人物的灵魂顶点。

原创是很奢侈的，像是婴儿的第一口呼吸，
刺激肾上腺素的视觉、有着浓郁气味的性感，
美丽是力量，也是都市适者生存的法则。

郁金香紫、珊瑚礁红、昆虫鸟兽、日月星辰、镂空流苏……
都随风走在布料上，
每一件时尚的衣与物，就是我们精心创造的微宇宙。

除了在香榭大道上展现魅力的女人之外，
今年最 in 的男性，
准时在春夏与秋冬演示两次，
他们的有棱有角。

这是一本为时装而生的杂志，也是全球时尚的发布基地：
巴黎时装周、古董拍卖会，
欧洲还没纳入博物馆的经典家具……
这些美的伸展台，你都在场！

《号外》杂志形象文案

在拥挤的现实与天马行空的乌托邦之间，就是《号外》

这个时代不能没有《号外》，
我们需要借着他们既锐利又诗意的双眼，
搜出躲在平凡生活背后，
那个璀璨刺眼的独特光芒。

每一处被感动的地方都经典，
美味透进了味蕾，巧思滋润了身体流域，
你以好奇心翻页，刷新了自己的梦想速度。

香港很小，
像是多面体的钻石，
全世界的样貌都映在上面。
高压城市下的节奏明快，没有一页是多余的，

同时批判也同步启蒙，同时创作也同步记录，
关于建筑、家具、艺术、设计、美食、文学、旅行……
在拥挤的现实与天马行空的乌托邦之间，
《号外》是法则，也是境界。

G

流行·众人·复活纪

所有跟人有关的场面，都是好玩但却是一场容易输掉的游戏。

你手上无论有多少副豪华的赌具，都不要再对人预言了。

流行是一种躁郁症，买到流行会很兴奋，流行过了会很沮丧。

流行是一种无可救药的出轨，见异思迁，总是背叛，

老是付不完的代价，收不完的账单。

流行生死学

流行是一群人在一夕之间成为电子鸡农。

流行是一群人想陪莱昂纳多・迪卡普里奥一起沉船。

流行是一群人和迈克尔・杰克逊一样忙着美白。

流行是一群复制成功的安室奈美惠走在台北西门町。

流行是 3 岁小孩身上贴有 30 岁大哥的暴龙刺青。

流行是一群受日本偶像剧教育的台籍日本人。

流行是一群穿直排轮鞋的现代哪吒出现在国父纪念馆。

流行是一群只知道星座不知道籍贯的新星人类。

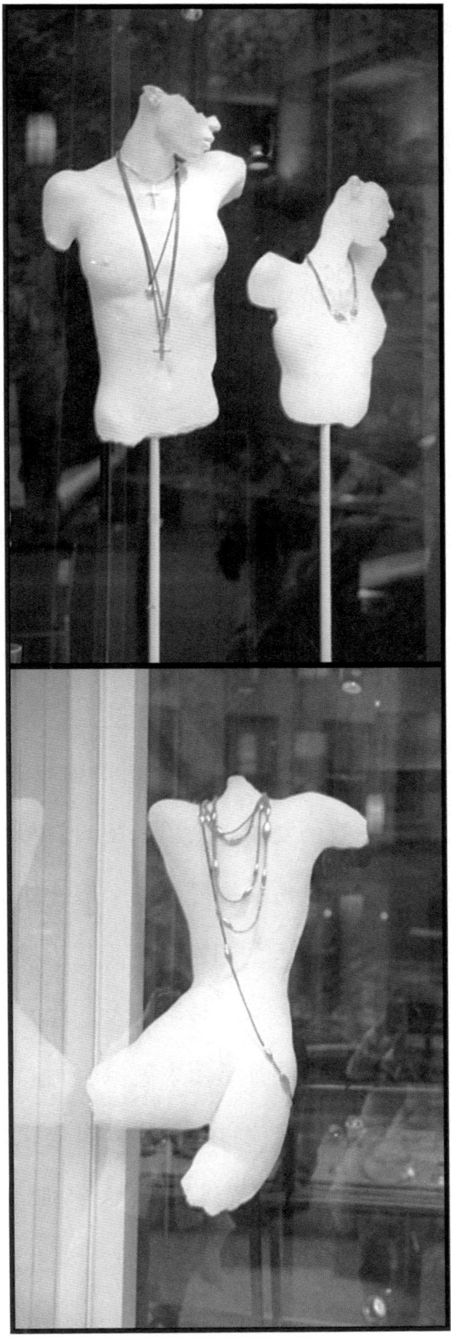

文案之外的异创作

寻找流行的性别取向

她很俊秀，常根据不同的实验性目的，和人或女人玩着追逐的游戏。

爱她的人平白地哭得死去活来，她有点阮玲玉。

在戏剧的画布上，她坚持用 Peter Greenaway 的电影配乐。其他人为一面画布的所有可能引入的一切图像自由度，只要诠释三度空间的、长方形银幕的一切设计，她一律不过问。

关于画布与银幕的相类性，她最杰出的演出，是在无时空的舞台上。她善于创造性别错觉，关于这点，在昨天下午就已被证实过了。星期天，她独自在话剧社办公室里看王尔德的书，平静而优雅，直到小夏的女友进来，她质问着小夏的女友为何背叛“同性恋”的贵族身份，去爱上一个俗气却不能满足她的小夏。她痛恨也看不起男人的粗糙，更无法忍受与自己相恋 3 年的女友另结新欢，而且居然还是个男人。她丢开王尔德，拿出抽屉里的美工刀（以前她都是用来做保丽龙道具）往自己的额头及手腕砍划过去，鲜血流过她的脸浸湿全身的白衣，一滴泪也没流。小夏的女友边叫边追她到山下，其他人冷漠地看着，就像在看一幕戏。

1992 年年初，她导一部“关于暴戾的冥想”。找一群异性恋的人独白关于“欲求不满”的内心戏，由于太写实，她（他）们一一变成了同性恋。社团里仍是男男女女，是成衣式的，是重新组合。

这出戏最后一幕是一个裸女（女衣架模特儿）躺在舞台中央张向观众，中间放一盆清水。其余的演员（男男女女）走向观众，给他们一人一把超级小刀，条件是把他们绑在座位上，他们居然全答应了。据说地球 1/6 的人是前卫剧的戏迷。导这出戏的她注定要伟大起来（她原本想亲自演出最后那幕裸女的部分）。

她暑假读完女书，在女娘的店里改写成一种真正的国际性电影语言，好把电影和文字、戏剧完全分离开来。为了纯粹，她与新女友合资电影片厂，导着一部一部没有生命的人的国度电影。电影片厂坐落在生活风暴圈中的一座孤岛上，女人与女人相交，摄影师与灯光师混种，嘴和脚，眼和舌头。

有女诗人在电影片厂里。

男人在风暴海洋上放行一只易碎的玩具船。

这个世界不再有小孩。

找到你的新安全感

跟 KITTY 猫共用一部手机。

与唐老鸭合穿一件毛衣共同取暖。

和米老鼠睡在同一张床上，不会失眠，

在家里养一只 GOOFY 狗，邻居不会抗议。

对女孩子温柔的史奴比，是你的恋爱顾问，

没有心机的小熊维尼，不会把秘密告诉别人。

当过救生员和总统候选人的芭比，比心理医生还了解你。

穿上彼德兔的袜子，可以带你找到好心情。

寂寞的城市，不孤单的生活，

找一个卡通人物做你的代言人，比用 12 生肖还有趣。

在 CARTOON PARTY 无国界的卡通世界中，

每个人都找到了新的生活方式。

童話建國・歡迎光臨娃娃屋
童話建國北路
獅子王行政中心
小紅帽專賣店
幻想捷運站
宮崎駿的天空之城
紅豬機場
歡樂復興北路
金銀島國庫所在地
KITTY美儀中心
青蛙王子變身中心
加菲貓眼袋處理中心
哈拉瑪莉復健中心
木偶奇遇市場
米奇米妮共同投資的國賓飯店
阿拉丁百貨公司
小甜甜健保局
快遞魔女宅急便
比德兔的田園餐廳
史奴比傢俱店
糖豆先生的糖果屋
安徒生大道
【童年歡樂定理】
童年的歡樂資產計算方式如下：
(爸媽與孩子幸福的平方和)²
＋玩偶的想像力×放假的天數÷課業的壓力
欢乐无限循环数
＝童年
格林童話大道
美人魚游泳訓練中心
小熊維尼假日花市
一〇一夜市
蝙蝠俠夜PUB
ET電信局
頑皮豹歡樂城
海王子水族世界
灌籃高手運動場
芭比女生宿舍
芭比學院
歡樂復興南路
忍者龜EQ訓練學校
一休和尚寺廟
一〇一忠狗公園
童話建國南路
睡美人寢具店
愛麗絲仙境戲院

广告是所有人一生的必修课程

学行销

用科学的方法，在最快的时间内，

找到自己无可取代的人生位置。

学摄影

在电影院中学风格，用镜头练眼光，

除了看面相之外，让自己比以前更会看人。

学市场

喜欢服装，又爱电影，迷恋乔丹，又对跑车疯狂。

来不及等轮回，又没本钱当演员，

想试遍 365 行，广告让你熟练每种市场的吸心大法。

学公关

左右逢源才能面面俱到。

学几招到哪都能打通关的技巧，

把自己变得更友善是道德的。

学创意

为了激荡出与情人的新相处方式，

我们必须不停地动脑。

学美学

多一点美学常识，增加自己的可看性，比美容更有效。

学传播

为了不让猫在钢琴上昏倒，

你需要钻研更高明的沟通技术。

学电脑

学会在电脑上谋生的 99 种新方法，

现在申请电脑创世纪的原住民还来得及。

学趋势

向塔罗牌问明天的趋势，从水晶球看未来已经落伍。

用流行生死学预测蛋塔的寿命，

我们有能力预言自己的未来。

如果你什么都想学，以上课程，广告系都有。

我们不想只培养会做广告的广告人，

而是激荡出自得其乐的创意生活家。

用漂亮的手法，解决人生的问题，建立个人品牌，

广告系可以给你有趣的灵感。

无论你是谁，我们希望能在新学期开始之前，

看到你的加入。

附件：广告价值论

劳工以天计工资，

律师算谈话钟点，

网络以分计费，

广告以秒论酬。

以上述脑力换算金钱价值来看，广告是所有行业中最值钱的。

在文案之外的创作

关于广告系与广告之间

她是广告系的学生。入学第一天新生训练的下午 2 点 30 分，和 54 位新同学，看一卷广告艺术录像带。

录像带中的艺术共分成 7 个项目，各由 7 个产品分担各个项目。

（一）汽车——回旋山路 15 分钟、山崩、人体、夜、灯、风景。纯私人操控快感，有人想窃取它的孤傲。一种动的几何令人惊奇。

（二）球鞋——三个女囚犯罚跳操场 9 圈半，全市民 3 月活动统计表。一个 5 岁小孩跳 30 分钟的绳，旁白是：我要活在这个国家。巴塞罗那的人体极限艺术展览会场。

（三）别墅——千坪的地层肌理，孤独地块，隔间的切割近影。洞与洞之人间界线、一幅裸女印画、人性装箱、倒满颜料的地板。

（四）香烟——肢解的人体、同性爱、暴力美学、人走失在空气中、如雨的汗、苏朝栋投河自溺图、蓝丝绒、铁链。镜头与肉体贴近到可以摄入体香的程度。

（五）旅馆——理想的床、饮食男女、落地镜、照片曝光度、电梯楼数、侧门密道、三温暖。钱吊着一盒盒的时间空间。

（六）口香糖——最强音、狂野舞动的讽刺剧、阻街女郎、所有的人突然在一瞬间改变方向在中心点会合、死之舞、很多孩子。

（七）电视——肉眼机器、精密解剖素描、超现实水果、野兽派、从地球到一粒沙、灵与肉、阴阳质感、圣殿与不净物。

下午 3 点 45 分，55 位广告艺术新生上第一堂广告学。第一个练习题是，如果广告播出在台视八档连续剧的第一档，其奖学金的成本是台币 1 万元整，加上台币 1000 元的形象费，总共成本约台币 11000 元。看过这则广告的人可能高达数十人，加上 20 比 1 的比例计算，则销货的损益平衡点是台币 22 万元。这笔钱足够买两坪地，或是上打的 XO。以上均与艺术无关。

老鼠妊娠期 22 天、兔子 30 天、鼬鼠 62 天、土狼 110 天、山羊 151 天、狒狒 183 天、象 365 天，广告公司据说完成一个构想是 117 天，比山羊还快，却比土狼慢。有 3 个女生决定明天办退学出来开一家广告动物园。

剩下的52位同学丢10元铜板分组。她和7个男生分在“彩色古装片”组，光的新文化穿过历史并接受媒介的敏感度，造成三度空间彩色影片技术完美。关于“光的变态及光所写成的物体”则是该组初步决定的“毕业展览主题”。

她走入超现实。

她生在布尔乔亚国家。

创意就是超能力！

奇异博士能打开平行时空的虫洞，

创意人也会，

他们能向未来借愿景，

也能开启多维度镜次元的奇幻视界。

超体的 Lucy 能读整座城市人的讯息，

创意人也会，

他们通晓消费者的心，

也读懂客户藏在心底但说不出口的需求。

出神入化的魔术能力，

创意人也会，

他们能无中生有，

也能大规模在每一个人面前变幻万千。

创意就是无所不在、无所不能的超能力，

你只能专心练功，

金犊奖就是你进步神速的修炼场！

第 26 届时报金犊奖 2017 年度主视觉

音乐车速发表

以慢板步调缓踱在德沃夏克宁静的森林里，
以快板身影奔驰在几近完美的音乐极速中。
轻细的乐章涉过没有噪声烦心的溪水，
强烈的节奏畅行不拥塞的无尽旷野。

这是一条用音符装满无限风景的大道，
一条被欢愉的情绪感染温暖的路。

在一人独居的夜晚，
请以 70 分贝的精神，整夜不睡，
感受全场域的精湛腹语术，
或是送给善战的情人，
要求一夜和平。

0
20
40
60
80
100
120
140
160
180
200
220
km/h

广告之外的诗创作

主题：车
时间：夸父追日的同时
天气：暴力的高温

暴力，而且美。是车，很多车。很多男人、女人在马路上。闪躲，无助地痛哭，声音很大。暴力，无限暴力。

速度很快，追得上一个善变的女人。遇到跪在地上的歇斯底里，它装作没看见，就当这里永远是个天堂。

车一直在追，追一个美丽的影子，不美丽的死亡。我在看，看结局。看车累下来，我终于胜利。

车是人体，会亢奋，会死。人从栏杆上跳下，是鸟，红色。这年头没人走上街头，交通顺畅。警察开始写诗。

车太雄性。车开始爱上女人。女人可以有自己的街，没有黑巷的那种。男人快绝种，全堆在废车场，回收容易，消灭困难。

再过一天就不是 28 岁。倒数的日子，接近老年。哀乐老年，一个老人在谈男女的事。在公园，像是在宾馆。

我住台北，不是台北人。看不到水，听说所有的鱼都是美人。难为了台北的丑闻。

这座城太饱，早该绝食。阿琳今天请假，理由是子宫痛。子宫不再为了生小孩，成了多余，即将退化。蟑螂愈来愈多，愈来愈雄性。没有子宫，它们全变成车。车很多，还是很多，全部都没有品牌，大概是 NEW SENTRA。台北唯一的婴儿睡在车声中，他可以不夭折，可以等虐待。给大人一个罪名，入牢，可以不用担心住的问题。被罚，才可以找到自己。

全部的人挤在演讲厅，全部的车在路旁及路旁，花钱听台北的未来。全部的车被拖吊，一辆一辆，空空的无聊。总是要找很多个无聊堆在一起才不无聊。

车，很多，很雄性，全是蟑螂而已。

公元1999年·文学复活纪

老人在地铁上写乡愁，上班族用薪资单写冷暖。
总机在办公室写恋情，会计用财务报表写兴衰。
医生在光片上写生死，电脑工程师用网络写梦境。
摊贩在夜市写生活，美食家用食谱写逸乐。
工人在鹰架上写城市，邮差用地址写流浪。

没有书桌前的文学，只有柴米油盐的文学，
世纪末1999年，文学全面复活，
我们需要更多生活的新鲜切片，人的实况：
需要一首在红灯前塞车的诗，
需要一段在煮菜时煮出来的散文，
需要一篇在股票收盘后，长黑失眠的短篇小说……

需要全民写作，所以我们举办台北文学奖。

文學 Literature
②開始徵件

老人在捷運上寫鄉愁。上班族用薪資單寫冷暖。
總機在辦公室寫戀情。會計用財務報表寫興衰。
醫生在X光片上寫生死。電腦工程師用網路寫夢境。
攤販在夜市寫生活。美食家用食譜寫逸樂。
工人在鷹架上寫城市。郵差用地址寫流浪。
沒有書桌前的文學，只有柴米油鹽的文學，
世紀末1999，文學全面復活，
我們需要更多生活的新鮮切片，人的實況，
需要一首在紅燈前塞車的詩，
需要一段在煮菜時煮出來的散文，
需要一篇在股票收盤後長黑失眠的短篇小說……
需要全民寫作，所以我們舉辦台北文學獎。

文案前的思路

文学复活前的八大前兆

福柯在病床上完成《性史》。

海明威在哈瓦那的海边捡到《老人与海》。

热内在监狱中完成《小偷日记》。

劳伦斯把矿区的童年改写成《儿子与情人》。

歌德用苦闷写成了《少年维特之烦恼》。

加西亚·马尔克斯从巫师祖母的眼中，

看到了魔幻影像的《百年孤独》。

普里莫·莱维在实验室中，找到了文学的《周期表》。

米兰全城的人，都在写诗。

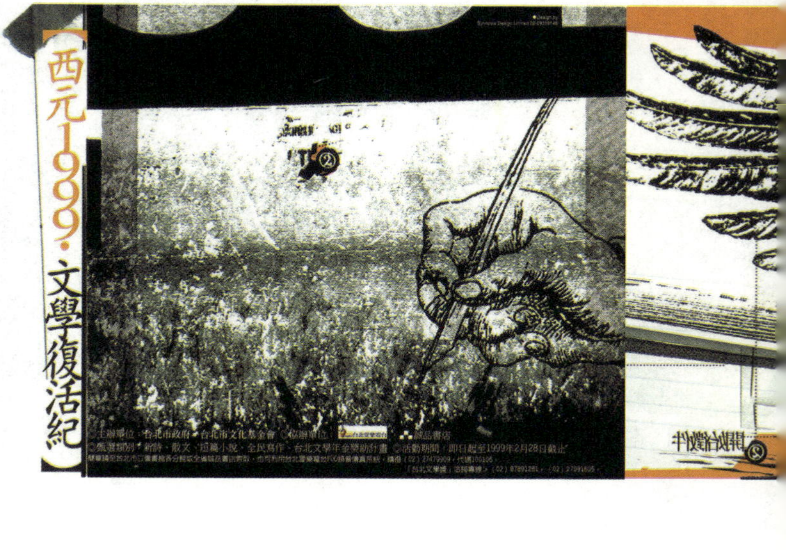

20世紀前，最後一次在台北出名的機會
……第二屆「台北文學獎」，現在開始收件。
第二屆「台北文學獎」◎簡章
【先將你的文章分類，依字數，依個性，不是依血型星座】
【很想看到你文章的有關單位】◎台北市政府．台北市文化基金會
◎台北愛樂電台．誠品書店

文學 Literature
②開始徵件

阅读台北，你需要更有想象力

台北很字恋。99 本必读书单，今天上架。

OUT / 台北考古学	IN / 台北流行学
在出租车里强迫听政见	在出租车里听不同版本的八卦
用090谈生意	用3G手机聊绯闻
用长途电话诉苦	用网络传笑话
接第四台看A片增加情趣	看购物台买减肥霜增加魅力
说标准国语	英台日韩语流利，看偶像剧、玩哪国的GAME都很溜
毕业即失业	职业倦怠再回学校充电
爸爸回家吃晚饭	爸爸回家做晚饭
存9个月薪水买VERSACE	地摊一件199块的VERSACE
有金卡要亮，钱要露白	现金卡大刷粉红色的拜金女梦想
到7-11买过年礼盒	不景气，到迪化街买年货也算爱用国货
毕业旅行：金山半日游	毕业旅行：东京迪士尼五日游

OUT / 台北考古学	IN / 台北流行学
寒流对策：电暖炉	寒流新对策：麻辣锅＋冰淇淋冰舞
村上春树	哈利·波特
花15块在副刊上K诗	在公交车上免费读诗
企业变革	蓝海策略
早上7：00闹钟叫早	晚上7：00倒资源垃圾要准时
迟到借口：塞车	迟到借口：找不到停车位
国家建设：施工中	国家建设：施工中（换别的地方）
流行：肠病毒和电子鸡	流行：疫情和口罩，万人恐慌大传染
威而刚	柔而刚
塔罗牌、占星的交友须知	行天宫地下道一卦100块的心理建设
麻油鸡大补帖	小麦草汁＋胶原蛋白四物鸡精
一样米养百样人	早上低热量寿司、中午日本锅烧、下午蚵仔面线加葱油饼、晚上法国料理、宵夜清粥小菜。24小时中外杂烩，胃已经世界大同国际化
“故宫”的毕加索	伊通街的前卫沙龙
新公园的夜生活	三温暖SPA健身房

在台北，你需要 99 本书，及 99 种想象力。

文案之外的狂想微小说

卡尔维诺式·复制城市的第二性征

为了指认，β 城开始有了编号，太阳升起的地方是一号，第一棵树是一加一号，以此类推。

除了学会加法，他们开始编汇名词，并发明一点点动词。一种符号一个意义，绝对不会产生任何误解。比方一条“皇后婚礼游行路线”，所有的人都知道是那一条路。β 城开始长出新的感官和触觉系统，他们更能感受沉醉妄幻的最大强度，身体停留在最大快感的位置，天天都是嘉年华。

世界新鲜太久，超过创意保存期限，角色开始复制，语言开始重复，β 城从水的倒影中再盗版一个 β' 城，所有的事物都有了对应点，城市开始出现第二性征。

总资源量，人口量 W ＋ 1 时，开始有权力、交易、界线、分级、讲价。数学开始高速发展减法、乘法、除法。

语言逻辑开始有过去式、感叹词、仇恨用的三字经、命令式，专用术语、私名号、标点符号。城市里出现低等的妓院、军队、监狱、宫廷、军火库、电厂、造币场、宣传用纸印刷厂、及高速道路。符号开始横生枝节，一个杯子 = 玻璃的变形 = 伤的颜色 = 城市的缺口 = 社交的工具 = 欲望的容器。

世界上最有学问的人，就是把这些同义字倒背如流的人。

计算程序发生错误，沟通发生障碍，生物开始老化、退化，有人开始沮丧，有人提前自杀，身亡之处，成为 β'城宗教祭祀的发源地。

第一位处女在 38℃意外遭到性骚扰，这座城市开始失去贞洁。

以前庆祝嘉年华的神殿，改建成 β'城第一座坟场，豪华戏水浴堂，现在是旱灾专用的公共蓄水池。教室荒废已久，被一家妓院廉价收购，宫廷被全城的麻风病人占据，所有的管线开始生锈，老人开始争购老街明信片，小孩开始读历史，胎儿开始向母亲争取生命，这座城市及子城市已经有了基本数据，等候已久，β'城市开始出现第一位哲学家。

H

事件·仪式·人与人的对待

现实排出想象的细节，文案成群结队，
剧情抑扬顿挫，灵魂集体嘉年华，
处处有分神的目标，
惊奇有了 1/12 以上的概率。

记不得是哪一次的周末，
看着人们从四面八方走进这街上来，
活像是一个节庆。

抛开书本到街上去

抛开阿莫多瓦的高跟鞋到街上去。

抛开村上春树的弹珠游戏到街上去。

抛开聚斯金德的低音大提琴到街上去。

抛开彼得·梅尔的山居岁月到街上去。

街是开放的、没有边限的书；

太阳底下永远都有新鲜事。

请你暂时抛开书本到街上来，

看舞、看人、看街、看音乐。

诚品书店敦南店新开幕，有一连串节庆在这里发生，

3月29、30日，音乐、文化、安和路全民活动，

日以继夜，逢场作乐，

计时24小时，请你及时行乐！

打开一本街上的生活书

“抛开书本到街上去”是日本导演寺山修司一部电影的作品名，记得剧照是一张写满书法字的被单铺在马路上，寻欢的人躺在上面尽情享乐……

街是一本本纵横交错的书。树是城市的行距。
伟人的名字是路名路牌。

橱窗是资本论。公园是胡塞尔的现象学。
红绿灯决定车的概率学。

广场是无字的城市历史。行人是被时间更换的男女主角。

玻璃帷幕是一格格权力的竞技场。

当市政府、都发局在诚品书店门前，举办“音乐、文化、安和路”，我脑中浮起了《抛开书本到街上去》这部电影。

花了不少时间，解释“抛开书本到街上去”
不会影响诚品爱书人的购书意愿，
也真的希望能看到躺了满街的文字被单、
被文字坐满的路椅……让文字走出书本，
解放在城市的所有建筑，及街道墙壁上。

热闹的城市，不甘寂寞的夜，当天周六夜晚的红砖道上，
还举行了 70 分贝内的抒情舞会，像是一场马路罗曼史，
提供一个公众空间，专留你的私人感情。

你，准备好手舞足蹈了吗？

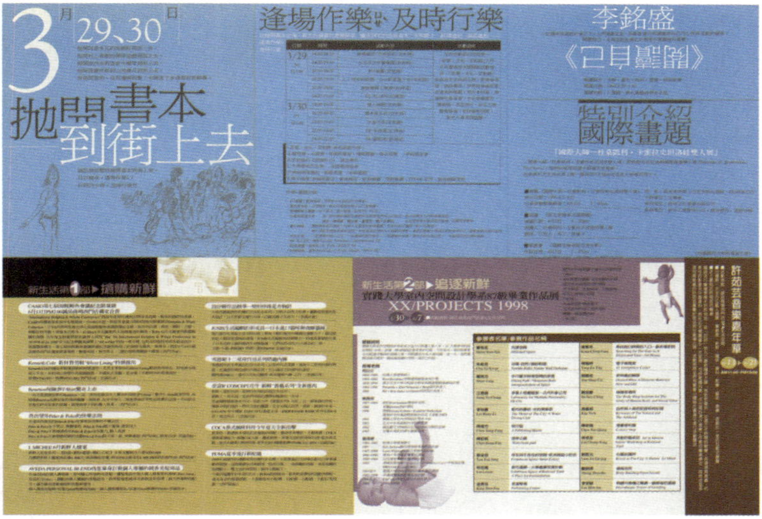
3月 29、30日
拋開書本 到街上去
逢場作樂 及時行樂
李銘盛
新生活第1部▶搶購新鮮
新生活第2部▶追逐新鮮
XX/PROJECTS 1998

敦化南路上，春开花开书店开

太阳升上来，暖炉收起来。

短衫穿出来，毛衣收起来。

凉鞋取出来，长靴收起来。

新书拿出来，冬书收起来。

24℃暖春读书计划，

请你现在开始暖身……

名人导读春天

侯孝贤不拍电影的时候看什么书？

王伟忠睡觉前看什么书？

王浩威走出诊所时看什么书？

蔡康永离开摄影镜头后看什么书？

林怀民不跳舞时看什么书？

诚品“春天读书计划”书展，

全面开挖名人的知识库，

展出 34 位精英爱不释手的好书。

创意盛期·纸上生物馆

辣椒风干在200mm长的道林纸板上。
梦的痕迹涂鸦在16开的粉彩纸上。
白垩纪的鱼拓印在原始的云石纸上。
红豆则养在190磅浅绿色的海藻纸上。

开发生活最盛期，
保存各种最官能的创意，
8月14日起，百种美日法进口的卡片，
在诚品多情演出。

无声的光合作用

卡片是一座座简化的生物馆，

不活了的花、草、昆、物一一得道，升华成了纸上标本，

用另一种速度在开花、行走，和人的感情，进行无声的光合作用。

同学不灭定律

失恋了，无所谓，打开纪念册，有旧情人可以诉苦。

失业了，没关系，打开纪念册，有老同学可以倚靠。

拿初恋情人的血型星座，寻找下一任的情人一定失败。

以前混泡沫红茶店的苦闷少年，

现在移到 Pub 做中年的酒肉朋友。

10 年前 3 人合办一家 MTV，

现在一人一部车一起去看泰坦尼克。

上厕所都要一道的死党，

现在一起加入健身俱乐部还有折扣。

有纪念册为凭，同学是你一辈子无法否认的关系，

你变瘦变胖，好久不见的同学，比朝夕相处的老婆还清楚。

台湾第一张有声音的歌舞创作集——《同学会》，

附赠一盒召开同学会的新名目，

和一小时记忆的公开播放权，

把过去的青春对话还给你。

同学会礼盒物件如下

1. 给初恋情人的信

恋恋风尘，是指在风霜岁月中、愈老记得愈清楚的那个初恋情人。

2. 毕业后纪念册

A. 老师的话、全班近照、签名、近况：“不管你是老板、伙计、征信社员工、还是送 PIZZA 的，你们都是我一辈子的同学。”

B. 新版的通讯簿：

以前留的是不准太晚打、爸妈会监听的电话号码，现在请留下 24 小时可以找到你的手机号、微信及电子邮件信箱；还有，赶快把同学找齐，搬家搬不见的同学，就去问他的邻居；失去联络的，就用剩余班费刊登寻人启事，或是请警方代为协寻。

C. 私人留言板：

记得某人曾扬言要当官吗？

是谁说她一定不结婚，

却又是第一个寄喜贴的人？

这里是你吐槽的地方。

3. 同学会邀请卡

A. 见面理由：

生日、结婚、有人回国、生小孩、挂病号、其他。

B. 见面场合：

时间：班会时间（不见不散）

地点：老地方（迟到者，比照老师规定处罚之）

今年轮值之业余班代：丸尾

餐费：自理（聚餐前，请勿玩六合彩，破产自误）

Smile for Trust

恐惧，使我们害怕失去，是创造力最大的敌人；
信任，让我们乐于给予，是所有改变的开始。

当我们开始不信任这个环境，
抱怨与防卫，只会让一切更糟，
因为所有发生在我们身边的事，
都是集体意识的结果。

所以，让我们相约一起做一件事：
从下一刻起，大家一起 Smile for Trust，
先从信任自己开始，

信任自己所做的每一件事，
让自己所做的每一件事都值得被信任。

如果每一个人都在同一时刻做到了，

我们的环境就可以瞬间变好：

每一道食物的生产都是令人放心的，

每一件商品都可以安心使用……

Smile for Trust. Trust is Power.

相信自己，让别人相信，

就是改变环境的第一波关键力量！

西安音乐厅

我们把西安最繁荣的地段，留给这个世界上最美好的声音

如果没有西贝柳斯，芬兰就成了哑巴。

发生故事的地方已成历史，

至今仍留下来的呼吸、气味、舞步、颜色、质地、光影……

让西安有了自己的声音。

全球知名巴黎歌剧院声学设计师马歇尔，

以优美的视线和声场分布，

为西安音乐厅谱出最完美的空间排场：

木色是慢板，银白是快板，

这里产生最原创的艺术光音，一幕幕都变成了永恒，
声闸、光闸、反声板的设计，
将最饱满的环场音，收纳进你的感动中。
每一度的空间设计，都是我们精心创造的声音微宇宙，
全西安最强的音域、最美的艺术生态，
你都在场！

约翰尼斯·克莱斯制造 78 个音栓、
4201 根音管的巨型管风琴，
德国原厂施坦威、意大利法西奥利三脚名钢琴……
吸引国际知名的首席演奏家、歌唱家、音乐与舞剧团体
前来西安音乐厅向我们展演第一现场的感动。

原创是很奢侈的，像是婴儿的第一口呼吸，
刺激肾上腺素的视觉、有着浓郁气味的声音。

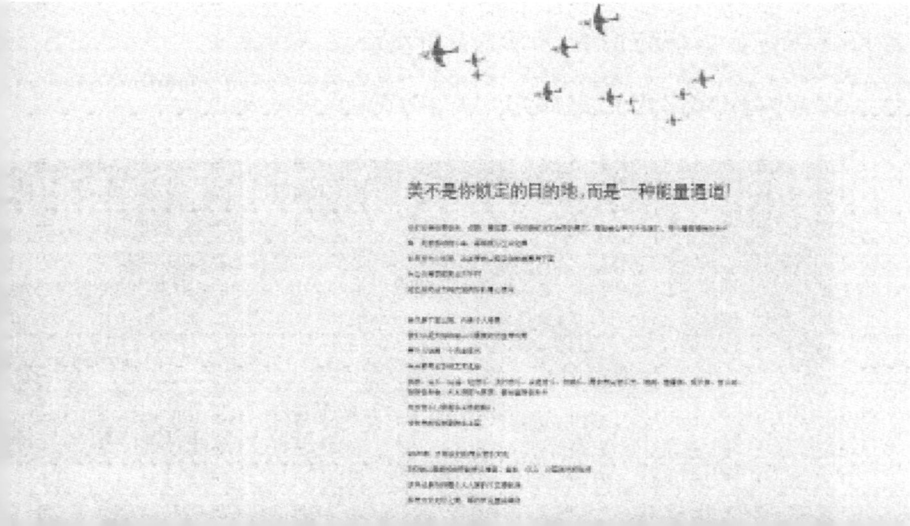

我们不必出国，
捷克爱乐、德国柏林交响乐团等世界十大交响乐团，
《阿伊达》、百老汇音乐剧《四十二街》《猫》……
阿什肯纳齐、苏菲·穆特、久石让、
李云迪、马友友、谭盾、吕思清……
他们全都来了！

1.8 万平方米的音乐规模，
每一场，都是一群人物的灵魂顶点。
在拥挤的现实与天马行空的乌托邦之间

以独特的展演形式，
在生命中深深埋下这些令人颤动的时间点，
与你的激情一起站立鼓掌。

我们需要借着音乐、戏剧、舞蹈家，
搜出每一处被感动的乐章，都将成为生命经典，
你只要专心聆听，就能更新灵魂美学的最高海平面，

在生命需要蜕变或升华时，
这些美好就会再度滋润你的身心流域。

音乐是宇宙法则，也是个人境界。
我们以超大规格展示出最美好的生命时刻，
每个月收藏一个黄金篇章，
每天都有全新的艺术选择：
独奏、民乐、民谣、轻音乐、流行音乐、实验音乐、
交响乐、周末市民音乐会、戏剧、芭蕾舞、现代舞、音乐剧、
视听音乐会、艺术讲座与展览、西安国际音乐节……

2009 年，开始我们的西安音乐文明。
350 场庆典般的世界级音乐飨宴，
全年 1/3 公益演出的坚持，
这里就是欢迎每个人入席的生活演练场，
声音、灯光、与生命节奏，在西安音乐厅中日夜交相激荡，
我们把西安最繁荣的地段，留给这个世界上最美好的声音，
所有天价无价之美，都将在这里感染你！

爱的呼唤在每一刻从四面八方向我们涌来，

我们凝视着爱的旷野，

你可愿意与我们同行？

现在不是留在家中的时候

应该进入花园，

喜悦的曙光已经升起，

这是合一的时刻，看见远景的时刻！

——Andrew Harvey，引自《懂得爱：在亲密关系中成长》

以爱为最高创造频率的美好场域：The House Of I

任何时候，你所感受的情绪都是一种指标，

它反映出你与内在自己之间振动频率的关系，

情绪会告诉你，你当下的想法与其发出的频率，

是否与自己的本源（source self）频率相符合。

当两者的频率相同，或是很接近时，你会感觉很美好，

如果想要在生活中过得愉悦，你就必须找出方法，

让自己与“生命想要你成为的”版本一致。

——Esther and Jerry Hicks，《情绪的惊人力量》

（*The Astonishing Power of Emotions*）

美好的生活不是短暂的出国旅行，

也不是还没到来的遥远梦想，

我们每天与最爱的人花时间在哪里，

哪里才是我们共创出来的真正生活。

爱是与生俱来的天赋本能，

只是我们在竞争场中久了，

战斗与防卫让我们忘了爱。

当我们在外面的世界受了伤，

请回到 The House Of I 来疗愈，

这里是以爱为最高频率的场域，

我们会在这里记起：

我们彼此最初的生命约定，

记起了我们是为了体验爱而来！

The House Of I 保留了 5000 亩纯净的天地山泉，

周围大自然的原貌，是启蒙我们的生命教室，

每一个人在这里恢复了彼此非常宝贵的信任，

一如天真无瑕的婴孩信任着母亲无条件的爱，

有了信任，才能放心地创造，

我们才能看见每个人的百花齐放！

我们在外面迷失的自己，

在这里找到了明心如镜的本貌。

我们忽略的健康，

在这里有人接手修护照顾，

并向你温柔示范该怎么爱自己的身体。

越来越疏离的亲子关系，

有人协助你们恢复如子宫般的信任。

我们现实中被扭曲的爱情，

在这里可以一起被疗愈，

并重新爱上彼此，仿佛初恋。

在 The House Of I 的每一位老师都是我们的生命向导，

她们以灵性之眼，

带我们用最美的心去体验这个世界的美好版本——

这里有很多仪式、节庆，

每一个人都在忙着蜕变、

忙着庆祝生命、忙着感谢、忙着创造、忙着游戏……

彼此滋养、互相支持、一起探索生命之美。
只要每个人都能善待自己，
就能跟整个世界相处愉快！

这里是生活的魔术箱，
是我们遗忘已久的童年，
是我们呼吸得到的天堂，
也是我们最好的生命场景，
每个人体验着生命美好的各种版本，
在这里，大家都恢复了生命的原厂设定：
爱、无惧、喜悦、创造、自由、幸福！

The House Of I，
1983 年源自于加拿大的 Heaven，
我们把美好的生活，
扎根于中国北京八达岭长城脚下古崖居原乡，
在我们梦寐以求的纯净之地，
开始了我们的新生活！

10月17日—25日世界全人大会，
我们在北京原乡等你们回家！

2015年10月17日—25日

@北京原乡中国海文学院 The House of I

亚洲第一届国际全人成长中心年会&世界同心全人成长交流会

我们所有的人，彼此之间都有关联，

你没办法让一个生命单独存在，

就像你没办法把一阵微风，

从风里面分离出来是一样的道理。

——Mitch Albom, *The Five People You Meet in Heaven*

我们已经彼此分离够久了，
宗教歧见、国家边界、政治对立、个性不合……
让大家都忘了，
我们本来自同一个源头，站在同一个地球。

《米尔达之书》（*The Book of Mirdad*），
将“全人”的概念，
完整地向我们每一个人揭示：
难道人会在生命的大树上，仅选择一片叶子，
将自己全部的爱只灌注其上？
那么承载那片叶子的树枝又该如何？
连接树枝的树干又该如何？
保护树干的树皮又该如何？
喂养树皮、树干、树枝和树叶的树根又该如何？
拥抱着树根的泥土又该如何？
让泥土肥沃的太阳、大海和空气又该如何？
如果连树上的一片叶子都值得你去爱，
那么，整棵树不是有更多值得你去爱的吗？
把整体分化出去的那种爱，本身就注定了不幸的命运。

你就是生命之树，当心你在分化自己！
不要让果实互相比较，叶子和叶子、树枝跟树枝，
也不要让树干和树根、整棵树和大地之母互相对立，
但你们所做的正是那样，
爱某部分更甚于其他，或把其他排除在外。

你就是生命之树，你的根布满每一处，
处处都有你的枝叶，每张口都有你的果实。
不论树上哪颗果实、哪根树枝、哪片叶子、哪条树根，
它们全都是你的：果实、树枝、叶子和树根。
如果想让这棵树，长出又香又甜的果实，
你得让它又壮又绿，留意树根所喂养的汁液。
除非拥有全部的自己，否则那就是假的自身。

只要你还会为爱感到痛苦，
就表示不但尚未找到真正的自己，
也还没找到爱的金钥匙，
你爱的是短暂的自己，
所以你的爱也是朝生暮死。
只要还把某人唤作敌人，你就还没有朋友。
怀有敌意的心，怎能成为友谊的安全住所？

只要心中还有憎恨，你就不知道爱的喜悦。
若你给一切你的生命汁液，但就是不给某一只小虫，
那么光是那只小虫，就能让你的生命痛苦。

因为爱任何人或任何事物，
事实上，你爱的正是自己；
相同地，你恨任何人或任何事物，
事实上，你恨的正是自己。
因为你所爱的和你所恨的，
其实是密不可分，有如铜板的正反面般。
如果对自己够真诚的话，
在爱你所爱之前，
你得先爱那些你所恨及恨你的。（谢明宪译）

如果我们只把自己当成一片树叶，
很自然地会与其他树叶抢夺资源；
但如果把自己视为许多树叶加一根树枝，
就不会与其他树叶竞争，反而彼此支持；

再这样继续扩大思考：
如果自己是整棵树
如果自己是一棵树 + 一片大地
如果自己是一棵树 + 大地 + 天空……
你意识到自己越大，
可用的资源就越丰富满足；
你与他人之间，
就像是左手与右手的关系，
只会无条件地相互合作，不可能起竞争心。

中国海文学院（The House of I），
决定将第 31 届国际全人成长中心年会，
邀请到北京原乡的土地上，
以 5000 亩的规模，
欢迎来自世界各地的全人成长机构、团体，与老师们，
以研讨会、交流会的方式，
让“全人”的概念在中国开始发芽成长——
这是全亚洲的第一站，也是全中国的第一次，
让我们把边界从“自己的小我”扩大到“集体的大我”，
把焦点从“自私利己”的目光如豆，
移向更高、更广、更远的“利他视野”！

正如戴维·尼文所说的：

根本没有国家这个玩意儿，

有的只是土地、河流、山丘和平原！

当每一个人都有“全人”意识，

了解自己是整体存在的一部分，

分歧与对立的线就会瞬间融解，

品德重新回到每一个人的心中，

大自然从人的剥削中恢复完整，

大家也就能享受“放大自己”为“全人”之后，

身为觉者的开阔与无尽丰足！

亚洲第一届国际全人成长中心年会&世界同心全人成长交流会

2015 年 10 月 17 日—25 日

我们在北京原乡等你回家！

I

附录

究竟谁是我？谁写出我？谁比我还了解我？

谁在主宰我而且预言我？谁在同步活出我？

复制我并且狎玩我？异化我？改造我？

在我不存在的时空虚设我？

当别人写得更像我，而我开始写得不像自己的时候，

我该归属于谁的风格？我要更换语汇吗？

如果换了，那还会是我吗？哪一个才是真实的我？

我难道是一个被虚设的身份，

活在近似网络复制的生态中？

当电脑关机，我就随电源消失？

该怎么办？

我正在失语。

附录A 李欣频的跋

广告字恋后副作用

我似乎正在失去自己。

三十多年来，我从完全不知道如何与自己对话，到开始用画画与自己沟通，最后决定以最方便的文字书写去认识自己……我花了非常多的时间去了解并重新诠释每个字、每个词所传述的物件、事情及感觉。在与别人之间一次次沟通上的误差与挫败，让我不再相信既有的字汇，因为那已是别人以讹传讹后的结果，而且开始严重失真，以至于非常容易误用、失焦。于是我开始慢慢地建立一套自己的语汇及叙事系统，让自己可以精确地传达自己的想法，并运用自己迷恋的词汇，书写在每一份档案上：传真、上课笔记、日记、书信、电子邮件、广告文案、存证信函、抽奖资料、客户资料、观影后心得、期中报告、教学大纲……我无法运用既有的文字格式，因为那会让我中断成串式的思考。我用自己思考的节奏如实地书写自己的声音，而且不愿修改。

文字是我的镜子，我的世界是由字与图所建构，这也是我不擅与人用口语准确谈话的原因，我说的总不是我所想的，老口是心非，所以干脆用写来表达。但话说回来，我可以用文字与别人完美地沟通吗？似乎也不行，因我的文字只能代表那一秒钟浮游的想法，文字永远无法全述自己，包括潜意识的部分。所以连我自己在内，无人可以通过文字认识我的全部，但毋庸置疑地，文字是我自己建构存在的最重要机制。

只是，当文字全数出版之后，我眼前的这面镜子开始复制出成千上万的影像，不知道是镜像还是幻觉，所有的人可以通过手中的镜子折射出部分的我，甚至开始有人复制了神似的语汇与思考。文字当然有权被复制，思考也可以完全合法地被繁衍，犹如自己 25 岁的文字有着村上春树的影子，26 岁的文案可以看到卡尔维诺小说的痕迹，但是当我发现自己熟悉的语言模式开始长出新的感官、新的神经，有了新的名字，开始以我不知道的方向在延伸时，我以颇高的概率在房地产的文字、电影或艺术活动的文宣上，看到近似的文字用法，连说话的语气都很像……和自己曾经亲密的对白，被复制在自己不熟悉的媒介或是文宣品上，我已经弄不清那些到底是不是出自我的笔下，究竟是我失忆了，还是相似的人愈来愈多，我的知己、我的手足、我的双胞胎、我同母异父或同父异母的兄弟姐妹陆续现身，血亲族谱之大让我不再孤单一人；满街的维若妮卡，让我寻觅三十多年的自己找到存在的证据。惊悚的是，当看到有人写得更像自己时，就像在电影屏幕中看到自己不曾演出的映射，或是从陌生人手中收到自己的名片那样令我不安。究竟谁是我？谁写出我？谁比我还了解我？谁在主宰我而且预言我？谁在同步活出我？复制我并且狎玩我？异化我？改造我？在我不存在的时空虚设我？当别人写得更像我，而我开始写得不像自己的时候，我该归属于谁的风格？我要更换语汇吗？如果换了，那还会是我吗？哪一个才是真实的我？我难道是一个被虚设的身份，活在近似网络复制的生态中？当电脑关机，我就随电源消失？该怎么办？我正在失语。

对我而言，这么重要，是我用来独处的声音，已经因为大量的回声而倾听不到自己。有人说，一个人一生只能写一部小说，接下来的只是也只能不断地复制自己而已。

创作经由一连串的繁衍，固定的路径形成风格，经过再版，变成流行。

然而风格一旦变成流行，独特性就会因大量的消费而消失，它们怎么可能共存？换个角度想，如果风格不能流行，那风格该由谁来确立？山本耀司说风格是一种格式，一面镜子，一座监狱，足以反映自己，模仿自己，耽溺自己。当风格建立，自恋体系也同时完成。然而，何时要挣脱牢狱？需要从自己的保护网中解脱吗？监狱之囚也是一室之主，自囚与自由租界区只是一念之差而已。

所以山本耀司很笃定地说，他不怕自己被抄袭，就像三宅一生，或许有人偷得了他的观念，却没有像他那样精确的技术，得以完美地呈现三宅一生的风格，达到他的境界。就像文案，即使复制得了思维，用了相同的词汇，可是却无法有相同的叙事方法、相同的脑中影像与陈述逻辑，如同声音是可以被模仿的，但唇形不行。

为何自己变得如此戒慎恐惧？当时决定出版自己的广告文案作品，不就是想借着发表，让更多人能静下心来看这些苦思良久，却稍纵即逝的广告文案？我需要的是更专心的读者，而不是心不在焉的消费者，出版不就是为了让文案存活的时间得以不受广告昂贵档期的影响而恒久不灭？如果没有市场，就连书也不能存活，需要更多读者这件事情，变成广告字恋后的副作用，是当初始料未及的。

文案与文学，自出书以来争论已久。我的广告文案书，是我不想弄清楚的文案与文学新中间路线，其实没什么好去急着定义的。有着广告血统的彼得·梅尔，他的焦躁找到了文学的出路，我也不过是一个在广告与文学的夹缝中求生存的文字书写者：在文案中逐一建立自己的叙事观点，广告创作之余，在纸的背面同步书写另一种文类，比较黑色悲观、比较批判反省的那种，我没有向谁靠近的意图。

关于以上的矛盾、不安与失眠失序，或许可以像安哲罗普洛斯《永远的一天》那样，一个诗人向路人、穷人、孩子买词汇。与其坐困在复制、失格及自我迷失之中，不如去旅行用旅费收买别人的生活语汇。新的字、新的收集形式，有可能新生新的语文系统，我建议文字创作者的精神疗养院应设在市场、渔港、工厂或机场旁边，面对源源不绝的俚语、粗话及直言不讳的生动，这些情绪性的字眼只需精确而完美的场面调度，原创已足。

这是一种退化？抑或是进化的唯一方式呢？

我也不知道。

附录 B 李欣频为杂志写的一篇短文

六种有速度感的阅读经验

步行

以自己有限的肉身蚕食着无限的大地，把自己放进一种可以控制的速度里，正在走路的我，最肆无忌惮。

我经常边走边吃，边走边发短信，边走边看地图，边走边看漫画。高木直子的《150cm life》是我走在忠诚路上时看完的，然后以自己的身高，158 厘米的视线丈量着眼前的世界，哈比人的行走乐趣，从书中延伸到了我的现实生活。

在异国因路径不熟，不敢冒生命危险边走边看，通常手上拿的是可以断章取义的 *Lonely Planet*，或是大张到可以把自己的慌张遮住的城市地图，然后把自己融化在美丽的布拉格街桥里，抑或在喧闹不睡的纽约曼哈顿中，努力辨识着路名、店名，以满足一颗颗好奇心的生生灭灭。

在逛博物馆时，手上拿着馆藏简介，就成了不耐听耳机导览的我，唯一的救赎：《埃及博物馆》成了我在开罗埃及博物馆里，独自探险的藏宝图。尼采的《希腊悲剧时代的哲学》，是我在登进雅典卫城博物馆前,每一次歇脚时逗点般的阅读本。

如果手上没有必须急着找到自己定位的图与书，那么美丽的欧洲橱窗，就是一本本展现诱惑的书，有着品牌、样式、价目、折扣……这种随着欲望流动的阅读动线，会因为店打烊或是信用卡刷爆而戛然中止。

最有趣的是看人。我喜欢在摩洛哥的街上，读着彩色长袍下男人女人的秘密；喜欢在希腊圣特里尼岛上的小店里，读着年轻老板不可一世的艺术气息；喜欢在丹麦新港的酒吧里，读着年轻情侣的暧昧与心机；喜欢在威尼斯的圣马可广场上，读着露天咖啡座飘来的香味；喜欢在西班牙巴塞罗那的街上，读着高第发了疯的梦幻建筑线；喜欢在粉樱的京都里，以步行的速度，细读着金阁寺、平安神宫、清水寺的活历史。

巴士

在巴士上能不能舒适地看书，要视该地的经济水平而定。比方在西藏的公交车上，为了不让自己在颠簸的路况中身首异处，得用尽全身力气抓住把手，自然不可能看书；在班次极稀少的肯尼亚巴士上，怕自己错过站（在非洲迷路绝对是一种极恐怖的噩梦），得全神贯注地一一核对站名，当然也没那兴致看书；在香港的巴士上，窗外尽是林立的美食甜品店，为了保险起见，胃的停靠站，就交给手上老饕写的香港美食指南来决定；在美国波士顿直达纽约的巴士上，就需要一本很容易入睡的书，比方常用会话《旅游英语》，何时睡着了，可是一点罪恶感都不必有的。

如果是在台北的巴士上，车程超过 30 分钟的，就会选一本易读的小说来看，比方《你在天堂里遇见的五个人》，偶尔可以抬头目视一下窗外的交通进度，但头脑还是可以继续在剧情中不必过度分神。

火车

阿兰·德波顿认为，火车对思考最有利，因为坐火车看到的景色，不像船或飞机那样单调，速度不会慢得令人生气，也不至于太快，让人还可以分辨窗外的事物……思考大的东西需要大的景观，而新的思想需要新的地方，借着景物的流动，内省与反思比较有可能停驻，不会一下子就溜走了。

在各种不同的移动方式中，我最喜欢火车，因为坐在椅子上就可以周游列国，亦或许是受到彼得·格林纳威《塔斯鲁波的手提箱之安特卫普》的电影画面催化，将候车站台视为通往各世界的界面，准时发车的火车站即是宇宙之钟，“现在”即是“现实”的时刻，整个火车站正在进行一场没有结局的阴谋，拥有一张火车时刻表，和一个想自由的心就可以逃亡。

所有的阅读，从火车站开始。我们得读懂密麻繁复的时刻表，决定好要到达的目的地，问对方向与站台，找到车厢与座位，如此，我们就可以坐在风景与风景之间，好好地看一本书……在赶往开罗的返程夜车上，埃及的夕阳在窗边逐渐消失，我手上余秋雨的《千年一叹》，也从衰弱的日光移向了安静的月光；在西班牙前往达利美术馆的火车上，《达利谈话录》成了我提前神往达利的快捷方式；在瑞典斯德哥尔摩往北极圈方向的火车上，我看的是哈尼夫·库雷西的《整日午夜》，也让我想起曾看过一部电影，一对热恋男女在瑞典的火车包厢里连夜做爱，任由窗外美丽的风景一直飞速地后退，而我，一个人在瑞典火车包厢里，连页看着各种偷情的故事，只需在篇章之间，抬头起来看一下窗外山水的最新进度即可。

最爱的是欧洲之星的豪华头等舱，从伦敦直奔巴黎，在舒适的座椅上看书，自然有着皇室贵族般的优雅，这个时候，《拜伦抒情诗选》或是《巴黎情人》，就可以让灵魂在这两座城市之间先行游览数回，一句“眼皮跳动，1115 年夏日，幸福的预兆……”就为即将浪漫开展的巴黎之旅，找到一段最美的启示。

地铁

地铁，对于不会开车的我而言，是有限度心想事成的范围，比方巴黎地铁图就是我与法国邂逅的途径，想在这些路径之外出轨，是得花出租车费的代价；比方瑞典斯德哥尔摩的地铁，里面的壁画成了世界上最长的艺廊，让我的惊喜流动在一个现代的洞穴文明之中，不平的壁面成了有景深的街貌，墙上映演着人与城市的风情万种，等地铁不再是目光呆滞地与时间消磨，而是一种有趣的感官洗礼，所以在这些有趣的异国地铁中，是完全没有拿起一本书来打发无聊时间的想法。

在人塞人的东京地铁上，能顺利挤进时间一到就关门的地铁车厢里，就已经是很大的福报了，更别说是有一个座位，这也难怪一本《如何在地铁抢得座位》的书会大卖，因为书上告诉我们，要选在即将到校的学生旁，或是正赶忙补妆的女人身边，如此就可以马上有位子可坐，所以这样的书，可以在等地铁前的几分钟内恶补完毕。

在早上赶往开会或演讲的台北地铁上，我会带的是《你是做梦大师》《梦境地图》《解梦百科全书》，趁我还记得昨晚梦境的细节时，为自己解梦，因为我的梦有很强的预言力，我得在今天开始之前，实时解读出神谕的警告或是指示。

如果是在傍晚等台北地铁，我手上拿的会是《探索意识极境》或是《奇迹课程》，因为我脊椎受过伤，不宜久站，所以除了之前提到的《如何在地铁抢得座位》外，其他的就得靠神迹，在尖峰时刻以念力祈求一个座位休息，到目前为止，在地铁里心诚则灵的恩典，都是立即见效的。

轮船

船上是最适合看书的，特别是在逛一圈之后，认清没有艳遇的可能时，就会认命地拿出一本长篇小说出来打发时间，比方《哈利·波特》《达芬奇密码》，或是迈克尔·克莱顿的《时间线》，让自己长时间窝在狭窄的船舱里，灵魂得以自由穿梭在一场场无边际的异想世界中，直到入睡。

如果是在挪威盖伦格峡湾的渡轮上，那么身为观光客的我，就舍不得放着窗外的美景不看：小木屋、小教堂、小木船、小港口……都等比例地复制在湖里，偶尔有一两笔写意的白瀑划过山峦，就足以引来一阵小小的惊喜，当前方有转弯，船大角度地划去，强烈的水波扰乱了湖中的倒影，波光粼粼的湖面，变成了一幅弧线与层次交叠的超现实画作，动感的美令我当场哑口无言；转弯后瞬间开阔的峡湾山壁绵延，仿佛是上帝大笔挥毫的得意杰作，没有累赘的线条，只有大面积的色块震撼……如此大气派的山水局势，就像阿兰·德波顿引述格雷《书信集》

所说的："不必多费唇舌，有些景观可以使无神论者心生敬畏，相信上帝的存在。"于是，在湖上的我们成了临摹的画家，所以手上需要的是一本已经写好诗句的笔记书，随着船行于水上的速度，把美景绘进书页里，或是需要一本风景明信片书，把所有的感动写在明信片后，下船时一张张撕下来寄给友人情人。

飞机

离开爱人有一千种方法，离开飞机舱，只有6个逃生出口。

我喜欢坐飞机，因为安全带可以把好动的我捆绑在有编号的座位上，让一听到电话、挂号、快递、按门铃就躁动的我，有一个与世隔绝，避免激动的读书环境，没有人能联络上正在3万英尺高空中的我，我也就死了不甘寂寞的心，无怨无悔地专心看书、写字、想人生。

我喜欢一个人坐飞机，能和有缘的陌生人比邻而坐，微笑致意，礼貌优先，因为半生不熟，所以睁眼闭眼，半偷窥半睡觉，醒时保持距离，睡时无意变有意的碰撞，乱流时共患难的关系，让很多男女主角的爱情故事，不约而同地从坐飞机开始……如果与邻座者一见钟情，那么就请专心阅读《我谈的那场恋爱》，浪漫宿命主义者阿兰·德波顿，在书上努力计算出了两人会在飞机上比邻而坐的机会是 1/5840.82，他坚信一定是在 3 万英尺高空中，有人动了这场邂逅的手脚。

如果身边已经有了想托付终身的情人，那么，手上应该要拿着《爱在大脑深处》《创造爱的道路》《不断幸福论》之类的光明书；如果想与旁边的怨偶分手，《甩了那个王八蛋》《完全恶妻杀夫手册》《家畜人鸭俘》这些具有恐吓效力的书名，成了金刚无敌百害不侵的护身符。

如果身边没有可以分心的对象，只剩我与书大眼瞪小眼地独处时（一年出国五六次的我，在飞机上阅读的时间，比在书房中还多），我会在飞机上看的书，除了是即将进行的旅程信息书之外，还会选择看心灵进化的书：贝内特·戈尔曼以专注智慧解脱八万四千情绪的《炼心术》，我可以顺势把我的旧灵魂、旧习性沿途留在空中，让云带走。或是在乱流或被劫机时，随机拿出来恶补的《与无常共处》《人生的 9 个学分》《死前要做的 99 件事》……以这些书作为在地球上所读的最后一本书，应该能留下比较安详的遗容。

KINDERFACH

目　录　Contents

秋

冬

B　城市·旅行·恋物癖

D 影音·故事·有情节的感官

F 附录

A

百货·节庆·礼遇的 365 种借口

放假、狂欢、相聚、团圆、送礼，

然后精神周而复始，肉体重蹈覆辙。

为了让 365 天过得高潮迭起，

我们巧立春、夏、秋、冬，各种狂欢日夜的名目。

春

蜕去厚重的大衣毛衫，
走进百花盛开、百物风行的新世界，
最大规模的色声香味光合作用，
让所有感官都被暖阳晒醒了。

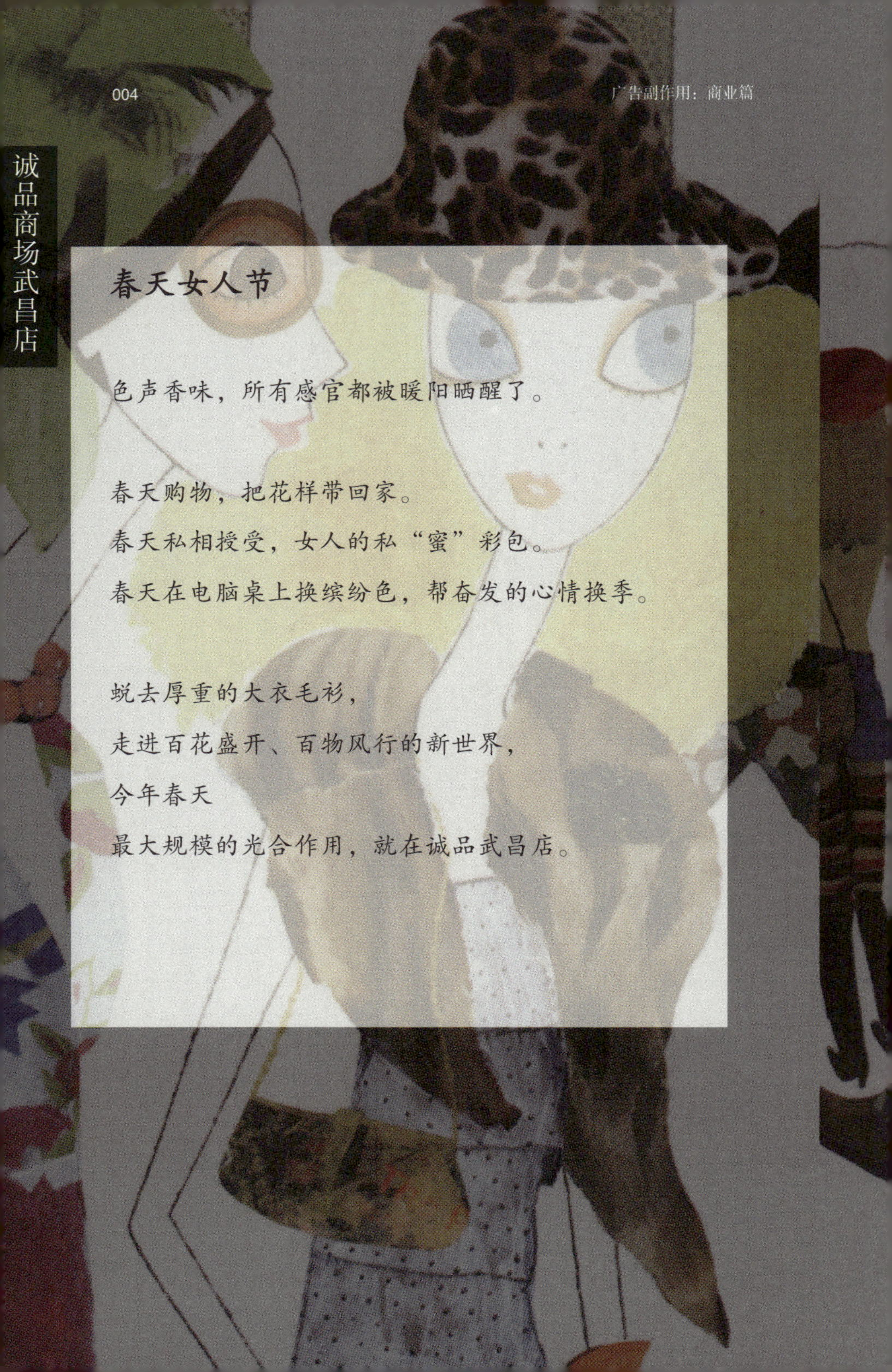

春天女人节

色声香味，所有感官都被暖阳晒醒了。

春天购物，把花样带回家。

春天私相授受，女人的私“蜜”彩包。

春天在电脑桌上换缤纷色，帮奋发的心情换季。

蜕去厚重的大衣毛衫，

走进百花盛开、百物风行的新世界，

今年春天

最大规模的光合作用，就在诚品武昌店。

白感交集的春天，白无禁忌

霜白。雪白。冬天北极狐的白。
川久保玲“没有存在”的白。基耶斯洛夫斯基情迷的白。
波西米亚颓废的白。

云的白。轻的白。鸟羽的白。梦境的白。
洁癖的白。不贪污的白。
痛恨有颜色暴力的白。用过防晒油的白。

与黑对比的白。所有光混合的白。极限主义的白。
玉的白。灵性的白。香槟白。大曲茅台有酒意的白。

简单的白。勾描不上色的白。五四运动口语化的白。
智慧华发的白。真相的白。不想有瑕疵的留白。

白色是一种没有重量，可以飞的幸福；

世纪末无色调风华，百件春品，白感交集，

1998 年 3 月 6 日至 4 月 5 日，诚品商场春品上市，

请您开始白无禁忌！

Man's Grandeur

无色调的坚持，一样可以穿出你的个人色彩

打开蛋形的打火机，给自己点上 1998 年的新灵感。

挑一只 MH WAY 的计算器，算出一个个令人兴奋的数字。

放上 GRANTS OF DALVEY 三角地图钟，

替春天换一种新的生活步调。

穿一双 PRO-KED'S 的复古休闲鞋，让自己在健身房跑回年轻。

熟悉的品味，有新的惊艳，

看得上眼的，

我们都来得及在春天来临前放上货架，

让你一次买齐行头，在办公室风行草偃一阵子。

Lady's Spring

设计师在世纪末，想把女人都变成天使

今年春天怎么过

选一双 NINE WEST 的镂空鞋，踩过凉凉的雨水。

披一件 MORGAN 的针织上衣，和天气平分春色。

雨过天晴，就拿 RED EARTH 在脸上画出彩虹。

在星期天挂上 SILVER TOWN 十字项链，

等待下个世纪爱情的救赎。

凭你最擅长的美丽第六感，

一定可以搭配出最不一样的风情，在 1998。

Life's Choice

有品味洁癖的人，拿下手套尽情采购

鼻子里的神经元，每 30 天就该换新。

——Diane Ackerman

关于香料·保养

走进香料市场，用印度的灵感，

或是延用刚果的配方，

把身体当成一个个部落去探险。

小麦胚芽就该拿来复活脸蛋，

蜂蜜用来养长发，

浴盐让身体浮在地中海面上。

如果想和你弄成同一种味道，

只要送你一瓶 AVEDA 就行了。

关于灵感・生活

用童年以来的默契，帮你买一只 PEKO 的手机套。

用调皮的预感，替孩子换上维尼熊的热水瓶。

用魔术把鼻子、嘴和衣帽一起挂在云端上。

在这里选对东西的概率很高，数百款创意符码，

可以让你做一次最彻底的家艺复兴。

Table's Scene

口欲洁净的人，在这里可以不必挑食

把花园搬到 WedgWood 的茶杯上来野餐。

Bravo 的法式魔杖，可以变出一桌芭比的盛宴。

每次她一切有朗姆口味的 Cheese Cake，他就会特别兴奋。

有吸血鬼的夜晚，记得要把 HEDIARD 的红葡萄酒收好。

食物是凡人戒不掉的精神药物，所有 1998 春夏的厨房新道具，

每天清晨在餐桌上，给你最振奋的心情。

無色調的堅持，一樣可以穿出您的個人色彩。

打開蛋型的打火機，給自己點上1998年的新靈感。
挑一只MH WAY的計算機，算出一個令人興奮的數字。
放上Grants of Dalvey三角地圖鐘，替春天換一種新的生活步調。
穿一雙PRO-KEDS的復古休閒鞋，讓自己在健身房裡跑回年輕。

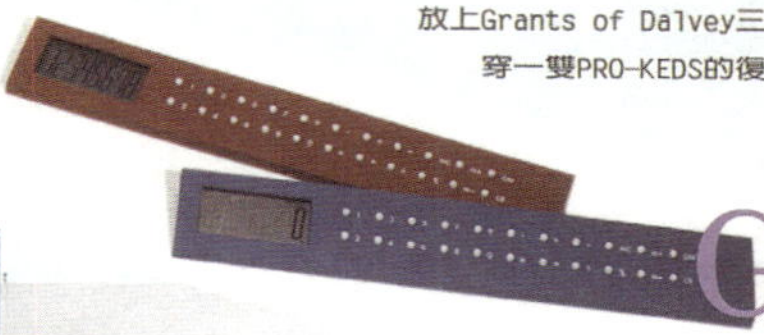

Man's Grandeur

熟悉的品味，有新的驚豔。
看得上眼的，我們都來得及
在春天來臨前放上貨架，
讓你一次買齊行頭，
在辦公室風行草偃一陣子。

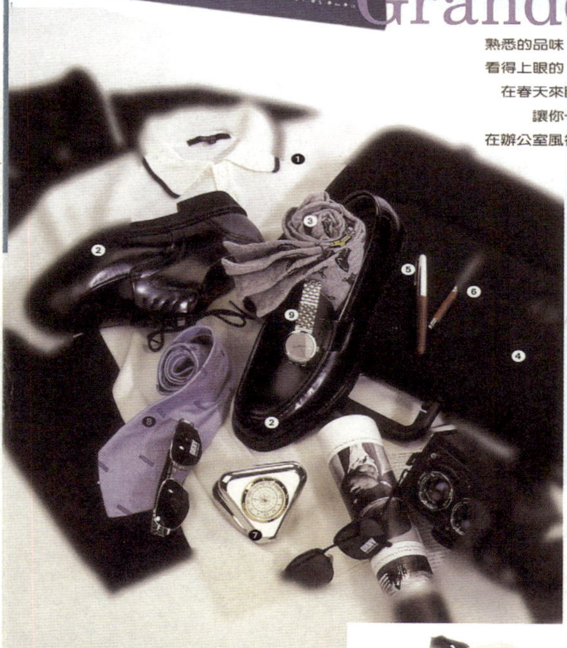

Man's Grandeur

❶G2000線衫NT$2080元（西門）
❷ROCKPORT男鞋NT$4380元（中山.忠誠.敦南.西門）
❸Dr. Marten男襪NT$200元（敦南）
❹MH WAY公事包NT$5800元（中山.敦南.西門）
❺誠品精選刻花鋼筆NT$3800元
❻誠品精選原木原子筆NT$2600元
❼誠品精選三角型桌鐘NT$3080元（忠誠）
❽AU AU 誠品精選領帶NT$2480元（忠誠）
❾清庭Mister X(GREY)男錶NT$37800元（敦南）

AIE NEW BALANCE
新潮休閒背包
NT$900元（敦南/西門）
MH WAY背包
NT$3300元
(中山/敦南/西門)

春天的道德问题

把衣柜当魔术箱是道德的，
把衣柜当仓库是不道德的。

戴一枚人工合成钻戒是道德的，
穿戴一身象牙扣又高谈环保是不道德的。

与男友分手时说谢谢是道德的，
各奔前程后还到处宣扬是不道德的。

自恋而自怜是不道德的，
自恋而自觉是道德的。

一年只买两件好衣服是道德的，
光买衣服而没有衣尽其用是不道德的。

春季折扣，正在进行。

注：“一年只买两件好衣服是道德的”是沿用当年中兴百货的年度 Slogan。

文案之外的变种创作

道德·尊严·性骚扰

黑白片《圣女贞德》（*Joan of Arc*）每年在校园里必定在电影周放映一次，校园报上写着电影不是真理，并连载日本井原西鹤处女作品《好色一代男》。

关于校园教授骚扰女学生，时有所闻，上了年纪的男教授据说每周五晚上都会看一次《罗丹的情人》，并振日疾书着关于师生恋主题的升等论文。

三坪不到的教授研究室换上乌玻璃黑窗帘及双道内锁，以装订讲义及资优生商谈的名义，骗入一个天真无瑕连男朋友也没有交一个的纯洁女学生。

被伤害的女学生忍辱读完四年的书，仓皇地逃出校园仍逃不出有一半男人的世界。

尊严早在生为女孩时就被阉割了。即使在离岛孤荒小学里，男校长仍为了一己私欲而忘了爱心。

某位艺术女老师建议："当你对是女人本身感到困难时，试着当女人四周的空间。"的确，目前性别形式的界定中所涉及的"什么不是"以及"什么是"时，需要同等的小心。这位女老师开始写剧本，写关于"四周空间"的十分钟偶发事件。钟、人腿、红衣、丝袜，男声是非传统的传统背景、钟上的 11 点 11 分是起始，12 点是终结。这十分钟是有机性事件，人的性别歧视血腥地落在四周的墙上，直到满足钟的雄性快感为止。

剧本以纪录片的方式拍摄

为了消除人性的障碍，导演需消毒所有"个性上的坚持以及坚定"是必要的。

3：25PM，那位艺术女老师宣布拍摄开始，并朗读纪录片的八大原则：

（一）全程拍摄严禁人声，以免在留音带上留下沫垢。

（二）拍摄必须在男教授的研究室里一次完成，并且凭着暴动及热情使任务圆满达成。

（三）拍摄必须准时（11 点 50 分至 12 点整），若 NG 则把全部作业延至明天。

（四）录音器和摄影机的运作必须百分之百地融合在一块，唯有同步才没有背叛的问题。

（五）当我们的纪录片完成时，所配的声音（纯属空间）必须符合那位提供拍摄场景的男教授之各种需要。

（六）同步拍摄的机器必须拥有它自己的能源供应设备，否则电力公司恶意停电则会造成数万元的预算浪费。

（七）拍摄期间必须保险没有任何意外的发生，因为我们所拍摄的是无可重复的瞬间，除非上帝特别允许。

（八）这部纪录片不准任何人或上帝剪接或是摘选播出，必须买全部播映版权，并且不二价。

这部纪录片在戛纳得奖，颁奖人正是位男教授。

艺术女老师说下次计划拍的纪录片是《好色一代女》。

夏

迷你裙在艳阳下示威，凉鞋在鞋架上联署完毕，

泳衣主张解散毛衣，衣柜要求全面改选，

有心人士借着流行的路线之争，发起品牌的阶级革命，

防晒油则忙着订定夏季革新时间表。

夏天在5月20日，推翻了春天的政权。

520前的十面埋伏

07：10AM 一批标准男女吊诡地西行八德路三段，两万四千个噪音挑逗起清晓通体的欲望，性感得要命。

08：10AM 八百个得流行敏感症的先知们，在长安东路上固执地向东疾走，稀有的时空消耗尖锐的阶级偏见，红绿灯则闪起一个新的享受消费方向。

09：45AM 主张低度消费伦理哲学的清教徒，则由和平东路向安拉的方向靠去，所有的仪式控制得宜，只渗入极少数致命的狂野。

10：59AM 野夏前一分钟饥渴计时，三个等待疯狂采购的漂亮女子，正埋伏在五星级饭店门口饥渴计时，且坚决不邀请完美无瑕的男人。

11：00AM 彻夜暴饮酒精的人乍然惊醒，快感制约着高温的复兴北路，甚至有人感动得痛哭起来。

诚品西门店520特卖

夏天在5月20日，推翻了春天的政权

迷你裙在艳阳下示威，凉鞋在鞋架上联署完毕，
泳衣主张解散毛衣，衣柜要求全面改选，
有心人士借着流行的路线之争，发起品牌的阶级革命，
防晒油则忙着订定夏季革新时间表。

价格悬挂布条揭竿起义，Teddy Bear出来拥抱群众，
999项新品在西门町前集会游行，
夏天在5月20日，推翻了春天的政权。

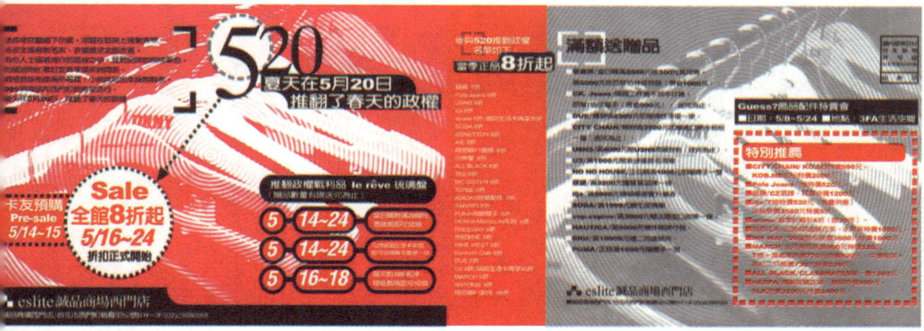

ALANNA

当东方再次遇见西方 When East Meets West Again

——2004 年春夏，大远百的新风华绝代

1997 年，欧美吹起了一股“东方风”。
半透明斜裁刺绣长衫、性感流苏披肩，
以神秘媚惑的姿态，吸引全球时尚界的目光。

THIRD MI

2004 年，东方再次遇见西方。
受全球影迷瞩目的电影《最后的武士》，
将东方的武士道与西方的骑士精神，
交会出一场东西方动人的生命华彩。

这回东方与西方再次相遇，
已经不再只是形式的混体，
而是精神面、哲学层次的和平融合：
东方的黑白极简禅风，

在北欧的流体家饰里，
展现出老子“致虚极，守静笃”的境界；
东方的孔雀刺绣，
在澳洲的摩登白皮革上开屏，
招展出一个华美盛世；
东方的绿色花卉，
泼彩在一名西方女人身上，
在伸展台上蔓长玲珑有致的清静。

东方再次遇见西方——
在全新风貌的大远百里，
全省·全馆·全面展现——
2004年的春夏新风华绝代。

时尚服饰篇

已经失去品牌忠诚度

为了维护你的独特性，

Mix Match 开始自由地宣示你的风格主权。

身体是自由的，灵魂没有国界，

我们的风格，也不再有品牌的束缚。

东方与西方混血，纯真与性感混龄，

无国界的衣装实验，只对你的独特性效忠。

东方的妩媚，以西方大胆的流线台步，

摆动出令所有人痴迷的窈窕美感；

欧式皇族的性感薄蕾丝，配上宽松的东方古金色禅裙，

把感性与知性之美，同时展现在一座美丽的身体风景之上。

这是一场令人目不暇给的视觉惊艳，

我们已经分不出品牌，分不出东方西方，

所有的美，无论是源自何处的设计品牌血统，
都在此时此地和谐而美地共处，
浑然天成。

一如白光、周璇、李香兰、邓丽君、蔡琴、梅艳芳的风采，
在台北最时髦的 LOUNGE BAR 中魅力不褪，
这种历久弥新的流行风华，
只能在具有历史经典性的全新大远百场域中，
惊艳展现。

MOSCHINO

东方花草，西方布风

绿色泼墨的花叶，在玲珑的身躯上蔓长，
展现利落西方风的摇曳生姿。

或是我们俏皮一点，
绣花的小短衫，配上轻快的流线短裙，
让东方自然的心灵，走着西方自由的脚步。

时而调皮，时而性感

东方女子的优势，就是看不出年龄。

因为我们有时调皮可爱，有时性感成熟，

在我们身上有着各种年龄的混体。

就让我们来实验一场年龄混合的穿法：

在典雅的A字白布裙边上，缝上心爱洋娃娃的衣服，

把童年穿在身上，带着彩色心情去约会。

MAX & CO

欧式蕾丝，东方禅裙

欧式皇族寝宫的性感薄蕾丝，配上宽松的东方古金色禅裙，

把暧昧性感与飘逸知性之美，同时展现在一座身体风景上。

或是，

就让我们更大胆一点，

把粉红色的睡衣穿出门，只要穿上皮靴，

我们的美，还是一样有力量的。

ESCADA SPORT

野性与花，皮与牛仔

牛仔布很野，我们缝成了小可爱，

展现上半身最大的青春活力；

配上东方窗棂与花交织的红长裤，

东方的古典美就沿着修长的腿，

亭亭玉立。

BCBG

时而纯真，时而性感

怀旧的手绘印花，开在甜甜的玫瑰深粉红里，

妩媚地倚在细皱褶波纹与荷叶边身腰曲线上，

任风吹出令所有人痴迷的窈窕美感。

Versace Jeans

巴西舞衣，华丽晚宴

你敢展现线条，Versace Jeans 就让你露出诱惑的双肩，

你敢展现舞步，Versace Jeans 就让你秀出好动的双腿，

黑皮革、重金属、轻尼龙、亚麻布、毛织料……

是你巴西热舞必备的性感配件，也是晚宴最炫的镁光焦点。

Laurel

女人与小孩，优雅与好动

夏天到了，女人一靠进海滩就变成了小孩，

南洋风的无忧无虑，让她们开心极了，

有时优雅，有时好动，

全看风向与温度怎么变化。

Pachino Wan

老莱子与童年，欢乐与七彩

老莱子醒了，设计师为了让这世界充满会心一笑，
所以把七彩的童年缝在衣服上，走进每一巷弄里，
让每一双冷漠已久的眼睛，重新亮起欢乐的光彩。

ELFING

仿纱与蝴蝶结，荷叶与洋装

偶尔会嘟嘴闹闹性子的女孩，让人很想好好哄着她。
穿着飘逸的性感仿纱，却别上童话故事般的蝴蝶结，
ELFING 的法国式脾气，有着让男人乖乖依着她的魅力。

7SM

刺绣与油画，民族麻布与激情彩料

毕加索的狂野想象，与中国边疆民族交染，
一种很东方也很西方的艳日红、神秘黑、
夕阳橘、贵族黄、宝石绿，
以手工刺绣在麻布上织出一种：
无法言传的风尘仆仆与风情万种。

夏姿

露水与仙子，花瓣与彩蝶

我们想飞回到：
有山茶花、有梅香的庭园里，
所以需要一对棉麻般的轻翅。

Shiatzy Chen 以青春缝了好几件衣衫，
趁这晨露最清凉的时节穿上吧！

Just Cavalli

骑士与水手，羽毛与帆布

生命太美好，让我们以贵族马术与富豪游艇，
飙出感官的极速与兴奋的极限——
以水手帆布对付风浪，以骑士皮革对付风沙，
以亮片对付夜晚，以羽毛对付地心引力，
以你骄傲的战斗力，
对付所有的风阻摩擦力。

D & G

城市与运动，军装与冲浪

让我们以光滑的亮面与朴质的布面，
设计出最能应对这城市多变风貌的衣装。
偶尔我们可以穿粉红色的军装去约会，
穿漆皮的凉鞋去开股东大会，
背着荧光的手提袋去冲浪比赛。

流行配件篇

配件是身体与衣服之间，最创意，最美，
也是最有剧情景深的触媒

挂在身体边的 un jour un sac 提包，是我们身体的延伸容器，
它必须与当天衣服的款式花色一起联袂出席，
可以让你与姐妹淘玩着交换手帕、手机与男友的游戏，
就像挑今夜晚宴男伴一样。

ANNA SUI 用古魔法与时尚咒语，
雕造出一串串包含着洛可可神话、异种花卉、
奇幻梦境的身体图腾，
只加冕给忠诚的流行信徒们。

CAROLEE 把大自然的手工艺，杰奎琳的贵族气质
全搜刮进了她的珠宝实验室：
纯银、皮革、无瑕珍珠、透明水晶、七彩半宝石，
这里是每个女人最神往的美丽矿区，进去就不想出来了。

SAINT-HONORE 以瑞士百年的精工技术，

融合法国香榭丽舍的时尚风华，让你与世界潮流同步，

及时抓住每分每秒的浪漫。

PHILIPPE CHARRIOL 把 16 ∶ 9 的电影银幕，

搬进了 ACTOR 的腕表上，

他希望所有最深刻的恋人情节，

都掌握在弹指之间。

MCM 以德国古典的精准手工，缝绘出华美奢侈的皮件作品，

我们都有幸不必花博物馆的参观门票，

就可以亲身体触 Signature Classic 的顶级质地。

LONGCHAMP 想要创世纪，

把东方花卉、热带雨林里的天堂鸟，

全请上了皮制的诺亚方舟，

让你随身提往新天堂乐园。

ROSDENTON 是表中的劳斯莱斯，

以宝石、晶钻、真钻排出时间的排场，

在你面前展现的每分每秒，

都比别人亮眼炫丽。

VIVIENNE WESTWOOD 是拳王阿里的最爱，
他喜欢 PIERO GUIDI 的皮质感，
让他重拾非赢到不可的征服欲。

HUSH PUPPIES 努力讨好每一双在城市中行走的脚，
以舒适的多方弯角的柔韧气垫、零重力悬浮超轻鞋底，
让你有走在沙滩上度假的愉悦错觉。

DK 从伊甸园里偷出金、银、铜制的灵感，
并依北欧童话的典故，
手工打造出给公主的碎花项链、圣洁十字架、宝石头冠……
甚至还为她设计很太空未来的发光项链，
让她好顺利登陆到其他星系去旅行。

还好，这里有数不尽：
东西方元素大规模混血的美丽选择，
让我们永远有用不完的提包，
可以创意展示我们的随身优雅。

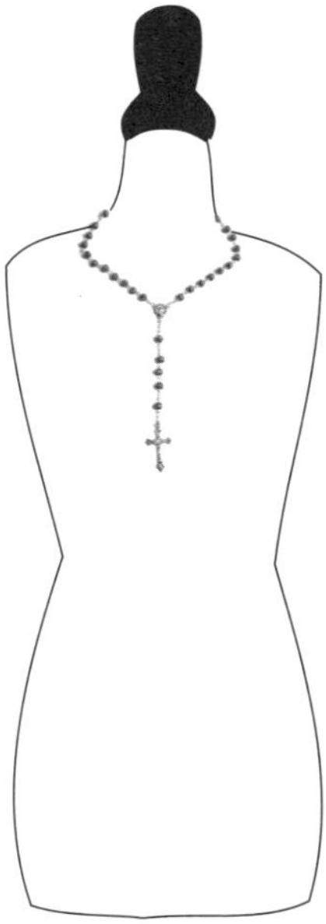

经典家饰篇

在有历史的老空间里，长出很未来的生活器皿

我们在有历史的老空间里，长出很未来的生活器皿：

老奶奶的旧橱柜，崁上 rassland 银蓝流线型水盆；

老医生的古药柜，

E 世代 DJ 依药名放置了各国的 LOUNGE MUSIC；

老祖父留下的金漆佛座，

无神论的孙子将他搭配两支蛇体的烛台，

当成客厅的艺术展示品；

妈妈陪嫁的古红桧柜，

上面放一只 SEGUSO VIRO 地球蓝的玻璃花器；

几代传下来的心经书法屏风，就放在法式皇家沙发的背后。

影音书店篇

这里是东西潮交会的知识与娱乐转运站

关于东方的历史典故，西方的流行信息，
我们需要一个帮我们汇整分类好的书店，
一个帮我们随时上片的戏院，
依趋势脉动替我们更新情报、转换心情。

生活香氛篇

到大自然亲手采集自己的美丽配方，
只用最新鲜的初榨精华，拒绝人工化学品

LUSH 开了一家生鲜超市，
所有的清洁保养配方，你都得亲自到大自然中采集，
你必须动手为自己独特的美丽付出心力劳力，
不得假手他人。

在保鲜期只有一个月的色拉吧，摘舀你的蔬果面膜，
在木制工作台上，刨切下你所需的精油香皂，
然后去称重计价，趁鲜使用。

L'OCCITANE 正在举办普罗旺斯橄榄节，
伊斯坦布尔珍贵初榨的橄榄汁油，
新鲜萃出你御用的护肤护发品，
让你的身体在第一时间享受到：
法国乡村最精华纯净的洗礼。

化妆品篇

所有新世纪的夏娃都回到伊甸园里，

以星光、泉水、花彩、蔬菜……妆点容貌，

她们是自己的造物主，不再需要上帝了

CHANEL 以水温柔地吻着，让你湿润微启的唇，

有着透明诱人的魅力。

LANCOME 把甜亮果冻浮在唇上，

让你瞬间可口，秀色可餐。

植村秀以日本江户幕府时代贵族的美学，

把彩妆品摆成了一个画室，

她要每张在春天灿烂的脸，有着华彩天堂般的炫丽。

Dior Addict 把天上的星都摘下来，以吻送给你，

在夜晚就属你的亮度最耀眼，共有 18 种魔力光彩供你变换。

Clinique 特别找出贵妃草本精华，

让你的脸蛋看起来像刚从泉里诞生，晶透无瑕。

MAX FACTOR 把唇当成玫瑰花瓣，

需要不同层次的粉嫩，盛开出不同光芒的美艳。

RMK MIX COLORS 视你为最有创意的画家，

交给你一盒精算三色变化的时尚调色盘，

你想以什么面貌示人，就请动手开始创造吧。

SHISEIDO 慕斯状的眼影，菱镜般的唇光，

让你一眨眼、一抿嘴就魅力四射，美得令人目不转睛。

ESTEE LAUDER 不让粉妆盖住你的风采，

以 SPF25/PA++ 的新优晶澈亮白粉底，

让你的肌肤散出自然而好的气色。

远东百货澳洲设计师专柜

Design 21 Fashion 习惯了北半球的思考，

现在我们将视野转向南半球：

邀请澳洲的设计师在我们的身体上游戏，

在北回归线的领地上，实验我们的新个性：

OLGA BERG 很迷恋东方，决定让彩墨画中的花鸟，

飞进摩登的白色皮革上，尾随着我们去逛街。

WAYNE COOPER 把日本原宿女孩 GROOVY GIRL 的糖衣，

在你性感的腰身上，铺张出粉红色的新童话故事。

BETSEY JOHNSON 把彩亮的花，与飘逸的蕾丝风，

一起移植在迷你裙上，你可以就地招蜂引蝶，

把春天穿着走。

PAL ZILERI 把海滩线与光的条纹，延伸到男人的衣衫上，
他要把清凉的浪与野性，展现在有运动感的身形里。

THIRD MILLENNIUM 以上衣透明度决定体温的高低，
ALANNAH HILL 以姿态决定裙下的魅力，
JUSTINE TAYLOR 以剪裁决定女人走路的样子，
GAS 则以磅秤决定牛仔裤的季节。

这是大远百专为你引进的：你澳洲籍的私人风格实验室。

1996 年夏日游戏

关于游戏

白天是塞车过不来的马路，白天是 8：30 的打卡钟，
白天是 24.5℃的会议室，白天是样样急件的文书档案，
白天是老板付薪水买的，晚上是自己的。

今年仲夏夜，困在台北水泥森林的人，不必选择出走，
在敦化南路上，有古典、摇滚、民谣、戏剧和啤酒，
连续 13 周周末夜，欢迎所有白天身不由己的天使，夜夜堕落。

游戏名目：

音乐、啤酒、舞会、戏剧、DJ、演唱会……
Street pub 周周都有不同的街头事件，供你目击。
请带着占卜家的天赋随机应变、逢场作戏。

游戏结构群：

浊水溪公社、糯米团、四三一乐团、ALLEN、沈流、董运昌、雷光夏、彭广林、“电子马戏班”的人和“电子马戏班”的朋友等精彩演出。

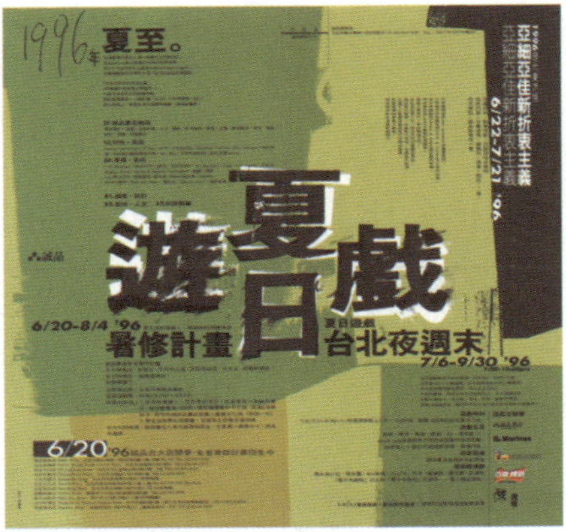

夏日游戏的联想

39 小时仲夏夜游戏，夜夜夜狂。

架灯延长夜晚的生命力，

全程监看穿冰淇淋色紧身长裤的异议分子，

Rock 的舞步在地上全面搜索啤酒释放的激情。

夜阑人未静，

请加入我们的黑名单，

所有的失踪人口，都将集结在诚品的月光下，

我们都保有欢闹的权利。

关于夏至书店

在温庆珠的长衫上，洒一滴费太太的西瓜红。

在 waterman 笔上，悬着王培浩的贝珠项链。

在 M. H. Way 的皮件上，盛满冰凉的 Frozen Yogurt。

在蔷薇宣言的玫瑰花中，浇一些 HEDIARD 的英国茶。

敦化南路上，请随身携带，眷恋生活的消费特权。

关于感官地图的文案

普鲁斯特在小玛德琳蛋糕中，尝到青涩的童年。

异教徒在 1920 年份的红酒中，发现法式的逸乐。

女人的项链，在甜蜜的咒语中应验爱情。

New Age 的信徒，下楼寻找有超自然力的健康食谱。

一份自由取悦的感官地图，二个楼层的新东区休闲国界，

33 处自由游走的欲望临界点。

诚品敦南总店试卖，

6 月 22 日至 7 月 21 日，环环相“扣”。

关于亚细亚佳，新折中主义家饰展

一向迷恋明式家具，迷恋明式黄花梨玫瑰椅，
迷恋宁夏手染编织毛毯，迷恋苏拉威西岛棉质绞染……
高地的疏离，东方的留白，
这是上个朝代选择的生活方式。

竹木案头盒与 pen collector 古董笔对话，
沙捞越伊班族织布与 ARTE & CUOIO 手工皮件折中，
金三角银饰与 Genny & Adam 设计饰品呼应，
明式家具与 LEROY 葡萄红酒调味。

超越工业时代、走出机械文明，
世纪末回归人文、师法自然的觉醒正开始。

朴拙取代繁复、自由取代规格、古典取代新潮。
温习文人的原色，寻找材质消失的深度，

形简意禅的新东方美学，
在精神荒芜的都会里，留一处可以归隐的田园。

东方 V.S. 西方的生活家饰展，

在燥热的酷暑中清谈，

中国文人风范再现，

期待与你的生活相知相惜！

中兴百货公司儿童节特卖文案

抢救童年

BEFORE

米老鼠与加菲猫追逐的童年。

孙文在广东省翠亨村的童年。

鱼儿往上游不进则退的童年。

玩具很少、玩伴很多的童年。

大人统治下的童年。

NOW

在安亲班培养先知先赢的童年。

不相信天堂但相信任天堂的童年。

玩具很多、玩伴很少的童年。

4 岁开始写字、6 岁开始讲英文的童年。

保护濒临绝种的快乐儿童，

请你与我们一起抢救童年。

文案之外的黑色微小说

4月4日，关于童年的残酷物语

巴黎的绿色空间局规定，每诞生一个孩子，就要种一棵树。

1999年是法国男人的世纪末，核电厂超载的辐射剂量，
让女人严重贫血、男人严重无能。
包括所有的动植物，甚至于外国旅客都停止交配。
这是一个不孕的城市，真理教再度兴盛。
自杀手册取代《圣经》，虚无的死亡成了生之图腾，
所有的人开始信仰来世。

4月4日清晨，一百万对标准男女，
带着十个会尿床的孩子，到凡尔赛宫接受加冕，
并当众宣称，如果活过4岁的孩子，则无条件封王，
场面浩大，只渗入极少数的失控。

香榭大道上的树，在中午焚风之后相继死亡，
大火带走上万条人命，带泪成国，

并下一场酸度极高的骤雨，长养了诗的阴性，
占领了以凯旋门为中心的大半个巴黎的气味。

预言家用路易十四的草纸测量哀伤的湿度，
全城停电，昏鸦的天色，
哲学家点一座烛台，
在光亮中读到很多现实的伤口，
于是，所有的诗人以不生育来绝代止痛，
并开始宣布精神陆沉。

不停释放咖啡因的终极主义狂热，
把月亮割伤，血滴在树的年轮上不再醒来。

唯一幸存的孩子学会痛哭地控诉来世的命运，他还来不及满月，
所以期待来世会更好的成人老人开始焚诗混血，
用树液的毒，来调大碗大碗的烈酒，
然后宣告禁食，互祭，并虔敬领受。

全巴黎最后一个孩子，在半夜 12 点整，被全巴黎市民挂在树尖，
向全世界得意地炫耀着他们的永生。

阿拉丁的现代启示录

启示一

今年夏天，阿拉丁决定带着新婚的茱莉公主，
到台湾过一个没有骆驼和仙人掌的暑假。

启示二

阿拉丁的妈妈，听说他最近忙着四处锄奸诛魔后，
茱莉公主从此不再责备阿拉丁，
为什么每天都这么晚才回家。

启示三

阿拉丁发觉三个愿望不敷使用，
神灯决定多送一个愿望，给购物袋装满欲望的阿拉丁。

今年夏特卖，让阿拉丁迫不及待，把全城人的愿望，
全部用魔毯载回来。

文案之外的诗

欲求不满的长期挫败

勾不到床，只好累。

勾不到水，只好渴。

勾不到爱人，只好恨。

勾不到肥皂，只好脏。

勾不到衣服，只好冷。

勾不到药，只好痛。

勾不到鞋，只好在家。

勾不到梳子，只好散发。

勾不到毛巾，只好湿。

勾不到口红，只好苍白。

勾不到卫生棉，只好流血。

勾不到明天，只好死去。

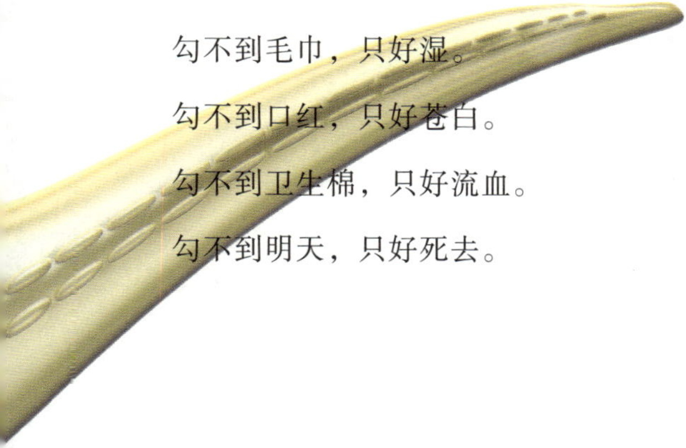

每个人的生日快乐，都是建筑在妈妈的痛苦上

在娘胎里

第一个月，妈妈不知道我的存在，今天早上还去跑了一圈操场。

第二个月，妈妈终于发现我了，把留了十年的长发剪掉，因为以后再也没有时间照顾它了。

第三个月，妈妈到医院做检查，回家路上顺便报名了胎教补习班。

第四个月，妈妈不再点自己喜欢的麻婆豆腐，而选择对胎儿有益的人参鸡汤。

第五个月，妈妈把她的运动健身器和紧身衣收起来，她已经离二十五腰的日子很远了。

第六个月，妈妈半夜被我新长出来的脚踢醒后，开始跟爸爸讨论什么时候去丽婴房买鞋的事。

第七个月，妈妈去照超声波，知道我是女孩后，就决定开始订阅《妇女新知》。

第八个月，患了产前忧郁症的妈妈不能吃药，不能看电影，每天只能跟肚子里的我说话解闷。

第九个月，为了不让我一出生就戴防毒面具，妈妈开始变成了注意空气污染、水源污染、食物污染的环保激进分子。

第十个月，老实说，真不想离开这个温暖的地方，可惜我只有十个月的居留权。

江山易改，母性难移

妈妈和我的关系就像师生，

小时候她教我走路，

长大后换我教她忠孝东路怎么走。

——上班族·25 岁

妈妈和我的关系就像姐妹，

我老是要忙着帮她适应我的新男朋友。

——高中生·16 岁

妈妈和我的关系就像劳资双方，

我给她的报酬，永远赶不上对她心力的剥削。

——小叶·30 岁

妈妈和我的关系就像医生和病人，
她老是觉得我的营养不良，
虽然我已经 70 公斤了。

——隐名男子 · 42 岁

我都已经有两个孩子了，妈妈还是江山易改，母性难移。

文案之外的黑色微小说

5月第二个礼拜天，不孕的理由

美国加州海域，哈姆雷特鱼，雌雄同体。日落前30分钟进行交配，由两只成鱼轮流扮雄鱼、雌鱼各十次，完成阴阳高潮，筋疲力尽。

男性战斗靴的雄性和金属项圈的雄性，演成一幕以吉普车及军用剩余物资为背景的GAY情事。有人以为我们是知己其实我们是革命情侣。

5月20日这天的男人，全挺成一条街的站牌，永垂不朽地挺立在地平在线，纪念永远的雄伟，上面标示来回一趟所需的时间，并写满了一长串过去及未来想穿行的下车地点。

流浪者渴望一座干净的城市，黑人祈求一座没有色彩的城市，女人渴求一座没有暴力的城市。

我们决定在 28 岁领养第一个孩子，直到他能成功地发展出第二性征为止。

百货公司端午节特卖

1998年·现代端午考

端午节粽子的精神在微波炉中发扬光大。

一天十几班的龙舟过站不停，

老把屈原留在江中忘了带上岸。

雄黄酒自从

让白素贞变回蛇形后，

许仙决定让

白素贞改喝啤酒。

屈原把离骚放进邮筒中寄给楚怀王，

并贴上邮票，

提醒他端午节时务必买束菖蒲好过节……

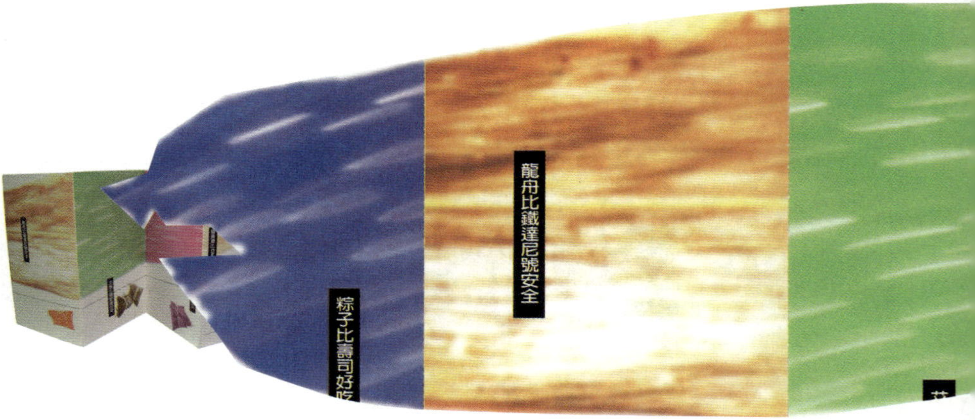

百货公司端午节特卖文案小卡片

端午节存在之必要

粽子比寿司好吃。

龙舟比泰坦尼克号安全。

艾草比捕蚊灯好用。

香包比香水持久。

雄黄酒比 Chivas 刺激。

文案之前·狂想屈原

五月初五，端午降奴记

汉军军侯管敢，因担任斥侯时不够认真，而被校尉成安侯韩延年当着众人面前责骂，并当廷鞭打处罚。再加上前些日子在溪间被处决的女子中，有一个是他的妻子，更促成他降奴的心意。

五月初五，子时，28℃天气渐咸。那晚他梦到了百年前不愿死在不完美的倒影中、开始洁癖地染上自我折磨快感的三闾大夫，和因酒醉而一度失传的中国。

管敢问，流浪在死亡空间比自裁更有活着的感觉？三闾大夫回答，当事物变迁远超过自我堕落的速度，他和其他49位诗人绝望地拒绝再活过来。然后，梦境在泡沫状的理想中，在汨罗江里沉浮破灭，水大剌剌地淹没了临岸数以万计的哀哀苍民，屈原潜回水里化做自由的鱼，与另一条女鱼相濡以沫。

粽子都被这些水底贪生怕死的冤魂，和湘女分食饱餐终日，屈原则削瘦地在农历五月初五，完成公民选举，成立另一个新国度。伤残的诗，孤弱地被遗弃在开国酒宴杯盘狼藉的角落，过度丰腴导致腐烂，并传染腥浊。49 位诗人被空间绑着，用菖蒲叶吊在历史上，无人再诵读他们的诗。

酉时，34℃足够喝完四瓶雄黄酒，看完一部《离骚》，和决定一生。

当管敢在《离骚》第 12 篇第 34 句中，发现屈原的真正死因是，他心爱的女子简狄拒绝了屈原的求婚而下嫁给高辛氏，更加坚定他降奴的心意。

所有的人一到6月，都要换一个新身份

丁丑6月，驿马星移，红鸾星动。

好不容易出生、好不容易毕业、
好不容易结婚、好不容易搬家。

终于找到新学校、终于找到新工作、终于找到新恋情。

所有的人一到6月，都要换一个新身份。

5月29日至6月28日，诚品商场全面开启你的个人新档：
穿一件新形象，喝一杯新口味，
戴一顶新头衔，换一身新肤色，
6月以后一切reset，从诚品开始，您的新生活。

eslite誠品商場

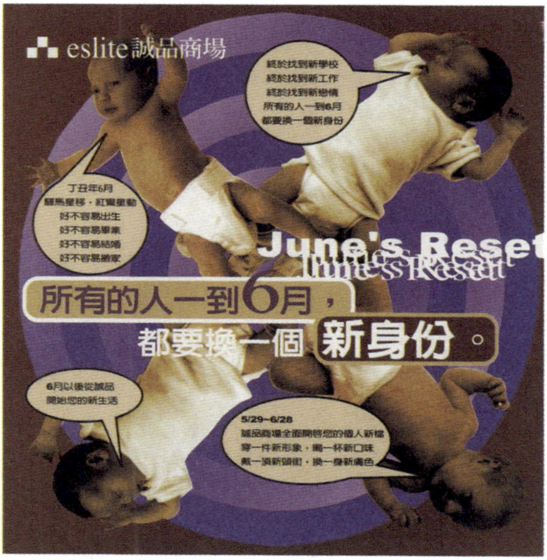
eslite誠品商場
終於找到新學校
終於找到新工作
終於找到新戀情
所有的人一到6月
都要換一個新身份
丁丑年6月
好不容易出生
好不容易畢業
好不容易結婚
好不容易搬家
June's Reset
所有的人一到6月，
都要換一個新身份。
6月以後從誠品
開始您的新生活
5/29~6/28
誠品商場全面開啓您的個人新檔
穿一件新形象，喝一杯新口味
戴一頂新頭銜，換一身新膚色

文案之外的黑色创作

一个城市诞生，新身份的形成

当M87巨大黑洞的无线电波，严重干扰太阳系导致能量错乱，各星球失序撞击。当月球离奇消失，土壤大量失水，地震频传。当亡者开始念着活着的人，当所有的房屋都染上了辐射，当所有的海砂路桥开始崩溃，当最后一个处女宣布出家，从此没有了性别之争，私生儿开始合法。

旧的城市从此不孕，新的城市，诞生有望。

黑人祈求一座和平的城市，工人冀望一座无政府的城市，学生想望一座放假的城市。4/5长时间抑郁的人种，在6月6日清晨6点，同时梦见一个女神诞生在β城，大家分头追赶，十分钟后目标越墙消失。

不同时序醒来的这些人失去手纹，所有关于旧城市及命运的纪录全数销毁，他们再度寻找记忆中唯一活着的那个女神，但他们只遇见彼此。于是他们决定依梦境重建 β 城，外围不设限任何墙面，如此一来，她便无法精确地逃出 β 城的领域。

β 城的街道配置，存在每个人的意念中，有些路只走过一次后就永远消失，像是鸟的飞行航道。女神尚未出现。很多东西还没有名字，想象力无限延伸 β 城每个部分的几何骨架。所有职业全部从缺，无需经过第二人的同意，自由选择生产方式，工作极其简单，只是采集然后发送而已。

β 城完全没有制约力，可以裸体，所有人都是高龄婴儿。

β 城是属于活人，以及尚未出生的人，没有人年过 40，没有人死亡。

诚品全省商场夏特卖

暑假·放暑价

和电脑拒不见面，
躲开手机的日夜纠缠，
遣散压力，让野心失业，
和所有人按下 OFF，消失一阵子，
一天不努力，也没什么大不了。

脱下书包、领带、人情、
高跟鞋、业绩、难看的气色，
和食不知味的朝九晚五，
和法国人一样，花三小时喝个下午茶，
向时间偷一点生命回来。

不跟地球一样忙着自转，
在加长的日光下，找到自己的 TEMPO——
诚品商场提供烦躁的城市人，
最近距离的心情避暑胜地。

商場…

面放暑假

開行動電話的日夜糾纏，遠散壓力，讓野心失業，
消失一陣子，一天不努力，也沒什麼大不了。

情、高跟鞋、業績、難看的氣色，和食不知味的朝九晚五，
小時喝個下午茶，向時間偷一點生命回來。

轉，在加長的日光下找到自己的TEMPO—
城市人，最近距離的心情避暑勝地—

关于送礼的又一章

期待一本全新的日记，

谢谢自己熬过万念俱灰、心碎买醉的日子。

期待一支快乐的钢笔，

谢谢孩子平安度过夜夜提神、日日煎熬的联考。

期待一块忠实的手表，

谢谢情人时时陪伴、追随焦虑、忧伤或忘情的每一天。

期待一张手制的感谢卡，

谢谢员工夜以继日、抛妻弃子地加班。

没有节庆的7月，没有公开送礼的理由，

诚品敦南店提供每一位想找借口额外感谢的人，

一个“秘密布局惊喜”的筹备处。

泳装集体抢滩事件

[事件一] 天体营一直找不到合适的地点，准备一件最招摇的泳衣是天经地义的事。

[事件二] 一名异国女子独自亲昵、纠缠，据说她和缱绻的海之间，仅仅隔着一件薄薄的泳衣……

[事件三] 以极少的布面不断复制豹纹的魅力，一身古铜色肌肤的野悍男子，以最原始的笑容招惹沿岸。

[事件四] 太阳在裸背上留下细细的空白，海边沙滩上晾着一件咸湿的泳衣未干。

文案之外的诗呢喃

泳衣的 BIG BLUE BROCHURE

北纬 25°，东经 121°，吞盐的水。

特别停留（29 秒），重量不足的早晨。

没有特权的紧身衣（23 寸）。

有一瓶很小的防晒油（防晒系数 38）。

水来来回回。

自闭，光很变态，有线条的背部，无所事事的救生员。

我爱你，我得不到你。溺水的潜意识。

泳衣在星期四前洗好已成定局。

七夕的爱情经济学

平时省吃俭用的爱情狂热分子，
终于买下一条比存在主义更真实的，
70 年代反战十字项圈。

对西西里永远忠诚的女人，终于奇迹式地找到一件，
折扣多一些、图样少一些的渔网式背心。

梦映在玻璃橱窗的倒影中，
情人节有 999 朵玫瑰式的消费伦理。

关于经济学中的劳动价值论、不完全竞争论、垄断竞争论、
剩余价值论、收支调节论、边际效用理论……
在 7 月 7 日当天，一定要全部学会。

文案之外的沉思

感情的养成与存在最盛期

是节日，今天，关于情人。很多人买花，排队，消费昂贵。

有点想哭，身旁一堆不相干的人，过同样的日子。

七夕，女人温柔男人，男人在笑。刚雄的棱角组合这都市。

坚持维持高速沸腾的台北，准备跳一整夜的舞。

车很多，很凶，像男人。梦映在玻璃倒映中，招魂。

我一点也不流行。

一年没和自己见面，陌生。

在基隆路的一家店里，说话，不知跟谁。游走巷衢，

找自己，关于熟悉的那部分。信义路上悬着一盒盒的街、时间。

诗人被空间绑着，吊在马路上。

什么是文化？风好像要变。我要去旅行，身体不去。

4 岁的灵魂爱吃糖。

我一点也不王者，但我是狮子座的，我仍能感觉风。

我想我会变成一只阳鸟。

有些地方不需要英雄，但我要学会爱自己。

他 × 的。我一点也不想知道什么是六次元向量水平思考的

托鲁克那恩桑斯的非整合性孤立式错乱。

我爱诚品，冷，而且神性。

在日光房里，有书，有灵魂。时间久而热，我很小，其他人很大。

想象追逐五官而下，把希望缩在形下里。

女人可以不坏，只要你是神。

风停了，闻到水的气味。最近的人都不甜，而且无味。

再忍受自己五分钟，只要五分钟就好。

美丽的不是自己，只有情人节的花。

情人节，有没有情人并不重要，只要不粗暴，

你一样温柔，花是钱，不是爱，你要弄清楚。

把一整盒情人糖吃光，会长大的，我 4 岁的灵魂。

除了怀胎十月，他做的不比妈妈少

愚公把两座大山移开,他的儿子们从此不必再绕路上学。
后羿射日，不忘留一颗太阳给孩子们取暖。
弗洛伊德想从孩子的睡姿，猜出他们渴望的生日礼物，所以完成《梦的解析》。
为了响应“爸爸回家吃晚饭”，西西弗斯把石头摆好，回家过父亲节。

文案之外的黑色创作

8 月 8 日，中年尊严之必要

失血的情人，在敦化南路上的圆环徘徊，
拖了整整一圈的忧伤，向路人要十块钱，坐明天就要罢驶的末班公交车回家。

他的愤怒塞在涨价后又尖峰加成的出租车内，困在仁爱路口过不来。
一个女人从诚品画廊的画中走出来，抱着只有信用卡才买得到长颈鹿顺利过街。

他想起那张永远只有 4 岁的脸，褪在张毅一直落雨的健康幼稚园纪念影片中，而记不起所有的丧心病狂的惨白。

玩具反斗城的纸袋里，夹藏一个印满头衔的名片盒。他到巷口蹲着吃一碗牛肉汤面，自己庆祝没有人再喊他爸爸的父亲节。
完整的 100 元，谢谢老板，找回破碎的 10 元、1 元和一些零头。

零头不再是零用钱，他孤独地花着，顶多打一通三分钟自动断线的廉价公用电话，对方是他 25 年前认识、10 年前结婚、1 年前丧子、上个月离婚、仍保有儿子一半基因的前妻。她说今天是父亲节，应该带儿子去动物园，免得孩子只记得爸爸穿西装、打领带的样子，其实她忘了，那天儿子的告别式，他是穿一件 POLO 的黑色休闲衫，和一双素净的白球鞋，因为他答应儿子一定教他成为棒球国手。

25 岁的狂傲纵欲，30 岁安家立业，40 岁丧子、失婚，过着有性没有爱的日子。50 岁注定没爱也没性，导致无能的他，是一个已经结扎不再有他的姓、他的孩子、他的亲骨肉、他的老年和他未来数十个父亲节要过，他是一个女性的男子。

他开始同情所有起因于人的所有绝种生物。

秋

气温是善变的，情绪是善变的。
女人是善变的，色彩是善变的。
食欲是善变的，口味是善变的。
爱情是善变的，关系是善变的。
流行一样是不忠的，秋一样是善变的。

忠诚路上·秋是善变的

点了面想改吃江浙菜。

咖啡来了，其实想要的是冰桔茶。

裙长为了流行老是朝令夕改。

心情变了，连手纹都转向。

头发长长短短见异思迁。

万圣节隔着面具可以六亲不认。

军大衣今年改为女性授阶。

GUESS 决定不和旧习惯妥协。

鸟走失了，改养一只 Teddy Bear。

Esprit 说下件衣服会更好。

天母忠诚路上·秋善变·人心思变。

诚品忠诚店，全馆秋品随机应变，

秋意新鲜特卖中。

SISLEY
SISLEY
eslite 誠品

文案之外的创作

关于善变与忠诚

大家都在算 2 + 2=4

如果换成 4=2 × 2

结果虽然一样，但可能性变大了。

气温是善变的，情绪是善变的。

女人是善变的，色彩是善变的。

食欲是善变的，口味是善变的。

爱情是善变的，关系是善变的。

诚品忠诚店秋特卖，谈的是忠与不忠：

在“忠诚”路上，

流行一样是不忠的，秋一样是善变的。

没有回报，总被错怪不忠，

老是一见钟情，所以总是善变。

多事之秋、世事多变，所以人心思变。

后来这篇文案，因某“变”故而未能上市，

所以在此“弃”图变身复活。

秋之双飨·富可敌国

太阳南移，日照渐短，

候鸟开始转向，

在各地旅行的人一一回国。

你可以继续吃加蛋雪花冰，也可以开始吃麻辣锅。

你仍获准穿膝上贴身迷你裙，

但可以开始穿咖啡色鳄皮短靴。

不必脱掉浅橄榄无袖背心，不过可以开始披上针织毛衣。

这是一个最接近普罗旺斯的季节。

保留夏天放肆的权利，往来秋色的诗意，

跨时令的双重享受，

在诚品的每一个人，都可以富可敌国地，

享受双倍资产的季节——

准备上学，准备还愿，准备变长的夜生活，准备新体温，
准备新时令菜单，准备新装扮，准备新花种，
准备一个耐寒的木本情人，
准备好对待别人的新方式……

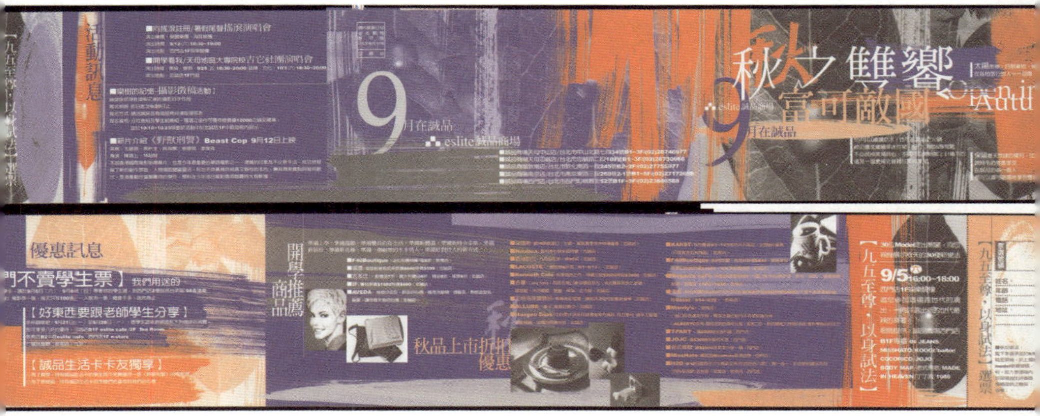

文案之外的黑色诗

带酒逃亡的秋

天气：骤雨。十分钟，像刀切过一样地结束。

雄性的日子，温柔的秋。这世界是男人的，耶稣和释迦。
男人是我的，不是我的。我是梦的，梦带酒逃亡。
女人在休肝日旅行的尺寸一律是 XL，有着热带性的低价格，
并具攻击性。

用 A 面的脸去谈爱，用 B 面倒带回去梦，
梦到不甜的世界甜甜的人。
甜甜的人跳过自己黏瘩瘩的影子，背着重重的家，
向一个失婚的男人求爱。酒醉后，男人哭成高龄婴儿，
酒精浓度等于零。

这朵莫斯科的玫瑰，在巴黎开成满眼的野姜，

那个被求爱的人，骑着脚踏车，

压过野姜去追年轻初恋的那个晚上。

月亮默默地给着夜晚，没有一个是他要的。

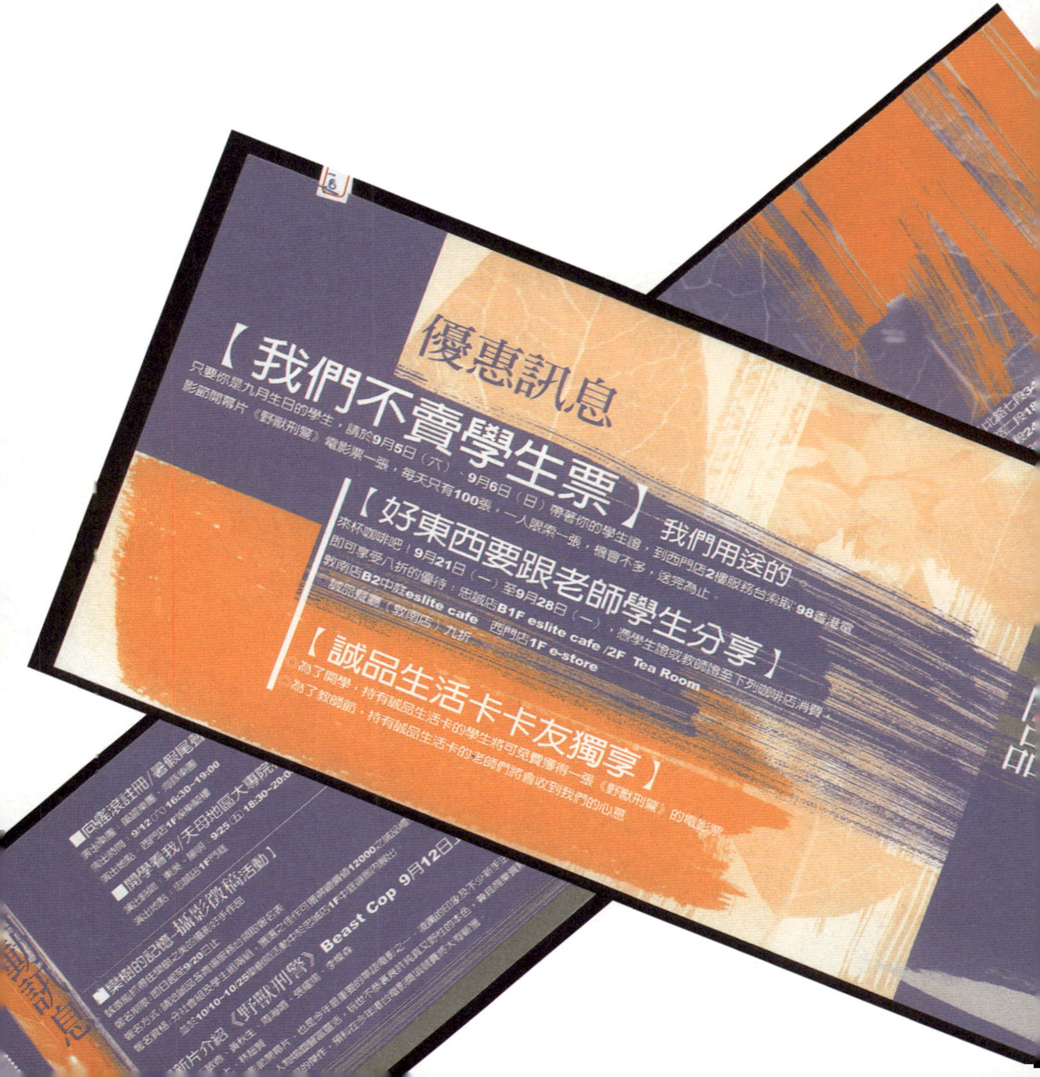

诚品商场中秋赏月节特卖

地球越来越需要一个可以投奔的地方

地球的烦恼越多，每到夜晚一不开心，
就越需要一个可以投奔的地方，
依赖久了，就更不能失去月亮。

中秋节那天，以浪漫的缘故请半天假，
找一个情绪的地方，换一种团圆的坐姿，
用尺丈量她的最大极限，以眼神排练她一晚的行踪，
用想象力揣测她的神话、她的绯闻；
用身体感受她的潮汐……

为了另一种荷尔蒙的刺激，这次要从落日看到月出，
以舆论证明，秋天真的来了。

在这个月演月烈的中秋节之前，
找到一个离家、离星星都近的奔月地方，逃走……

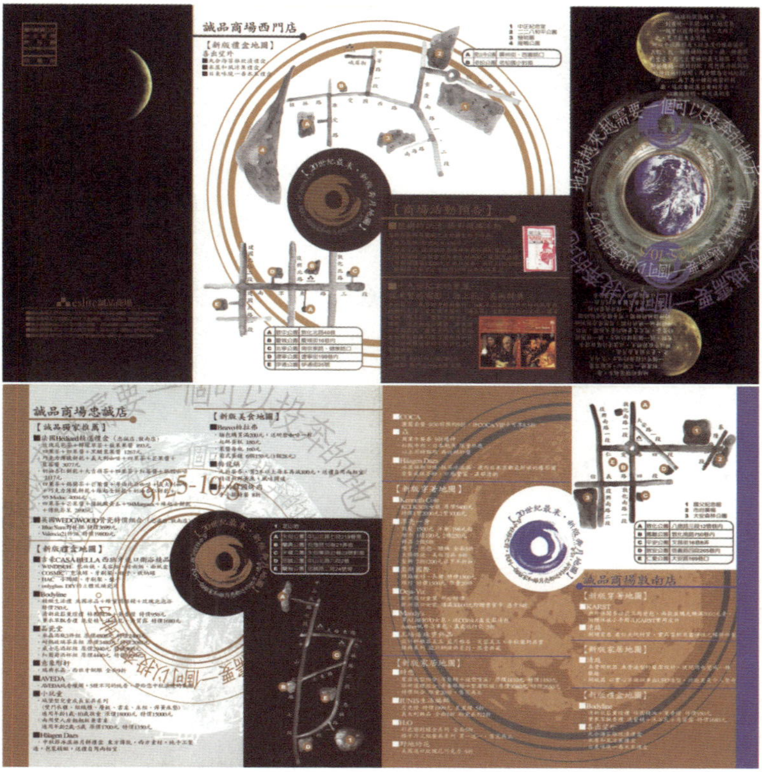

誠品商場西門店
【新版禮盒地圖】
誠品商場忠誠店
【誠品獨家推薦】
【新版美食地圖】
【新版禮盒地圖】
9/25-10/3
誠品商場敦南店
【新版穿著地圖】
【新版家居地圖】

文案之后的狂想小说

月亮升到神话的高度，开始演奏

第一首梦

在摄氏 34 度的街上。一个小孩意外听到了广播，看不到爸妈。

在 5：31 分看到 5：30 分的车正开走。

他走失在又热又湿的空间里。老师责怪小孩背叛梦的逻辑。

她送他一只丑闻的鞋子作为惩罚。

小孩是男人，教书的是老师也是女人。

第二首梦

医生情人用手术刀切生牛排，着手术衣烹饪，上面有杀鱼的血，有人怀疑他有杀妻的阴谋。

第三首梦

空白，连个楼梯也没梦见。

第四首梦

在教科书关于两个女人堕落成一个健康男子，

收养了一棵树做儿子的历史故事。

她们跌错国家记错方向，不幸染上辐射。这一段教科书省略。

第五首梦

一个小孩被罚站，手贴着墙，数时间。

其他人不忍看，同样在倒日子，接近老年，哀乐老年，

有一个老人在谈男女的事。在公园，像是在茶馆。

第六首梦

三女囚借北斗七星越狱成功，

七天后被人发现全身赤裸横在沙砾地上，其中一个刚满 23 岁，

安详而忧伤，报上误载成三名戴罪的妓女。

天母第三次栾树情报

在森林绝迹，绿色逐渐消失的城市，
天母用一整条的栾树道，
家家户户用窗前的盆栽、空中的花园、一楼的园艺、
手中的花束、橱窗中的玫瑰……
光复天母的绿意盎然。

忠诚路上，1600棵栾树的距离，恰好串联两座公园，
准时出炉的面包店，沿路招客的啤酒屋，
老是塞车的高岛屋。

一家留大面窗看树、看Shopping的诚品忠诚店，
也连接了人与人的距离。

很少打交道的天母人，选举的时候，

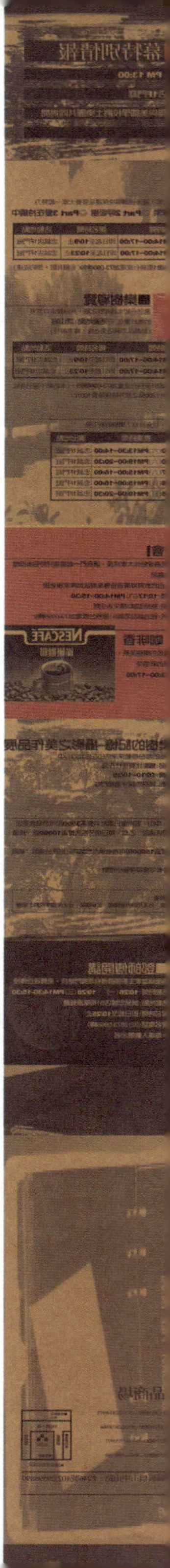

在栾树上悬挂起自己的主张。
很爱逛街的天母人，
冷气房出来就靠栾树林森呼吸。

提早放学的小孩，
最先被这排栾树接走……

除了房子愈来愈多，流行总是优先抵达的幸运外，
天母人还保有看栾树长大，变化的幸福。

就像秋天让京都一夕枫红，
忠诚路因为栾树，
一下子所有的人和天母，都染成了很舒服的酒红。

天母第三届栾树节，10 月 10 日至 10 月 25 日为止。

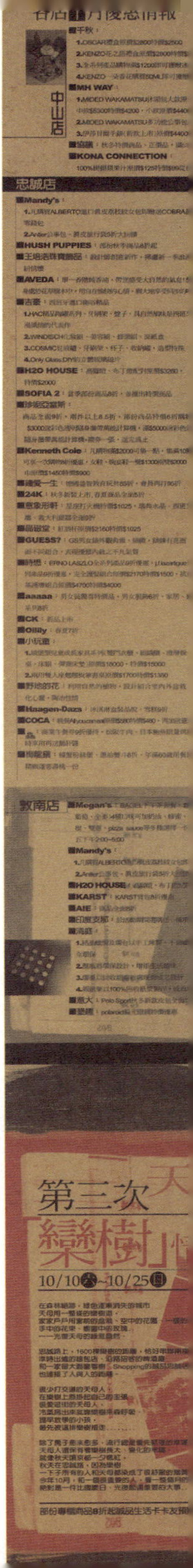

有人会在路边卖灯、Miky Mouse、
招财猫或是一笼笼的鸟。

有喷泉、有直排轮鞋的公园

沿路招客的啤酒屋

以前是稻田，现在变成一所新闻不断的中学

人声鼎沸，老是大塞车的高岛屋

看棒球在这里……

一所很安静、很特别的学校

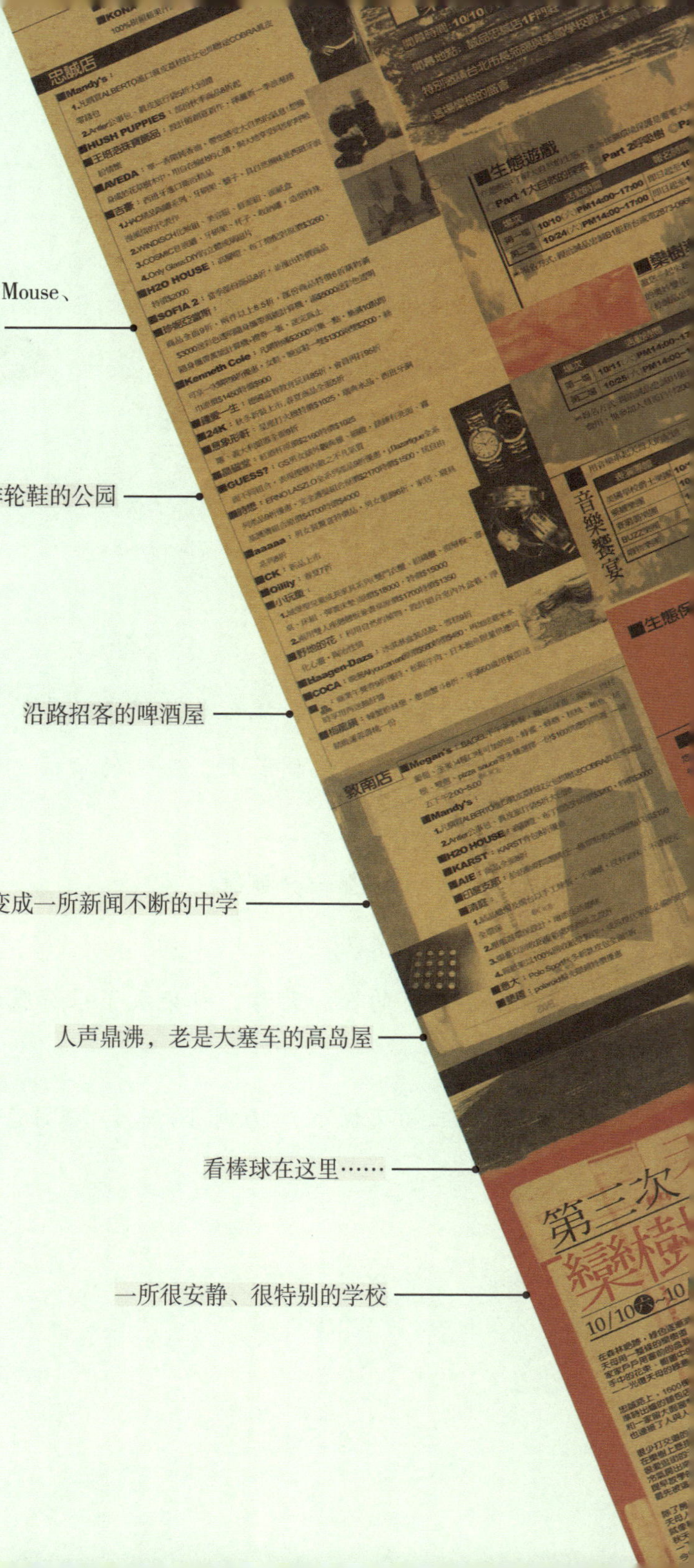

天母栾树地图

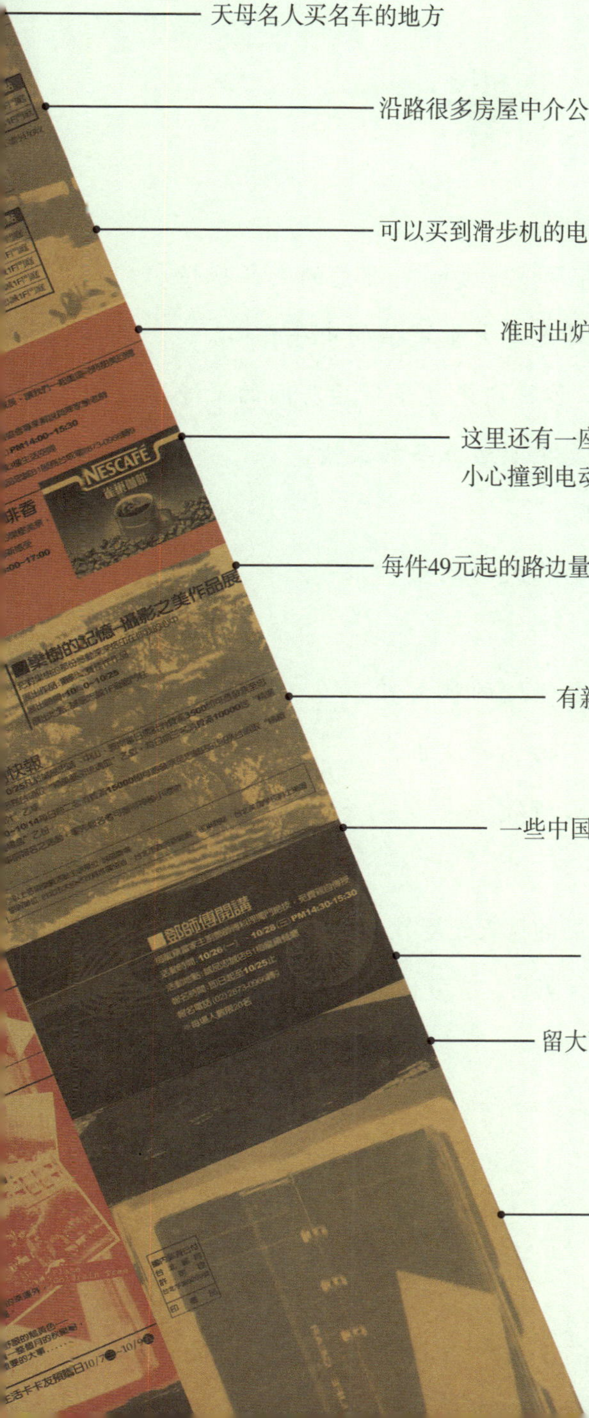

天母名人买名车的地方

沿路很多房屋中介公司

可以买到滑步机的电视购物频道店

准时出炉的面包店

这里还有一座公园，
小心撞到电动娃娃车

每件49元起的路边量贩店

有新鲜螃蟹出售的菜市场

一些中国人比日本人多的日本料理店

很有气氛的露天餐厅

留大面窗看树、shopping的诚品忠诚店

增加天母异国风味的日侨、
美国学校

10·25 秋之光复宣言

用一条手工的银项链，有希望光复略有凉意的七年恋情。

向日葵普照的领带，逐日光复大量萧条的中年信心。

250 毫升的檀木香水，三秒钟内光复争辩后房间的清净。

满桌的生啤酒，连夜光复毕业后五年的交情。

膝上 15 公分的贴身皮裙，

在众人的侧目中光复失恋已久的欲望。

用便宜两成的预算，

以速度光复一件在上个月错过的秋大衣。

借着秋天的借口，从身不由己的城市，

光复自己沦陷已久的随心所欲。

10·25，一个属于你和诚品的秋天光复节，诚品。

西门店、板桥店全馆 8 折优惠价，光复你对秋天的所有欲望。

【壹零貳伍】
誠品商場西門店・板橋店
全館捌折優惠價
光復你對秋天的所有慾望
台北行
秋之光復宣言
條手工的銀項鍊，光復的七年戀情。
向日葵普照的領帶，逐日光復大量蕭條的中年心情。
二百五十毫升的檀木香水，三秒鐘內光復爭辯後房間的清靜。
滿桌的生啤酒，連夜光復畢業後五年的友情。
膝上十五公分的貼身皮裙，在眾人的側目中光復失戀已久的慾望。
用便宜兩成的預算，以速度光復一件在上個月錯過的秋大衣。
藉著秋天的藉口，從身不由己的城市，
光復自己淪陷已久的隨心所欲。
壹零貳伍，一個屬於你和誠品的秋天光復節。
十月二十二日至十月二十五日
【提早貳天預習光復節】十月二十日（二）、二十一日（三）卡友預購日

文案之外的微小说

青春光复战役

他的身体器官运作得不够快，有时则因为危险不忍对他做太多的要求。他生病，常常和隔壁的老人一起去看医生。他忧郁但不害怕死亡。大四那年他理了光头。别人以为他要拼进研究所，直到他穿起袈裟为止。她忧郁也不害怕死亡，她吃素与宗教无关。他不准她陪着长期苦修，因为她体力不济。去年7月酷暑他入关。她送他一条毛巾。他把毛巾分成了几块。用一大块做了一个：把整个头部都包得起来的大帽子；又用一块做了一双鞋；又用一块做了21个套子，把10个手指、脚趾及私处套了起来。密勒日巴尊者如此，他也是。

今年1月他再次入关。这次为期一年的自囚，谁也没张扬出去，她在外护关，一点也不浪漫。除了吃的、睡的、拉的外，他什么都不必做，也没得做；没书报杂志可读、没有纸笔可写、没有电视可看、没有收音机可听、没有人可讲话。他要看，只有看墙上的斑痕和地上的木纹；要写，只能用手指在空中比画；

要听，就只能听楼上走动的足音、及老鼠乱窜的声响；要讲，只有朝天花板怒吼；要玩，只有拿自己身体的每一根每一节来耍玩……

他不知道自己身上哪一部分才是真正的自己。他拆掉身上所有的布套，让自己更看得清楚自己。幻影是歇斯底里的升华，他开始做一串又一串的梦，直到梦到自己逃出狱吏的毒刑拷打，变成一个干净的女人死在荒地里为止。

他打开门召唤守坐半年削弱的她。

路人从四方奔来。他们预感事后的自己的舌上的汗或血的鲜味。

就这样，他们俩裸着全身，捏握着利刃，对立于广漠的旷野之上。

他们俩将要拥抱，将要杀戮，将要进行一场青春光复战役。

冬

一年的尾声，开始相信起很多东西。

想念十多年没见的老朋友，想念转角那家面摊的老师傅，

想念在梦里徘徊不去的老口味，想念风景明信片里的老街风情。

低温低价·冬季采买计划

索罗斯对一件日式长风衣，采取投机性的内线交易。

女会计师和姐妹淘们，
对湖绿锦缎外套配浅橄榄色的长裙交叉持股。

外汇首席交易员趁欧元上市的蜜月期，
加码买进意大利小牛皮靴作为美丽的强势货币。

法人选中三档流行黑马股，趁打折连续三天回补，
个人形象翻空收红。

政府为了振兴经济景气，在皮裙低档时做多护盘，
外资则持续对基本面良好的冬季保湿保养品追加信心。

盛传有人对心仪已久的克什米尔羊毛衫，

以半价之谱违约交割一事，

您可以到全省 6 家诚品商场去打听。

新华丽复古风潮

2004 秋冬，从大远百开始，吹起新华丽复古风潮

复古，就是最大的奢华！

一年的尾声，开始想念起很多东西。

想念十多年没见的老朋友，

想念转角那家面摊的老师傅，

想念在梦里徘徊不去的老口味，

想念风景明信片里的老街风情。

想念，是时间给我们最美的特权，

复古，是时代给我们最大的奢华。

大远百新华丽复古风潮，

把过去整个年代最美好的经典，

一次带回到今年的秋冬。

就让我们披上一件古意的上海棉袄，戴上一顶贝雷帽，
穿一双 70 年代的印花楔形鞋，
在橱窗前，温存起所有的荣华富贵。

高雄远东百货改装篇

今年秋冬，南台湾最大规模的流行丰收季

GIANFRANCO FERRE 以钢骨在身体上建筑风格。
PLEATS PLEASE 以皱褶在身体与衣服边界，
留着云与风的空间。
ROBERTA CAVALLI 以最有想象力的衣服来庆祝生命。
EXTE 将未来的太空科技及神秘主义，
提前带到现在来试穿。

所有最新的流行概念，
自设计师的蓝图走出之后，
就同步在米兰、东京、纽约、北京、香港、台北、高雄现身。

这是 2004 年秋冬，南台湾最令人雀跃的流行丰收季。

精彩转移澳义的流行政权，华丽复辟！

自澳洲引进 Design 21 Fashion 之后，
性感的 WAYNE COOPER、
华丽的 THIRD MILLENNIUM、
古典的 Justine Taylor Made、
顽皮的 Alannah Hill，
把整个大远百玩得天翻地覆，目不暇给。

今年秋冬
不甘寂寞的大远百继续转向意大利，
野性的 Exté、
浓烈的 Gianfranco Ferre、
尖叫的 Just Cavalli、
欲望的 Costume National，
让这里的流行更血脉贲张。

澳洲的创意，意大利的活力，

两国混血的穿法，

让大远百今年岁末的风格，

更令人兴奋不已！

时尚服饰篇

把过去时代种种的华丽，在手中把玩起我们自己的风格！

流行的生命越来越短，所以轮回的速度就变快了。

把 18 世纪风格的假扣、40 年代的蕾丝、50 年代的线条、
60 年代的格子、70 年代的缎带、80 年代的牛仔……
全拿到今年秋冬来一次想念。

用完蒂凡尼早餐、看完北非谍影，让我们开始玩吧：
把记忆中的奢华，放在超现实主义的童话剪裁里。

把旧时尚的永恒经典，
放在新时代的游戏中解构，做一场漂亮的蒙太奇处理。

今年秋冬的复古风，

让奥黛丽 · 赫本、Mick Jagger、詹姆斯 · 邦德……全都复活了，

在大远百的无国界、无时代分野的流行版块上，

一次温习

摇滚歌手的反叛、庞克的颓废、庄园贵族的华丽。

流行配件篇

科技的脚步越快，我们就越需要一个不变的美丽

戴上有魔力的粉水晶改变爱情磁场，

戴上吸血鬼害怕的土耳其蓝十字架避邪，

戴上莱姆绿蝴蝶与紫罗兰花祈福，

戴上七彩的情爱话语治疗失眠。

杰奎琳·肯尼迪的华丽珠宝，与有灵气的水晶玉石一起流行，

有了这些美丽魅惑的行头，

今年秋冬所许的心愿，将奇迹式地一一实现。

化妆保养篇

对自己奢侈，今年秋冬的超现实华丽！

以光彩让五官轮廓更立体。

以魔法让睫毛超现实增长 150%。

以诱惑让热烈在唇吻之间久留 8 小时。

以水果炫光让脸蛋有了新鲜的好气色。

以金龟子的绚丽晶灿，点亮了秋冬。

今年很适合帮自己做最大胆的改变。

大远百各顶级化妆品专柜，

都已经准备好所有超现实的华丽阵仗，

让你的美艳，心诚则灵！

生活香氛篇

大远百香芬特区，将以上百种神奇配方，款待你的身心。

生活是无聊的。

LUSH 让我们有更多玩意与自己玩耍，

一颗 SEX BOMB

就把整个浴缸振奋得乐趣十足。

时间是匆忙的。

AVEDA 以榭木与苔藓的大自然保水配方，

让受损的发丝瞬间恢复生命力。

身体是疲倦的。

FRUIT & PASSION 以甜杏、佐治亚桃、

鳄梨油、金盏草、田浆果、露莓黑醋……

L'OCCITANE 以普罗旺斯精油，

为所有想苏醒的细胞，

进行大规模的光合作用。

童趣童装篇

今年秋冬，以爱、欢乐与冒险，为孩子的童年变装吧！

ABSORBA、CHIC A BON、PETER RABBIT、

古典维尼熊、NAUTICA

以鹅黄、军绿、珊瑚红、小水蓝、橄榄绿、磺石灰、炼奶白……

替孩子的梦与童话上色；

以蚂蚁布、米其布、地裂布、砂磨布、牛仔布、风衣布……

为孩子开展更大活动力的探险版图；

以我们的爱与陪伴，

召唤雪花熊、小企鹅、彼得兔、顽皮狗……

加入孩子们的童年里，一起游戏。

今年秋冬，所有来过大远百的孩子们，

都会很开心！

Design 21 Fashion

华丽，是设计师对你最大的敬意！

换穿克什米尔羊毛、真丝雪纺纱、漆皮风衣、缎面礼服……

WAYNE COOPER 的女人太性感。

英国古典剪裁丝绒、绉纱、针织……

Justine Taylor Made 的女人很完美。

马甲胸衣配上高腰裙的 THIRD MILLENNIUM 女人，

让我们想起了凯瑟琳·赫本。

顽皮流苏搭玩着蕾丝性感的 Alannah Hill 的女人，

都是好莱坞明星。

大远百的 Design 21 Fashion，

澳洲设计师们说好了，

要联手以最酷炫的华丽，向你致敬！

Design 21 Living

把整个上海旧时代大宅的奢华，带进自己的家里

为一瓶永远都舍不得喝的私藏酒，套一件华丽的旗袍装，替一只陪伴自己好几十年的茶壶，罩一件暖红的小外套，整个客厅沙发上的抱枕也换季了。

今年秋冬，
北欧 NORDIC 家饰、
意大利 GUZZINI 家品、
德国 VILLEROY & BOSH 陶瓷、
威尼斯 SEGUSO VIRO
玻璃艺品……
全都不约而同地，变得喜气洋洋。

全新诚品武昌店，12 月 1 日带领百种顶尖时尚品牌，
率先向你的旧习惯，展开流行的新政变

今年冬天最美的“柔性政变”

不需要尾随时尚杂志的名模穿衣，
也不需要学会如何取悦男人，
现在已经到了起义的时刻。

为了推翻时尚专制，建立流行自主，
诚品商场在武昌街发起革命，把所有的风格主权，
从流行杂志的主编手中、从男人的眼光里、
从名牌的伸展台上释出，交回给你。

Luvsick 辣妹军团从东京涩谷前来支持热情活力，
香港 a.s.t 以好奇心，为你规划一张想象自由的蓝图。

b' bop Studio Shop 以顽皮的古典炫耀着你的创意，
纽约的 21st and Stone 以纯银、珍珠、
半宝石证明你的贵族血统，
Gemini 则是以无限上纲的奢华，展现你骄傲的华丽。
MFG 把美国西部武士的勇气变成美丽的图腾，
Frankie B 的“危险低”牛仔裤，
把性感的曲线变成了男人的崩溃边缘。

BYE BYE 的豹纹娃娃鞋，
让你的成熟在马路上走着如涂鸦般的脚步，
Zodence 的伦敦金属狂野，
庞克教母 Vivienne Westwood 的异教义，
让你的离经叛道有着别人都惊艳的魅力教坛。

Hot Wheels 在这里设流行战场，
Triple Five 帮女人定做了军装，
在乌托邦里没有国家认同的问题，
但在五楼的运动场上可就得敌我分明。

X.A.C. 以玉米、淀粉、葡萄籽让岁月在你身上停止作用，

无印良品是人类史上最美好生活的范本，

日韩混血的 Olive des Olive，Baiter 的巴黎风，

与 Zax 东方风于此汇流，

日、意、中、美、泰的五国料理，

欧洲牧场与日式居酒屋在这里世界大同。

在街风与夜店之间伸张你的美丽权，
在私人衣柜与公共舞台上展示你的魅力权，
你有绝对的权力，为自己的身体决定今年流行什么，
宠爱自己，让自己幸福快乐，是天经地义的。

诚品武昌店，全栋 11 个楼层开幕前的首次试卖，
号召各国百家人气名牌在此集会游行，
发动今年冬天第一波最美的“柔性政变”！

诚品武昌店楼层命名

美丽秘密基地

华丽指挥台

风格政变区

流行前卫队

革命发源地

味觉新国度

狂欢节庆广场

艺文新层峰

革命有情——换旧口味·新美味

圣诞烛光·美味大餐

活动时间：12 月 20 日至 12 月 25 日

（圣诞档期，餐厅满额送）

活动方式：凡当日于 6 至 8 楼主题餐厅，

单笔消费满 450 元，

即加赠“圣诞精致雪人蜡烛组”。

插画：林怡芬

革命有礼——换旧习惯·有新回馈

化妆品、衣饰区满 600 送 60

活动时间：12 月 1 日至 1 月 27 日

使用时间：12 月 1 日至 1 月 27 日

当天即可使用

使用方式：可使用于全馆 B1F ～ 5F 商品，化妆品 / 内衣专柜除外，满 200 元可使用 20 元。

革命有益——换旧生活·有新惊喜

经典赠礼·全馆满额送

Soft Opening 试卖诞生庆

2 月 1 日至 2 月 26 日活动期间：

诚品生活卡卡友：凭卡再加 60 元诚品武昌店消费发票，即可获得“条纹水漾杯”。

当日全馆累积消费满 2500 元，即可获得 Mini Baby 熊 & Baby 熊。

1995 年圣诞& 1996 年新年

当财神爷遇见圣诞老公公。

当天使学与年画再度流行。

当 Merry Christmas 和 Happy New Year 一样兴奋。

当圣诞袜与红包袋一起丰收。

11 月 18 日起，诚品月历海报卡片展，
在全省 6 家百货及诚品，全面收集
男人的祝福，女人的思念、孩子的惊喜和你的期待！

文案之前的思路

延伸思考：90 年代卡片存在之必要

听完必须取消的答录。
挂完总是遗忘的电话。
在天涯海角思念老是收讯不良的手机。
不定期的第三者插拔，
老是中断正在兴头上的言语求爱。

凡在高山海边地下室之思念一律收讯不良，
每分钟三元的通话费，请节约爱情长话短说。

透过调制解调器透过每秒 28.8k 的 e-mail，网友取代老友，
一分钟 120 字的感情输入，最怕遇到电脑当机。

我们主张每一种感情都要经过消化及反刍，
以繁复的抒情取代不假思索的表白。
于是决定以米兰 · 昆德拉式的缓慢，和你逐字逐句地培养感情。

12条圣诞的秘密通道

这是今年最后1次狂欢的机会。
用信用卡预支丰盛的圣诞大餐，
2人同行，会有特别的折扣。
走进用棉花充当雪花的礼品店，
买3双长袜勾引不同国籍的圣诞老公公。
打听最灵验的算命师，用4种方法预言明年的运势。
用想象力设定5种身份，在网络上找不同的情人，
实验自己的最大可能。
在行李箱外写上6个最想去的国家，
并开始打电话找玩伴。
做好新的理财计划，让明年存折有7位数的财富。
找回8件丢掉的东西，例如手表、电话本、身份证、
抵抗力……重新对待。
给情人9个爱你的理由，
无怨无悔地陪到下个世纪，天长地久。
每天做伏地挺身，让自己多活10年。

从姜糖屋出来遇见的第 11 个人，是你的前世情人。
今年最后一次钟声第 12 响，
你将有 1999 个愿望可以实现。

12 月 11 日至 1 月 3 日，诚品商场中山店、忠诚店、敦南店、板桥店……全省欢乐开放中。

预约1997的史无前“历”

19岁初恋情人的卡片，
藏爱像藏书般地，躺在老奶奶信盒里多年了。

1945年的月历从没拿下来过，因为那年父亲过的最风光。

独居时，视为家人的心爱海报，
即使搬家都会记得小心带走。

一生一次的1997，一年一次的诚品月历、卡片、海报展，
1996年11月15日至1997年1月5日，
全省10家诚品书店全面展开，
请您预购1997生活态度，预约史无前“历”的典藏价值。

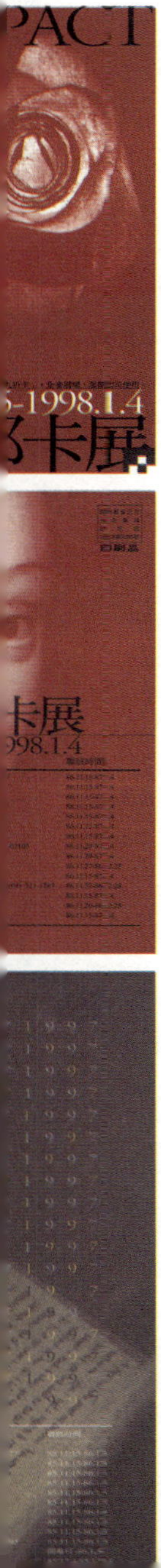

1997 的美丽预感

年纪愈长，人们都说时间似乎是过得愈来愈快。
我儿子多活一年，对他来说，那就是他生命的十分之一，
而如果我多活一年，那只是我生命的百分之二而已。

——Robert Levine《时间地图》

“时间”永远是最大的主题。

某一个时刻的重要性、时间长短的相对性，因人而异。

你可以给在 1994 年认识的情人，买张 1997 的卡片。
凭着 1995 年的美丽预感，买张 1997 的海报。
为了实现 1996 年提出的梦想，买套 1997 的年历。

1997，史无前“历”，一生只此一次。

善待彼此·礼遇1997

尾牙之后，每个人都有一笔意外之财。

付出比对方更多的善意，不算吃闷亏。

买一个福袋，总是摸索到更多的惊喜。

冷落的烛台，在跳蚤市场被重新对待。

难被取悦的美食家，被一瓶葡萄酒收买了。

失恋男子决定让水晶杯，有去无回地留在情人身边。

孩子从 Teddy Bear 的怀抱中得到补偿。

毫无心理准备，用 5 元就可以买到一本诗集。

你的善意一定会让人受宠若惊。

每一样欲望，都可以获得最友善的价格礼遇。

以友善的价格善待彼此

在这个“感谢”歉收，无“礼”取闹的年代，

我们更要善待彼此。

1997 诚品礼品节，以 5 个楼层的盛大排场，

为你 1997 的送礼和采办年货创意提案，

以友善的价格和会心的礼品组合，

全面善待你的亲友，礼遇你的新生活。

世纪末的最后预演

如果站在21世纪往回看，你在公元1999年所做的每件事，都是影响新世纪的重要关键。

1999年的一块表，
变成《似曾相识》回到上个世纪的记忆入口。
1999年网络上一夜钟情的网友，
是下一波网络革命的重要战友。
1999年的一本占星学，意外发现与外星人沟通的新密码。
1999年的一张卡片，
成为电脑用来推理《人类书写动机论》的唯一证据。
1999年法国惊鸿一瞥的女孩，下一次见面可能在外太空。

你在1999年买的东西，过完2000年，就变成了古董。
在1999年完工的建筑，一到下个世纪就划成了百年古迹。
所有在1999年认识的人，没多久，
都成了上个世纪却还没上年纪的百年老友。

1999 年不是 21 世纪的过渡，
而是未来时间表前的最后预演，
所以你要很慎重地挑选 1999 年的态度、朋友、理想、住所、月历、海报、卡片及信纸，
用 21 世纪的新眼界，来诚品耶卡展
预购 1999 年史无前历的历史价值。

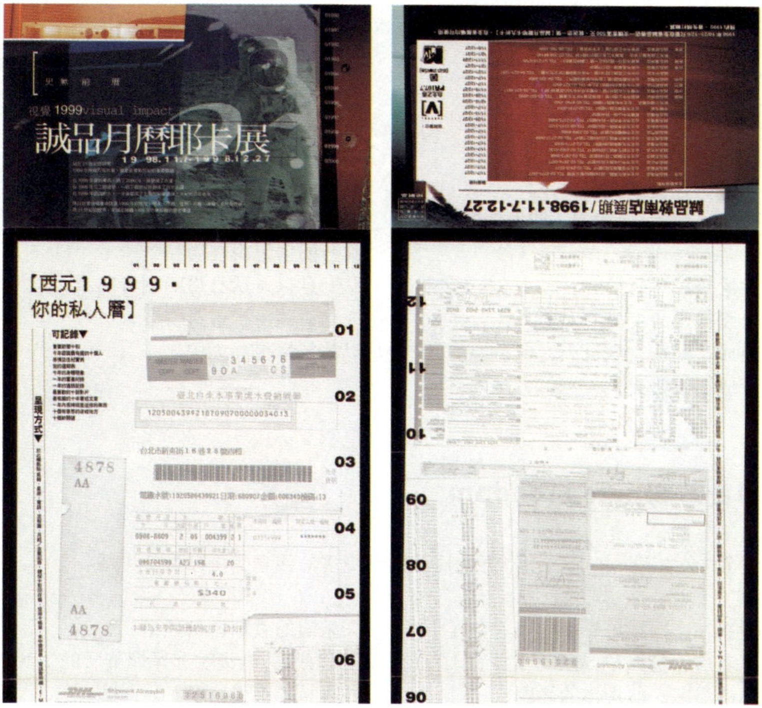

20 世纪末年

1 雌雄同体／Androgyny

蜥蜴以卵复制基因。
花在体内自传花粉。
蜗牛自行产卵受精。

神话明载，人原是雌雄同体，
自伊甸园一分为二之后，
不完整的进化，
让亚当忙着找夏娃，
夏娃则在找彼得。

走回性别的双赢地带，
新世纪要回到雌雄并存的中性，
并拥有俄狄浦斯的双重性欲。

高缇耶缝好了裙子给长发美男，
香奈儿量好了军装给五分头女将。
王子遇见蝴蝶君，花木兰遇见欧兰朵，
两性在体内和解，从此没有性别歧视，
雌雄同体的世代，我们更能自给自足。

2 变身欲／Body Off

上帝欠你的，当然要得回来。
只要可以忍受手术刀的美丽剐刑，
或是穿上调整型马甲内衣，
你将拥有安室的小脸，
CoCo 的柳腰和莎朗·斯通的美腿。

如果只想暂时伪装，
可以戴顶假发，纹上美人痣，
换成蓝眼珠，满身小麦色，
变成银发婆婆，
或是上了糖果妆的粉红芭比，
迅速离开现实及所有讨厌的人。

有善变的双身，才有精彩的双重生活。
除了随身变的艾迪·墨菲之外，
其余的请记得在隐秘处
贴上足以辨认身份的刺青贴纸，
或是请随身携带身份证，
以示与情报局无关。

3 单身／Single Freedom

王子与公主不一定过着幸福快乐的日子。
每三个人，
就有一个选择单身或健康式分居，
小套房大量兴建，从此不再有人占用
你的浴室，使用你的牙刷，
你将有更大的空间陈列个人私藏，
更多的时间看书，看电影，睡眠，
更多的钱享受更昂贵的生活。

失乐园的教训已被领悟，
生命有限，请实时选择最茧居的生活，
最自私的享受，
社会学家预言的自足式蜉蝣文明，
已经开始。

21 世纪视野

4 偷窥与曝露／Peek & Expose

偷窥不再是大厦管理员、征信社、
调查局、保全人员的特权，
罹患世纪末自闭情结的都市茧居族，
开始在自家阳台成立边缘特搜队，
从无聊的八点档，
塞车的网络转移目光，
所有流失的收视率，
都流向 24 小时 open 的针孔式摄影机，
同步收音的秘录机，3D 立体透视镜，
解码器，高倍数望远镜……
决定开始偷窥老婆、邻居、名人、
路人甲和自己。

所有偷窥狂和表现欲的人，
你选好了位子吗？

5 天灾与疫情／Exterminatic & Epidemic

上帝阻止不了天灾人祸，
女娲补不了臭氧层的破洞，
冷气降不了温室效应，
疫苗挡不了疫情的扩散。

挂艾草、喝雄黄、迎佛牙、万人祈福，
喝纯水，发明杀菌衣，带抗紫外线伞……
我们还是没法趋吉避凶，百毒不侵。

大灾难在电影之外还是真的发生，
病毒连续杀人，疫情还在蔓延，
天助自助者，请自求多福。

6 预言与宗教／Predict & Belief

催眠回到前世，
向塔罗牌问明天的运势，
从水晶球看自己的将来，
未来的密码已经写在圣经里。

末日将近，上帝迟迟不来，
只要不向麻原彰晃顶礼膜拜，
业余学一点紫微，看一点星象，
通一点灵，练一点气功，
说一点预言，会一点铁板神算，
做一个善良的女巫，聪明的先知，
或是有魔力的男天使，
可以让你逢凶化吉，普度众生。

20 世纪末年

7 电脑与网络／Cyberspace

从爱情速配机中找到情人，
上班族在一夕之间成为电子鸡农，
心之所至，无网不利。
电脑创世纪，全面解放压抑人格，
你可以自定义性别，改名和建立新身份。

买菜、问命、交友、上学、
看病、做爱、告解、扫墓、
修行、提钱、玩乐、买军火、上法庭……
电脑有求必应，除非中毒中风或当机。

电脑还没准备好开始过新世纪，
乱序危机已经展开。
在完美的虚拟现实中，
我们已逐渐丧失面对真实世界的勇气，
没有电脑，我们会不会过得更好？

8 未来家／Future Home

我们可以自行生产氧气、叶绿素和芬多精，
利用太阳能自给自足，过茧居生活。

我们将有一个自动控温的房子，
一间联机的视讯办公室，
一间虚拟性爱的卧房，
一座虚拟塞纳河畔的生态花园，
一座恒温泳池，私人味蕾厨房……
对外有电脑智能监控流量的道路系统，
你还可以在各国的太空殖民站之间，
星际旅行。

如果你想找嫦娥，可以住月球。
如果你是狮子座，
你可以住在狮子星群中，拥星为王。

9 回归自然／Tend To Nature

用生菜果腹，用薰衣草入睡，
用佛手柑醒肤，用花梨木造爱，
用粗麻缝衣，用芦荟治病。

决定把莎士比亚笔下出现过的动植物，
全都移到新世纪。
天性的喜欢，简单的快乐，
拒用人工制品，
小王子将送你一朵玫瑰，
作为世纪末最后一瓶香水。

21 世纪视野

10 外星生命／Outer Life

有人和 ET 握过手，
有人看到飞碟。
有人击落 ID4，有人被外星人绑架。

第五元素已被启动，
第四类接触已经开始，
复活岛的巨石像是他们留的礼物，
我们仍在找寻住在外层空间的新朋友。

11 复制人／Clone

和 Narcissus 一样在镜前自恋，
找不到肉身的双胞胎，
找不到精神上的双面薇若妮卡。

多莉羊成功后，
我们决定把自己变成复数，
动手复制一模一样，或是更完美的自己，

复制爱因斯坦、玛丽莲 · 梦露、
迈克尔 · 乔丹和濒临绝种的熊猫。

我们很忙，需要分身，
需要像印钞票似的，
快速复制人脑的价值，
看着自己被生下来的时代，已经来临。

12 千禧来临／Millennium

如果彗星撞地球，
如果圣婴潮大过婴儿潮，
如果极地移转，海潮上涨，
我们是否能在新世纪，适应新环境？

除非你在月球有房地产，
除非你会驾驶宇宙飞船逃逸，
改用光年计日，
否则找一艘比泰坦尼克号安全的诺亚方舟，
带着你的文明，和一整座动物园上船。

来不及看病的，不想老化的，
把自己放在零下 196℃急冻，
在下一个世纪等人吻醒，
在复活节平安苏醒。

圣境预言书已经出版，
第二个千禧年即将到来，
额头上有盖封印者，
你将看到上帝如期赴约。

1999·欢度“家”节的新家法

情人与家人，有时候是很难分辨的。

善于料理的情人，
总会想自私地占为己有，把她变成朝夕相处的家人。

嘘寒问暖的家人，每逢过节总还是记得送花送礼，
像是对待情人一般。

情人与家人，有时候还会彼此吃味，
每逢假日倍感分身乏术，忠孝难两全。

这次，
难得遇上情人节和春节和平共存的二月，
交换一下对待情人和家人的感情模式：
和情人围炉守岁，和家人浪漫地吃情人节大餐，

关于 1999 种欢度“家”节的浪漫灵感，

你可以在诚品 5 家商场，

找到用不完的幸福家法。

找一条梦想的地平线，建一座许愿墙

找一条梦想的地平线，
把期待凝结成一块块愿望的砖，
砌成一道信仰未来的墙。

然后涂上跨年温暖的色彩，
所有的人都心诚则灵。

这是1998送给所有台北人的许愿墙。

请留下你的手印及签名，
或是填好一张许愿卡，
闭上眼睛交付希望，
你所有的渴求，都将如愿以偿。

ONE LOVE
ONE HEART
We Remember
We will Never Forget
AMERICAN
USA
2001-2009
Peace
Believe
Peace
9/11
BAMSI
FREEDOM
Peace
USA
Stronger
9-11
God Bless America
Bless you
Love
Unity
Shine On
New York
PEOPLE
LIVE
LOVE
LAUGH
PEACE

送您 4 个美丽的季节、12 个活力的月份、52 个丰收的星期、365 天精彩的日夜！

1 月／梦想 Dream

因为还有未来，所以今日有梦；

有了梦，我们就有新的动力，向明天大举跨步。

凡·高说，你可以感觉到星星和无限的天空，

尽管有许多杂物，

生命还是像一则童话故事。

70 亿人口，70 亿位梦想家，70 亿种进化的方向，

让地球得以每天不同，没有人能对未来准确预言。

趁着好奇心还在，让我们如孩子般，

在未来的梦里大胆涂鸦，

把灵感发射升空，向流星许愿，

整个 2007 年，就是我们梦想成真的一年！

2 月／创意 Creativity

普鲁斯特说：真正的发现之旅，不在于找寻新天地，

而在于拥有新的眼光。

创意，就是依自己的梦想，展现出独特的生命力，

活成一个造物主的最大潜能。

所有梦、故事、幻想、希望的旅行里程最远，

所有的绝妙灵感，都要以光年计算。

年轻，是人生最美丽的奇迹——

就让我们以永远不老的想象力、加量的青春活力，

蔓长各式各样的创意惊奇。

有一双让生命丰富、让生态活络的眼，

就能换一个有趣的观点看世界。

有创意，就能让你的生活与众不同，

为你无止尽地创造生命的财富！

3月／幸福 Happiness

忧郁的人，只能看到生命的幽谷；
幸福的人，看见的全是万物美好。
幸福，就是用正面而创意的眼光，重塑美丽新世界。

幸福是一种极大的创造力量，一种瞬间改善自己，
并拥有为他人造福的能力。

Margaret Young说："人们常常倒退着过日子：
他们想要拥有更多的东西，或更多的钱，
以便能做更多想做的事，好让自己更快乐。
其实反方向才是对的：你必须先成为真实的自我，
然后做你必须做的事，于是你便拥有你想拥有的。"

于是，让我们把顺序倒过来，先让自己快乐，
相信自己值得幸福、已经幸福、把自己完全融化在幸福里，

以天性乐观的态度，一起共创真正富有的2007年。

4 月／能量 Energy

幸福是目标，梦想是动力，创意是方法，

我们还需要高卡路里的知识热能，

高功率的艺术电能，让每天充满生生不息的能量。

创作的心灵，永远在找寻无边界的自由空间。

于是我们向大师们借智慧，

在这只“多脑盒”里，所有的观念、信仰、思绪、潜意识、

冲动、表情、体温、爱、感受、声音、气味、期待……

都在这里大幅度地，与我们产生光合作用。

一次次生命的交流对话，一场场艺术的激动分娩，

已经新陈代谢了数十万个灵魂，

彻底活化了每个人的肢体细胞。

5月／活力 Power

身体在风速中挑战极限，一种无人能超越的动能，
满足了内在强大的征服欲，所到之处，就是新领地。

每一秒的冲刺，就是一门值得深究与赞叹的灵魂力学。
让我们向这些伟大的运动选手致敬，
并在加油线上，接收他们惊人的爆发力。

艾格尼斯·德米尔说：
当你演出时，你已经不是原来的自己，
而是更大、更强、更美丽的自己；
在那几分钟里，你是个英雄，
这是一种力量，这就是世间的荣光。

我们也是自己生命场上的运动员，
输赢不重要，过程即圆满——
以连续高亢的脑力、肾上腺素最大的活力，
每天刷新自己的生命纪录！

6 月／欢庆 Celebration

所有的梦想已经成真，所有的愿望已经完成。

用期待的眼神，排出狂欢的细节；

用加速的心跳，调快迫不及待的脚步。

人们从四面八方而来，活出一个节庆该有的热度——

这个岛屿，因每一场节庆的刺激，

已经长出新的感官与触觉系统，

来狂欢的人，都能感到喜悦的最大强度，

身体停留在兴奋的最高点。

印度智者说："成为庆祝者，已经有太多东西在那里了，

绽放的花朵、歌唱的鸟儿、天空的太阳，你还需要什么？

就是庆祝！你正在呼吸、你活着、你拥有意识，庆祝这个事实，

于是，过去的压力与痛苦，都转成了感谢，整颗心随着深深的感激而跳动。"

生命是丰富的，每一天都值得庆祝，我们随时都有振奋精神、鼓舞身体、招朋引伴、亲子同欢……

天天都是嘉年华的理由！

7月／珍惜 Treasure

Joseph Murphy 说，如果你能睁开心眼，

看看内在无穷尽的宝库，就会发现无处不是珍宝；

你的内在有一处金矿，

可供给你光彩、喜悦、富足的生活所需要的一切。

如果一片树叶，扩大意识成为一棵树，

它就不会与其他的树叶争夺资源，

因为千枝万叶，都是自己的一部分。

同样地，如果我们扩大意识，与地球生态、全人类合一成“大我”，

人与人之间的界限就消失了，人与自然的对立也会转换成和谐，

眼前的一切都是我们的一部分，

无需掠夺占有，因为我们天生富足。

人类，是所有物种中，

唯一有能力保护其他物种与环境的生物——

珍视内在富有，珍惜大地丰饶，珍爱生命万物，

让我们重新定义，每一个事物无可取代的非凡价值！

8 月／感恩 Thanksgiving

Melody Beattie 说，感恩能展现出生命的全貌，

它让我们拥有足够和更多的东西；

它让否定变成接纳，将一道菜变成一场盛宴，

一幢屋子变成一个家，陌生人变成朋友……

感恩为过去注入意义，为今天带来平和，

为明天创造视界。

感恩，就是珍惜我们所拥有的一切，然后心存感激。

只要这一秒心还跳动着，

我们就应该感谢天、感谢地、感谢生命、感谢家人、

感谢自己！

就如同 13 世纪德国哲学家 Meister Eckhart 说，

如果你生活中唯一的祷告词是“谢谢”，那也就够了！

9月／分享 Participation

我们手上所拥有的一切，都可以更源源不绝，

秘诀就在于“分享”——

“分享”可以让能量流动，让爱开始融化冰冷，

让火与光，传到最偏远的地方。

所有我们给出的，都是人性最无价的珍宝：

就像一朵花开，影响了另一朵花开；

就像一股水泉流向大地，会有新的水源再度流出——

我们与在地球上的每一个人，

共享阳光、空气、星月、溪河、大地、生命……

这就是我们彼此支持、相互了解的共同血脉。

施比受，更有福。

占有的人，被自己的野心与贪婪所占有；

能分享的人，才能真正享受无边无际的富有。

10 月／关爱 Love

Edith Wharton 说，展现光亮有两种方式：

当蜡烛本身，或是反映烛光的镜子——

如果“分享”是一条流向四方大地的溪流，

“关爱”就是那最初涌现的泉源口。

阳光有爱，所以万花齐绽；

微风有爱，所以鸟乘风行；

雨水有爱，所以鱼群悠游；

人们有爱，所以繁衍不绝。

爱是桥梁，联结河的左岸与右岸；

爱是双翼，同心就能飞翔——

每一个人都是我们的父母手足，

有爱，让我们在冬天时依然温暖，

在孤单时依然喜悦，在危难时还有希望！

11月／和平 Peace

爱别人，也等于爱自己；伤害别人，就如同向自己施暴——

和平，是人类走向幸福唯一的路，

也是让每个人带着微笑安眠的保证。

七色对立，就无法形成彩虹；

日夜争夺，就无法形成一天；

四季排挤，一年就不再生动多变——

慈悲没有敌人，让我们把隔离的墙打掉，

把心的拒马移开，以爱尊重彼此，

包容与我们不同的性别、省籍、种族、国家、

声音、理念、信仰……

梭罗说，映照在穷人和富人屋顶上的阳光一样灿烂，

门前的积雪同样都会在春天消融——

爱无国界，和平让我们的心更宽广！

12 月／愿景 Vision

当我们停止对抗彼此的内耗战争，就能以和平之光高速进化，于是，一张更浩大壮丽的愿景图，就在眼前。

Sheila Graham 说，如果想得够殷切，
就会得到你想要的任何东西；
你必须乘着冲破地表的巨流，热切向往，
并结合创造世界的能量共同为之。

地球是圆的，到了一年的终点，但也回到了新一年的起点——让我们站在丰收的 2007 年之上，向更远的 2008 年顺风起飞！

B

城市·旅行·恋物癖

本雅明（Walter Benjamin）体内有个图书馆，
不惜变卖家产拼命买书；
我体内亦感觉到有一座博物馆的需要，
这座博物馆虽然空着，但早已分好类别，
等着我在旅行 Shopping 时填满。

每年出国败家 6 次，我从已经到访的 50 个国家中，
找出自己的精神脉络，从 Shopping 中建立自己的物体系，
从收藏里，归纳出自己的恋物信仰。

阿尔维托 · 曼古埃尔在《意象地图》中说：
“人类在自己的洞穴壁上，划出线条，或是印下手掌迹，
以表示自己在场，以填补空白处，以传达记忆……”

我将依据阳光法案，公布我的恋物情结，
我的收藏型录，我的财产清单，我的百科全书。

iRoo，是你最机灵的贴身私人衣柜

你可能已经厌倦了你的身份、年龄、形象、国籍、居住地，
iRoo把瞬间重生的魔法还给你。

天鹅绒、印花雪纺与缎面，为你世袭了：
维多利亚宫廷的高贵血统，
这种经典一旦穿到你身上，
你就拥有了无人敢正面迎视的皇族气质。

你想隐遁的灵魂，
渴望流浪在吉卜赛乡村、爱尔兰、罗马尼亚，
iRoo给了你波西米亚的野性，
你的衣服大胆地混着异国的血，
你拥有了整队马戏团的创意活力，
你要自由，谁都绑你绑不住。

梦不会因长大而变老，在你的白日梦中，
永远有片纯净的森林，一座幸福的城堡，
仙子如你，洋娃娃如你，穿着一袭春装，
从油画中走出来，走进人间春天的花园。

热爱电子音乐的你，有时想当个摇滚歌手，
iRoo 能给你的身体，极自由的换档速度，
所有的亢奋节奏，都缝进你的好动腰线中。

在争奇斗妍的派对里，你一身 iRoo 巨星晚礼服，
众所瞩目的惊艳，早已缝进多层次的曲线皱褶里，
一夜之间成为时尚界的指标人物，你很难被忽略。

有了 iRoo，你不只是你自己，你还可以变化出更多版本的你：
iRoo 自公元 1999 年起，
就让全台湾都会女人的世界变了个样，
全年不二价，平均价 250，
让每个女人都拥有蜕变自己的特权，
极优的质量符合挑剔的你，周周新装，
赶上你喜新厌旧的速度。

iRoo 是你最机灵的贴身私人衣柜，也是你的私人健康守护者，
未来这股风潮，将继续蔓延到大陆、亚洲、美洲，
以及全地球。

iRoo 的美丽新世界：www.iRoo.com.tw

我把我们不在一起的305天日子，买回来！

我们不是说好，要到太麻里一起看千禧年的第一道曙光吗？你却缺席了。

我们错过了一生只有一次，2000年送给我们第一道阳光的感动。接着，我们错过了阳明山的鱼路和春天的杜鹃，错过了夏天的鸡蛋雪花冰和北海岸的浪，错过了玫瑰盛开、蜡烛点满幸福的情人节，错过了秋天奥万大的枫叶，还错过了你的笑容。

那天走在路上，看到你戴上我第一次情人节时送你的裸钻，心里很激动。你知道吗，像我这种一辈子没进过珠宝店的男生，第一次有多挣扎：我不知道你的确切身高、你的喜好、你的脖子尺寸，但我却一直在店里找和你身形相似的售货小姐。我挑了一颗钻石项链请她戴上，推想着你戴上时，钻石垂落的高度，会不会正好对着我心跳的位置，这样子我们拥抱的时候，钻石就可以同时记住你的体温、我的心跳，传达我们意在不言中的感动。

后来，我一个人看了一部电影，我无法忘记男主角对女生说：

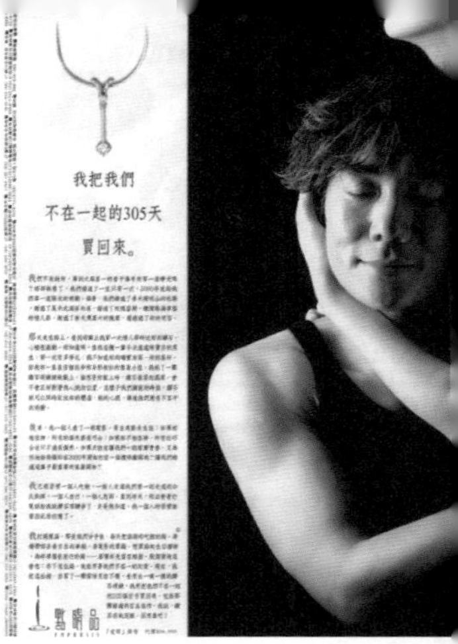

如果你相信神，所有的偶然都是巧合；如果你不相信神，所有的巧合也只不过是偶然。我和你小学同班，初中同校，然后又不约而同地考上同一所高中和大学。一开始，两人坐得很远的陌生同学，到大学毕业后竟然变成情侣，这到底是偶然还是巧合？如果天注定我们要一起度过童年、经历青春，又为何它舍得让你在 2000 年开始的前一个礼拜离开我？让我们错过一辈子最重要的美丽开始？

我已经习惯一个人吃饭，一个人走过我们曾一起走过的台北街头，一个人自言自语，一个人旅行，一个人想你。直到昨天，你哭着打电话跟我说钻石掉了，我知道，我一个人的习惯又要改变。

我打开扑满，那是我们分手后，每天把该请你吃饭的钱、准备带你去看日出的车钱、看电影《泰坦尼克号》的钱、想为你买生日礼物、买情人节花束的钱、为你准备去旅行的机票住宿钱……都帮你先留在里面。我把这些钱，去买了一颗爱情克拉不变，长度也一模一样的钻石项链，我想把我们不在一起的 305 个日子买回来，包括那颗错过的日出在内。

我说，项链在我这呢，回来拿吧！

这是一篇关于杯子与人的复杂情节

杯子建筑水的形式·水改善人的关系

杯情城市

独处的杯

我们常有很多时候，而且是大部分的时间，只和杯子独处。

早上漱口的时候，清晨的第一杯咖啡，办公室的醒脑茶，

下午费太太的果汁，晚上浇愁的酒，失眠时的牛奶……

如果我们没有一个固定的爱人，没有固定的口味及作息，

我们应该要有一群自己专属的杯子，

向这个杯情城市，以示忠贞。

情人的杯

情人之间，尺寸不重要，距离才重要。

第一次约会，情人节的夜晚，

不高兴的谈判，分手的最后一次见面，

他们之间总会有两个杯子，各装着相同或不同的心情，

保持距离。

这是一个杯欢离合的年代，

愈来愈多的失恋男子，选择让杯子有去无回地留在情人身边，

让自己在她的桌上还占有一席之地。

权力的杯

会议还没开始，有些人的杯子已经在里面占好了座位。

光看杯子，就知道这位子是谁坐的，然后决定自己要坐哪里。

有人的杯子是裸体的，可以一眼看透她喝的果汁。

也有人永远的 ESPRESSO，不随着头衔而改变他的口味。

杯酒释兵权，现在还在发生。

在这个有口皆“杯”的办公生态里，

为了不让自己在杯际间失手。

可以同时拥有不同身份的杯，没有人可以从你的杯子，

一眼看出你的底细。

春光乍泄，4月城市旅行

他总是看完美国道琼工业指数，

才决定今天股市进出的筹码。

坐法国制的捷运到南京东路吃早餐，

一路上以双语和女儿交谈心事。

西门町多的是只记 E-Mail Address，

不记得户籍地址的台湾新宿人。

从忠诚路栾树道上悠闲过街，

和一名巴黎金发女孩谈一场异国恋情。

用美金和美国学校学生换台币，

在慵懒的中山北路上喝杯卡布奇诺。

在台北早上11点，纽约晚上11点，为调不回时差的酒瘾，

到敦化南路买一瓶1985年份的Porto酒。

身边的行人都是讲着国语的外国人，很吵的疏离，

一个人走着走着很容易想家。

诚品商场中山店、忠诚店、敦南店、南京店、西门店，

4 月 11 日起，邀你在台北走一趟城市旅行——

以想象力对抗地心引力，

带着城市旅人的心情，从诚品出发，

开始书写这个有趣的城市。

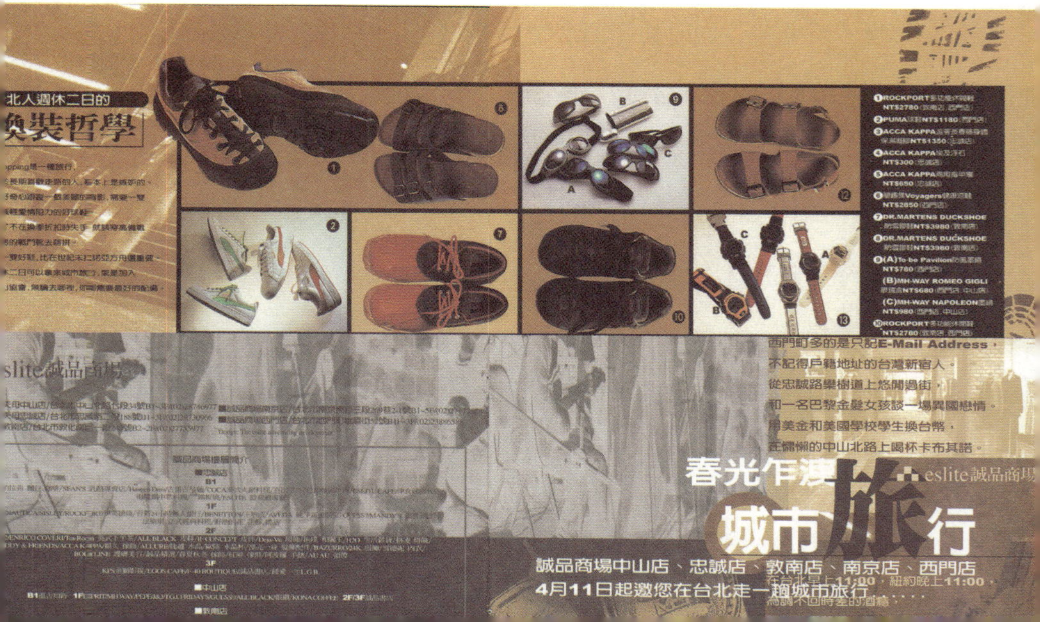

在都市丛林中冒险的最佳装备

穿上厚质背心，在枪林弹雨的职场竞争中和信心并肩作战。

换上休闲短裤，轻松跑过流言，谣言，八卦，传闻和绯闻。

加一件防风外套，在忽冷忽热的天气和人情冷暖中保持恒温。

戴一顶遮阳帽，

挡掉过热的人情压力和居高不下的紫外线指数。

脱掉西装革履，换上轻装扮，诚品商场以盛大的排场，

提供你20世纪末都市丛林里的新教战手册。

城市游创美人，春季必备新品

离开梳妆台，带一瓶矿泉水到露天咖啡座上保养皮肤。

换一只背包，同时换掉旧恋情、旧习惯、旧记忆和旧包袱。

买一个记事本，以更精彩的脚程，刷新个人的世界纪录。

背一把新伞，让易感的心情不随着天气晴时多云偶阵雨。

谢绝浓妆艳抹，天生丽质不必加工。

简单保养，简单生活。

城市里游创美人的简单必备品，

诚品商场台北五家门市，全城待命中。

台北人周休二日的换装哲学

Shopping 是一种旅行，

对于长期喜欢走路的人，基本上是嫉妒的。

用好奇心跟踪一个美丽的背影，

需要一双能减轻爱情阻力的好球鞋。

为了不在换季折扣时失手，

就该穿高备战状态的战斗靴去瞎拼。

够酷的防风太阳眼镜，

是沙漠旅人猎物，及城市侦探猎艳的重要配备。

气象局也测不准的气候，你只能信任智能手表的天气情报。

找一双好鞋，比在世纪末找诺亚方舟还重要。

周休二日可以拿来城市旅行，或是加入登山协会，

无论去哪里，你都需要最好的配备。

绿色驾驶的心灵地图

植物保养所。音乐竞技场。儿童洞穴。

次文化境遇。气候安置所。绿色副作品。

红心皇后大楼。原子咖啡厅。自然游步区。木造摩天楼。

与树交通区。真理目击道。跨文化网络。

隐私地。野台戏（街上歌舞区）。旅行者歇息处。

我们期待一座干净而壮观的绿色城市，逐渐成形。

文案之外的异类创作

梦想大量复制的精神衰弱

据情报单位指称，

有人仍不满 β 城及 β' 城，同质性太高，同等老化，同步腐败，

决定要革命另一座新的城市。

退化成蝗蚁般大小的人口，

压缩在 150 层以上摩天大楼的一格格有价地产中，

各品牌的车辆，堆叠成立体停车场中，依时间计费，

上千家商店也挤在一长方柱的百货公司，共用同一批人潮。

人们把自己困在八米巷道网中，疏散困难，

每天至少有上百人被压在别人的踩踏之下，

至少有上千人在车阵中罹患幻听幻想症，

他们信仰自己，批判异类。

符号、教条、宗教病患、和有病的医生大量过剩，

全城的人传染自毁症，

公民投票 100% 支持，兴建 101 座核电厂在 300 平方公里内，
并大量食用致癌物质。

这个城市的创建者被后人涂去功绩，
市民酗饮有色味的化学废水，并且干杯狂欢。

β 城变得极度衰弱，公交车上写满了救赎经文，
便利商店开始兜售赎罪券，买十张还有机会到麦加朝圣。

有些生物正式绝种，博物馆和殡仪馆一起兴盛，
预言家诞生，这个城市注定只能繁荣一次。

加利利旅行社形象文案

旅行，是一种生命分配的艺术

一趟难得的人生，
应该分出十天在瑞士，
在英王爱德华七世曾爱恋过的
L'IMPé RIAL PALACE HOTEL，
倚着阿尔卑斯山安能希湖畔的琉璃意境中睡着。

应该分出七天在迪拜，
在望向阿拉伯海的七星级帆船酒店，
与情人共用三夜王储之梦。
经验此生无憾、羡煞全世界的幸福奢华。

应该分出十天在布拉格，
白天享受波西米亚的写意纵情，
晚上选择一个古老的身份，
参加中古世纪豪华的扮妆晚宴。
旅行，就是以独特创意、绝佳勇气，
把生命花在应该体验的地方。

正因为生命如此珍贵，体验如此难得，
加利利，将你的每次旅行，
都当成是你这辈子首次的唯一经验，
依你目前生命阶段与步调，
量身设计出符合你需求的旅行方式：
帮你规划在法兰克福罗曼蒂克大道上的早晨，
东非马赛马拉草原上的午后时光，
在新西兰俯瞰坎特伯雷平原的古堡之夜……
让你拥有说也说不完，
比电影更真、比梦更美的兴奋情节。

不再让你只带回一叠与别人大同小异的观光照片，
更不让劣质旅行的扫兴抱怨，毁了你对一个国家难得的体验，
我们找的是生命旅行家，而不是到此一游的观光客。

加利利，用心规划每趟旅行的完美记忆：
首创第一家以完美时间学，规划主题式体验的旅行社，
将每分每秒都设想进来，让你享受全程完美的淋漓尽致。

照片由加利利旅行社提供

台北市形象文案作品《台北市民幸福格言·台北新风貌系列》

换个脑袋，就能换一种地球自转的新方式！

德国慕尼黑物理学博士 Stefan Klein 说：“我们脑子里有一块掌管喜悦、乐趣与陶醉的独立系统，也就是说，我们有一个可以得到美好感受程序的‘幸福系统’，透过正确的练习，我们可以训练自己天生具备的‘幸福感装置’。”

生活剧本或许只有一种，
但以不同的角度、高度、速度、态度来过，
就会有截然不同的结果。
生活在台北，有很多机会随时刺激我们的脑下垂体，
分泌出乐活的荷尔蒙：
放在与世界交流台上、科技多脑盒里、在节庆与节庆之间，
同样的24小时，就有不同的时空场景可以瞬间切换灵感；
于是，单调的生活就冒出了万种的花苗，
每分每秒都在展现演化的奇迹。
换个脑袋思考，连地球自转的方式都会改变！

专注呼吸，就能让灵魂行使深度光合作用

除非到了高山缺氧，否则我们永远也感觉不到空气，也忘了我们还在呼吸；忘了好好地的大口呼吸，身体便处在无意识的麻木状态，心灵也开始槁木死灰，蒙上一层厚厚的积尘。

一呼一吸，气血得以流动全身；完整吐纳，就是大千万相世界；好好呼吸，才能照料我们的灵魂，与大自然深度对流，行使光合作用——台北有很多供应我们吐纳天地、恢复元气的山林河岸，只要把意念专注在每一口呼与吸之间，就是烦恼消尽活在当下的最好法门。

心肺相连，唯有活化两片肺叶，心才能放下重担，乘翼起飞。

全然走路，就是一趟沿途丰收的心灵旅行！

善行，是动词，也是名词——好好走路，走好的路，做好的事，就是善行。

我们常在吃饭的时候讲话、走路的时候烦恼、睡觉的时候想明天……我们的心不在家，脚背负着无魂的身体，就像无头马车，前途茫茫。从现在起，吃饭就吃饭，睡觉就睡觉，走路就走路——把觉知放在脚底，心无杂念，全然地走，你就会发现，真实地一步又一步，身体开始与大地紧密连接，无论你走到哪里，都是无边无际、无念无忧的净土。

征服世界不难，出国环球旅行即可；征服自己也不难，全然专注地走路即可——这就是爱因斯坦启动灵感、六祖慧能沉淀智慧、泉重千代长寿120岁的秘密！

将心比心，是扩大自己价值到无限的秘诀！

托马斯·霍布斯说："一开始问这个世界是有限还是无限的，我们的心里就找不到一样东西，可以相应于这个有声音的世界；不论我们可以想象出什么东西，那东西都是有限的。"

如果我们把自己视为单独的个体，就像一个海浪无法享有整面大海的浩瀚起伏，一片树叶无法召唤整座森林的风雨；当我们扩大心量到无限，所有的人、万事、众物都包含在自体的范围中，孤独感消失了，竞技场也不必留下，对立叫嚣的拒马与壁垒分明的阶级，都可以和平移除。

人类虽有肤色之别，但生命是没有国籍的，都是来自同一条血脉。慈悲没有敌人，自他交换，善解人意，就能让戒慎恐惧的高墙倒下；有容乃大，我们够开阔，就能让生命展现多元的风貌与惊奇！

无惧无束，“成为完整自己”就是最大的自由！

印度智者说：“自由，在需要说‘是’的时候，能够说‘是’；需要说‘不’的时候，能够说‘不’……从他处得来的自由并非真正的自由，去做任何你想做的事也不算是真正的自由，自由的定义应该是：成为你自己！”

成为自己，意味着你得听自己的声音，对自己负责：做自己的向导，做自己的老师，做自己的好友，做自己的伴侣——不依靠任何人的资助或情感，就能百分百地心满意足；不需要任何人的许可或肯定，就百分百地确定自己的方向与价值。

爱的反义词不是冷漠，而是恐惧。恐惧让人与人之间，有着看不见的高墙铁壁，也是创造力最大的杀手——这个城市，尽可能地提供每个人身心安全的保障，没有任何恐惧、顾忌、障碍，能阻碍我们的自由飞翔！

没什么比让自己快乐更重要的成就了

“人生没有比爱自己、满足自己、让自己快乐更大的目的，你花在幸福快乐上的时刻越多，爱自己越多，放开自己的时刻越多，就越接近生命的神性力量，创造一切成为可能……快乐，是存在的最高境界，你将活出人生最伟大的命运，你将实现奇迹。”

人生最大的信任，就是相信自己内心的声音；人生最大的自由，就是走自己想走的旅程；人生最大的富裕，就是心满意足、别无所求；人生最大的创意，就是把自己活成一个万能的造物主；人生最大的成就，就是让自己幸福快乐。

快乐只在乎一心——只要台北用心，你就有很多理由可以开心！

眼耳鼻舌身意的敏锐六感，
创意体验台北的大千奥秘！

台北，梦想、艺术、未来都在此大量流动——
这里是知识与情报交汇的新鲜市集，
也是鲜活多变的异彩空间，宛如一本翻阅不停的生活巨书。

我们以细微的六感，
以鸟的视野、风的听觉、花的气息、
茶的余香、泉的触感、人的好奇，
阅读了这个精彩如梦的城市。

眼

人类灵魂在这个世界上，所能做得最伟大的事，就是能看事物。看得清楚就是诗，预言和宗教合而为一。

——罗斯金《现代画家》（引自《感官之旅》）

以艺术名家敏感之眼，创绘台北异想七彩的美。

以电影导演深刻之眼，再现台北生活故事的影。

以悟道禅师空性之眼，领会台北日夜生灭的光。

创意事发第一现场，台北市民的四张艺想地图，

在这些地方，每天都有撞见艺术的幸运巧合。

【美】

我紧贴在形象上，和它的尺寸完全一致：精确、和谐；

于是我便解决了“不足”。

我亲历了想象的决定性升华，想象的凯旋……

如同 Rusbrock 所说：

出现这样一种交融，它会使你快活得受不了，

甚至你会因此而化为乌有；我称之为移情。

移情就是难以言传的快乐。

——罗兰·巴特《恋人絮语》

艺术家占据金融街道，潜入科技园区，强行植入艺术狂想基因。

创意带原者以百件艺术作品，与万人亲密接触，

特异美学在都会区中快速感染，台北瞬间突变。

每日每夜，每分每秒，这个城市都在增生新的体态。

只要以初生婴儿好奇的眼，就可以惊见，

台北每一分一毫的细致演变。

有了艺术，台北什么都有，什么都不缺！

【影】

曾经有几年，我几乎每天都看电影，甚至一天看两场。我的青少年时期，那个时候，电影就是我的世界，是我周遭那个世界之外的另一个天地……我若是下午四五点进电影院，出来的时

候让我震撼的是穿越时空的感觉，两个不同时间、不同角度之间的差异，影片内和影片外。我大白天入场，出场时外面一片漆黑，点上灯的街道延续了银幕上的黑白。黑暗或多或少遮掩了两个世界之间的不连续性，反之也彰显它，因为它突显出我没有活过的那两小时的流逝，在停滞的时间、一段想象的人生，或为了回到几世纪前的奋力一跃中的忘我。发觉白昼缩短或变长了，是那瞬间的莫名激动。当电影片刻中下起雨来，我便竖起耳朵倾听外面是否也在下雨。那是尽管我身在一个世界，但仍会记起一个世界的唯一时刻。电影，是我们一生的历史。

——伊塔洛·卡尔维诺《观众回忆录》

唐朝诗人李白笔下的“宴坐寂不动，大千入毫发……
一坐度小劫，观空天地间”的境界，
就在千年后的今天，
在台北上千个影音空间中，
日夜上演。

虚实影音交晃，台北市民 High 嗑电影的耽溺地图：
这里是随时补给灵感、瞬间增加人生阅历的生命市集。

各名目的电影节庆，占满了台北市民一整年的月历，
我们在各种精彩故事中兴奋地赶场着，
活在台北一天，
就是好几辈子的人生如戏，世事如棋。

【光】

无量光、无边光、无碍光、无等光、智慧光、常照光、

清净光、欢喜光、解脱光、安隐光、超日月光、不思议光。

——十二光佛《无量寿经》

夜光，

是梦与黎明的距离，

是城市点石成金的魔法，

让晚归、不眠的夜行者，

有着沿街醉看璀璨金迷的风情；

让正在观景露台上冥想的诗人，

一晚就能顿悟明灭无常的生命奥秘。

有光，才有世界；有灯，才有夜生活：

台北 24 小时都醒着，只要找到灯亮的地方，

就有继续流连忘返的借口。

耳

神给人两只耳朵，但却只给一张嘴，让他听的事物是说的两倍。

——斯多葛学派哲学家爱比克泰德(引自《感官之旅》)

枫香、林溪、听天籁。

讲古、谢天、诵礼乐。

击鼓、武动、打禅音。

前卫、惊奇、动舞波。

【天籁】

几千年来，气息或风进入一片木头，使之充满生动的呼喊……

声音一直使我们着迷，它就像生命的精灵，穿透人的整个身体，

仿佛我们能把气息吹入树木，使它们说话。

——黛安·艾克曼《感官之旅》

蛙的狂鸣、鱼的呢喃、鸟的高歌、树的风哨、溪的潺声，

整座大自然剧院，不需要任何一位指挥就能琴瑟和鸣，

灵魂的低谷，在此瞬间就可以丰富充满。

很感谢在台北很多地方，

我们还可以随时收听到：

生生不息、众声交响、

谁也无法复制的原音天籁。

以敏感的耳朵，画出四张台北的声音地图：

尽可能地，把生命中最宝贵的假日早晨，

浪掷在这些天籁村之中吧。

【礼乐】

兴于诗、立于礼、成于乐。

——《论语·泰伯第八》

礼乐不兴，则刑罚不中，刑罚不中，则民无所措手足。

——《论语·子路第十三》

讲经说古、礼乐谢祖、敬神知命……

改朝换代，物换星移，

千来以来唯一不变的，

就是礼教仪乐之舞，

还继续绕梁，不绝于耳。

在这条延续历史、继续活跃的文化血脉上，

后代继承了仰不愧天，俯不作人的古国气度，

我们与古圣先贤的气息依然相通，

千年智慧传承的礼乐古音，都还留在这条血脉脐带上、

所有的谆谆教诲，还活在我们的呼吸之中。

【禅音】

宴坐白云端，清江直下看。来人望金刹，讲席绕香坛。

虎啸夜林动，鼍鸣秋涧寒。众音徒起灭，心在静中观。

——刘禹锡《宿诚禅师山房题赠二首之一》

禅意的鼓音穿透身体，整个人起了乐器般的共鸣：

与佛相会的殿堂，小我融化在浩瀚神性的喜悦之中，永不匮乏。

当灵魂真实地返回内在，

长期麻木已久的感官都苏醒了，

像是在激瀑泉源之中，

每个声音起灭，都变得更清晰明净。

在这些体悟背后，

感知到是谁在呼吸、谁在感觉、谁在思考，

谁透过这些感官在体受生活，

以击鼓禅音探索内在的旅程，

于是，身体开始了接连不断的惊奇。

鼻

嗅觉是无所不能的魔法师，能送我们越过数千里，

穿过所有往日的时光。

果实的芳香使我飘回南方的故里，

重度孩提时代在桃子园中的欢乐时光。

其他的气味，瞬息即逝又难于捕捉，

却使我的心房快乐地膨胀，或是因忆起的悲伤而收缩。

正当我想到各种气味时，我的鼻子也充满了各色香气，

唤起了逝去夏日和远方秋收田野的甜蜜回忆。

——海伦 · 凯勒

心想事成，有愿力的佛堂香。

不药自愈，有疗效的芬多精。

活化身心，有能量的森林浴。

【佛堂香】

独坐禅房，潇然无事；烹茶一壶，烧香一炷；看达摩面壁图。垂帘少顷，不觉心静神清，气柔息定，濛濛然如混沌境界……

——陆绍衍《醉古堂剑扫》

佛香、藏香、檀香、沉香……

点一炷心愿，随烟送上天。

人诚心祈天、佛无私爱人，

很温暖的人神界面，

没有比这样更令人感动的情景了。

身心俱疲时，这就是瞬间点燃希望的殿堂：

我们在有历史的空间里，

进行一场场与上天的秘密交易。

【芬多精】

丝毫不畏惧为我们提供强身壮体的精华、

镇静安神的芳香、温和滋补的林木贡品，

从中我们可以学到很多东西……

那里挺立着婀娜、高大茂密的山毛榉树，
岔开的树叶仅仅留住了在灌木中的几缕光线。
我们可以追随轻快的思想，一直攀援到树枝的高处……
树木在树枝的大量祭品中亭亭玉立，悠闲安详……
它与我们的生活截然不同，
仿佛那是取之不尽、用之不竭、看不见、摸不着的储藏。
——普鲁斯特《恍若月光》

余晖树林的光影，在微风的鼓舞下，
径自在叶缝间跳舞。

鸟鸥的低空飞翔，溪水的流动生态，
我们是第一线目击者。

树林刚出炉的新鲜氧气，
重新唤起嗅觉的喜悦。
相遇在美景之中的身心，
邀请微风、树香、鸟鸣、水声、光影……一起庆舞，
这里就是广纳天籁灵气的美丽殿堂。

黛安·艾克曼说：
鼻子里的神经元，每三十天就该换新。

芬多精是天然的镇静剂，是气体瑜伽，

能够不药自愈，以欢愉取代病痛，

让你的每一口呼吸，

都能重新领悟：活着是可喜的。

【森林浴】

我发现自己已经享受到来生。

我像一片树林，经过多次的砍伐，

而新长出来的枝条，不但比旧有的更有活力，而且高耸入云。

艳阳给我热力，土地供应我丰富的浆汁，天堂给我亮光，

让我预知未来的世界。

——雨果

在森林绝迹，绿色快速绝灭的城市，

念旧的自然爱好者，

以一区区的绿地、一座座的公园、

一个个的盆栽、一束束的花艺……

光复上天原本赐给我们的绿意盎然。

这些近在咫尺的绿地中，

整面青翠，就是造物主最奢华的留笔，

走出家门，走出办公室的冷气房，

找一棵免费荫凉的美丽大树，

台北城中最难忘的林卉排场，回到山居岁月：

观山、入山、听山、闻山、净山、

养山、习山、祭山、颂山……

花草与绿壁间的香气，

让每一口鲜澈的呼吸，都是最感动的恩赐，

二十张增加带氧量的森地道图，

你将与山有好几场极美的会面！

舌

味蕾的名字，来自十九世纪德国科学家梅斯纳与瓦格纳，
他们发现味觉细胞层叠在一起如花瓣般，
每七到十天，味蕾就会汰旧换新。
我们的味蕾只要食物中有两百分之一是甜味，就能尝出来；
我们也可以品尝四百分之一的咸味，十三万分之一的酸味，
但只要有两百万分之一的苦味，我们就会知道。

——黛安·艾克曼《感官之旅》

黄金曼特宁，以咖啡因热恋西方的味觉。
猫空铁观音，以禅茶香挑起东方的味觉。
夜市蚵仔煎，以家乡味回温传统的味觉。
地道风味餐，以异国餐奢享时尚的味觉。

【咖啡因】

阿波罗十一号上的航天员，在降落月球的三小时后，
随即喝起了咖啡……

——戴维·考特莱特《上瘾五百年》

凡·高在咖啡杯里抚平焦躁，
伏尔泰在咖啡馆写百科全书。

卢梭在咖啡厅里高谈阔论，
德穆兰站在咖啡桌上揭起法国大革命。

咖啡是自由的、浪漫的、激情的、悠闲的、安详的，
它随着灵魂的属性改变情绪。

一个城市的文明史，
从咖啡刚煮好的气味开始。

【禅茶香】

茶，

香叶，嫩芽。

慕诗客，爱僧家。

碾雕白玉，罗织红纱。

铫煎黄蕊色，碗转曲尘花。

夜后邀陪明月，晨前命对朝霞。

洗尽古今人不倦，将知醉后岂堪夸。

——元稹《一字至七字诗·茶》

除烦·安神

消食·解毒·发汗

润肺·滋肾·明目

生津·益思·延寿

一壶茶，

整个身体，全间禅房，

都清净了。

【家乡味】

梅耶写食谱，其实未必是机械式的单调笔法：

笔尖不小心常会开溜，去回忆母亲，

或是幼时在家帮佣的一个厨子。

食谱的滋味，遂往往味在舌尖而意在言外。

——林文月《饮膳札记》

在这里，

每个人都会想家：

想到妈妈的家常菜，

想念童年巷口老店师傅的厨艺。

还好！

虽然长大搬离家多年了，

这些美味还在，

三条老街，把历史的美味都留下来了。

【异国餐】

人生是一场自己掌厨的宴席，
要甜、要酸、要甘、要油、要淡，
自己能选择，也要能调理。
做坏了，有机会下次再试；
做得好吃，也是一场肠胃尽欢的喜缘。

——徐世怡《流浪者的厨房》

省去高额旅费，以虚拟的35000英尺的距离开味，
除去语言的隔阂，远道而来的厨师，
以地道的美食直接感动你的灵魂：

星期一　顶级霜降和牛肉、金菇肥牛乌冬锅
星期二　香烤红咖喱羊脾骨、印度香料奶茶
星期三　茴香面包、西班牙海鲜饭
星期四　月亮虾饼、泰式酸辣鲳鱼
星期五　希腊红酒炖牛肉、巴卡拉法千层薄皮蜂蜜甜点
星期六　甘南草原火烧蕨麻猪、西藏酥油茶
星期天　法式牡蛎交响曲配上龙虾慕斯
　　　　于那神父粉红香槟与覆盆子甜果

全球的美味，都搬到这里了——
以一双紧追着美味的碗筷，
绕着地球吃。

身

我们的皮肤是一种太空装。

介于我们与世界之间，囚禁了我们，

但也给了我们独特的体型，在必要时自行修补，

也不断更新自己。

在大多数的文化中，

它是用油彩、刺青和珠宝装饰的最佳画布，

但更重要的是，它容纳了触觉。

触觉是我们最先开始，却最后消逝的知觉。

——黛安・艾克曼《感官之旅》

在温泉里，疲惫的身躯被温暖地呵护着。

在水岸边，困顿的心灵有了风筝般的自由。

在梦幻中，想象力已经彻底征服了地心引力。

【温泉】

寥抗洪炉静，天心热地藏。将予温气息，洗被冷肝肠。

山映清波静，花飞流水香。春沂归浴后，吟啸若为狂。

——单干元《西岭温泉》

身体在温泉底，

放松地享受自己的体温。

心震荡在大自然的音禅波动之中，

与久违的自己相遇在宁静的美景里，

独处愉快。

【水岸】

文章不疗山水癖，身心每被野云羁，

竹影扫阶尘不动，月轮穿沼水无痕，

水流任急境常静，花落虽频意自闲。

——陆绍珩《醉古堂剑扫》

一条水岸，就是一卷文明史。

日出洗涤，日落晕染，
一天晨昏，就是一条河的生灭。

就算什么都不做，
一如悉达多伫立在河边，
端视着、沉思着、倾听着……
就能顿悟大河正要说出的：
一切大千奥秘。

【舞波】

她总是轻披薄衫，全“身”贯注地舞。仿佛古代的庙堂祭司，
以身作祭，
将最圣洁的身体献给天地宇宙及神祇。就像邓肯一样，
她以几近赤裸的身体宣示：
身体是圣洁的，也只有圣洁的身体才可以起舞天地，为宇宙作祭。

——陶馥兰《身体》

音乐与灯光持续加持能量，所有的身影都虎虎有风，
整个仪典传动成有武力的场域，
震撼每一位心神。

动的是身体，

时而刚烈挥拳，时而优雅太极，

时而吆喝飞腾，时而温柔起舞，

所有的杂念情绪被离心力远远地抛开，

灵体当下成了光与爱的旋转殿堂。

舞者自梦的帘幕中悠悠地走出，走进美丽的恩典之中：

我们在神的水平视野在线，端详每场人生如戏的奇迹。

【梦幻】

请求你，暂停一下，在这个区域散个步，

也许你还可以拾取几颗心，加入你的收藏行列。

——斐德希克·柯雷孟《巴黎情人》

只有神话，才可行在空中。

只有童话，才会潜入地底。

只有想象力，才能脱离地心引力。

这个城市，已经有好几条：舍弃地平线的梦幻路径，

爱丽丝梦游仙境的创意走法，

用想象力帮自己找出口。

只要你的好奇心还在，

就能体验天神走在云端、兔子钻进地道的移动乐趣。

意

我已经画好了我俩的一统舆图，四方经纬交给你画。

我已照我的想象画生了珍异百兽，物种子裔由你繁衍。

我已定了新的天候时令，历法祭仪由你来设。

我已定朝夕，你来定时刻。

我已定方圆，你来定度量衡。

我已开天开地，请你定人间律法。

我已安排天雷地动，各地方言由你来传述。我已开天辟地，

请你定百官体系。

请你找史巫收集我和你的神话、传说、野史轶事，

请按时纪事，让他们从我们开始写历史。

我已政教合一，请你找世袭传承，

因为你主宰全天下一半的血源。我则不再问世事。

——李欣频《爱欲修道院》

让古迹复生，我们就有无限延长灵魂史的新时空。

在艺文现场，我们有了继续演化好奇心的实验室。

以全球视野，我们看到了哥伦布没发现的新大陆。

循科技未来，我们提前探索奇幻大千的明日世界。

【古迹复生】

那时

我们躲在被窝里玩手电筒

在脑袋里

照射出各式藏宝地点

并在尘封的角落发现

我们的史前。

——罗智成《宝宝之书》

历史从未被遗忘，只是你错过了。

当年红极一时的浪子已老，人依旧粉墨登场，

从未有任何一个人在戏中消逝，只有不断复生。

在历久弥新、积累着文化厚度的古建筑里，

在没有钟的舞台上，

舞者用比回忆更慢的速度，

说着我们快要遗忘的故事。

我们向历史继承，这些还说着故事的老空间：

把上个年代传闻中最美好的经典，都带回这个现场。

【艺文现场】

美是一种选择，甚至是一种放弃，而不是贪婪。
当许多东西在你面前时，你要有一种教养，
知道自己应该选择其中的哪几项就好了。

——蒋勋《天地大有美》

一条轴线，决定了灵魂的移动惯性：
艺文活动表左右着我们的日常作息，连喜好都跟着风向改变。

魅力，来自艺术的首度引用权。

在艺文活动的高度集散地上，
刚上岸的国际级展演，
供我们第一时间采集
关于神话的、幻想的、正鲜活的灵感。

而这些，
就是生成个人美好品位的元素。

【全球视野】

有时候，我会尝试将自己放在地图师的位置上，远眺会激起一种慑人的惊奇感，仿佛空间确实是无限的。这项召唤对我们所有人而发，要我们去参与一个高度想象的事件。在我的斗室里，观念有真正合流的可能，因为我的看法很轻易就和访客的看法融在一起，我们利用对方的经验，一起将这些线索编织起来……

——詹姆士·考恩《地图师之梦》

我们找到一处和平共用情报的时空交界，
每一场音乐、仪式、狂欢、享乐、消费、
美学、意识、感受、记忆、冲动、声音、
自由、灵感、梦、游历、期待、进化、希望的发生，
都没有时差。

科技新生的城市感官系统，
强化我们与外界的资讯连接，
以最高速精准的未来
同步排练出：
完美地球村联盟的种种细节。

【科技未来】

如果能以逸代劳，坐在椅子上就能云游四海，

又何必四处奔波在地面上，一个下午才能走完的旅程，

此时，只要眼球一溜转就到了。

——阿兰·德波顿《旅行的艺术》

梦想大兴土木，科技打造文明全盛期。

在已经实现的虚拟世界里，

有最宽频的游逛步道、

超大容量的流行情报档案库、

最真实的生活游戏界面，

让我们以滑鼠创世纪，

同步发展出：

完全不同版本的自己！

未来，

就是完成极限，

让想象全部变成真实的时候。

“精工禅”首座现代未来式的建筑新概念

神户六甲、大阪星田共有城市、神奈川绿园都市、福冈香椎……
日本正渐渐形成一种新的居住思潮，
一种更生态自然、科技手工、简素禅定的住宅趋势。

这样的趋势，我们为它下一个专有名词，
就叫作精工禅。

寻得一片上善之地，全力实现多年的梦想，
为台北创建一个：不可思议的完美型别墅“上善若水”
因为很未来，所以让现在正在使用那些空间的人，
多了一份提前使用未来感的骄傲。
建筑师已经把“时间”“生态”“节气”“态度”“庆典”“故事”……
这些概念设计进去，
所以历经朝夕或朝代的更替变动，
仍可保有难得的居住安定感与惊奇感。

“上善若水”根据日本建筑居住实例，
汇整出“现在未来式概念”的四大元素：
“地”“水”“光”“空”四个设计概念，
来阐述“精工禅”生活哲学的各自面貌——
有未来概念的日式精工禅庭、挑高 13.8 米天窗内庭、
六进式前中后院、日式护家锦鲤运河、樱木花道、
东京 K-MUSEUM 芦苇灯海……融入精神文明的前卫时尚，
与老师傅苦行僧的躬亲精神，在建筑业几近失传。

这座耗费极大的时间与脑力而规划的别墅，要让每个在这里的住户，
有着住在国际知名建筑作品里的骄傲！

一生一栋，终极别墅，
上善若水，台北市顶级的精工禅庭电梯别墅，
一生最好的一栋，只有 14 户！

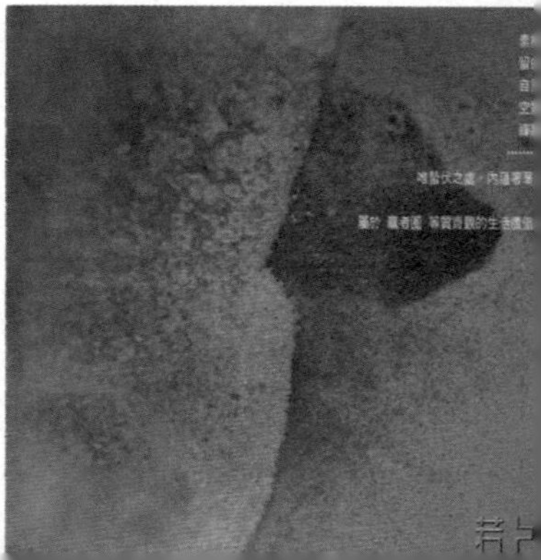

地

天籁，人籁，地籁，木石与清水模的低调奢华生活场

大呼吸的生活、健康生态的住宅，与山光水色共振、与自然通灵

建筑师发现造物主创大天地山水、自然世纪之奥秘，于是臣服。

建筑师不再对自然做无理的要求，而是退让更多地给自然，与之共生。以绿意之公共空间与住家的庭园缝合无隙，这是由大自然自己形成的建筑型态，有序与无序之间调和得如此无懈可击，御自然与人文的法度，浑然天成。建筑师考虑自然与人的关系、山与露台的关系，让人可以随时呼吸到山，呼吸到风，呼吸到树，呼吸到云，呼吸到水，给予人与自然充分交流与眺望的空间——这是有健康概念的别墅。也正因为把人从密闭的建筑中释放出来，所以世界变大了。大自然赠予人们更宽广的公共生活，因此重建人与人的伦理关系，重建人与家人的亲情关系，重建自今以后的生活态度。

此外，建筑师之所以热爱清水混凝土这样的建材，就如同日本名建筑师安藤忠雄一般，在对大自然环境的充分省思后，考虑自然与现代相融的新关系，选择低调极简、自然却又有禅意的清水混凝土，展现建筑的低限美学。只有清水混凝土才有“外在朴素、静定且不动声色，但精彩却尽在其内”的独特气质，所以“上善若水”以清水混凝土作为基材，呈现低调奢华的生活气质。

绿地无障碍共有·情感自由通行·户户前中后院房子教会你沉潜的房子

日本建筑师版本一成在大阪所规划的星田共有城市（Common City），以缝合绿带、绿意无障碍共有的概念，规划出“生活场”的居住空间，并以新世纪的科技手工艺，精工打造独特的弧形屋顶，让家家有个与自然天云对流的仰角视野，让户户有个流线型的未来形外观，有音乐律动感的天际线。

建筑师山本理显，在距离东京50分钟车程的神奈川绿园都市，实现了所谓“细胞都市”的概念，以自由通行的街、连成一气的屋顶、桥、廊、梯、广场之美学结构，串出更和睦的邻里空间。

世界知名的建筑师远藤刚生，在西宫名盐集合住宅中，更是以景观阶梯、雕刻广场、行人步道、斜屋顶住宅，与自然生态完美地结合，整体以灰、黑、白的低调奢华，形成一座很有气质的未来式村落。

福冈国际中心，建筑师Emilio Aabasz慷慨地把地还给自然公园，将喷水与相连流的水池融成一体。

这几座闻名世界的集合式住宅，建筑师必须巧夺天工地把自然与人居一体设计，就像建筑师Jon Jerde所规划的博德运河城，以现有的星、月、日、土、水等元素，创造出星庭园、月步道、日广场，地之行、海中庭……宛如上帝的新版创世纪，住在里面的人都有用不尽的幸福生活。

“上善若水”，继承这些伟大建筑师的梦想，把家空间留给前、中、后院，邀请花与树一起参与私密的居家生活：餐厨延伸到后院、客厅望出前院、主卧房浴池就在中院里、露台成了房间与户外新鲜空气对话的场域……多进式风格景观空间，把花草水声放进房与房之间，大小生态错落，层层景观、转弯都是令人驻足凝视的视点，走在家里像是在梦游仙境一般，让主人有机会重建梦想中的花园、孩子的绿意童年、与爱人的伊甸园、全家人的快乐园，每天的生活立即舒压，与世无争，自然沉静。在樱花林道下喝日式煎茶、品尝和果子、在花园边烹调、烤肉、用餐，每天都找得到庆祝生活的理由和地点，为家创造出一个静心禅定的美丽后视野，亦可成为亲情与香味交流的烤肉区……这是一个每天有节庆、有童年、有野趣、有故事的家环境，如老子的无为，看似云淡风轻般低调禅意，却在幕后洒下精工之笔，无尽而高明的思考、推演，为布局往后生活情境预留伏笔，让居住者透过建筑规划、配备选材，与环境产生良好的互动；在有限的空间，沉潜于无限无边的生活真味，展现大自由与大自在。

与周围生态打好关系、与自然打成一片的房子，自律精炼，构成最大气度、最上乘的建筑氛围。户户的前院，与公共空间的中庭，连成一个有层次的整体绿野，成了“建筑的自体广场化”，让住在其中的人，可以透过在空间中自由地爬升、连接、转进、暂留的过程中，尽享各个转角景点的耳听、眼观、鼻嗅、足触等不同感官感受，一如庄子所形容的：有星有鸟的天籁和气、有水有风有树的地籁和声、有歌有情的人籁和谐。这是一个经过有机设计的环境，历久弥新，八株台湾稀有珍贵染井吉野樱、御三家顶级锦鲤、飞驒古川护家运河……日式精工禅别墅，在“上善若水”14 席浮岛庄园中，完美实现！

建筑师为房子镶上名牌，生活瞬间成了艺术作品

住在知名建筑师的作品之中，除了享有自己的家登上世界知名建筑设计杂志的荣耀之外，生活在其中的点点滴滴，也被建筑师大处着眼、小处着手的设计细部而感染气质，每天的日子就是与艺术级建筑互动的成果。

当自己的家族住宅成了当地的地景地标，于是住户可以在尊贵的红铜板上，得意地刻上自己的家徽，在外墙上题家谱、家训、或是誓言，赋予这栋天生美好的住宅，一个永远的姓氏与个性。

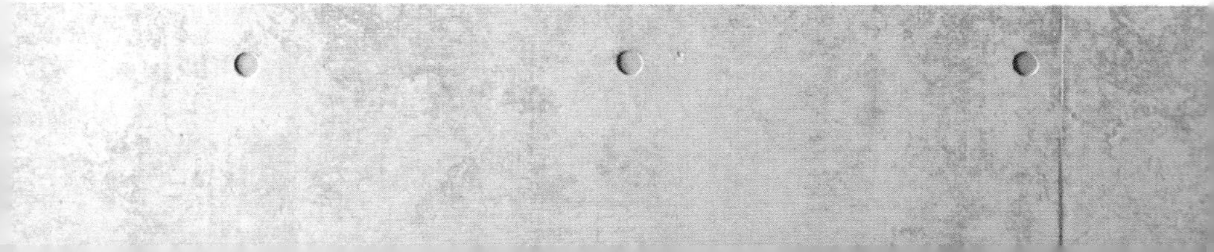

水

上善若水，水善利万物而不争

“护家锦鲤运河”的新家幸福配备

老子云：上善若水，水善利万物而不争。

良好的建筑规划，应是自然而谦逊的态度。

就像老子的“上善若水”，学习像水一样，涓滴长流、方圆依物、曲直随形，尽管历经冬凝夏融之后，随风潜入，润物无声；“水”总是展现最贴近地面的谦逊态度，顺应自然，而与世无争。久居其间，心胸自然深澈澄明。

从此有了景

日本岐阜县古川町的飞驒古川，本来只是一条在住家外的一条小水道，但后来经住户及许多善心企业团体们共同努力，修整成了宽 1.5 米，长 350 米的小运河，放养了 3230 条彩色锦鲤，让本来无生趣的水，成了有呼吸的河。而这条小运河，也刚好成为住户的护家运河，宛如一座独立在水上的浮岛庄园，以桥与外界连接。

这条小运河不只有鱼，沿岸还有小桥、栏杆、座椅……于是，这条飞驒古川不仅成了离住户最近距离的美景，随着春夏秋冬的四季变化，更有花、树、雨、雪等气候情绪，活化了这条运河。

此外，住屋可以一比一等比例地，倒映在水面上，所有的美都双份复制成上下对称。若光线合适，波光粼粼反射到外墙上、反射进屋里的天与地空间，那整个家就充满超现实的变化光影，住在其中也变得有趣极了。

水气的循环，让空气更清新；水流的潺潺，让心情更静凉。所

以飞驒古川成了许多到岐阜县的观光客必来参访、轻声拍照的景点之一。

从此有了节庆

1994 年 7 月 14 日，东京山多利音乐厅举办了“飞驒古川国际音乐节”，正是演奏作曲家武满彻以飞驒古川为灵感的曲子《精灵花园交响曲》；甚至于 1989 年创设了“飞驒古川音乐大奖”，活动仍年年举行至今。

以前日本流行有水瀑水舞的房子，现在飞驒古川更提升至哲学层次，创造一个源源不绝的水生态——这条从水道变运河，然后有鱼、有景、有态度、有故事、有灵感、有音乐、有节庆……住户之间也因为有了这些鱼的情感串联，而有了共同的人文荣耀与精神归属。飞驒古川从一个默默无闻的小镇，创造成全世界瞩目的焦点，其过程让许多人非常感动与激赏。

古川町因此荣获“故乡营造大奖”。这是一个让住户集体参与生活记忆的成功案例。

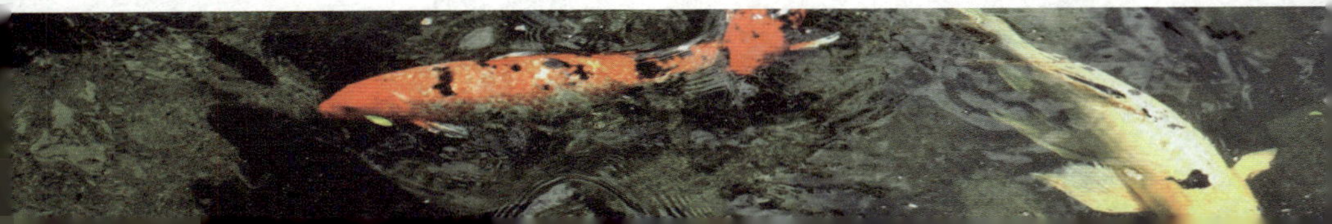

以水生态循环守望和睦的邻里精神，共塑富而好礼的人文荣耀小区

建筑师十分喜爱飞驒古川的意境，于是在“上善若水”打造一个水生态，凿出一条小河，从我家流到你家，有小桥、有锦鲤、有水影，从此，我们每天都有新鲜的风景故事可说——醒来看着这些美丽的锦鲤从自家门前游过，就像是很多颗浮动的宝石在水中，活着，成了最大的恩典。这将是一个以水生态循环守望和睦的邻里精神，让住户集体参与生活记忆。

这是一个有情感流动性、未来型村落。

御三家顶级锦鲤，水中浮动的宝石、游戏在染井吉野樱如雪般的落樱缤纷

当这条水道成了风景，让锦鲤有个最洁净的生态以生存。这些鱼甚至都有了自己的名字、个性、生活点滴，也繁养了自己的家族，住户就一一成了这些鱼的观护人，也是鱼嬉戏游水的现场观众。

无重复、独一外貌的锦鲤，要特别细心照护，得随时注意水的溶氧量和水温……不过锦鲤的美，就像是在水中浮动的宝石，也是一个令人期待，会生长、会变化、令人随时惊艳、体态优美、深具内涵的活艺术品。更重要的是，锦鲤必须活在干净无毒的水质之中，所以它们也成了家的守护神，随时帮住户监督环境，以确保每一个人的健康平安。它平均年龄 70 岁至 80 岁的长寿，可与家人的感情长长久久，它会辨认主人的脚步声，宛如家中的一分子，这也难怪锦鲤在日本被视为可以带来福禄寿的吉祥动物，因为只有它们可以先帮主人挡灾。而且，据过去的统计报导，养锦鲤的鉴赏家，即使到了老年依然耳聪目明，可见锦鲤的确是个有益人身心灵的生活好伙伴。

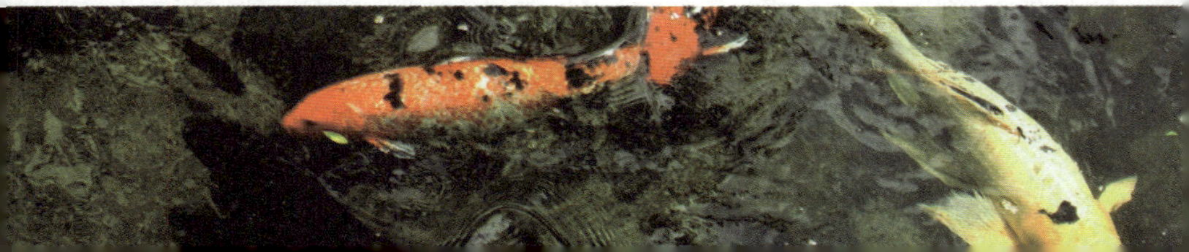

光

天，地，水，然后有了光，
东京爱情故事的光纤芦苇灯，在家门前！

有水映影的房子，有整片光奇迹的环境

上帝创造了天、地、水。

黑暗笼罩，分不出天、地、水何在。

他说：“让这处有光。”于是便有了光。

光便一闪一闪。

他不满意。

不要这种光。

光于是停止乱闪，自我改进，然后就成了暖泻大地的煦煦阳光。

黄昏来过，破晓来过，

终于满意了，这就是第一日。

风动芦苇灯，科技许诺的梦幻光景燎原，人间少有的异次元之美

东京近郊的 K–MUSEUM，种下 150 支 4.5 米高枝光纤芦苇灯，等天垂下黑幕，全灯点起，随风飘逸，就像在浩瀚星空下，一整片人造星海，一整片科技许诺的梦幻光景，一整片碎钻亮醒的夜景，就像是迫降在地球的宇宙飞船光，有一种人间未曾见过的异次元之美。

芦苇灯任由风吹成随意的形状，光传递风的情报，成了风的光廊。看芦苇灯飘动的姿态，就知道风的方向，依风向可以预言夜空的景象，光的流体成了星空下的奇迹风浪，这里就自成了一个幸福的星系，与世隔绝。所以 K–MUSEUM 的芦苇灯海，就成了日本偶像剧求婚的浪漫场景。

这作品获得 1996 年国际照明大奖。

现在，这些太阳能点燃的纤维光波，将首度移植到台湾来，即将在“上善若水”中，瞬间亮起燎原的惊艳，就像大自然给予科技美的力量，有如随风起舞的光草，挥洒着草书之美，但又不失其自律性，一整夜美的意志力十分惊人。

风触感，浪棱线，光亮体，对位激荡出来的动感与感动，虚拟梦现实。希望与祝福彻夜亮着不打烊，新神话在“上善若水”里重新发光源。

空

懂得割舍，懂得留白，懂得放下，
13.8 米采光内庭，懂得空的最高禅意

光之内庭·水之屏幕

建筑师 Steven Holl 在福冈香椎，以许多空的空间，组合出有变化、有穿透性的延伸端景；半户外的中界空间，人与自然景色可以随时自由地交流。他设计出一个精彩的光之内庭，让天水成为所有人注目的荧幕，水借光反射波影照入建筑内部，多种生活视点在此汇集。一如他在千叶县幕张十一番街的集合住宅，有反阳之家、幻彩之家、水映之家、青影之家、落柿之家、无空之家。一个光之内庭，就让每户人家有各自的诗意气候，Steven Holl 可谓是建筑诗人。

同样在福冈香椎，另一位建筑师 Rem Koolhaas Block 则设计一种空的内闭空间，私藏着风格庭院，有波浪形屋顶，可窥天望景——虚实对话，动静之张力，犹如纸张的拉扯，形成一种隐喻的平衡，自体完成建筑本质的自证。空间关系可自由涵构调整，所以形成了多样的创意生活模式。

安藤忠雄亦在大阪心斋桥的 Galleria Akka，以清水模的低限度美学，将内部挑空成天井，将有限的空间，透过多角度的视点，延伸成无限宽广的意境，将素净无华的住宅，与自然通气无碍，形成一种“内聚型中介空间”天井与各个居住空间深奥的对话与回应，像是这个建筑永恒不变的开示，一种无法捕捉的空禅意，一种不可说的精神美。

有天窗，形成有趣的三合院空间

建筑师创造天、地、光、风、水，创造一切，还创造了“空”，这个最高禅意的生活哲学。于是在家上方开一扇天窗，所留的挑高 13.8 米采光内庭，可以望天望星，收纳风雨彩虹光影，成为自家的私藏风景。

每个房间隔着落地玻璃，互成了有趣的三合院。这样的采光内庭置于居家空间之中，家人的距离，可以隔着景观互相关照，却又不会互相打扰，像是住在城堡中，可以从这个房间隔着花园望向对面的房间，生活多了窥望的焦点剧情。家人可以透过落地窗，以表情隔空示意，形成了这个家有向心力的凝聚场。

这就是日本知名建筑师安藤忠雄“内聚型中介空间”的理想。

把礼拜堂或佛堂崁在中心的创意家藏馆

挑高四层楼的天井可以有天窗，向光向蓝向日月星辰，成了另一种次元空间，一种容许创意与个性的异境，像是一个与梦想平行的宇宙系。

天井可以引阳光、彩虹、风、露雨水进屋，成为家中变幻无穷的自然光影风景——这是一个有气候、有脾气的居住城堡，让人可以依四季节气而生，这是人在自然之中，最大的舒服尺度。

稀有挑高 13.8 米天窗内庭，在采光天庭里可摆设成自然庭院、生活禅庭、私人动物园，设置一个私家礼拜堂或是挑高禅修佛堂，收纳风景、信仰，或是陈列个人收藏品，摆成一座自家博物馆。如果狂野一点，也可以将这天井装置成每天挑战攀岩的高墙，或是挑高视听 Lounge Bar，或是蝴蝶生态馆，或是看星云与流星的私家天文台，或是独唱歌剧拉琴的音乐舞台。

“空”是在“地”“水”“光”之余，最高段的建筑手法，留龙脉的气与风在此对流，运转家与天地相连的好风水。于是，这个画龙点睛般的天井，让理智的建物，设下感性的留白，像是房子的潜意识，让住在里面的人有着空性冥想空间，心之四方，皆有美，皆有所爱。

2015年大悦城·爱的宣言式

终于找到一个
能大声表达爱
却完全没有风阻的地方！

相见总是恨晚，
示爱永不嫌晚！

午夜梦回的迷恋，
到今天终于有了：
惊人的表述能力！

让我们像孩子一样，
童言无忌地喊出爱！
让我们像初生之犊，
无畏无惧大胆去爱！

有话不藏心底，真爱不留遗憾——
请以最有创意的话语，

说出让对方永生难忘的爱情表白，
写出一段让对方感动到哭的卡片，
用最出其不意的惊喜传达你的爱！

如果现在没有情人，
请把这满盈的爱给家人、闺蜜、换帖兄弟、未来的情人，
或是给最需要爱的老人、孩子……
今天所见到的每一个人，
都是我们可以给爱、练习爱的对象！

在魔都的心跳区，
终于找到了一个：
爱情能见度最高、
可以大声表达爱、
却完全没有风阻的地方——
大悦城，
邀请每一位有情人，
把我们的真情表白传向四方，
让每一个人都听见爱的回音！

活动文案

天使行动车队·摄猎真爱之吻

10 月 19 日起

大悦城派出最大规模天使行动车队

四处捕获全上海最甜蜜的情侣

把他们的吻，留在我们的 kissing point

每一枚吻

都会化成一元的壹基金

让你们的爱蔓延全城。

幸福定格 · 爱情相馆

我们还会装配好一台

追踪爱的移动照相馆

现场采集最动人表情

纪录每分每秒正发生

城市每一处爱的现场

2015 年大悦城 · 爱的信物展

终于找到一个
可以保鲜爱情
却永远不会过期的地方！

爱情要保鲜，刀功要细腻，
相处要火候，忠诚原汁味，
爱情的可贵，
就是自己与自己所相信的东西，
很靠近！

从我的真情，
提炼出永恒的信物，
送给你，
让我的爱陪你上天下海，
陪你一生一世！

我的誓言，
比石头更坚定，

比钻石更纯净，

虽然地球上没有任何一样东西能代表我全部的爱，

但只要你看到这个信物，

你就能瞬间超越时空限制，

随时随地链接到我们广大的爱的讯息场，

你就能记起所有，

我们曾经发生过每一分每一秒爱的细节！

11 月 19 日，爱的万物论

大悦城开始向每位有情人

收集爱情密度最高的信物

在恋情引力最强大的中心

把爱辐射到全城各个角落

2015 年大悦城·爱的开幕式

大悦城以 30 颗巨钻光芒的 SKY RING
成功地圈住了 2015 年以来最幸福时刻
12 月 19 日就在全上海最活跃的心跳区
我们终于找到爱情永不落幕的浪漫场景

你正在寻找真爱，
真爱也正在找你，
你只需要走出来，
走到这里被看见！

爱情所到之处，无远弗届——
我们邀请最能追踪爱的气息的艺术设计家，
为我们打造每天都能翻阅惊喜的爱情舞台，
以 16 万平方米的时尚、艺术、娱乐全跨界排场，
让每一位有情人随时进行壮阔的求爱盛况！

12 月 19 日，

大悦城以 30 颗巨钻光芒的 SKY RING，

成功地圈住了 2015 年以来最幸福时刻，

就在全上海最激动活跃的心跳区，

以告白勇气开启一连串爱的气势，

每一处、每一幕正在发生的情节，

刷新了每个上海人的爱情新境界！

这里就是感动的发源地，

于是我们的爱情，

终于找到了永不落幕的浪漫场景！

大悦城六大惊艳

求爱扩音器

如果没有在这扩音器前大声告白，
你怎能听到我爱你的分贝有多大？

如果你决定要放胆向 Ta 告白，
请先站上玻璃的全透明地板，
让所有帮你加油打气的祝福，
能无碍地从四面八方涌过来。

请准备好你要打动对方的爱情誓言，
对着高 30 米、全球最巨大的扩音器，
高调求爱，大分贝说出你们的未来！

爱情摩天轮 · SKY RING

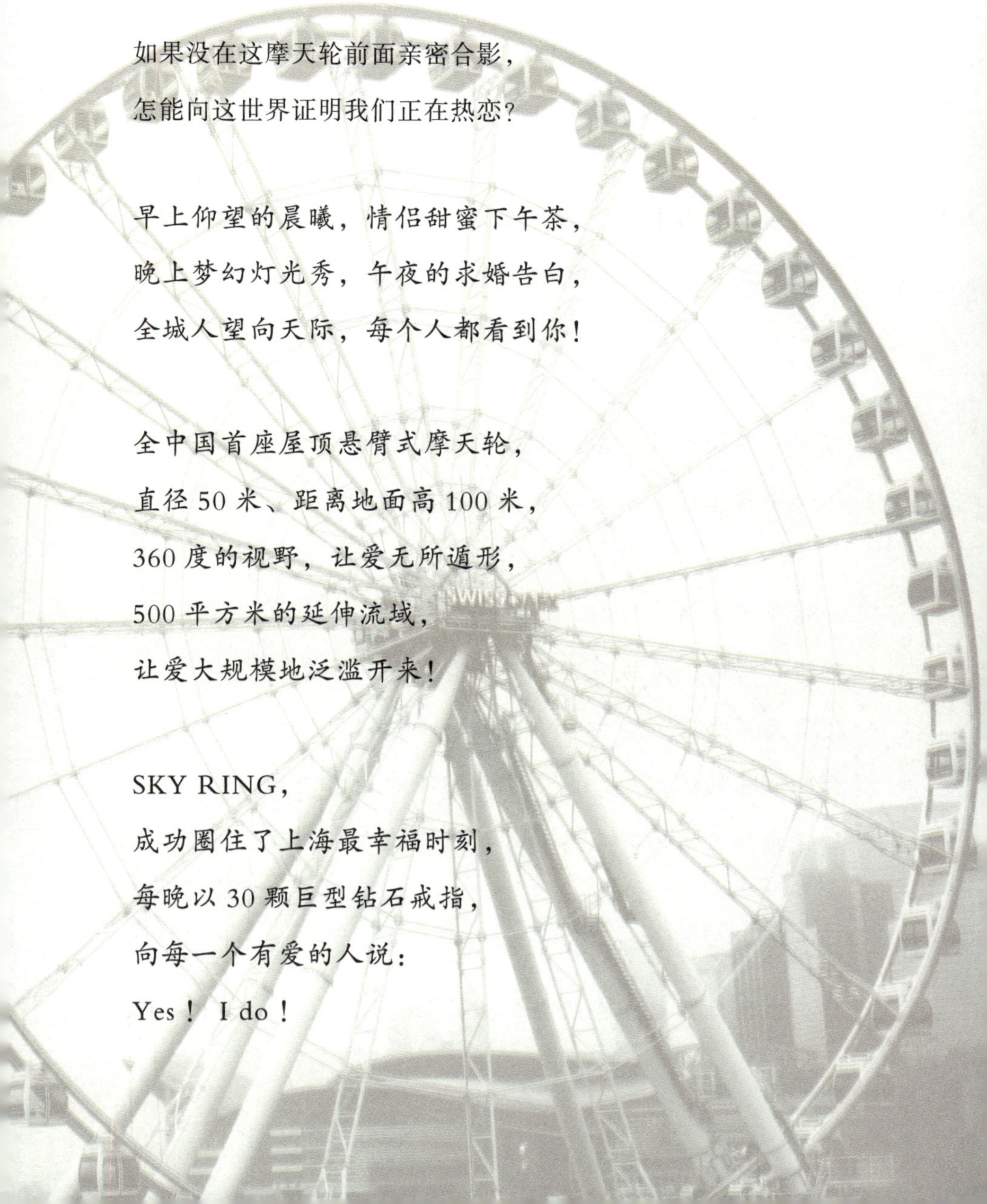

如果没在这摩天轮前面亲密合影，
怎能向这世界证明我们正在热恋？

早上仰望的晨曦，情侣甜蜜下午茶，
晚上梦幻灯光秀，午夜的求婚告白，
全城人望向天际，每个人都看到你！

全中国首座屋顶悬臂式摩天轮，
直径 50 米、距离地面高 100 米，
360 度的视野，让爱无所遁形，
500 平方米的延伸流域，
让爱大规模地泛滥开来！

SKY RING，
成功圈住了上海最幸福时刻，
每晚以 30 颗巨型钻石戒指，
向每一个有爱的人说：
Yes！ I do！

爱的万物论

将你生命中最繁华的黄金时段，
留给这个世界上最美好的事物。

水晶石能量占卜室、创意森活馆
取材自大自然动物灵感的生态区
青春永驻化妆区、spa 舒压沙龙

万物齐想的灵性市集、微型的葡萄酒庄
银饰手作工坊、人文集散地西西弗书店

加州手工刺绣牛仔裤、好莱坞血统的盛大衣袍
英伦知青的气质服装、甜美藏有叛逆的少女裙
把历史穿上身的复古男装、酷玩世界的运动裤
棉麻彩珠的编织手拿包、芬兰印花的创意文具
原味自然主义的时令鲜餐厅、惊喜花式冰淇淋

陈列在大悦城里的每一个有情物，
都正在联结你与整个世界的激情！

摩坊 166 · More Fun

我们需要借艺术家既浪漫又诗意的天工，

为我们打造出梦想纯度最高的生活剧场！

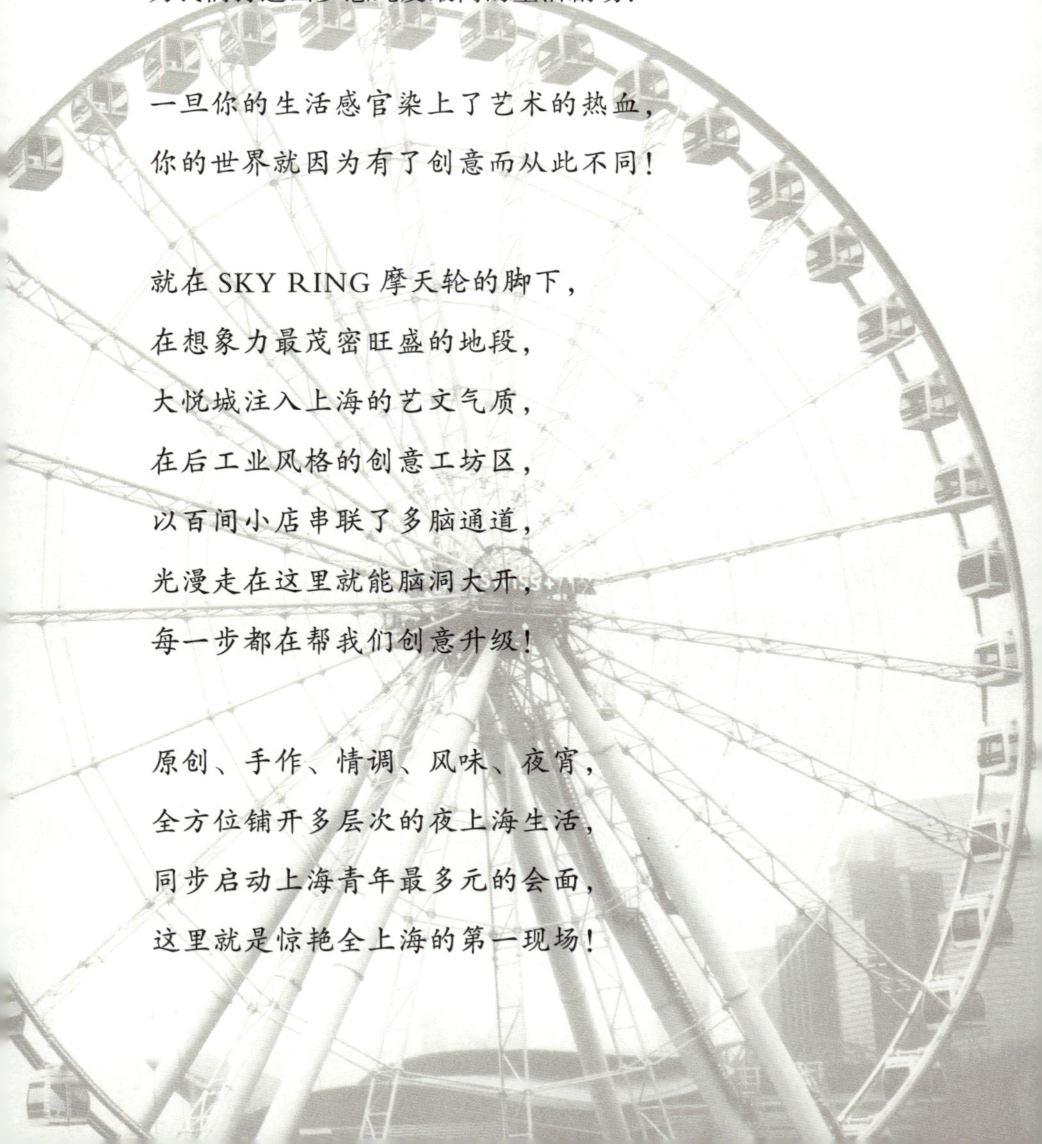

一旦你的生活感官染上了艺术的热血，

你的世界就因为有了创意而从此不同！

就在 SKY RING 摩天轮的脚下，

在想象力最茂密旺盛的地段，

大悦城注入上海的艺文气质，

在后工业风格的创意工坊区，

以百间小店串联了多脑通道，

光漫走在这里就能脑洞大开，

每一步都在帮我们创意升级！

原创、手作、情调、风味、夜宵，

全方位铺开多层次的夜上海生活，

同步启动上海青年最多元的会面，

这里就是惊艳全上海的第一现场！

大悦幸福网

每一段值得纪念的爱的印记，
都跟大悦城每一处息息相关！

爱情是一连串
每日每夜不停翻页的电影剧本
其差别只在于
旁边有没有摄影机与观众而已

初识暧昧、犹豫挣扎、真情告白、
携手相爱、激情热恋……到决定厮守一生，
我们每一段值得纪念的爱的印记，
都与大悦城息息相关：
相聚会相见欢、手工亲制大礼、购物互动娱乐、
品时美食庆祝、留言合影纪念……
为了让我们的一整年高潮迭起，
大悦城巧立了各种狂欢的名目，
以 16.3 万平方米的爱情云版图，
作为我们挥洒爱情的浪漫领地！

大悦万事通

online 随身管家式的贴心服务，

用心地为你实践每日的幸福！

大家的祈愿，我们都听到了！

大悦城 Always online 万事通，

向来知无不言，言无不尽，

你的手机就是你的随身顾问！

会员以积分，或是当日消费满八百

我们会派专人

把你刚买的礼物快递送到爱人面前

跟你一起共享 Ta 收到礼物那一刻

出乎意外的惊喜与超级感动的表情！

从寻人、到需要冷热水、针线包、

雨具、充电器、卫生用品……

我们的服务人员，就是可供你差遣的贴心管家，

让你不小心

就把大悦城当成第二个家！

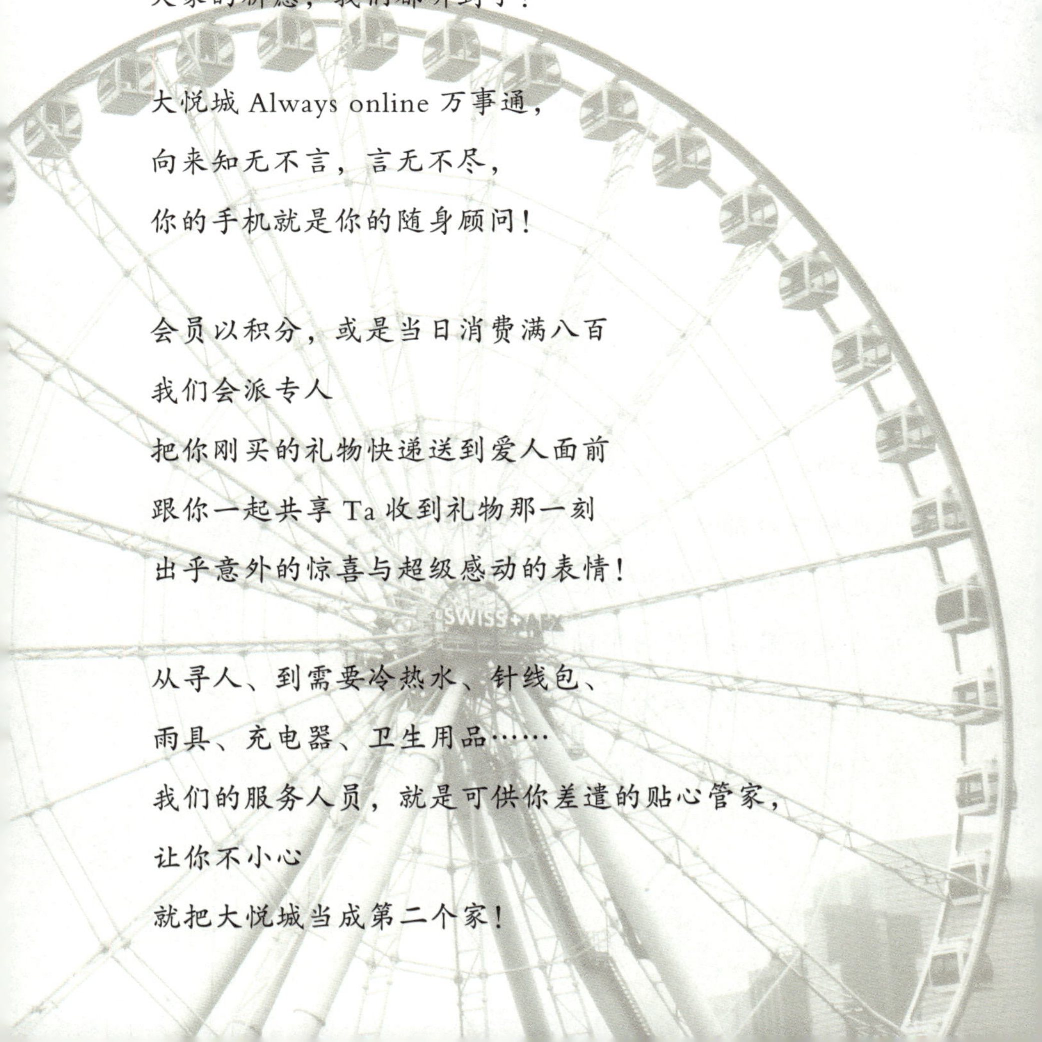

这是一篇以陶为拟人化的文案，说明陶的各种功能。

此篇是我至今写过最长的文案，多达 3000 字。

陶的未来预言室

毕加索感叹地说，

有了她，我们就很难独处了

她藏在钟里，告诉我们起床的时间。

她留在收音机和录放机里，

记下我们每一笔的思考对话。

她射日换成电能，给足我们光和温暖。

她启动我们的车一起去旅行。

她也躲在眼镜里，看着我们好奇的世界。

高感染力的她，还化身在手机里，

成为笑声和故事最频繁的路线，帮我们维系人际关系；

并在我们最孤单的时候进驻 Internet，

成为我们虚拟的一部分，传输我们的灵魂，

与别人“陶”醉一夜钟情。

除此之外，她还帮我们侦测敌情，
发展远红外线导弹系统，以赢得我们的革命情谊。
她说，她不只想要介入我们的生活，
她对人极度敏感，有条件做我们最好的知己……
她帮我们听清楚世界，探访婴儿的心跳，
她也听清楚我们的情绪、潮汐和病情。
她不仅构成我们的精神磁场，激荡我们的能量，
她也是我们长出来的感官和新触觉系统，
调和或强化我们和外界的关系。

可怕的是，她还可以模仿我们的声音。

她说，
她还要变成一件防弹衣，
为我们趋吉避凶，
守护我们一辈子。

幻想是大脑最快的进化，上帝自古把她交给人类，
也就是传承一种创造未来的能力

随着我们的善变，展现她独到的魅力。
她是最精准的现实，比铁板神算更能预言、谙星象，
可以和我们一起排出想象的细节。

最新下载的圣经密码就写在她身上，
她是超现实的路径，保护我们在太空中冒险，
也是我们与外星人和平沟通的完美大使。

她已经散播了各地古老的神话，
千年以来人类高潮迭起的音乐、仪式、狂欢、享乐、消费、
美学、意识、感受、记忆、冲动、声音、压抑、自由、
灵感、梦、旅行、进化、期待和希望。
享受她的未知，是我们脱离现状最快的途径——

她是人类欲望的形状，
她是古老而美丽的先知，

她是实现想象力最完美而丰足的材料，
她是有魔力的天使、善良的女巫，
她是我们刚和未来取得联系的白色密码，
她，就是陶瓷。

旧情还在，许诺一个未来

第二次世界大战加上能源危机——
铬、钼、钴的匮乏，让陶有机会以新面貌示人。

科学家审视老祖先传给我们的旧材料，
仍怀念她精纯、强韧和有磁力的性格，
决定重新安排她在钢铁界、电子业、军事区、光学、生物医学、航太科技……的新任务。

过去千年以来，她有耐心地陪着人类发展文明。
千年后的今天，她也将与我们共同演化未来。

如果没有想象力，
陶瓷也不能带我们无远弗届

亚当、夏娃自伊甸园出走后，
就用一双手创造人类自己的世纪。
正因为人会幻想，爱做梦，
才能巧用上帝留在我们身边的各种材料，
造锅捏碗，建屋铺路。

我们仔细端详“陶”，
她熬过1400度高温的磨难，
以离子键或共价键的键结方式，
紧密并强化自己的内在，
保持镇定、临危不乱，结构意志比钢铁还强硬。

她从此不畏热、不怕磨、抗高压腐蚀，
在酷热的汽车和飞机的引擎上发挥她的极限，
有时还能展现有磁性的魅力及透光的智慧。

一个因失恋而一蹶不振的人，
应该向她的灵魂学习坚毅。

千年不变，安全与幸福最好的守护者

从没见过这么两极性格的材料——陶，
可导电，也可绝缘，
可沟通，也可防卫，
比人还有原则。

她很懂得生活，没有怨言：
陶罐酱油、陶管排水、陶瓮酿酒……
她样样事必躬亲。

她的坚毅，让她化身成炼钢和玻璃窑场的耐火坩埚、
工厂的盐酸瓮、分解缸、耐酸砖、耐火砖，
她帮人担待生活上必须要熬的艰辛，
也帮我们与无情的电流之间和平地绝缘，
家里的电线导管、插头、开关……
她都守在里面，怕我们出意外。

不只在盛世，当我们受到威胁时，
她就变成武器，帮我们挡子弹，抵御侵略：
手榴弹与地雷的外壳、军用飞机螺旋桨、淬火用大陶缸、
台湾南投和九曲堂的战用防空缸、军用陶碗、

战时通信的管线……

我们在危难的时候，她并没有走远。

她愈自由，就愈能触动人心

陶是活的，

电是否能被获准在她体内流动，

完全看她现在自不自由。

电子离子的多寡、移动的自由度、

原子间传导带或价电带间隙大小、电场的大小……

决定陶是绝缘体、半导体、导体，还是超导体的体质。

比方电线杆上的绝缘碍子、

电暖炉与烘衣机里的陶瓷发热器、

电话与电子表内陶瓷蜂鸣器、

半导体产业的芯片及被动组件（电阻、电容、电感）……

如果够了解她的神经脉络、她的伸缩舒展、

她的矜持与放浪的尺度，

我们就能自在运用，与她如鱼得水。

够敏感，才能与我们一起享乐未来

她有超能力，她善用电、磁、声、光、热、力
呼风唤雨，所以她一向随心所欲。

现在最热门的电子产业，
就是借助陶原始的灵敏与感性的魔力，
以维持轻、薄、短、小的优势身形，
例如：陶瓷电容、陶瓷电阻、陶瓷电感、陶瓷滤波器、
陶瓷传感器……
这些陶瓷组件，全都躲在电视、电脑、手机里，
与你声息相闻、生活与共，却让你完全察觉不到她的存在。

她善于扩大事端、调解危机、散播耳语及感染情绪

精密陶瓷够轻薄，
共同挤在一个小的空间里仍不会互相干扰，
所以她的分身已经占领了大部分的手机，
专心听你的声息，并帮你散播信息。

她不仅管人间情，还一飞登天，
以陶瓷天线的角色在全球卫星定位系统里，
管起世间所有的生活……

比方热心地导航迷途的车，布下天罗地网来找到偷车贼，
比方她以绝佳的折射率入主光纤的团队里，
不失真地完美传递声音、图片、文字、感情、秘密与爱，
成为时髦的 Internet 新贵。

她还做我们身上的传感器，
陪我们一起体验虚拟现实，探访未来。
比方她还展现高智慧的防御力，坚守不让红色以外的光进入，
形成滴水不漏的远红外线导弹系统。
将来，我们有她就有如天助似地，
在眼前的道路会自动修补坑洞；
在飞机金属感测到疲劳时，立即通知维修人员；
替房子感测强风、地震、积雪，并马上帮我们强化结构……

她的智慧与仁慈是我们的左右护法，
也是最懂人心的好运天使。

众里寻她千百度，陶就在灯火阑珊处

精密陶瓷，不易见、不易碰、不易感，
总是神出鬼没，没有人能准确预言她的行踪。
你只能像不死心的侦探，打开手表壳，分析剪刀，

观察原子笔尖，解剖防弹衣，研究门把，看穿眼镜，
端详人造钻石，甚至跟踪高尔夫球杆的去向，
才能有缘抚触到她的细致，找到她的蛛丝马迹。

她有洁癖，帮我们保持了干净的因果循环

很高兴在能源危机的时候，
陶瓷实时给了我们继续前进的生机。

她比情人间的承诺还永恒。
精密陶瓷的耐磨、耐热、耐腐蚀，
让她可以忠贞而有效地，成为你工作的最佳伴侣，
延长你的财产，加长与你共处的天伦岁月。

她有洁癖，精密陶瓷能过滤、捕捉并转化有毒物质，
所以我们把她安置在车内，
把有害的碳化氢废气转成二氧化碳和水，
净化我们的呼吸。

她最迷人的，是她源源不绝的能量。
陶瓷硅板吸收后羿射日留下来的太阳能，
为我们转成电能存起来，以备不时之需。

我们将有不用电池的计算器、手表，
不用交电费的热水器和太阳能屋，
我们不用担心成为下一代的负担，
她节约的好美德，帮我们启用了一个干净的因果循环。

她变成我们身体的一部分

她在医院里走进了身体，成为我们的一部分。
精密陶瓷不具毒性，不会破坏人体免疫系统，
与人体亲近，而且耐久有强度，足以扶持我们一辈子。
她变成重伤人新生的骨骼、不良于行者的新关节，
她听我们的血压脉搏，探测我们的健康，
并复制婴儿的心跳。
只要我们喝一杯装有微机械的柳橙汁，
她就可以动手清除血管里的阻塞与病。

此外，她还义不容辞地修复沮丧的灵魂，
和一蹶不振的伤，
化成助听器继续聆听贝多芬的田园交响曲，
变成牙齿，代替老人咀嚼，长成心脏瓣膜，
继续我们的心动！

取之不尽，她的“磁”性魅力。

20 世纪，荷兰菲利普实验室发现她超强的“磁”性魅力，
于是继续开发陶瓷氧化铁成为硬式磁铁。
在二次世界大战中，你可以在船上、战车中，
或是在最近神奇的隐形飞机里，发现她的魔力无边。

现在的人不爱打仗，就把她带回太平盛世来享乐：
生活上要用的马达，酗音乐的扬声器，
磁性纪录的录音录像带，提领富裕的金融卡，
储存情话的电脑磁盘，离地飞行的磁浮列车……
你能带着她去哪里，全看你的想象力到哪里。

很高兴她参与了我们的过去，
也欢迎她加入我们的未来。

C
POPPY
งาดำ
WHITE SESAME SEEDS
งาขาว
ROASTED

身体·气味·美丽的排场

印度大师说：

身体是可见的灵魂，而灵魂是不可见的身体。

身体是一个具体而微的宇宙，每个细胞都有自己的生命，

无以数计的细胞，以令人无法置信的方式在运作。

当我决定开始改变我的灵魂排场，奇妙的是，

我也正同时改变了我的身体，我的气味。

今天如诗般的初体验，
从你手上的第一页饮冰室茶集开始！

艺文馆品牌故事

这个时代需要诗人，因为我们需要借着他们既锐利又诗意的双眼，找出躲在平凡世界背后，那个璀璨刺眼的独特光芒。于是我们成立艺文馆，把诗人的沙龙搬进你手上的饮冰室，让你以大梦初醒的品茶感官，悟出刚摘下来、最新鲜的诗。

整个灵魂之旅，是从你闻到的第一口茶香开始——诗就这样从诗人的心，透进了你的味蕾，滋润了你的身体流域；自此之后，你也有一双极美的诗眸，身边的人不一样了，整个世界都不一样了。我们养茶，也养诗人。诗是灵魂，茶是触媒，我们正酝酿着最有诗兴的茶，无论是红茶、绿茶、乌龙茶、抹茶……它们就像是植物界的济慈、泰戈尔、李清照、徐志摩……我们想要唤醒每个人身上，那个沉睡已久、古老的诗意灵魂。

饮冰室开始寻觅躲在各行各业里的隐性诗人，大家以为他们是小说家、歌手、音乐创作人、广告文案……其实他们里面都躲着一个诗人。过去几十年，他们总是千方百计，趁大家都不注意时，把诗偷偷藏进：传阅的故事里、传诵的歌词中、传播的广告文案内。现在，他们都一一现身了，站在饮冰室的舞台上，公然写诗。

以诗歌与春光佐茶，这不只是一句广告语，而是一个诗意复兴运动——每分每秒如诗字句般的浓烈激情，从你今天的第一页饮冰室茶集开始。

饮冰室茶集包装文案

【绿，奶茶】

茉莉与茶叶层层交叠七小时，让花的灵魂完全渗进茶的身体里。风干所有的浓醇香气，再以奶香特调出无法忘情的滑顺口感，让鲜茶在味蕾上开出茉莉的芬芳。圣洁的绿茶，热烈的茉莉，调理几下子，就变得理想化了。

——以诗歌与春光佐茶，饮冰室茶集

【乌龙，奶茶】

精选台湾乌龙，自 80℃起经五次增温达 130℃。五段文火烘培 22 小时，让慢火炭培出茶温厚的香气。让口味刁钻的你，喝出精火与山茶的交锋后的超凡气势。气息徘徊在梦与现实之间，请珍重这一卷炭培茶香。

——以诗歌与春光佐茶，饮冰室茶集

【奶霜，红奶茶】

制程精致的工夫红茶，依茶叶状态调整揉捏程度。封住底蕴深厚、色泽红亮的茶汁，一泻千里的香醇全锁进一只盒中，奢侈的霜红醉意，在云里也在云外。在霜红与奶白之间，一出手，香气撑得像 4 月那样远。

——以诗歌与春光佐茶，饮冰室茶集

【抹茶，奶茶】

日本薮北种春摘绿叶，5℃以下沉潜出甘甜。慢石工艺琢磨成细致吐纳的抹茶。最高禅意的翠绿，被生命力极强的乳香瞬间唤醒了。

——以诗歌与春光佐茶，饮冰室茶集

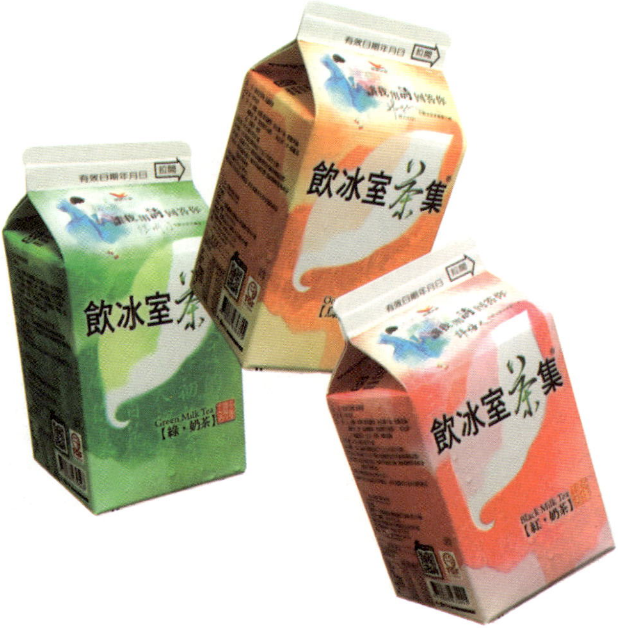

饮冰室艺文馆注馆创作之一

25℃的热带邂逅

我们身在亚马孙的丛林之中，
我看得见你，
你在叶隙中、在晨雾之后，
我在河上。
我听到远方有人击鼓，
有人生火，有人汲水，
更远的地方有鸟，美好一对。
你离我很近，我听到你的呼吸，
我听到你正好奇，
正在找我，
正在灵魂的赤道上，
等着清凉狂欢的各种可能。

饮冰室艺文馆注馆创作之二

爱上你是我的天赋特权，不需要经过你的同意

我之所以特别，因为这个世界上只有我能爱你爱得不慌不忙。
我们之间没有过去，也没有未来，
我可以很单纯地爱你，感觉你，
不去思考你、度量你、定义你、推论你、期待你、规划你、打扰你，
不必在你身上投射我有限的梦、有条件的爱，
就像盲人把彩券卖给盲目相信概率的人，
我们之间最不需要的就是清醒。

感觉是诗人的品质，思考是科学家的事。
即使相隔万里，时差六小时，但我们的灵魂从未分离，
连想象共枕拥抱、向未来做梦都不需要了，
所有的追逐、等待、创造都可以停止，
我们已经活在彼此之内，
可以一同溺死在映照出对方的眼眸之中，
也可以在急促的呼吸中再度复活，我们已经是一体，
仿佛自恋般地天经地义。

以最难忘的山水排场，
让你想拥人间最美好的生命时光

离开喧闹的台北，只要一个小时，就到了世外梦境。

春秋乌来 Resort Hotel，比梦还美的地方，
整面青翠山壁溪水，就是造物主最奢华的留笔。
每一口鲜澈的呼吸都是最感动的恩赐。

身体在温泉底，放松地享受自己的体温，
心震荡在西藏颂钵的音禅波动之中，
身心灵相遇在宁静美景里，与久违的自己，独处愉快。

窗外光影在天花板跳舞，
身心相遇在美景之中，
享受下午余晖的树林与微风。

树林刚出炉的新鲜氧，
花草与绿壁的香气，
鸟鸥的低空飞翔，
溪水的流动生态，
我们是第一线目击者。

邀请窗外的微风、树香、鸟鸣、水声、光影……
进来一起庆舞，
这里就是广纳天籁灵气的美丽殿堂，
听、嗅、味、触觉重新唤起的喜悦，
敞开宛如新生。

春秋乌来，
以最难忘的山水排场，
让你享拥人间最美好的生命时光。

心肌灵的月光黄金律

在经过尘世一整天的奔波劳顿与现实交锋后，回到家，就像返回自己安详的神殿中，与自己安静地独处，为自己疗愈。

夜晚朦胧的月色，有最宁静的能量。此时，自体的潮汐被月亮安抚着，在阳台上进行着一场无声的身心光合作用——高速的时间停止了，整片穹苍就是自己心灵的放牧区，让眼耳鼻舌身意沉浸在温柔的能量体之中，月光引领着进入深层的冥眠状态：潜意识的沉静、脑波的调整、细胞的唤醒、腺体的分泌重理、精力与免疫力的增强……从五脏六腑到皮肤里外，看似静止不动，但体内却是深度的洗涤，这是一场全感官的 Moonlight Shower。

这个时候，如果有气味是最好的了。精油是高单位的花魂，比度亡经更具有死而复生的轮回神迹：自信配方、积极配方、亢奋配方、勇气配方、镇定配方……一如灵魂风水师把所有的气味法术都装进了试管型的熏灯里，

一点燃就改变现状，一启动就改变磁场，一呼吸就入禅定，仿佛做了一场极深度的气体瑜伽，所展现出来的灵气，到床上都还有神效——身心瞬间回到刚出生时被拥抱的温暖，此时此刻，睡在甜甜的恩典里，就是一生最美好的巅峰状态。

在这样的月光流域之下，每晚进行着脱俗入圣的能量补给，就像古希腊人以定期的光浴，来维持高水平的体能与智慧。仪式之后，我们又恢复成了女神，在白天继续威仪地行走在自己的疆域版图之上，所到之处，一切都更降服了。

产品介绍

世界首瓶与天体运行一致的自体修复配方，依月亮圆缺、身心阴晴潮汐，为肌肤周期所设计的再生完美极品：

SK-II LXP 决定动用最顶尖的研究团队，研发出一系列与天体和平共存的终极保养品，以极致能量赋活科技，唤引敏感的肌肤情绪，配合月亮从缺到满的周期，以深度的放松、清理、调整、修复、清透、滋润、活化、奇迹再生、防护……微细精密的生理程序，进行每月一次再生完美的轮回，回轨到心、肌、灵的月光黄金律。

SK-II LXP 特别以南法国格拉斯最极品的 5 月玫瑰精萃，作为此系列强而有力的灵魂能量源，一次完整的肌肤再生疗程，同时也进行了一场冥想幸福的嗅觉瑜伽，让心灵潜意识与生理月周期，有如协奏曲般的变化完美……每月一次，感性与理性同步的肌灵复生，即将在你身上展现无可言喻的神迹。

我们向自然借光，把能量还你！

工作压力很高，动能却很低。
生活琐事很多，快乐却很少。
经常火冒三丈，血液循环却很差。
失眠的人夜长，高压的人路遥，
我们已经这样连续耗弱好几十年，
日夜都在大量折损我们有限的体力与能量，
不补充，我们能撑到什么时候？

地球生成，让无机物因光而有了生机，
光能以数十亿年的力量演化万物，
那都是我们现在存活的理由。
我们想提醒你的是：
你只知道防晒，自绝于光太久，
早已经失去生物最初本维生的光能补给。

植物自给自足绿意盎然，
女人想美得自然，也需要光合作用。

古希腊人定期日光浴，维持他们高度的体能与智力，
因为他们知道光对健康身心的疗效有多必要。

20 世纪初，许多医院也相继设立“日光浴室”
帮助脆弱的病人补给光动能，
提升血液中的血清素浓度，增加微量神经传导素，包括：
增加精力与进取心的多巴胺素、
重理日夜周期的褪黑激素……
光透过视网膜调整脑部运作，
减低压力荷尔蒙 CORTISOL 的形成，
增加新陈代谢、吸氧量、免疫力、睡眠效率及生命动力，
改善忧郁。

我们向自然借光，把能量还你！

生命有限，很多的失去现在还来得及追回：
引进美国太空总署专用：Sunspectra 9000tm 光合太空舱，
减去你被太阳紫外线晒伤的风险，
将浩瀚无际的宇宙光与能，
利用温和的全频光调理你失衡的身心。

原是让长期在无阳光无新鲜氧的航天员，
迅速恢复生命动能的补给舱，

现在我们再佐以心灵音乐，
及南美丛林与欧洲乡村的纯天然精油，
让你的眼耳鼻舌身意，
同步接受全光谱与79℃热能的身心灵“关照”，
背部还同时享受振动式能量按摩，
并有负离子风吹拂着，温柔地增加你的免疫力。

依每个人身心状态的不同，独立一人一室一师，
专人设计安排最适你的光种、光量、光能、温度、
风、振动、音乐、复方精油、经络冲澡及花草茶。
唯有深层调理、彻底改善你的体质，
所有的问题自然迎刃而解。

难怪在美国好莱坞镁光灯下耗损极大的明星们，
得随时随地回到光合太空舱中，
这就是他们迅速恢复光鲜亮丽的秘密通道。

在光合太空舱中，所有的时间真的都停止了，
你将进入一个极深层的冥眠状态：
光从潜意识的沉静、脑波的调整、
细胞的唤醒、腺体的分泌重理……
从五脏六腑到皮肤，看似静止不动但体内却是深度的洗涤，

我们称之为全感官的 Air Shower 过程。
美国太空舱级全身光能的补给体验
90 分钟内帮你迅速恢复，大半辈子耗掉的生命动能。

我们想把你恢复到：
刚出生时被拥抱的温暖静定姿态，
舒压后你自然好睡，循环好了就能自行抵抗衰老，
身形与肌肤，都将会是你这一生中最美好的巅峰状态。

不要让生活继续耗弱你的身心灵，
再忙也一定能抽个一个半小时，
回到这个自然与人最短的时光补给隧道中，
找回原属于你却失去已久的安静能量。

我们已经启动光源，请你现在就出发！

台北东区巴黎 SPA 会馆短文案

自从爱上了巴黎，整个身体都被那样的气味占据了。
于是我们决定在台北东区，把这样的空气留下来，
留在一个叫巴黎会馆的地方。

巴黎会馆：www.parisspa.com.tw
全台北最法国优雅的 Lounge Spa 身心芳疗馆。

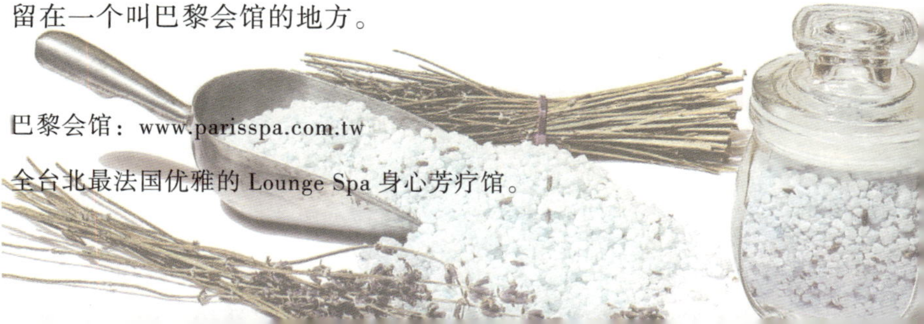

依法不能吸打毒品，所以吸食精油

想念埃及甜马乔莲的香味，想念奥地利杜松果的香味，想念澳洲桉树林的香味，想念法国薰衣草的香味……现在你不必千里迢迢去寻觅，我们把大自然界最好的、你最想一亲芳泽的味道，从世界各地带回来，装在罐子里，你一打开就可以闻到最精纯的芬多精。

巫医调制心灵药方的阵势，能以嗅觉上通大脑的快捷方式，唤醒每一条传导神经，高效率地振兴衰败的心脑细胞，从骨子里撤换悲观的情绪，借高速血流疏通郁结，进而放灵魂大胆出窍，小心回魂，让整个身体瞬间改朝换代。

这些神奇的味道，就是一种最接近神魔二界的自疗大法，没有灵性的人是感应不到法力无边。如果是涂抹在手腕内侧动脉上口，血管的跳动成了致命的吸引力，你很迷醉，身边的人靠得更近，你就很难对自己下毒手。用喝的精油更是如饮鸩止渴般地刺激，生死未卜地满足口腔期，活着就是最大的恩典。

既然依法不能吸打毒品，所以你可以吸食更奢侈的精油。

玫瑰启示录

玫瑰，是一扇温暖的信仰

去年 10 月，我到东欧旅行。
看过无数个大大小小的教堂，至今还记得的只有一个，
那就是导游突然指着我右方的窗说：
“看！这就是很有名的玫瑰花窗。”

我往回看，那是一个特别的窗，
玫瑰花状的图样，
外头刺眼的光，穿透每一片红色的花瓣玻璃，
变得十分柔和。

我仰看那扇窗很久，
领悟原来玫瑰是一朵信仰，
让人自然而然地想亲近凝视，
不必害怕大刺刺的光伤眼。

这一幕玫瑰的温柔启示，
给了往后的我，
一个最有能量的旅程。

玫瑰，是一见钟情的灵感

玫瑰是善感的艺术家们，一眼就动情动笔的灵感。

张爱玲的红玫瑰、白玫瑰，写的是上海两个女人的命运。

劳拉 · 艾斯奇弗，把玫瑰写进爱情食谱里。
意大利哲学家安伯托 · 艾柯，用第一朵玫瑰的名字，
揭示在修道院的每一段祷告故事。

13 世纪的法国爱情长诗《玫瑰传奇》，
正是描写一个诗人爱上、苦求，
到赢得贵族女子“玫瑰”的芳心……

或许是我耽溺在这些百转千回的玫瑰情事舍不得离开，
久了就成了信仰，

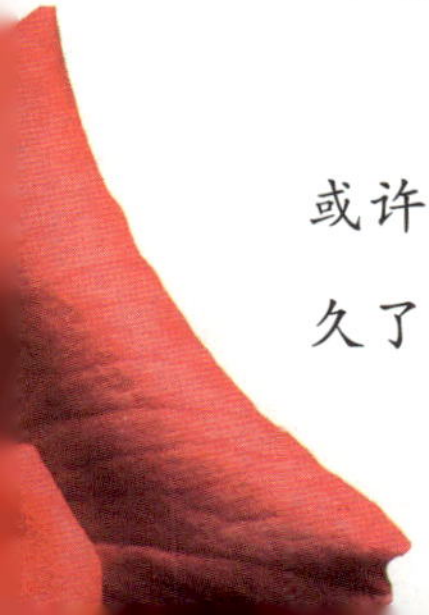

让我在书里顺手夹玫瑰花瓣的习惯不改。

如果你在我的书中找到玫瑰花瓣，你可以从那一页开始，

顺着作家布下的文字香味，往下读……

玫瑰，是一壶身体的暖流

玫瑰可以种在自己的身体里。

在一个燥热的星期三下午，我离开办公室，

在台北东区的巷子里，循着有口碑的香味，

找到一家花茶店。

望着写满疗效的花茶 Menu，我问老板，我该喝什么茶？

他说：“玫瑰。”

我不知道他为什么这样快做这样的建议，

我看了看玫瑰的疗效：

活血养颜，疏肝解郁，主治肝胃气痛。

原来玫瑰是一帖药方，明眼人一看就可以对症下药。

我只想说，

玫瑰喝进身体里的感觉，像是一股暖流，
从手脚开始热起，暖到上身，玫瑰花在脸上盛开……

18 世纪的女人，
用一品脱的玫瑰，调制成“天使水”来美丽自己，
我们也应该定期在自己的身体里，种一壶热玫瑰。

玫瑰，是一缸 38℃的慰藉

埃及艳后在出航前，将船浸泡在大马士革的玫瑰中，
把香气带往整个尼罗河流域。

亚历山大大帝，喜欢在玫瑰花瓣泡满的澡堂中，
疏解他强烈的占有欲。

我在想，一个纵横这么大天地的统御者，
怎么可能会屈服在这么小小的玫瑰里，
愿意赤身在它之下？

于是我将前天收到的红玫瑰花束，在她们盛开的第三天，
在我的浴缸里，做一次有历史性的实验：

一瓣一瓣地放入热水之中，玫瑰像是红色的水莲，
一片各自成一朵，漂浮在身体之上，不必放精油，
忽近忽远的花香，就开始放松我的每一条神经……
原来，玫瑰是一缸38℃的慰藉，
慰藉紧张的野心，慰藉战斗后的疲累——
这个秘方，已经从古罗马时代开始至今，
在你我懂得享乐的浴缸中，历久弥香。

玫瑰，是最美的电影结局

在许多爱情电影中，玫瑰象征浪漫与完美。

玫瑰在两个人的感情中，不管过程多么猜疑、困难，
只要是 Happy Ending，
电影就会结束在一张铺满玫瑰花瓣的床，
或是婚礼上从天而降，缤纷飘下的玫瑰花瓣雨。

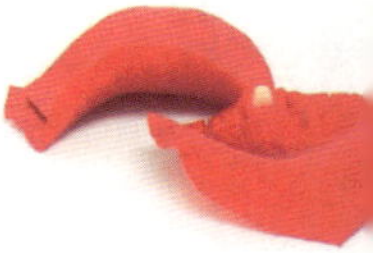

所有女主角叫 Rose 的爱情电影，
结局都是惊天动地。

玫瑰，在所有的电影导演心中，
是上帝给人类爱情最美好的礼物：

饱和的色泽，期许亚当与夏娃不褪的爱恋；
柔软的花瓣，希望情人之间层层相依，从内心到外在。

玫瑰，是电影最美的结局，
当然也是你和爱人之间心照不宣，最美的默契。

玫瑰，是顺势用柔的智慧

“地势坤，君子以厚德载物。”
在《易经》之中，坤卦六爻全阴，
象征大地，深厚包容，承育万物，气度博大，行地无疆。

我从自己的母亲身上，目睹一位成熟女性的人生智慧——
看过她如何好言好语地，安抚正在气头上的父亲；
看过她如何在教师工作上，以爱化解正在打群架的学生；
看过她如何在邻居之间，成功地调解停车纠纷；
看过她如何在子女叛逆期，
用最大的耐心陪着我们顺利地度过青春黑暗期；
看过她如何与她的同学、朋友、市场卖菜的阿婆、
需要帮助的老人、她的亲人、家人和睦相处。

她的谦卑、她的善解人意，
化解了身边一触即发的暴戾之气。
原来，逢凶化吉的能力，
不是凭运气，不是靠贵人，不是找神助，
而是要借着爱心养成的智慧，自天佑之，万事咸宁。

治大国如烹小鲜。
母性可以融化威而刚，女性的温柔可以软化核武的对峙，
和平可以解散军队，低姿态的机智可以让敌松懈，
让站在面前杀气腾腾的仇人，放下怨恨的刀。

我们看到慈济的女志工们发挥母爱的极大值，
在人们最需要安慰的时候，不吝拥抱。

女人间千年的宫廷斗争已经结束，
姐妹情谊让世界开始如沐春风。
这个社会需要有人开始种玫瑰，
开始懂得女性顺势用柔的高度政治智慧，
拥挤的人际城市，即将因为有花香而余味犹存。

玫瑰是前进的力量

21 世纪的玫瑰宣言

以前的女人被困在三寸金莲里，
一生就在来回的一条街里走完。

现在，女人穿上修长的高跟鞋，
不再走 20 世纪老奶奶的路线，
在职场上充分展现优美的行动力，
下了班就换上球鞋，到健身房做有氧运动，
并定期出国旅行看世界。
女人从深闺中走上世界的舞台，
愈走愈远，愈飞愈高。

法国第一位女太空人克洛迪·艾涅尔，
因为有个爱旅行和 Shopping 的爸爸，
从小就体认国家没有界限，人生没有设限，
未来更没有上限。
她的自觉，与强大的学习力、记忆力、意志力、耐力、

让她有足够的动力加速度冲向外太空，
以更无边无际的视野，探索浩瀚。

甘地说，未来属于女人、和平及人文。

当芭比娃娃喊出：We girls can do anything……
当独立女歌手唱着“姐姐妹妹站起来”，
当愈来愈多的女法官、女教授、女医生、女司机、女作家、
女军官、女飞行员、女太空人、女航天员、女网友
在虚拟的梦想与真实的天空翱翔，
她们已经找到了期待千年的自由自在。

未来正宽广，
请你瞬间下载玫瑰的新百年行动力，
开创一个美丽新世纪！

让手纹转向的玫瑰生命力

以前女人的命运是油麻菜籽，飘到哪落脚，
全看父母或丈夫的安排。

现在的女人有两种选择：一种是每周参考星座运势，
四处求神问卜，唯算命先生的指示是从；
另一种则是相信自己的判断，坚持自己的决定，
主宰自己的命运，择善而固执。

女人的命运掌握在自己的手上。
当你看到一个对自己、对家人、对事业、
对未来坚信不疑的女子，
她脸上自信的光彩，犹如一朵正绽放生命力的玫瑰，倾国倾城，
看她认真处理大小事而有条不紊的优雅，
随风摇曳却柔软的身段，懂得原则，
也不忘保护自己，像玫瑰坚韧有节有刺的花茎，
不轻易被环境摧折——女人的命运，
花了上千年的争取与突破，
终于从油麻菜籽长成了玫瑰。

你相信吗？当一个女人有了自己的Power，
可以让手纹转向，甚至让世界绕着她转。

在新世纪来临之际，
请提炼好你的玫瑰新力量！

雨过天晴的女玫瑰骑士

你看过女人掉眼泪吗？

不管是在家里、学校中、情感里、工作上，
只要有个风吹草动，
水做的女人止不住的决堤情绪，一发不可收拾；
但只要适时地给她一条手帕，再过几个小时去看她，
通常可以看到雨过天晴的景象：
她会擦干眼泪告诉你，她想通了，她不该为这种小事伤心；
哭得惊天动地之后，从绝境中找到了出路，
她已经知道，该怎么冷静地好好处理这件事……
然后笑笑地说她口渴了，想去喝一大杯玫瑰冰茶。

你可能会对她这一雨一晴弄迷糊了，
但也会被她起死回生、
复原并迅速再生的能力感到佩服。

以前是打胜仗的圣女贞德，
现在女人都是愈战愈勇、叱咤风云的女玫瑰骑士，
在挫折的眼泪中，自给自足所需的水分；
永远站在人群的最前线，
有背水一战的勇气。

女人的自信与魅力，风行草偃，
已经驯服了 2000 年以后的未来。

全台湾 1200 万座玫瑰发电厂

爱因斯坦的相对论里，已经被证实，
有他妻子米列娃最原始的创意和运算力。

我们都很幸运，不是活在“女子无才便是德”。
从女人可以读书识字，
可以上学，可以写作，可以深造研究，
可以从政，可以发明，

可以自己写历史……真是一部漫长的女子进化史。

现在，你可以在读经班、书店演讲厅、语言中心、才艺班、电脑课、美学教室、易理古学、心灵班、艺术戏剧院……

看到全场超过半数的女人专注学习，

求知的动力十足。

不论她们是学生、上班族、家庭主妇、女主管，

还是三个孩子的妈，

她们利用下课下班的时间、假日，

或是白天家事空隙中充电，

即使这些课不一定对她们有实质上的帮助，

但你从她们抄满满的笔记、上完课意犹未尽的讨论，

知道她们已经服下了智慧的时空胶囊，

补充了艺术胎盘素，充饱了精神电能，

并将她们生活上敏锐的观察和深刻的体验，印证课堂所学。

全台湾 1000 多万女人，

1000 多万座正在运转的玫瑰发电场。

不停止努力的你，

已经足够解决台湾的精神能源危机，

支持 2000 年以后丰足的灵魂所需。

你找到了玫瑰的神通能力吗？

一个跨国的女企业家，她把运筹帷幄的能力，
将自家的花园经营得有声有色。

一个巾帼不让须眉的女政治家，
同时也是知名的明清古董鉴赏家。

得奖无数的女广告人，打算自己裁布、
设计衣服，亲自走台并自行宣传。

有想法、持续拍片计划的女导演，
同时也是个尽责的好母亲。

笔耕不怠的女作家，平日用创意烧一桌好菜，
并自己发明食谱。

一个女电视台负责人，平日练气功打坐，
她是很用功的修行者，同时也是慈善团体的义工。

对她们而言，工作与生活都值得全心付出。

智慧不是天生的，
她们后天比别人更用心分析情势、归类事务的能力，
让她们迅速找到灵感、应变解决；
在专业上独当一面，
也很容易对其他领域触类旁通。

你考她什么谜题都会，连买奖券，
都有比别人更犀利的直觉和好运气。

她像是得天独厚的天之骄女。
其实是她能在跌倒时，
比别人更快爬起来，
在平日比别人更快看到机会而已。

不管是工作、生活，
还是业余的兴趣都精彩，
像是玫瑰，每一面看她都美。

现代的女娲不只补天，
她们还创造自己的天地。
你找到了这种美丽的神通能力吗？

女人开始“书”妆打扮——卡片书文案

认真女人的自信，让她眼前有着一面永映着微笑的镜子，
那就是全世界最美丽的风景。

认真的女人擦干眼泪，比男人更有杀出重围的勇气。

趋吉避凶的神奇第六感，是认真女人专属的机智。

认真的女人需要自由，上帝便赐给她一双：
随时可以飞翔的翅膀。

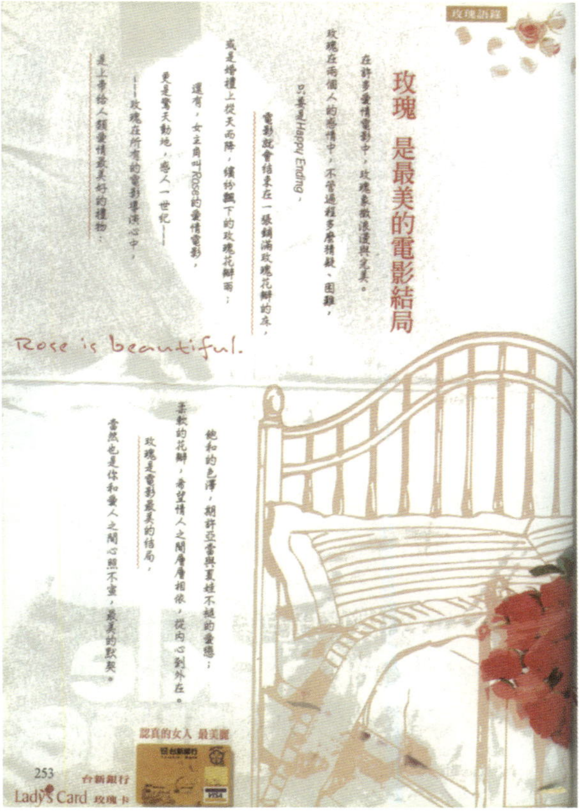
玫瑰語錄
玫瑰 是最美的電影結局
在許多愛情電影中，玫瑰象徵浪漫與完美。
玫瑰在兩個人的感情中，不管過程多麼猜疑、困難，
只要是Happy Ending，
電影就會結束在一張鋪滿玫瑰花瓣的床，
或是婚禮上從天而降，繽紛飄下的玫瑰花瓣雨；
還有，女主角叫Rose的愛情電影，
更是驚天動地，感人一世紀——
——玫瑰在所有的電影導演心中，
是上帝給人類愛情最美好的禮物；
Rose is beautiful.
飽和的色澤，期許亞當與夏娃不絕的愛戀；
柔軟的花瓣，希望情人之間層層相依，從內心到外在。
玫瑰是電影最美的結局，
當然也是你和愛人之間心照不宣，最美的默契。
認真的女人 最美麗
253
台新銀行
Lady's Card 玫瑰卡

女人6分钟护一生

女人篇

上帝给女人一天24小时＝1440分钟。

女人花了183分钟在照顾小孩或是宠物，
花了65分钟在疼爱老公或情人，
花了20分钟在修剪花草盆栽或是花园，
花了105分钟买菜、料理、做家事及处理财务，
花了480分钟在办公室努力工作、关心同事，
花了52分钟关心公婆父母兄弟姐妹，
花了25分钟热心小区事务，
花了45分钟看新闻、关心国家大事。

女人把大部分的时间都给了别人，
然后就只剩45分钟打扮自己准备出门，
剩420分钟睡觉休息。

于是，女人把上帝给她一天的时间全用完了，

却忘了留时间给自己的健康。

从现在起，

我们提醒每个忙于照顾别人的女人们，

每年空出 6 分钟给自己：

三重点 · 都关照，6 分钟，护一生

请为了爱你的人与你爱的人，

好好爱自己！

男人篇

每天全心听她说话 60 分钟。

每周贴心为她分担 6 件家事。

每月专心与她独处 60 小时。

每年用心陪她去检查 6 分钟。

三重点 · 全部都关照

6 分钟 · 爱她护一生

美丽的男人，
除了权力，他还要居高不下的魅力

——美艳的男人当权，史艳文卡全台风靡中

三宅一生说，未来的男人开始在意自己的长相，
并开始上淡妆。
越来越美的男人，除了权力，他更想要居高不下的魅力：
白天精通职场兵家的各门阵法，
以义气结识各方的英雄豪杰，
允文允武，不拘招式，
应变之快，随时自创剑法，迅速执掌大局；
晚上则风采四射，气质倾倒众生，
温柔横扫武林，魅力万教归顺。

长发或长袍都是权力的延伸，
身为性幻想排行第一，比富豪排行榜更令他兴奋；
史艳文的力与美、刚与柔并济的新美男子特质，
在 2000 年的街道上开始感染了起来……

诚泰银行史艳文卡，

处处展现你最绝美的性格。

云林布袋戏馆的史艳文戏偶

摄影：Outlookxp，来源：维基百科

聪明的女人，
不只美丽，还要驾驭自如的超能力

——女侠转世，女神龙卡席卷江湖

女娲开天辟地，圣女贞德带兵打仗，
观音有求必应，武媚娘母仪天下。

天赋女权，超能力与生俱来，
一身武功的女侠，在 2000 龙年一一现身。

智慧无所不能，美丽法力无边——
女会计师以紫微了解自己，以占卜推算明天；
精于剑道的女大厨，刀功与火候一样高段；
阴柔统御的女总裁，以轻功日理万机；
有电玩性格的美少女战士，在网络上匿名为女神龙。

聪明的女人，懂得运用美丽的第六感以柔克刚，
带翼的天使或是善良的女巫，
不约而同地以超能力驾驭一切，扭转乾坤。

诚泰银行女神龙卡，

让你瞬间下载善意的法力，让生活更游刃有余。

云林布袋戏馆的苦海女神龙戏偶
摄影：Outlookxp，来源：维基百科

镜头下每一个仪式细节，都在以爱创世纪

宇宙原为混沌空虚，神说要有光，然后就有了光，
然后创出了空气、海、大地、蔬果、
飞禽鱼类走兽、节令、年岁、众星，
还有一男一女。
整个神圣的创造过程都被记录下来，
流传至今。

接下来，这一男一女继续以爱繁衍奇迹，
选一个特定的时空，举行他们的结婚仪典：
初识激爱的光谱、热恋甜蜜的色温、双入双出的剪影、
专情彼此的焦距、互许誓言的快门、简单生活的景深，
这是一场罗兰·巴特恋人絮杯的婚宴，
每一个仪式细节，都在创世纪。

接着，在两人的居所，
开始创造属于他们的阳光、空气、花和水，
或许有了孩子，或许有了盆栽、宠物、鱼缸，

他们从此有了自己的喜好、自己的生态、
自己的纪元、自己的编年史、自己的节令年岁，
有了共同的家族血源、奋斗目标、爱与生命话题。

在两人重要的创造历程上，需要一位如神视野般的导演，
近距离陪着一起写下这独一无二、令人惊叹的所有发生，
需要一个对人洞察入微的摄影师，
以深邃的镜头，纪录正在以爱繁衍的美丽历史。

部落格上知名的宝宝摄影师：熊

曾任视觉设计、动画分镜、音乐 MV 动画编辑、
多媒体制作、导演，
他曾拍过 1000 多个宝宝，
你很难找到，比他更懂得生命原始感动的摄影师。

D

影音·故事·有情节的感官

环境骤变，人心瞬变，

站在版块流变的当口，

我们迫切需要一个新视代。

长出新的脐带，与大地重新联结，

向各维度汇取得新的滋养，

于是我们有了宏观的思维，微观的官能，

复眼的世界，生命因此衍生出了多元的吐纳系统，

深耕的足，无羁的翼，行动出纵深宽阔的疆域。

基因排序已重组，

新视代的柏拉图、达·芬奇、米开朗基罗、泰戈尔已经诞生，

整个世界因此换了面貌。

等一个爱人，要花多少时间

我们总在很不小心的时候，掉了最重要的情人，
之后得花好几十年的思念找她，
然后一起死或一起老。

这是发生在上海苏州河的爱情故事。
情节路径复杂，借着一个在记忆中走失久的美人鱼，
在上海的街弄河畔，谈机遇、命运、忠贞、永恒、
生死与相不相信的问题。

凡于 2000 年 12 月 9 日起，
到戏院购买《苏州河》电影票两张，
就送你这个世纪最末珍贵量产的爱情沙漏一只，
让你计算等一个爱人，要花多少时间。

My Story 故事影片制作，是倾听您生命的纪实团队

当您愿意分享，生命就开始有了不一样的意义。
My Story，以科技记录真实人性，以最有创意的视点，保存您的故事。
当您愿意把自己的真诚交付在镜头前，
爱就有了声音，
有了影像，有了分享，有了流动，有了永恒。
无论是您的家族史诗、事业长卷、情感故事、孩子成长日记、个人传记轶事……
My Story，倾听您的需要，为您创意编剧、精彩纪实，以专业完成您的生活电影。

当您愿意托付，
我们将为您安排最动人的追忆之旅：
在回溯中审视惊喜，在旅程中采集丰收，

在一个章节的结束后，留存一段动人的影像故事，
我们希望，生命最美的一切，
都应该被百分百地留下画面、声音、笑、泪
与感动的每个细节，
当您想要再回到过去那个片刻时，
就有真实的场景可以再次体验。
也向未来留下永恒分享的版本。

当拍摄工作完成，My Story亦会精心地将您的纪录影片，
以独特的方式包装完好，无论您需要分赠亲友，
或是上传网络给在远方的家人分享，
My Story都会做到令您惊叹不已的摄后服务。

此外，亦可针对您的需求，为您在My Story保密库里，
严密保存这份珍贵的备份；
从此，您就有一个最安全、最值得您信赖的记忆宝库，
百年收藏着您的网络企业史、网络罗曼史、
网络家族史、网络成长史，

因为我们的用心参与，在镜头中融入好的聆听质量，
让您的生命有了不一样的悸动，
有了与其他人重新联结与感动，
您将拥有全新的动力，开启新的旅程。

My Story ＝ Discover+Biography+Anthropology
一个结合日、港、台技术精英的故事制作团队，
期待与您不凡的生命，共创一场精彩的影像旅程！

My Story，正式邀请您担任我们的故事制作人！

时间每分每秒地流逝，但所有美好的爱与相聚，
我们都要百分百地都留下来！
——My Story，第一时间记录你生命感动的团队，
即将上线！

一生一故事，一团队全程伴随的生命记录：
因为时间不留情，带走了我们生命中部分的人、事、物……
没有记录，岁月会消磁你的细节，
只剩下越来越模糊的记忆。

每一个生命都是唯一的，都有独特的价值，

这也就是为什么每个改编自真实故事的电影最感人。

一个人一生就这么一个故事，一百个人就有一百个故事，

即使主角走了，故事还继续流传着、感动着越来越多的人。

你是自己生命的导演、自己生命的制片、

自己生命的演员，也是自己生命的观众，

缺的只是专业的生命记录团队，

协助你把点滴的感动，真实地记录下来。

这就是我们成立“My Story——生命记录团队”的原因。

我们将以Discovery的态度，尽可能地努力补遗过去，

记录当下，追踪未来……

有了审视与分享，您生活的意义将开始不同。

如果你的作品还没进 CNEX，表示你还没被全世界看到！

下一秒，永远像负片一样未开发，
可以去活，可以去死，只要我们愿意去谈它。

时代跑在前方，和无尽的求知欲一样大，
所有人在运镜中穿越理想的蓝图，
每一片刻，都被锐利的镜头瞬间化为历史，
留在我们身后的采集篮里。

把人性投射在大屏幕的冲动，对永恒几乎绝望般的渴望，
所有因人而起的傲慢与抒情，镜头都将从这里进入。

原始竟是如此的美好，手上的这卷影片，就是证据。

协和客机把整个大西洋都删除了，
CNEX 却恢复了整片太平洋，
以原创性最高的初生影像，重新联结全亚洲的华人，

精神与物质、东方与西方、城市与乡村、

男人与女人、老人与小孩、富人与穷人，

都有了端详彼此、剧烈交换生命视点的沟通平台。

所有尚未被记录，但终被瞩目的人，

所有尚未被看到，但已经发生的事，

都会被 CNEX 找到。

如果你的作品还没进CNEX，表示你还没被全世界看到！

这是主题式的影像实验室，也是进行式的对话殿堂，

每一寸思维，都在时序中留下了探索的轨迹，

每一笔梦想，都在空旷处留下了自由的涂鸦，

每一部影像，都在发言台留下了精彩的表达，

每一种文化，都在屏幕中留下了的经典例证。

全球视野，在地行动，

Connecting Next，Collecting Next，Creating Next，

新鲜的人类图像文件史正在募集，

CNEX，已经诞生：www.cnex.org.cn

开眼·见钱

“开眼·见钱”为CNEX提供的影展主题

谁给钱？谁收钱？谁有钱？谁没钱？

谁存钱？谁花钱？谁捐钱？谁骗钱？谁分钱？谁抢钱？

钱不只是人与人之间财富的流通工具，

也是权力的交换、爱情的承诺、美丽的资本、自由的代价、

幸福的指数、成败的关键、自尊的强弱、未来的保证。

钱在凡尘里流通，就像血液在身体里流动，

顺畅就能神气活现，阻塞了就百病丛生。

所有悲欢离合的起因都不在金钱本身，

而是人对于钱的贪舍态度。

20年之间，钱的来源从“省来的”“赚来的”到“借来的”，

财富的用途从“用来存的”“用来还的”到“用来花的”。

钱因人心的明暗，

辐射出“创意多产的富足天堂”与“纸醉金迷的欲望深渊”，

交织成形形色色的人生百态。

赚钱，为了何人？花钱，为了何物？

缺钱，又是为了何事？

2007 年让我们一起向“$”看，

以文字、图片、影像、论述，

思考钱的价值、观察钱的曲线、追踪钱的流向、

目击钱的事件、记录钱的传奇……

CNEX 正在记录，每分每秒值得大口活的日子，

CNEX 正在找，让全球华人在沙发上同时感动的力量！

抵达新意境的心灵，绝不会再退回到原先的视野

这是优秀视觉带领您与您的顾客们，一路挑战最高美学的野心！

www.ushowdesign.com

视野 Vision

黛安·艾克曼（Diane Ackerman）曾说：树木引导我们的视线，从大地到天空，联结生命细节与无际穹苍——优秀视觉正是那个向上延伸的视野，我们提供了广远变焦镜头，让您从现有的品牌帝国，带领着您的观众，望向满天星系的浩瀚壮丽！

敏锐 Sense

嗅觉是一种独特的天赋，能辨别每一杯牛乳的情绪，每一瓶葡萄酒的年份，每一壶咖啡的土地，每一幅画的气候……优秀视觉有一种独特的嗅觉，能在流行形成之前，先闻到风的意愿、浪的动向，以敏捷追上敏锐，一群创造时尚的始作俑者，正在以镜头、图像与文档，制造下一波话题，以初生之犊不畏虎的气势，撼动着眼前的世界！

精工 Art

触觉，介于我们与世界之间，是最古老也是最恒久的官能。优秀视觉手工打造品牌细节，以环保且独特的创意质材，为您的愿景精工创世纪：一条新的天际线自平地升起，您的企业名字，已经是这个时代的美学新指标！

对流 Convect

莫勒夫妇（Daphne & Charles Maurer）描述新生婴儿：他的世界在他闻起来，就像我们所闻到的气味那样……他的世界是强烈芳香的混战。优秀视觉以二度、三度空间的设计魅力，创建出人与人之间越来越盛情的对流氛围——我们不仅在形成气流，也在主导一种大规模的感染，在一张有魔力的 DM 折页间，在一间数平方米大的 Show Room 风暴里！

让我们持续在灵魂层面上，高速笔谈！

你怀里的手机，

是我以爱与思念

守护你的精神随扈。

对着手机边走边写，

24 小时卿卿如晤，

招供般地发短信给你，

随时随地进行我们的马路文学。

以感动淬炼出香醇隽永的短句，

复兴五四时代

徐志摩短如诗浓如酒的灵魂极短篇。

让我的文字

追上你移动的速度，

让我们持续在灵魂层面上

高速笔谈：

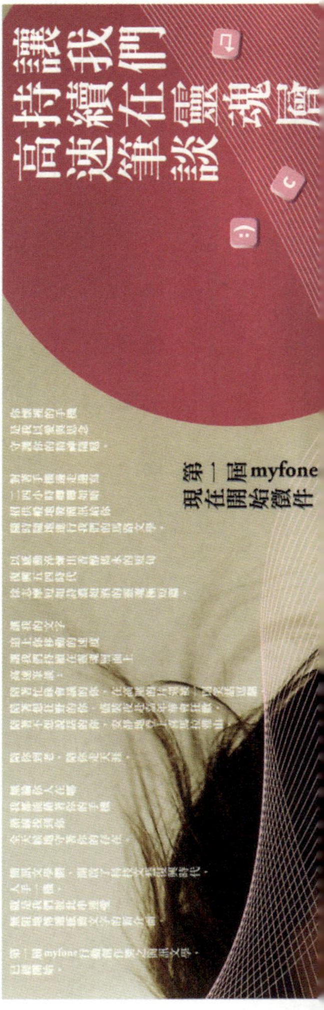

陪着忙碌会议的你，在高压的片刻被一则笑话逗开心，
陪着想狂野的你，盛装夜赴嘉年华会狂欢，
陪着不想说话的你，安静地登上喜马拉雅山。

陪你到老，陪你走天涯。

听不到你，看不到你，
于是我们以文字来做无声的同步心电感应。
无论你人在哪，
我都能借着你的手机
循线找到你，
全天候地守着你的存在。

短信文学体，开启了科技文艺复兴时代。
人手一机，
就是我们彼此串联爱，
无阻地传递感动文字的新界面。

第一届诚品 · 台湾大哥大 myfone 行动创作奖，
已经开始。

让我们持续在感官层面上，互相聆听！

我们之所以真正幸福，
是因为只要一思念，
就可以随时随地
聆听到彼此。

你的忧伤、你的独语、你的秘密、你的渴求、
你的愿望、你的兴奋、你的甜蜜、你的感动，
我都能透过手机直播频道，
听到你
可说与不可说的
心情现场。

当这个世界只剩下声音，
我们就拥有了
视觉的最大想象力：
想象你的爱，你的歌声，
在海边、

在海王星、
或是在海鲜餐厅，
都可以成立。

于是我有了：
把你的声音，
放在宇宙任何一角的最大特权。

第一届诚品·台湾大哥大 myfone 原创歌曲铃声创作奖，
让你的声音不再寂寞，
让所有的人于各自所在的场景，
想象你，听见你！

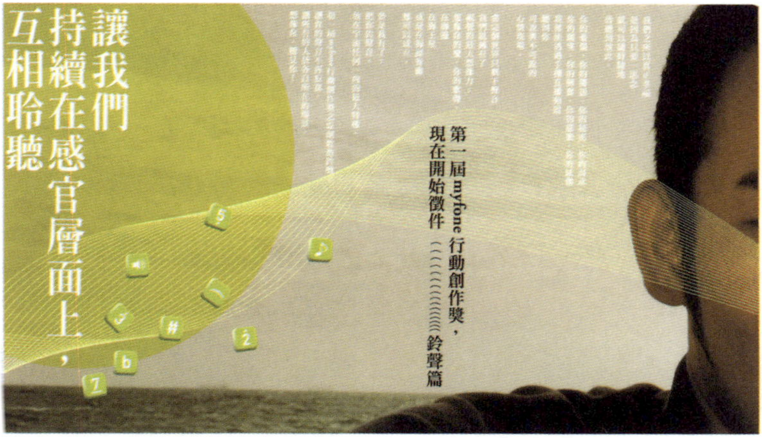

穿越时空的爱，比历史更久，比诗更浓

几世以来，我对你的爱未曾改变，
以前一笔一画地着墨我的挂心，
把思念透进纸的岁月底。
奔驰千里，经过数日数月，
你才收到我要你吃饱穿暖的叨叨絮絮。

现在的爱可以很即时，没有时差，
每一分秒的思念，化成一整幕动心的字句，
耳边的细语从此不必经过第三人，
以光速抵达，比飞鸽传书快，
只比心电感应慢几秒。

我的爱不害怕表白，
说不出口的，都以手比照心跳的震动传给你，
无论你的样貌、心情、所在位置如何变幻无常，
只要你的号码不变，我的文字就可以穿越时空疆野，
认出你正在阅读的脸。

第三届台哥大 myfone 行动创作奖

在整个地球上空征寻情书、家书、与所有人共鸣的铃声，

无论你想表达自古以来多少世、多么深的情事，

请一律在公元 2009 年 7 月 20 日午夜 12 时之前上传，

所有人将见证你永恒的爱，比历史更久，比诗更浓。

2011 年，以手机传诵我们的巅峰盛世！

你的人生将到达一段：
截至目前最璀璨的高峰，
2011 年就是！

在每个歧异点上创造出你真正想要的命运高峰、
你的个人奥运会，
并与你所创造的一切合一。
你需要采用短信体，
呼吸、思考、走路、工作、吃饭、聊天、度假、
阅读、观察世界、写字、哼唱、写诗、说故事、
与所爱的人相处……
做自己命运的冒险家、感动采集者、爱与幸福的记录员，
以笔记、情书、家书的形式，
记录命运瞬间的峰回路转、两人之间的柳暗花明，
以及家人精心安排最值得回忆的美好旅程……
此刻的你就已与前一秒的你截然不同，

所有的惊喜转折点，

在你的手机上将成为最新鲜的史料。

当我们每个人都顺利登上了制高点，

站上了至今以来的最高海拔，

我们就能在各自的顶峰上，

看到更恢宏广大的版图；

在云端上同时目睹并书写下：

永恒！

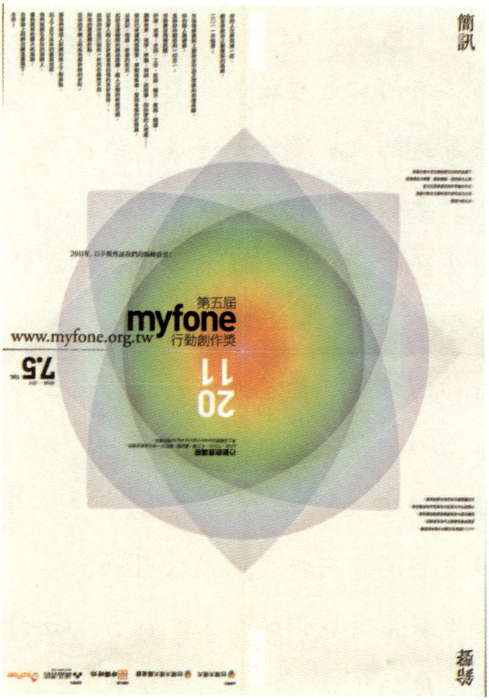

从你开始书情 2012 的那一天起
爱就超越了现实，变成诗！

公元前 3113 年古玛雅人

预见公元 2012 年 12 月 21 日冬至日

太阳将与银河系中心对齐成一直线

这是两万六千年才会有一次的难得宇宙奇观

也是古玛雅历新旧大周期历史的交接点！

就在地球与银河的心最接近的此刻

我们以爱与身边的人更紧密地连成一线：

我在远方，只要你想到我，我就在近处

我的爱认得你的眼，就像你从人群中认得我的笑容

想望见整个宇宙不必抬头，

凝视我传给你的讯息，你就能看到我的全世界！

2012 是周期的交替，

也是我们以文字影音交换爱的最佳时刻，

梦想在光纤里联系着我们的未来，虚拟了我们的关系，

只要一封有温度的讯息，就能紧抱彼此。

从你开始书情2012的那一天起，爱就超越了现实，变成诗，
1.5KB的感动记事、8.8MB的浓蜜情史、
2.8GB给地球的爱……
都在文学的经典屏幕中，永恒保鲜到下一个两万六千年！

2013，你梦想纯度最高的这一天！

如果说2012是毛毛虫的末日，那么2013就是蝴蝶的新生！

Marilyn Ferguson 说：进化不是逐渐添加东西，
进化是真正的转变，是基本结构的重组，
如果骨头的结构没有跟着改变，那么翅膀一点用处也没有。

不要用旧思维、旧结构，日复一日重复昨天的轨迹，
每一天都是全新的机会，可以重新看待自己、
重新对待自己所爱的人，
每一天都是一次清醒重生、灵魂骨架重组的过程，
你做的每一个新决定，就是跳进新生活版本的起点。

你怎么过今天，就怎么过一生！
你用什么态度过今天，就会决定这一天的版本与结果，
一天下来就天差地北，甚至有的人、有的国家，
就因为这一天而翻转了整个命运——

从你今天拿起手机写的第一个字、说的第一句话、
记录的第一段影片……
就与昨天的你彻底不同，与众不同。
主宰自己的生命演化，活出此生最美好的一日版本，
今天就会是蜕蛹张翅最关键的一天！

春天的第一口气息，是从一朵花开始的，
让我们从自己的这朵花，开启我们的新世界。
用铃声召唤大家，以短信串联爱，
拍影片触动每一个人觉醒，
我们就是主笔自己未来命运的作家、
编导未来更美好的创世纪导演。
第七届台哥大行动创作奖，现在已经开始记录：
你梦想纯度最高的这一天！

天赋创作欲，就是我们分享的行动力！

生命从未停止变动，每一次呼吸
每一个步伐，每一回起心与动念
决定与行动都是崭新的

智能型手机已经将我们的生活
革命成一个全新的纪元
改变了我们的语言形式
蜕换了我们的沟通内容
酿成了我们新艺术潮流

手上的手机就是我们第一线的发言讲台
情话密室、密友帮团、协商场域、导演镜头
也是我们新图腾的原创洞穴

我们以科技向上天取回了演化主权
成功兴起了一个新文明

每个血气方刚的年轻人，都能随心所欲高速创作出

接下来一切无法预期的惊喜

一针见血地传递着前所未有的时代价值观

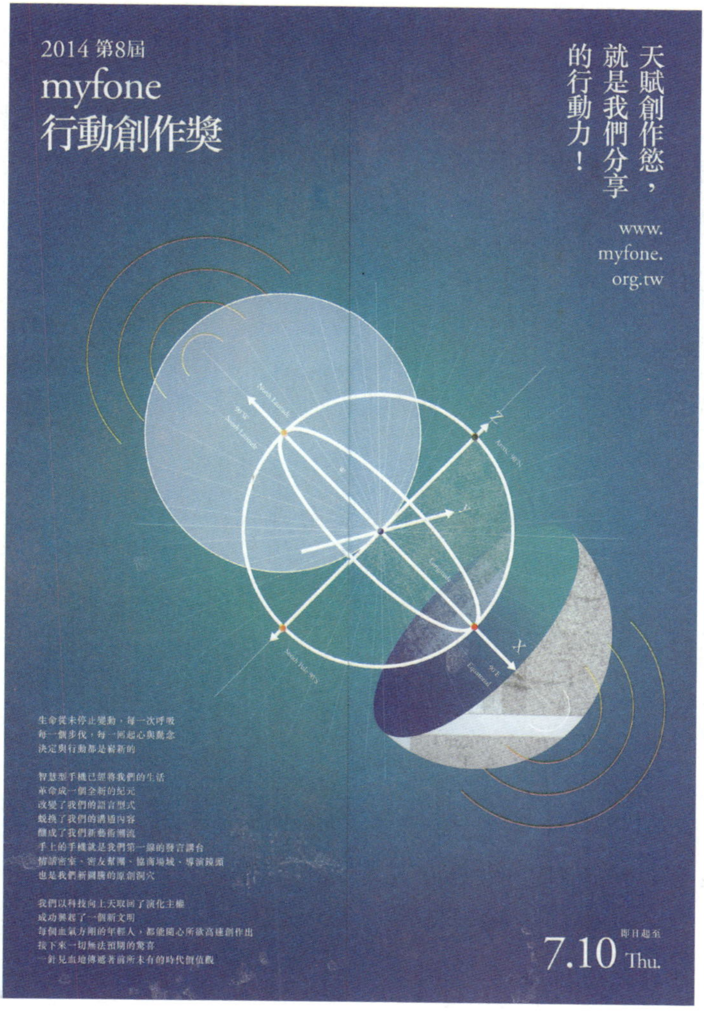

心・科技

科技随心所欲，创意无所不能！

第九届 myfone 行动创作奖，向全天下网征心科技影音图文杰作！

数位，

让能跨界的人无所不在。

科技，

让有创意的人无所不能。

文化，

让有故事的人无所不谈。

这是人类有史以来最超能的黄金时代：

借想象力创造自世界

以科技繁衍多重宇宙

传字、传图、传声、也传心

传影像、传故事、也传温度

每一个人都在独特的天命中创造惊喜，

在自己的天赋中绽开出多层次的花瓣！

第九届 myfone 行动创作奖

正在创造一个分秒鲜活的心科技影音创作平台

向全天下网征有创意、有生命、

有温度的短信、铃声、贴图及微电影

欢迎你，你也在其中！

你的私人史，
自 2007 年起将被正式纳入
浩瀚永存的数位文化史中！

生命悠长，但记忆只容许片刻留存，
此时此刻，
让我们相约 2007 年 7 月 21 日 00：00 止，
为精彩的前半生暂做总结。

让我们端详彼此曾发生过的：
心念的反差、情绪的光谱、故事的色温、感动的景深、
知识的轮廓、智慧的角度、梦想的焦距、创意的快门，
以五张明信片大小的窗口，
向全世界展现你生命中截至目前
最独特惊艳的五间 SHOW ROOM。

这是一场自科技盛世以来，
最大规模的灵魂盛会：

你还没说出、尚未被浏览的心路历程，
将会找到千万人一同调频追随；
你的私人史，
将被正式纳入浩瀚的数位文化史中，
广传永存。

明基真善美奖：
2007 数位感动创意大赛
我们要未来无尽的数位文明，
自每个人真实的灵魂私领地中出土；
数位文学史与美学史，
从你这件图文作品开始立下标杆！

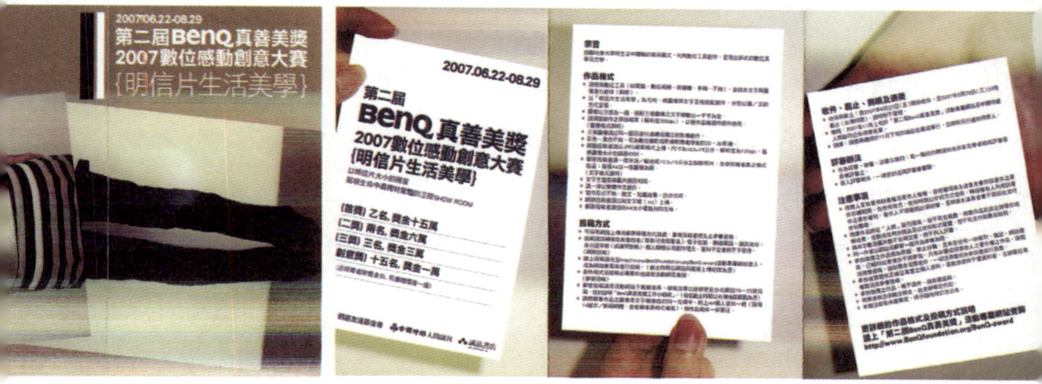

记忆纪元

想要以后能想起来的事，
就写下来吧。

想要以后忘不掉的人，
就拍下来吧。

未来想忆，现在就记。

旅程此刻还在颠簸，但总有一天会远离颠倒梦想，
现在行进中的日月寒暑，全拍下来，
明天再参。

情绪此刻还在沉浮，但总有一天会上岸观浪自在，
今天想不通的爱恨情仇，全写下来，
明天再悟。

记录下来的兴衰都是永恒经典，
与时间无关，
全都沉淀在你的生命岩积层里，
能再挖掘出来的，
不是痛苦早已被风干的化石，
就是智慧光芒极耀眼的晶钻。

为了不让记忆被时间冲逝，
现在开始记载。

今天是我们以图文写历史的
“记，忆”纪元。

每一段发声，就是一次物种演化

Meredith Monk 自体发声。

Meredith Monk 极致发声。

Meredith Monk 终极发声。

Meredith Monk 掷音有声。

人声试验独步剧场 Meredith Monk
首度来台，每一段发声，
就是一次物种的演化，
就是一个民族的兴亡，
就是一天世界运转的能量。

唯一完全传达人类精神状态的表演，
没有乐器可以完全模拟的声音境界，
只有 Meredith Monk。

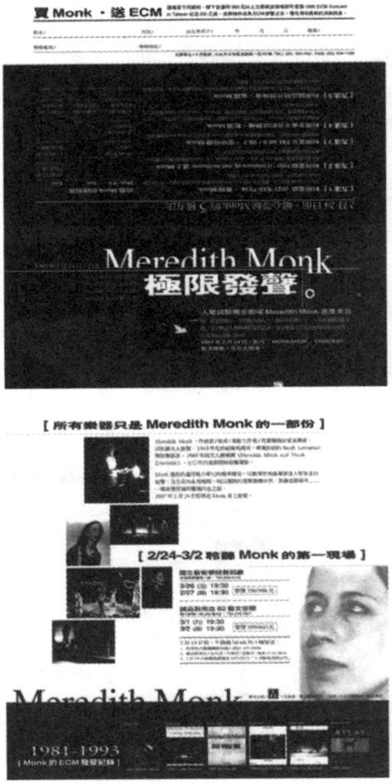

1997 年 2 月 24 日

影片、WORKSHOP、CONCERT

首次发声，在台北现场。

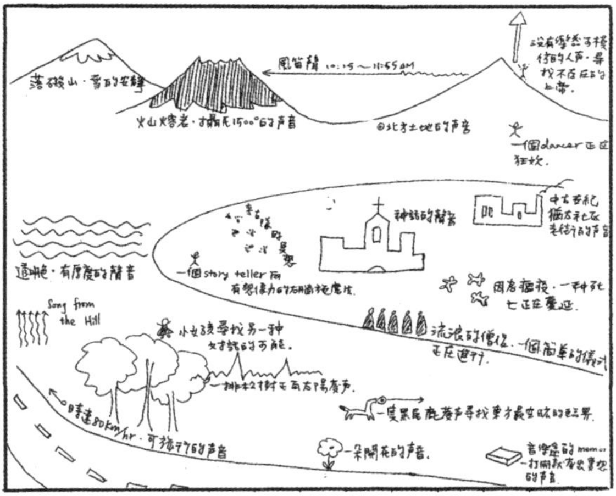

Meredith Monk发声版图

人类听觉所达的极大音环境

认识 Monk，就在动笔写 Monk 的那一天。

一个晚上看完了 Monk 的影片，听完 Monk 的声音，

就画了这张图。

后来因病，在 Monk 现场演唱会当天缺席，

门票据说是全数卖完了，

谢谢 Monk。

以世界最轻的声音载你一程

波德莱尔的一行诗，是衡量灵魂重量的尺度。
但丁将消失的时光再现情绪，以神曲重获时间。
博尔赫斯是一个简单的宇宙，Ketil Bjornstad 也是。

灵感来自诗的一小时音乐工程。

一根游丝，即是一次无法预言的即兴创作，
四面皆空的安静变奏，Ketil Bjornstad 的琴书，
决定以世界最轻的声音，载你一程。

关于作曲家凯特·毕卓斯坦 Ketil Bjornstad

1953 年出生的凯特·毕卓斯坦，曾经与当今最具才华的北欧指挥家马里斯·杨颂斯，在奥斯陆爱乐共事，也曾被视为挪威当地《巴尔托克第三号钢琴协奏曲》的最佳诠释者之一。“夏天作曲，冬天写诗”的凯特，以其独特静谧的弹奏风格，投身于即兴音乐领域，并成为 ECM 的代表性钢琴演奏者。

卡尔维诺《给下一轮太平盛世的备忘录》提供下一个千年的文学视野

奥斯陆钢琴诗人 Ketil Bjornstad 的 Pianology，
则是音乐形式的版本：

轻

向欲望借翅，以米兰·昆德拉的轻盈，用声音的浮力，
跃过高重力的城市。

快

以托马斯的快板，用世界上最好的音乐载你一程。

准

波德莱尔的一行诗，
一如古埃及人以一根羽毛作为天平上的砝码，
是用来衡量灵魂重量的终极尺度。

显

但丁将消失的时光再显情绪，以神曲重获时间。

繁

博尔赫斯是一个简单的宇宙，Ketil Bjornstad 也是。

请以 50 分贝的精神专心聆听，

Ketil Bjornstad 将带你直抵伊塔洛·卡尔维诺的国界边缘，

直到下一个世纪来临。

凱特爾·畢卓史坦
Ketil Bjornstad

E

梦想·科技·数位艺术

地球万事万物，在天堂都有理想的版本，

其重要性并不在于它们是否真实存在，

而在于我们无瑕的追求。

——柏拉图

用想象力帮自己在难以适应的现实社会中，

不停地在网络世界中找出口，

就像走失在百年无人的大宫殿中，

发现一个个可以自得其乐、

梦想版图无限蔓延的微宇宙。

想象力永远走得比文明快，

没有想象力，

网络也无法带着你无远弗届。

知识已经无法放进一张地图，所以我们给你一个网址：www.eslitebooks.com

诚品12年，诚品全球网络元年。3月6日周年庆暨发表酒会。全面狂欢庆生中。

新世纪与旧世纪的差别，
不是在12月31日那天倒数跨世纪、
然后烟火欢乐的几秒钟，
而是我们在此刻，真的看到了一个新天际，
一个以无限的想象力、有心的人力建构而成的知识星系，
在这个梦想滞销的危机时刻，找到我们继续坚持的理由。

一本写了多年的书，等不及大家坐下来好好看，
好好地讨论，然后就下市了。
很多作家都在写着没人会打开的书。
这是一个生产知识却不懂得珍存知识、
信息过剩却是灵魂极饥荒的年代，
我们还在创造转机，试图帮这个城市找到奇迹。

诚品在 12 年前，创建一个有启发性的舒适阅读空间，
像一个温暖的图书馆，把人留在书边久一点。
然后她变成一家你 24 小时都可以来看书、看人，
或是来阅读正在看书的人的地方。
地上留着无数条移动的足迹，书有了活络的移动，
所有书与人相处的话语经验，
所有你与这个城市独处或相约的点滴，
我们在 12 年后的今天，
想和你一起来交换记忆与梦想。

12 是生肖，是星座，是人类分类的大全，
12 是一个婴儿到了上国中的年龄，
时针回到原点，诚品走了一轮，
文明已经开始了 12 年，理想也坚持了 12 年。
现在我们建立了诚品全球网络，
以不死的求知欲，进入知识的全盛期。

新世纪的第一次生日，诚品心喜地交出努力的成绩，
我们不相信眼见为真的期望会消失，
也不相信网络已经泡沫无形，

因为梦想这件事是诚品做的，所以意义就不同。

只要愚公的信心不移，没有人可以阻挡一座山的前进。

诚品书店 12 岁，诚品网络诞生元年，

虚拟与实体书店同时完满一个爱书人的日夜梦想，

我们还有再坚持一个世纪的理由。

全网创世纪 www.eslitebooks.com

我们在有限的书店空间中无法完成的梦想，
我们将在诚品网络的虚拟世界里实现。

——诚品全球网络创办人吴清友

公元前3世纪，埃及亚历山大图书馆，
在港口拦截并——誊收往来船上的所有卷轴，
收藏了十万卷，全世界所有的书。

中世纪的欧洲修道院，
为了古希伯来经文卷轴在书架上，
应该直放还是横放争论了上百年。

书与书架互成垂直、然后层层架构如网的野心，
满足了人的求知欲，却放不下书店有限的藏书空间，
所以我们得找一个地方，
一个既深且广，时间与空间不设限的知识矿藏处，
自由Hyperlink你的出口，以光学阅读一本书的永恒价值，
带着所有不满足的灵魂，找到所有思想的智产不用饥荒，
不让任何一本心血数年的作品，
在商业的高度夹缝中瞬间消失。

21 世纪之初，
科技继承了亚历山大图书馆收藏、
并让全世界知识各得其所的野心，
所以我们成立了诚品全球网络。

没有什么事物能活得比书久。
就像 Henry Petroski 说：书架的用途是书决定的。
在这个世纪，诚品决定用这种方式收藏更多的书与文明：
我们找到了可以放无限本书的空间，
而且正在努力让她富足。
半夜无助时，你可以在这里找到哈利·波特的最新冒险；
白天困顿时，在办公室的电脑桌上就能找到荣格的灵魂出口。

我们将要找齐，千年以来人类已产生出的灵思与自然的启示，
然后用创意的、有主题的观点分类，
辅以深度评论、延伸资料，
建构一个有趣的知识系谱，让你在大规模的搜寻路径中，
享受触类旁通遇见一本好书的惊喜。

这将是一个在你眼前的国家图书馆、
万神殿、藏经阁、读书市集，
也是你的私人书房、独处修道院、
心得告解室、创作室、社群交流沙龙，
和一间自我取阅的享乐室。

William Ewart Gladstone 说：
在一个摆满书的地方，没有人会感到孤单。
诚品书店 12 岁成年礼 VS 全网元年初生礼
虚实满足你意识与潜意识的读书欲。

知识已经无法放进一张地图，所以我们给你一个网址：
www.eslitebooks.com

一位变数位，艺术家变e术家

一位变数位，艺术家变e术家。
高感度的科技改变创意的路径，
创作不再孤独，e术家借着电脑瞬间红遍全球。

梦想大兴土木，科技打造艺术全盛期。
我们需要21世纪的达·芬奇，
数位思考的米开朗基罗，擅用电脑绘图的莫奈，
成立影像商用银行的毕加索，
会开宇宙飞船的哥白尼，熟练虚拟实境的莎士比亚……
才华转成财富，艺术现金增资，
让所有的发明家、探险家、艺术家、作家
用电脑科技脱离三餐不继，
以想象力虚拟一个更美好的世纪。

千禧年第一波大规模的文艺复兴，从2000数位艺术纪开始。

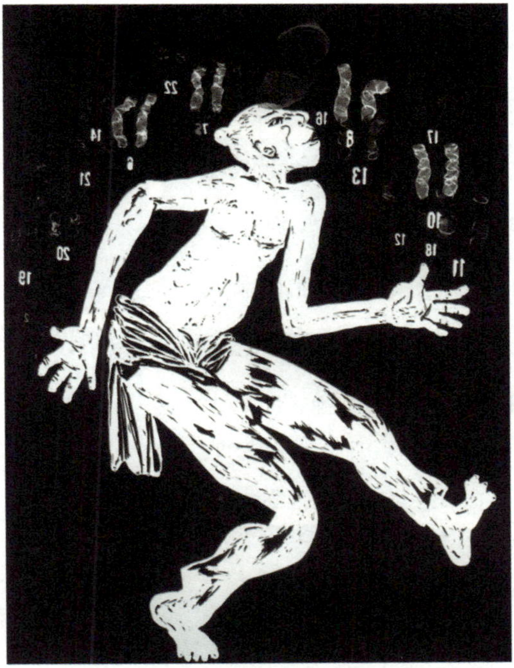

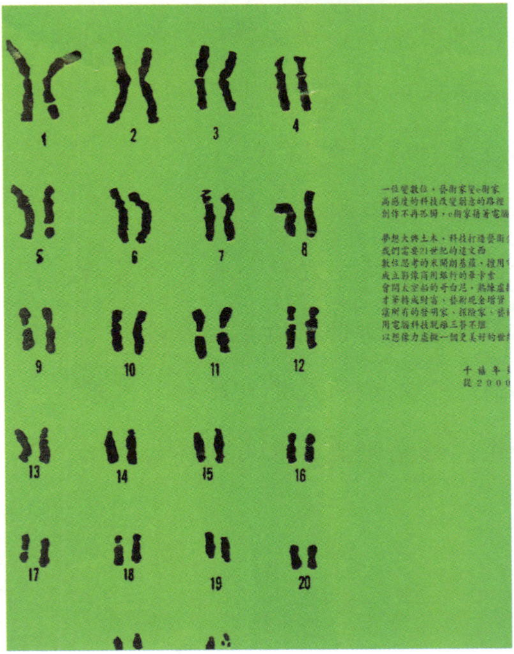
1 2 3 4
5 6 7 8
9 10 11 12
13 14 15 16
17 18 19 20
一夜變數位，藝術家變e術家
高感度的科技改變創意的路徑
創作不再孤獨，e術家藉著電腦
夢想大興土木，科技打造藝術
我們需要21世紀的達文西
數位思考的米開朗基羅，擅用
成立影像商用銀行的畢卡索
會開太空船的哥白尼，熟練虛
才華轉成財富，藝術現金增資
讓所有的發明家、探險家、藝
用電腦科技脫離三餐不繼
以想像力虛擬一個更美好的世
千禧年
提2000

wwwelcome to the ArtFuture

欢迎光临，数位艺术纪

2000 年 11 月 17 至 27 日，台北新光三越信义店六楼文化会馆，

我们准备占地 576 坪的艺术苏活空间，在 25℃的温度下，

用高科技锻炼你的数位性感带。

在秋冬之际，在新旧世纪之际，

在科技与艺术之际，

我们找到一条和平双享的时空交界，

不要定义，没有派系，享受模糊，不计过往，

当我们同在未来的倒数计时，

就一起不负责任地狂欢 11 天。

风头仍健的科技，决定在这个世纪的最后，

向艺术学习伸展到新世纪的柔软身段；

艺术也想通了“孤独的人是可耻的”道理，

与科技和谈，结党同盟，改用鼠标创世纪。

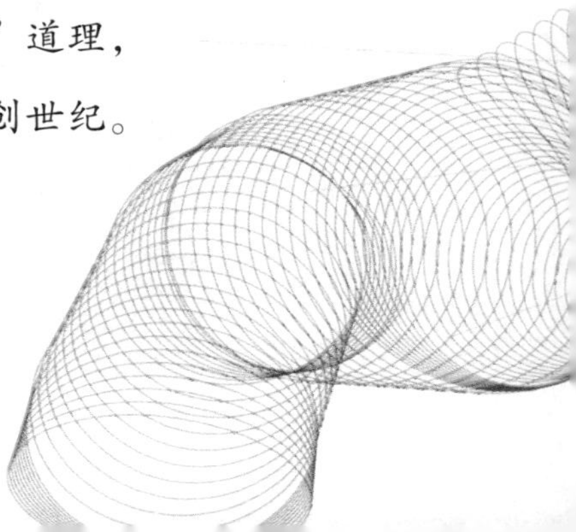

在数位艺术诞生之际，我们发动大规模的数位艺术纪，
让艺术家和科学家牵手开派对，
上个世纪的人，与 e 世纪的人一起发疯飙世界：

从欧洲一路开过来的四线道终极车阵，
让身体在电脑的攻击中玩躲避球；
远从欧美而来的数位艺术馆长和专家，
他们要和你约在 11 月 15 日碰个面聊聊天；
此外，我们将公布首届数位艺术大赛得奖名单，
让你知道，哪些人把这笔 100 万瓜分光。

还有十多部影片、四场座谈，让你在 11 天的科技高氧中，
吸收最高单位的数位艺术养分。

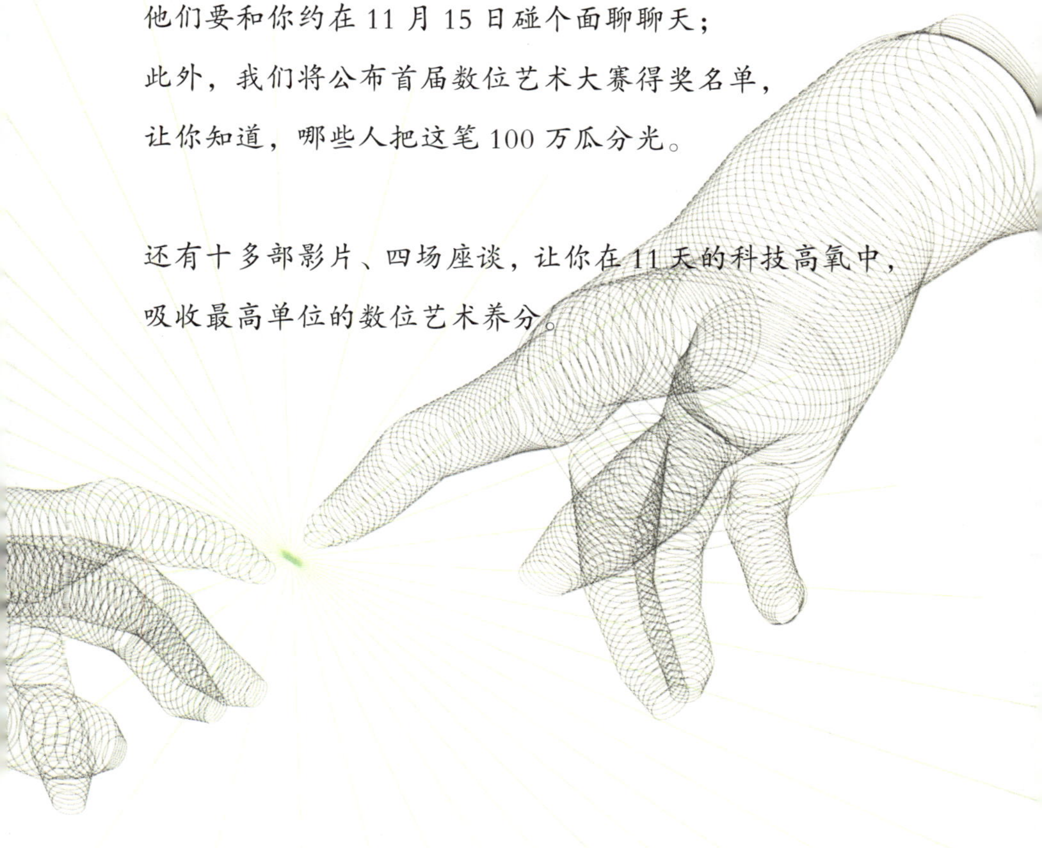

主题馆——终极车阵，超速快感

这个名为 Intersection 的作品，是欧洲创作者 Don Ritter，精心制作的大型互动性声音装置。

你可能有玩过碰碰车，但你一定没像电影狂奔的男主角一样，在高速的车阵中玩闪躲的游戏。

现在 Don Ritter 把车阵开来台北，让你现场体验在四线道里夺命追杀的超速快感！

体验区——数位感官，艺术感性

8 大摊位，欢迎光临声色场所，锻炼你的数位性感本能。

竞技场——15 件决选，战况激烈

除了公布数位艺术竞赛的今年得奖者外，

现场也会展示从各国脱颖而出的入围作品，

目睹一位变数位，艺术家变 e 术家的精彩战况。

高峰会——科技与人文对话

德国 ZKM 媒体美术馆馆长 Jeffery Shaw、

荷兰影像媒体艺术中心馆长 Neiner Hotapples、

奥地利电子艺术中心馆长 Gerfried Stocker、

SFMOMA 旧金山现代美术馆策展人 Benjamin Weil……

约你 11 月 15 日在这里见面!

研究院——为期 9 天，数位艺术大进补

动画、网络创作、电子音乐、数码摄影……

我们用影片、课程、座谈，迅速提升你的数位艺术功力。

2000 年是 20 世纪最后一年，也是 21 世纪的前一年。

在这个新旧交班，时序归零之际，

这一年所发生的事物，将会深深地牵动着新世纪的未来走向。

初生之犊不畏虎。

Acer 数位艺术中心办的第一届活动，

我们就带着最广的野心版面、最永恒的时间轴

为它许名做“数位艺术纪”。

然后我们陪着紧锣密鼓地催生一连串的活动：

从研习营、讲座、竞赛、高峰会、展览……

在 2000 年之初把这些预定计划当成预言般地大声宣告，

然后以文图与具体行动，一一实现。

以上这些走在时间之后、历史之前的文字，

是身为文创者的我，

对当刻的理想最初与最后的记录。

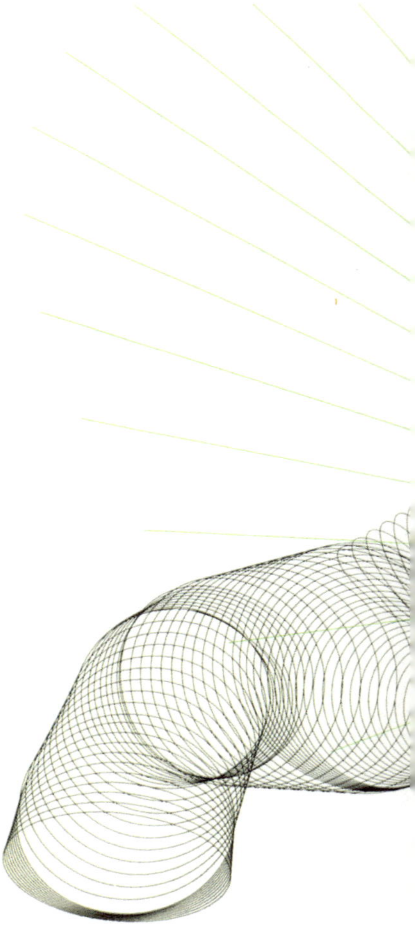

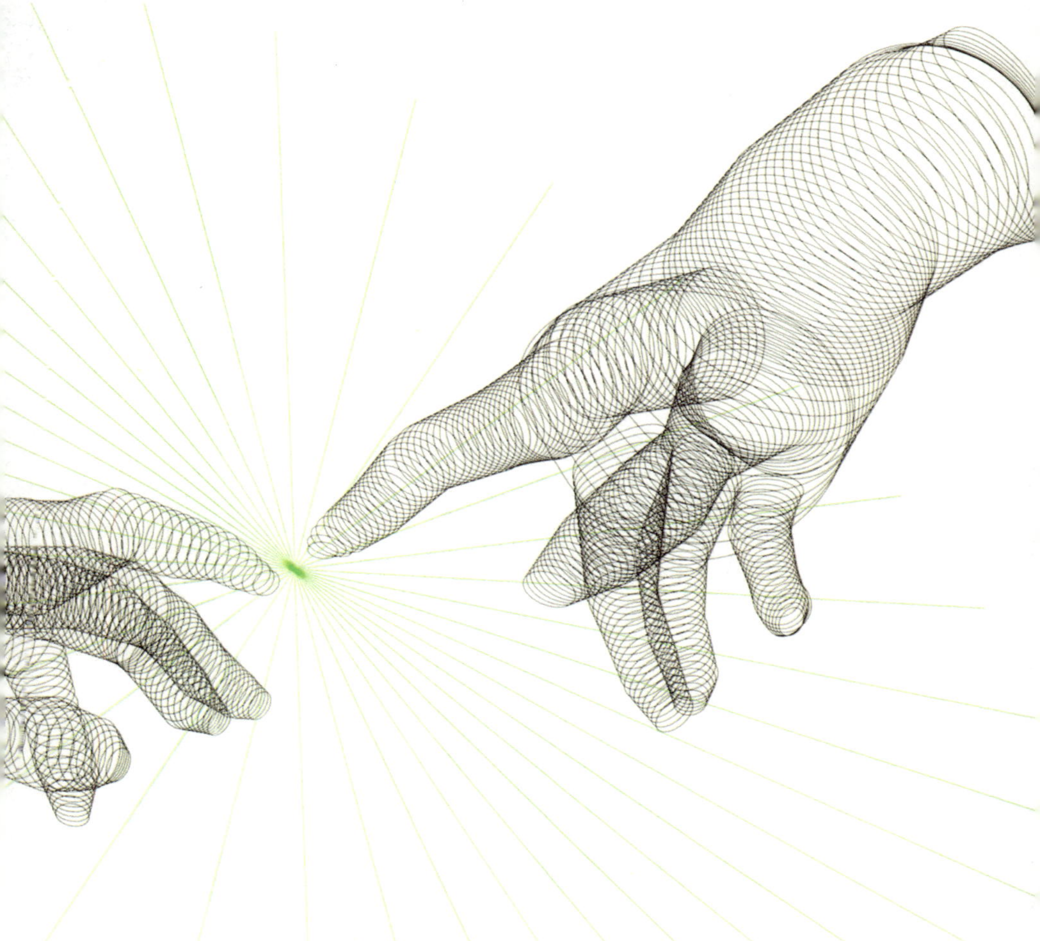

华硕与我的全世界

麦克卢汉说，只要将人的身体或感官加以延伸，
都是媒体，从衣服到电脑都是。

我手上这台不到一公斤的华硕笔记本电脑，
是陪着我一起延伸感官、冒险体验世界的好旅伴。

我带着她到印度恒河、泰姬·玛哈尔陵，写下了思念的情书，
连同我穿印度纱丽的自拍照片，传给我的男友。

我带着她去威尼斯看嘉年华会，
整个圣马可广场上千张美丽的面容，
在她怀里摆成了一列华丽展览馆。

我带着她到希腊圣特里尼岛，
把爱琴海上的蓝色海风和金色夕阳，
都移进了我看电脑的视线中。
我带着她去挪威峡湾的日不落景，

把在芬兰拍到的圣诞老公公与麋鹿，
做成了圣诞节的电子贺卡，寄给了我在巴黎的好友。

我带着她到西藏拉萨，陪我爬到了海拔3700多米的布达拉宫，
当我高原反应住进西藏拉萨人民医院时，
她也彻夜陪我在急诊室里解闷。

我带着她到东非马赛马拉草原看动物大迁徙，
把数码相机里的狮群、斑马、猎豹、河马、长颈鹿、大象……
一一请上来，她瞬间变成了一艘：乘载万兽的诺亚方舟。

她很轻，完全不会让我的旅行增加太重的负担。
她很博学，无论我在生活上想知道什么，
她总是第一时间帮我解惑。
她很善于交际，无论我在挪威的北极圈，或是肯尼亚的赤道，
我都可以上网与朋友分享我的兴奋。

她很善解人意，
当我低潮沮丧，找不到人诉苦时，我总会把心事告诉她，
她很有耐心地收着我一篇篇的电子日记，而且还帮我保密。
我完全无法想象没有她的日子。

1999・科技打造艺术部落

米开朗基罗利用动画技术，
把大卫变成比莱昂纳多还红的男主角。

莫奈被迪士尼延揽为艺术总监，
他的光影技术动辄百万元美金，以秒计费。

凡・高学会了电脑绘图后，
他的作品因荷兰信用卡的超大看板而身价暴涨。

达利做的超现实互动式网站，虚拟实境特效十足，
广告收益还超过了 Yahoo。

约翰・列侬运用了电子合音技术，
唱片销量超过了小室哲哉。

毕加索因杯垫、领带、月历、记事本等周边收益不断，
他的名字比比尔·盖茨还值钱。
艺术因科技的无远弗届而身价百倍，
科技因艺术的经典价值而深入人心。

第三届科技艺术节，
让左脑的理性技术，画出右脑的感性版图，
以电脑实验创意的无限，
科技与艺术的联姻，让我们的未来更有趣。

夏秋之际，带着你想冒险的灵魂来入戏！

8月5日至9月14日整整六星期，

十场来自印度尼西亚、智利、法国、香港的艺次元在台北交会，

你的灵魂将被彻底洗涤，你的感官将被完全置换，

自这次2008台北艺游未尽之后，

你看待自己、看待他人、看待世界万物都将不一样了。

第十届台北艺术节，展现十全十美的艺术飨宴。

1 游未尽：

打开一部有力量的宇宙史诗。

印度尼西亚创世纪神话史诗：《加利哥的故事》（*I La Galigo*）

8月7日—8月10日，启动神与人的宿命剧本。

改编自6000页印度尼西亚南苏拉威西岛*Sureg Galigo*神话史诗，一个关于神与半神半人之间，命运、爱情、冒险、暴力、空虚、赎罪的旅程。这部史诗手稿，被印度尼西亚布吉司人视为神圣象征，在特殊仪式时吟唱，同时举行奉献、焚香、召灵的祭礼。故事中的灵魂长留在手稿之中，当手稿被打开，这些灵魂会出现，可请求治病、解难、祈福。这部史诗在全世界不到一百人可以读懂，

但本身已成为布吉司人庆典礼仪、日常生活的文化指南。

2 游未尽：

港口水手、槟榔西施、幻爱与酒馆。

台湾原创音乐剧：《浮浪贡开花》

8月7日—8月10日，现实缩影在酒馆里，进行一场胡撇仔的爱情美学。

3 游未尽：

冷酷与温暖、黑暗与光的人性剧场。

智利多媒体电影剧场：《黑暗里有光》（*Sin Sangre*）

8月22日—8月24日，血与爱、恨与温暖，在电影式的剧场上演。

改编自意大利作家Alessandro Baricco的小说，以电影与剧场的双形式，让观众进入戏剧的无时间感，体验一个既冷酷又温暖、既黑暗又有光的高反差情绪空间。

4 游未尽：
窒息的浪漫，19 世纪巴黎名妓最凄美的爱情
奥地利格拉兹剧院副艺术总监余能盛编舞：
全本芭蕾舞剧《茶花女》
8 月 15 日—8 月 17 日，纱幕、茶花舞台、
男女激情双舞的无言之美。

意大利作曲家威尔第，根据法国文学家小仲马小说所改编的歌剧，凄美的旋律与丰盈的管弦乐法，使得这出歌剧深受世人的喜爱。然而当以歌唱铺陈剧情的歌剧转换成无言的芭蕾舞剧时，音乐却给了编舞者极大的想象空间与挑战。

5 游未尽：
双偶之恋，杀了一位偶戏师之后。
跨国原创偶戏：《戏箱》（*La Boite*）
8 月 15 日—8 月 17 日，一对偶的异国恋情正在发生。

一个法国年轻男孩爱上了“台湾”的年轻女孩，只是他们，都是偶。文化不同，但是他们无论如何都想在一起。不管遇到什么困难，两个分离的偶都要排除万难见上一面。

于是，这个男孩为了找寻她心爱的女孩，杀了偶戏师，却也让他失去了女孩！

6 游未尽：

痛失所爱，一场为爱复仇的除魔杀戮。

霹雳英雄音乐剧：《刀戟勘魔 · 梦醒江湖女》

8 月 22 日—8 月 24 日，一场魔界的爱与恨、生与死、合与战的戏码。

7 游未尽：

以佛教《华严经》为本的演出。

广场原创音乐剧：《华严经：心如工画师》

8 月 24 日—8 月 31 日，整个广场都被音乐、戏、故事占领了。

8 游未尽：

佛的宇宙论，《华严经》的无尽大千世界。

多媒体生命剧场：《华严经 2.0》

8 月 29 日—8 月 31 日，带你进入彩光、莲花、海的喜悟境界。

佛陀在菩提树下初成正觉、首次宣讲的佛法《华严经》，由诺贝尔和平奖被提名人一行禅师写成文本，董阳孜提供书法、香港著名美术指导张叔平做形象设计、林夕为文字创作、音乐由于逸尧，以光共构出华藏世界的重重无尽。

9 游末尽：

在哲学文本里实验光、空间与物质。

多媒体建筑音乐剧场·建筑师路康的爵士酒吧

9 月 5 日—9 月 7 日，搬一栋建筑上台，

让光、爵士乐、影像一起交欢。

哲学是一切万物的文本。先在舞台上盖一栋不永恒的建筑，成为现场爵士乐手无负担的灵魂即兴实验室；舞台上有建筑师、旁观者，舞台下有我们，光、影像与空间在此前卫布局，形成一种哲学性的巨大激动，在爵士吧现场的你不可能置身事外。

10 游末尽：

迷宫之城、左女右男在圆中相遇。

几米音乐剧场：《向左走·向右走》

9 月 12 日—9 月 14 日。

迷宫般的城市中，一对单身男女，住在同一公寓大楼，一墙之隔，却不曾相遇。她总是习惯向左走，而他却惯性地向右走。茫茫人海之中，两个人的相遇，是机缘巧合还是命中注定的缘分？

2008年台北艺穗节，2月19日集结完毕，8月18日“艺”鸣惊人。

F

Bertrand Russell
POVIJEST ZAPADNE FILOZOFIJE
Georgij Paro
Michael Burleigh
TREĆI REICH
NOVA POVIJEST
SATURN
MITOVI, LAŽI I RATOVI ZA NAFTU
Warren Buffett i posao življenja
ATATURK
NAZARBAJEV
TUĐMANOVA BAŠTINA
Gazdarica na vratima
Davor Domazet-Lošo KLONOVI NASTUPAJU
Novo!
New!
DUBROVNIK
DUBROVNIK IN WAR
VEDRAN BENIĆ
DUBROVAČKI SPOMENAR
SENTIMENTALNO PUTOVANJE SJEĆANJEM NA GRAD
Croatia

附录

感谢

安哲罗普洛斯。基耶斯洛夫斯基。拉斯·冯·提尔。

法斯宾德。贝托鲁奇。费里尼。

伯格曼。彼得·格林纳威。特吕弗。

布列松。文德斯。高迪。

阿莫多瓦。黑泽明。小津安二郎。

伊丹十三。侯孝贤。张艺谋。

大岛渚。寺山修司。荒木经惟。

三宅一生。山本耀司。村上春树。

加西亚·马尔克斯。卡夫卡。西蒙娜·德·波伏娃。

彼得·梅尔。卡尔维诺。罗兰·巴特。

米兰·昆德拉。博尔赫斯。三岛由纪夫。

索甲仁波切。张爱玲。玛格丽特·杜拉斯。

波德莱尔。村上龙。圣埃克苏佩里。

弗吉尼亚·伍尔芙。金基德。

因为他们是让这座创意魔岛浮起来的最大动力。

附录 A　李欣频 VS 奥美广告公司前执行创意总监叶旻振

广告的百年喧哗

街头卖药是我对广告最初，也是最深的记忆

李欣频（以下简称李）：你从事广告这么多年，以创意总监之姿，横跨奥美与意识形态两大广告派系，纵看台湾广告数十年的变化，你可以简单地回想，你对广告最初的记忆是什么？

叶旻振（以下简称叶）：对我而言，人一出生呱呱坠地，就是广告的开始：婴儿以啕啕之声，向世人宣告他的来临，就是广告最原始的形式。只要有人想表达，想生存，想交易，广告就必然存在。

谈到具体的广告，我记忆中最初的样貌，就是在老家巷口圆环叫卖膏药的“广告人”，他们在固定的地方表演功夫，表演药效，汗水淋漓，一种难忘而且身历其境的说服力。以前只要推开窗子，就可以看到这些活广告，现在则是打开电视，看唯美、有配乐、大量重复的广告影片。相较之下，早期广告那种咄咄逼人的架势没了，你只能从电视的购物广告里，从卖锅子、卖健身器、卖果菜机的语言中，看到台湾广告早初的生命力。

在地化到美国化，现在变成了日本风格的台湾广告

李：新世纪来临，你可以在新改变未至之际，向我们简述你印象中的台湾广告史吗？

叶：早期台湾广告是本土炼钢，往往是广告公司老板身兼业务又兼广告文案，然后找个美工做做，印好了就开始卖东西。一张广告 DM 总是说满满老王卖瓜自卖自夸的各大卖点，只有产品而没有品牌的概念。自从外商公司进入台湾，如奥美、智威汤逊等，他们带来的美式广告概念，例如：广告单一诉求、建立品牌等原则，在台湾掀起了第一波革命。在这一波美式广告影响之后，开始有另一批不安现状的广告创意人，向日本学习广告美学，比方意识形态广告的兴起，再加上最近的哈日风，让现在有些台湾的广告片开始配上日文旁白，明显地深受日本文化的影响。

李：跳回台湾广告的历史轴在线，你印象中最深刻的广告句子有哪些？

叶：其实台湾早期的广告词都很简洁有力，例如："大同大同服务好""两三下就清洁溜溜""妈妈爱用绿油精""通乐，一通就乐"等。但现在环境变了，人变复杂，信任感降低，沟

通也就没那么容易。现在的广告人已经不能赤裸裸地卖东西，要用巴黎的雨包装左岸咖啡，要用波德莱尔的诗包装诚品书店，要用秋天的柿子包装中兴百货……总之要说一个故事，做一点幻想，加一些效果，引一段文学，演一出幽默，呈现现代人向往的意境，这就是现在广告比电视节目好看的原因。

广告是人类物化的元凶吗？我们还能相信广告吗？

李：问一个学校广告系课堂上常被讨论的道德问题——广告建立品牌，我们以消费者的身份认同品牌，让人与人的关系简化成了品牌联结：亲子关系是一顿麦当劳的生日PARTY，年轻人的勇气是一瓶可口可乐，对宠物之情是排队收集Hello Kitty，一只依人际分色的手机决定你的交友阶级……这些品牌帝国主义，模糊了各种族的独特生活方式与情感，你认为广告是不是人类物化和被殖民化的真凶?

叶：我原本念的是哲学系，广告把人阶级化、物化的问题，也困扰我刚进广告圈的头几年，不过仔细想想，孰因孰果很难说，极可能是因为工业化之后，人变得更寂寞、疏离，于是广告找到了这样的缝隙，向一个孤独的中年人卖有友情的咖啡；向一个渴望自由的人，卖一台走天涯的休旅车；向一个等待誓言的女人，卖一颗永恒的钻戒；向一个不快乐的小孩，卖24小时可以听他说话的皮卡丘……有情绪的广告，填补了现代人的失落感，有心理功效的商品是他们的新慰藉，这都是工业化、资本化的结果，广告只是乘虚而入，顶多只是共犯，还不算元凶。换一个角度看，广告让人更会装扮自己，更会享受生活，不也是一种向上提升的力量吗？

李： 既然广告如此美好，为什么更多的人宁可相信虚构的电影，为泰坦尼克号掉泪，却很少人相信一支诚实的、呈现产品具体优点的广告，甚至很难劝得动他们去冲动购买？

叶： 广告虽然可以播出很多很多次，但每次说服的时间都很短；电影虽然多半只看一次，两个小时却可以好好说完一个故事，差别就在这里。所以现在幽默式的广告最受欢迎，就是因为它可以在瞬间脱“影”而出，抓到你的视线和注意力，让你大笑三声，看三遍也不厌倦。

一句广告词与一段诗的价值比较

李： 我觉得不平的是，一句广告 slogan，因为厂商砸了上千万的广告费，变成了男女老少朗朗上口的广告金句；而一句发人深省的诗，却因诗集的滞销而默默无闻——有钱的人说话可以大声，没人在乎营不营养，明天怎么可能会更好？广告才是社会向下沉沦的力量！

叶：我也同意这样的批判。如果波德莱尔的一段诗，我们给它的广告量和通讯手机相同，它一样能对社会造成相当的影响力，甚至更大。只是我们不得不承认，艺术向来只是少数人的财产，以前是有钱有闲的贵族专有，现在则是有鉴赏力、有品位、有文化资本的高级雅痞才懂得它的价值。广告因为有了这些高级雅痞的加入，比方喜欢读诗的人去写文案，热爱电影的人在拍广告片，有艺术 Sense 的人，以高人一等的美学标准去设计广告或包装风格……让这些原本只看偶像剧、只听电子摇头音乐、只读言情罗曼史小说的人，透过广告听到了贝多芬，读到了村上春树，看到了 Benetton 血淋淋人性的艺术相片，并开始习惯导演王家卫的摄影风格……套一句政治人物说的一句话："广告可以不择手段，但不能没有格调。"这就是广告的魅力与魔力。

将来被科技过滤掉的广告，还有未来吗？

李：现在的科技，让我们可以过滤垃圾邮件；设定好的遥控器，也将帮我们过滤电视广告，你对这样科技绝缘广告的未来，有什么看法？

叶：科技只是一种手段，并不能完全阻断人的沟通。回到原点，"口碑"就是最好的广告，自古皆然；比方现在的电视节目很难看，如果大家都在谈论一则好看的广告，好朋友的大力推荐或在电脑上转寄，你就很难置身事外，一定会想办法看到这则广告，以加入他们的讨论。广告已经不只有销售的目的，它还有娱乐的功能，这么多好看而引起热烈讨论的广告片，就是广告人努力，与信息竞争的结果。况且，道高一尺魔高一丈，嗅觉灵敏的广告人，只要流行的风一转向，广告就能以最快的速度随机应变，马上改变沟通的方式，像孙悟空逃不了如来佛的手掌心，广告也永远不可能落伍。

世界上只有专业的广告人，没有业余的艺术家

李：不过太多“好看”的广告，很容易让人忘了商品是什么吧！Edward de Bono 就认为，广告人不应该有创意，应该要像政治家一样，引人注意并善于沟通，因为有创意的人往往不会沟通。

叶：对啊！做广告毕竟不像创作，总要思考目标对象、销售目的，广告没办法满足一个人的创作欲，所以“我有话要说”的文案去当作家，Art 去画漫画， CF 导演宣称要赚广告主的钱拍自己的电影……不过世界上只有专业的广告人，没有业余的艺术家，除非下定决心离开广告业，像彼得·梅尔，或像亚伦·帕克那样全心创作才有可能，否则像我这样每天被广告高度磨损，很难有什么纯粹的创作。

李：你觉得广告与艺术的关系为何？

叶：我喜欢艺术，我比较不像是商人，我当然期待能在更多的

广告上偷渡艺术的因子，一方面很高兴落魄很久的凡·高自画像，变成了人手一张的信用卡，也乐见于在很多广告片中看到大卫像，而不只在美术馆里……艺术是人类文明的精华，理当成为传媒的共同符号及养分，如果一个观众，从一支饮料的广告中听说了村上春树，然后他经过书店去翻阅村上春树，阅读村上春树，喜欢村上春树，购买村上春树，不是也很好吗？日本知名广告人丝井重里，不就是就用村上春树及其他日本作家的手稿，做出一系列的钢笔广告吗？我也曾想过，如果有一天，人们看电视的时间越来越少，花更多的时间在看书，广告就可以登在作家的书上，甚至让作家自己书写广告文案，这样广告不仅质高而且有效，商业上的收益还可以让作家过得好一点，像明星运动员一样。

李：你赞成艺术家去做广告，以提升广告水平，美化我们的视听生活吗？

叶：对！我赞成有些商品可以找艺术家做广告，但要找对的艺术家，我指的是与商品的调性对味而且对位的创作者。举个侯孝贤在日本拍的一支公益广告，一个老太太等时间到了，看见外头下着雨，就温柔地撑着伞，走到车站去接老爷爷回家，最后字幕打出来：这么幸福的画面，可惜下的是酸雨。像这种很侯导风格，把酸雨的诠释得发人深省，这就是一部很有艺术价值的广告作品。此外，再举一个有趣的例子，戈达尔曾替 Nike

拍的电视广告：一个人很努力、很努力地跑，后头紧接着一个穷追不舍的死神……那个跑在前头努力逃命的人，穿着正是Nike 的球鞋！……可惜这支广告片 Nike 不敢用。

广告奖的自慰仪式

李：你觉得引领台湾广告向前的动力是什么？

叶：我觉得是一些小品牌的商品——广告主敢投资，加上广告人的勇气，所以常有惊人的杰作，比方像早期的中兴百货广告，因为大品牌怕失败，进步比较慢。

李：你觉得广告奖对广告业的意义？

叶：广告奖当然能维持基本的广告作品水平，同时让广告主不要只以销售成绩，为广告好坏的唯一标准。但现在广告奖已经沦为广告公司和广告人的年度自慰仪式，得奖了，广告公司老板比较高兴，广告主不一定开心，因为他们还是只看业绩。如果广告奖能办得像电影金像奖那样风光，或许得奖片还可以回头增加票房。我比较期待像日本有些广告人协会，同各领域专长的人聚在一起切磋琢磨，一起进步；不像台湾的广告公司之间彼此相轻，广告协会也成了广告公司老板讨论如何保全利益的场合。

现在的广告，就是百年后的流行文化纪录片

李：你觉得百年之后，后代人可以从我们的广告中，得知我们的文化及生活方式吗？

叶：其实不用等到百年之后，如果你初到一个陌生的国家，只要打开他们的电视广告，从广告片中的场景、陈设、用色、人的打扮、音乐、说话方式……就知道这个国家现在正在流行什么；广告就像总汇三明治，只要是热门的就不会被遗漏。现在的广告，就是百年后的流行文化纪录片。

如果广告人不做广告，要做什么？

李：最后问你一个问题，如果你将来不做广告了，要做什么？
叶：我会自己开店，然后自己决定这家店的一切，包括店名、风格、菜色、广告在内，用后半生体验自制自销，自给自足的快乐！

（原刊载于2000年9月25日台湾《联合报》）

附录B 书评

恋物者的忏悔仪式《51种物恋》

从事广告文案长达十多年的我，体悟到一个好的文案，应该是个诗人，而一个好的诗人，就是一个哲学家。

反推来看，哲学家就是最好的广告文案——这本由法国当代哲学家德瓦（Roger-Pol Droit）所写的《51种物恋》，就是很精彩的商品型录。

从别人随口问候的一句“一切事物都好吗？”作者开始疑惑：哪些是事物？哪些算是属于他的事物？事物有自己的生命吗？怎样才算好或坏……他以哲学深度思考了身边的51件物品，于是就为这些对象找出了如此有趣的定义——“碗”：不是为了在餐桌上炫耀主人的品位，而是为了终止水无止境的流动。“回形针”：不只是办公室里分类归档的工具，而是温和地抗拒散乱，坚定地抓住秩序，本身就是一种伦理。“遥控器”：可以隔空展现思绪万能、心想事成的巫术道具。“钥匙”：拥有谁在门内、谁在门外的控制权。“凉鞋”：是一种界面，介于自然与文化、肉体与土地、过去与现在、手艺与工艺、热与冷之间，是一张使不同世界得以共存、相接的薄膜，亦是一处与移动、轻盈、风有关的世界皱褶。“叉子”：拉远人与食物的距离，将世界数理化，与他人的关系中立化。“钻子”：提供一个精确密切的性爱招式一览表。“雨伞”：一个携带式的屋顶，一片属于自己量身定做的天空。

一如德瓦所说，事物会出海、会上学、会回家、会前进后退、会在你在与不在的地方，而不是我们所以为的，只有在橱窗、账单、储藏室、广告型录、拍卖网站或是垃圾掩埋场里，任人索求或是抛弃。我们一直以为人是万物的尺度，其实物才是众人的尺度。

就学术角度来看，这就是一本看物的方法论，里面隐藏着许多人与物、主客观间的精彩思辨，却比学术论文好看多了。

我阅读的后遗症是，如果照德瓦“每个对象都有一个独特灵魂”之思维，去思考身边的每一件事物，我应该会花上后半生全部的心力，而且再也不敢买新的物品了。这是一本商品型录，却让一向无意识血拼的我们，更有觉知地看待消费这件事，其效果是反消费的，宛如51场恋物者忏悔的仪式。

神是人的造物主，人是物的造物主，当人开始思考，或许上帝真的开始发笑了。

附录C　影评一

私处、私刑、很时尚的私人型录
彼得·格林纳威《塔斯鲁波的手提箱》

我是彼得·格林纳威（Peter Grenaway）的超级疯狂影迷，已经等好久他的新片未果。这次，终于可以看到他在2003年戛纳影展竞赛片《塔斯鲁波的手提箱》，我就算是被打断腿也会拄着拐杖去看，死都不会错过。

果然很时尚。他的风格再度复兴，这让离开广告圈已久的我，又莫名地偏执了起来。整部片以塔斯鲁波的手提箱为串场，他的手提箱里什么都可以装，包括真假青蛙、空投物资、有价情书、香水、子弹孔、鱼、清洁用品、染血壁纸、刚被凌虐致死的情侣衣衫……摆置宛如一个个小型的精品百货橱窗般——这个偏执收集狂，真是把百科全书的意境发挥到极致，每一个手提箱都是系统，每一项对象都是学问。例如导演以慢动作360度旋转的镜头，像展现珠宝钻戒般地呈现煤矿之美；例如一页页眼睛、嘴、手、脸的人体局部型录；例如一场正在发生的对话下方还有画面批注……太多彼得·格林纳威式的语汇在这部片里集大成，更绝的是，导演还在此片推崇蜗牛是终极的中产阶级，因为它们雌雄同体，自给自足，住在家里不出门，却又背着家到处旅行、无处不是家。

整部片私处、私刑、拷问、军队、口令与动作不断，私人史以如诗般的型录方式呈现。每一情节充满了危险的界限、警告的语言、处罚的次数……都是前所未见、让人惊心动魄的暴力美学——如果你是那种总是无意识重复时尚动作的强迫症病患，或是常处于精神分裂式的分割画面幻觉者，这部片真的会让你病情加重，因为彼得·格林纳威逼得我们不得不相信，我们都是天生有罪的囚犯，每个人都正被狱卒严厉管束中。

《塔斯鲁波的手提箱》，让我这个准彼得·格林纳威迷，在第一时间目睹了最新一季的视觉时尚秀，看完了这部，我会从极丰沛一直渐枯竭，直到他下一部片出来为止。

附录 D　影评二

彼得·格林纳威《塔斯鲁波的手提箱之安特卫普》

继《塔斯鲁波的手提箱》之后，这次彼得·格林纳威仍继续提供风格的新视听养分：《塔斯鲁波的手提箱之安特卫普》及《塔斯鲁波的手提箱 2》，即是彼得·格林纳威迷得以继续朝圣、以获取最新一季灵感的时尚仪式。

在《塔斯鲁波的手提箱之安特卫普》一片中，一样是手提箱，上回装的是真假青蛙、空投物资、有价情书、香水、子弹孔、鱼、清洁用品、染血壁纸、刚被凌虐致死的情侣衣衫……这回装的则是牙齿、哨子、打字机、钥匙、樱桃、地名、《安娜·卡列尼娜》、蜡烛、铜币、护照……即是代表世界的种种对象。一样是在火车站，这回加了更深的哲学意涵，将各候车月台视为各世界的接口，准时发车的火车站即是宇宙之钟，“现在”即是“现实”的时刻，所以必须把幻想藏好（不可以把私人的幻想放在公共领域中），整个火车站正在进行一场没有结局的阴谋，拥有一张火车时刻表和一双自由的鞋子就可以逃亡。

整部片以精品橱窗式的视觉，进行着军事的秩序、效率与规律的美感，以至于我们可以看到优美的文字，加码的科技，蔓长在整个毒打刑房、造爱囚室之中；以至于我们看到肥胖者穿制服时进行着骄傲的权力，在裸体时层层糜烂的赘肉却是很商业主义的——整部影片形成了一种很诡异的新身体血统。

彼得·格林纳威极华丽的图文剪裁，让整个虚实交杂的世界，在屏幕上变成了一页页的影音与涂鸦混杂的打字稿——但由于高速更迭的档过于浩瀚庞杂，我们成了一直分心、永远也不可能专心的读者。

除非你对于彼得·格林纳威有着失魂般的着迷，否则可能会被他异于世界逻辑的影片搞疯，换句话说，你可能会在他疯狂急乱的脑断层里迷路。

附录 E

流动·城市·阅读狂想曲

让我们想象这样的一个城市：所有的建筑都在移动，地表有些地方像是旋转舞台，有些则像是轨道。我们要去邮局办事，我们得先在内建雷达的笔记本电脑上，找到邮局目前的所在位置以及移动方向，像是在预测台风路径，算好自己与邮局的互动速度，如此才能在下一个路口，拦截到邮局的大门，顺利寄出一封包裹。

邮差也必须在电脑中，找到他欲投递的收件人目前最新行踪，他必须要有福尔摩斯侦探式的敏锐度，他必须事先阅读很多关于这位收件人的资料，包括她常去的餐厅、她常光顾的店、她的自设网站、她公开出版的日记、她的行程，以及随时改变计划路径的情绪，包括她即将发生的恋情，邮差必须守时，因为罗密欧与朱丽叶的悲剧不能再发生，通报必须实时。

如果邮差读不透收件人的心思，不能感同身受地进入她的灵魂，用她的眼光走着她的生活路径，他就无法顺利地将包裹交到她手上。

所以我们得常常一边躲避迎面而来的警察局、法院、监狱，一边往跑得很快的书店迫近。书店跑得很快的原因，是因为里面有几个很心急的创作者，带着想象力，以梦的速度往前冲，而且飞得老远，常超出地球轨道，横冲直撞；如果不想跟着团团转，就算平日在路上买菜，也很有可能撞到一本书，是从书店的离心力飞出来的一本关于飞行的小说。这就是生活在这高速知识城市中的离心效应，无论你人在那里，很难不与别人的思想擦撞，然后等伤口愈合，就能长出新的表皮组织，别人的细胞已经与自己溶体新生，我们越来越能知道别人的心思，别人也懂得我们的伤，然后我们的和平才开始。

一个行动不便的老人，则选择坐在家里客厅的窗边，一动也不动地，因为人间事物在他眼前飞快地流动消逝：一栋新大楼在他眼前盖好，然后又高速移出他的视线再也不回来；一个长得像他初恋爱人的小女孩在他眼前变老，相对地，他的不动似乎可以中止时间向他催老，然后他低头缓慢地翻着他已经读了好几年的《追忆似水年华》。

年轻人则在移动快速的办公室中，努力地抓取跑得更快的流行信息，他想以更有效率的行动，增加自己手上剩余可以用的时间，他以为跻身进世界高速的中心，时间就走得比较慢，但他错过了一朵花经过的四季，错过了一场午后雷阵雨，错过了一对恋人的激动亲吻，他错过了生命的历程，他瞬间老化。

所以一台时间倒走的笔记本电脑，变得很受欢迎。根据这台电脑，人一出生，就是老年，然后变中年，然后青年，童年，婴儿期，所以我们是从生死书开始读，然后读回忆录，读历史，然后读励志书、理财书，到教科书、到童话故事，越小的孩子越有智慧，越有想象力，越有体力，越有勇气，就像我们得向西藏的转世神童顶礼一般。

这个城市因为还在移动，时间还在流，所以我们无法停止阅读。

李欣频的
人生学校
Li Xinpin's
School of life

广告败物教

李欣频 著

人民东方出版传媒
東方出版社

旧版他序之一

才气纵横、无法类比的作家

陈义芝[1]

李欣频是一位才气纵横、无法类比的作家。自信杰出，自觉边缘。心思奇幻热烈，杂糅了忧郁不安的特质。

她依赖现代生活零件却否定“有用即善”的生活价值。她萃取城市景象，探求文明新知，期盼带领人做“内在的超越”。

年纪轻轻的，李欣频已经建立了自己的精神面向、书写风格：在秩序与遐想间游走，在合法与犯规中挣扎，她以优雅的言语姿态表现艺术，表现一个完整的人。

①陈义芝，作家、《联合报》副刊前主编。

旧版他序之二

抒情的游击队式文集

詹伟雄①

这是一本抒情的游击队式文集，袭击我们生活周遭的大小事物，拆解热门和流行的价值观；而且，它兵谏的时间极短，点燃你理性和感性的内部矛盾后，立刻撤退。

在生活中有些遗憾的人会读它，觉得街景干燥的人会读它，迷惘的人会读它。这种袖珍书写的方式，将文字美学、记忆与批评高密度地整合，不是更符合城市住民集居式的人生处境吗？

噢！科技时代的工作者更要冷静面对它！看它的文字深入我们脆弱的腹地，瓦解我们用位元、网络和IPO密织的逻辑防线。在它遗留的废墟里，我们要筹备复建计划，还得面对情绪的伤痛。

但，也不要那么“微言大义”去看它。熟悉李欣频对比、隐喻、指涉、仿真情境的文字运用后，终于，我们作文的能力得以中年再造。

①詹伟雄，《数位时代》前总主笔。

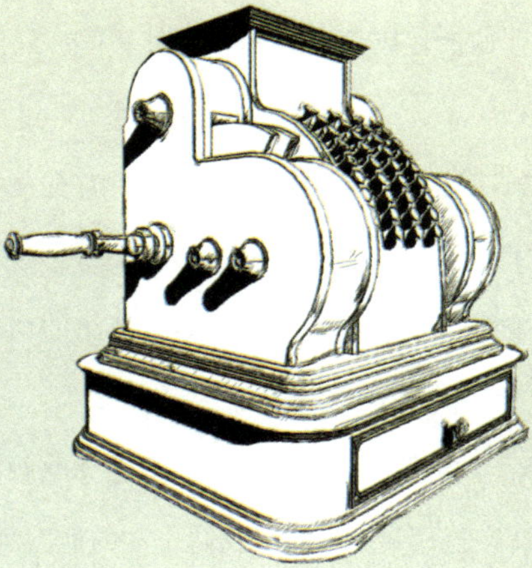

旧版他序之三

阅读败物教，你将会更加了解败物教

罗文嘉[①]

你信什么教呢？是佛教？是道教？是基督教？是天主教？伊斯兰教？还是睡觉？不过，我相信越来越多人信奉“败物教”。

你很败家吗？你信败物教吗？你想成为败物教的信徒吗？阅读败物教，你将会更加了解败物教。

因为广告越来越有趣，因为广告越来越吸引人，因此，有越来越多的人讨论广告。广告让败物教的势力版图不断扩张，让人们的欲望不断吞噬着消费市场。

“买了我，你才是走在时代的前端！”商品如是说。你要消费吗？败物教告诉你，你不消费就是对不起你的情人，对不起你的家人，对不起你自己的良心。你跟得上败物教的脚步吗？还是你要活在久远的石器时代之前？

①罗文嘉，水牛出版社社长。

从石器时代以来，人类就有永远无法满足的情欲、无法抵抗的寂寞、无法拒绝的热情……透过败物教的广告，我们看得更清楚。

许多潜藏在人类心中待解的秘密，透过《广告败物教》，我们可以发现更多、更多！

自序

偶然与巧合的十年广告机遇

我没想到与广告的意外之缘，竟深深影响我 20 岁到 30 岁这段人生最关键的青春岁月。

本来喜欢画画的我，因为母亲担心画画养不活我，所以转移兴趣至写字写诗。本来想出家学佛的我，因为高中甘老师努力劝我打消念头，所以继续面对高考。本来想念哲学系的我，因为父亲反对，所以改填广告系为志愿。本来想出国念书的我，因为意识形态广告让我留下来写了生平第一篇文案，郑松茂、许舜英、叶旻振在那一年影响我至深至巨。本来到诚品面试只是想试试自己的文案功力，曾乾瑜却把这个一面之缘变成了十多年的合作愉快。本来找台湾的新新闻出版社要出的第一本书的内容是关于旅行，谢金蓉看到诚品的文案，建议我把文案作品集作为我第一本书,然后意外地开出一条创作与出版的路。然后谢谢《联合报》副刊前主编陈义芝、广告杂志的张素华，让本来想分心去做别的事的我，又回来思考广告、继续延伸创作。然后再谢一次我爸，因为他又鼓励我念完政大广告所后继续念博士班。当然也得谢谢北京大学让我顺利毕业的开明恩师们、情同手足的同学们、对我很好也养育我十年的广告客户们……

人生充满了不可知的机遇，现在看来全是一场场老天设计好、连贯完美的巧合。我很感激自己在最颠簸不稳、踏入社会的第一段人生旅程，就幸运地遇到一个个启蒙我、不吝给我机会尝试的重要贵人，让我峰回路转一路惊险却顺畅平安地到达 30 岁彼岸。

在 31 岁生日的今天，面对我第三本广告书，我竟充满了不安。

我不知道这本广告书完成后，后面是否还会有新的创作，因为人生境遇太多变化，太无常，我也是跟着机遇在走，会到哪里，我也在好奇地等待着。早已习惯意外，学会了随遇而安，所以也不必预设立场。不过我现在做什么事都当成最后一件事在做，必须完美收场的自我要求，让我压力越来越大。

我也不知道，30 岁开始要往 40 岁的中年旅途中，我还有没有这些贵人继续加持？还是我得学会一个人孤单上路？我还有没有十年前的体力和不畏困难，不顾别人的眼光肆无忌惮地与创意玩得自得其乐？

不管未来如何，我已经从广告游戏场中开始 30 岁后新的人生，我说不清这条已经在眼前展开的路会是什么光景，但我确定它会离我的想象更近些，离人更近些，离自我深处更近些，离安稳静定更近些。

最后谢谢这本书的催生者郭宏治、王正宜，他们让我顺利以广告画下新世纪第一年尾的句号，也谢谢东方出版社让这本书的简体版，首次在大陆与大家见面！

目　录　Contents

A 黑色广告文集

C 虚拟商品·梦幻图鉴

adver † ising

黑色广告文集

A

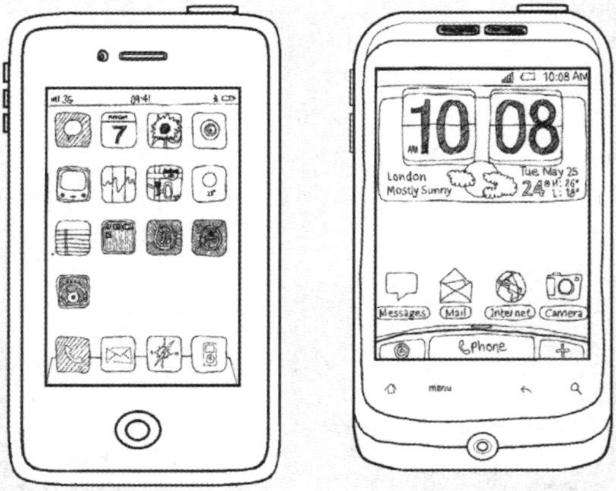

手机人类学

如果小小的西门町，

还要细分成几种不同的部落，

手机，

就是你判别各类种族的唯一符征。

玫瑰金的 iPhone 7，

是穿短窄裙、高跟露趾鞋、

飘逸长发女生的印记。

改装后果冻色的手机上面，

一定挂满一串串 Kitty 猫、趴趴熊、

南方四贱客外加小丸子，

然后找个女生兮兮的珠织手机袋挂在身侧。

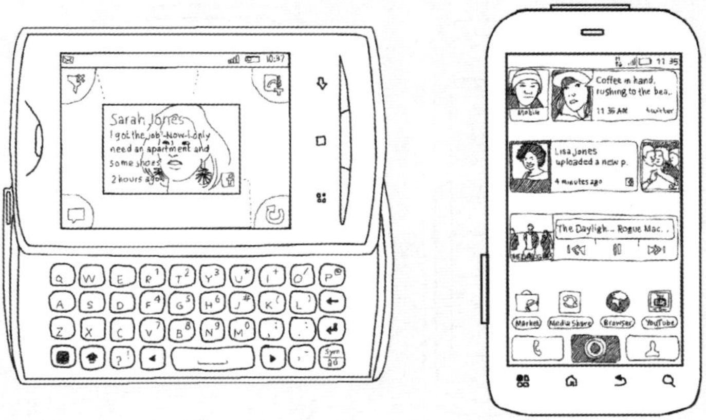

屏幕上亲密的橘色紧迫盯人，

一天照三餐打，没营养的情话，

绝对值得用昂贵的青春来换；

还有，她逛街杀价的嗲声，

和接电话的长尾音：喂——

一样性感撩人。

Galaxy 则是有女性特质的男生爱用。

他们很温柔，擅旅行，交游广阔，

手机要够轻薄，

才能经得起他们的自由。

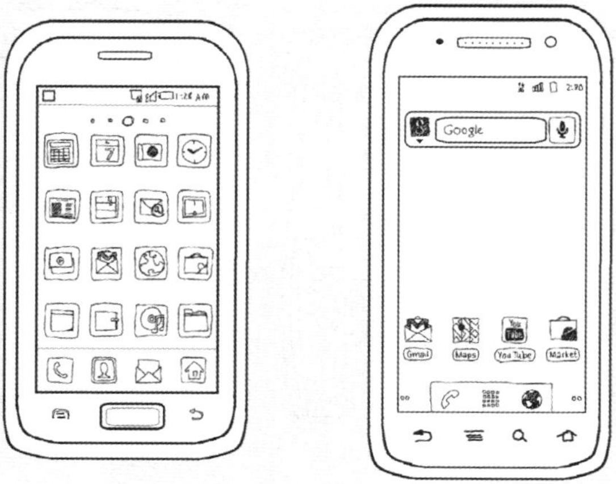

Sony 另一款防水防泥，

Xperia 的更好，

顺便防汗防泪，

减轻多情的后遗症。

手机是新人类不能没有的社交工具，

拿来呼朋引伴，

像是身体的另一种性特征。

他们用电话费建立短暂的人际关系，

以秒计交情。

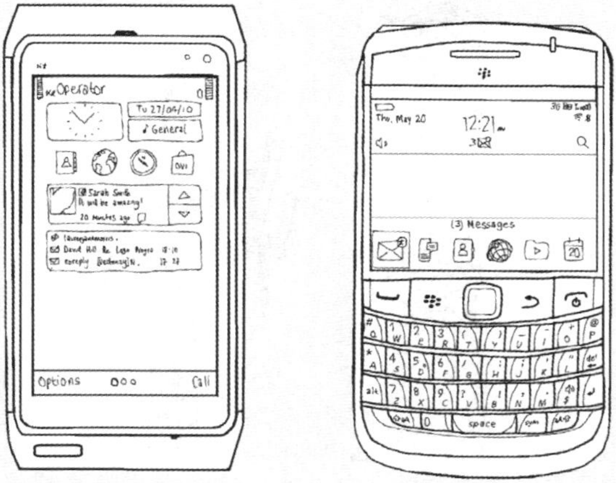

我打算在西门町的行人步道上，

观察每一个手机人种的图腾、语言，

开始写台北第一部手机人类学。

两难的生命线

情绪一向

阴晴不定的我，

手机

是我在公交车上、机场休息室、

戏院出口、

考场外、人群里，

对外求助的重要生命线。

我对它的依赖越深，

我的头越痛。

像是孙悟空的紧箍咒，

三尺的神明在牵制，

不让我对外诉苦过久。

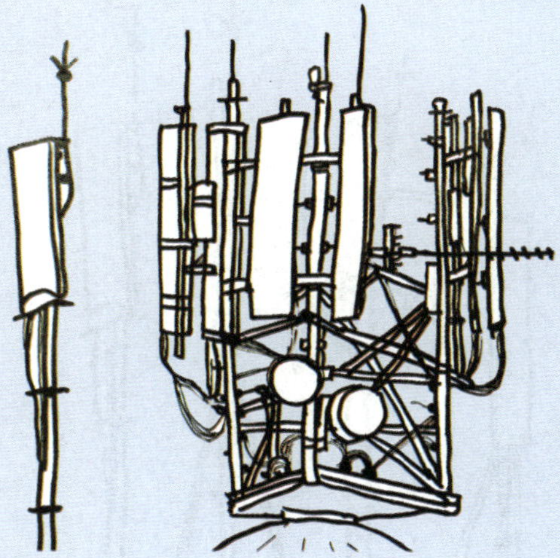

如果我持续

倾泻我的情绪超过三分钟，

我就感觉火

从我耳朵烧到太阳穴，

头痛欲裂，语无伦次。

也就是说，

我的伤心有假释期限，

超过时间，

向来“先亢奋、后衰败”一个人的

辐射电磁波，

就开始重伤我的脑。

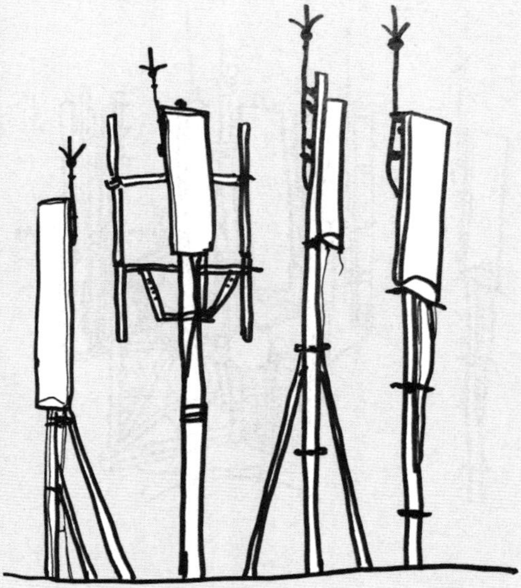

我必须学会

一分钟内速说我的挫败，

第二分钟内，

在朋友的劝说中

立即找到解方。

我得自行承担

内心大部分的痛苦，

感性的心与理性的脑之间，

都脆弱，

所以无法两全。

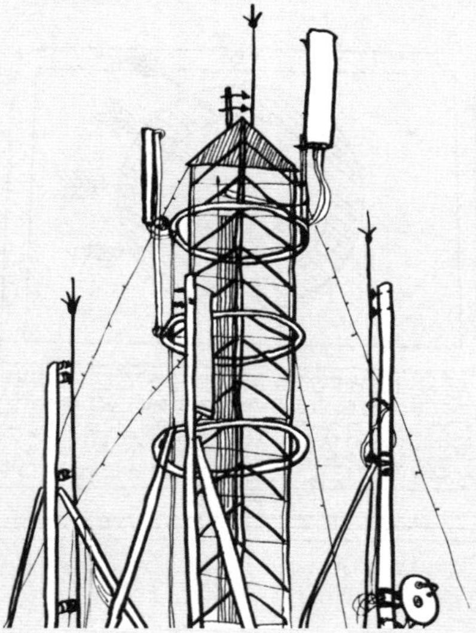

我开始怀疑：

躁郁症痊愈后，

是不是会开始罹患

偏头痛。

电脑网络类

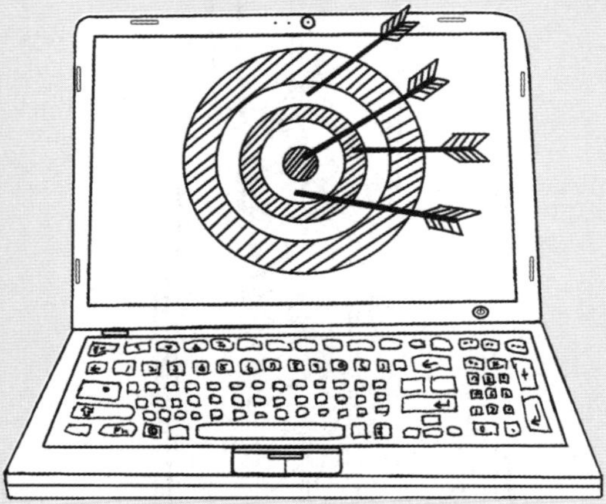

爱情复仇记

没有什么手段，

比瘫痪你的电脑，

更残忍。

杀掉你

一脚踏两条船的多情管道，

杀掉你

明天要提案的重要文件，

你通讯录里的好友、同学、

同事、老板、客户、新情人……

全都被传染病毒而连夜咒骂你，

集体将你隔离，

并用最强的扫毒软件，

驱逐你所有的来信。

在这个疫情蔓延的时代，

你像得了黑死病，

所有人都对你敬而远之，

让你 35 年来的人际关系，

毁于一旦。

你拿来出轨的电脑，

基于道义上的制裁，

它将不再保护你的贞节，

全心为我复仇，

这比在你家放火还恐怖。

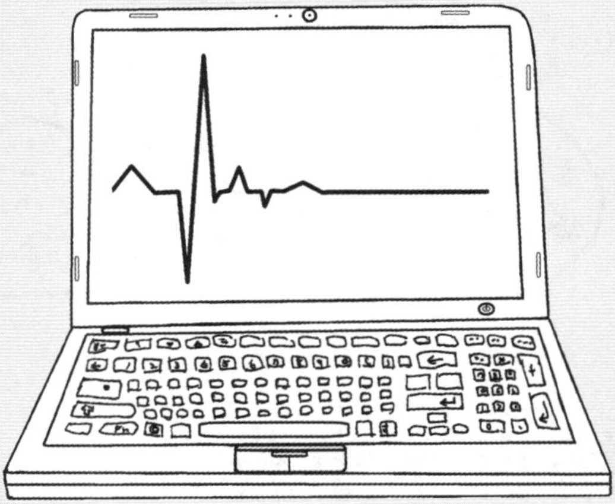

只要寄上 I LOVE YOU，

自作多情的你，

就会毫无抵抗能力地中计、中毒——

最快速复仇的方法，

就是用爱毒死你。

现在没有人再相信“I Love You”了，

这句话有毒。

网络自溺事件

在数位时代里，

每个人都患了资讯耗弱症。

地铁上、书店里、电视新闻、

报纸、杂志、咖啡厅、电脑网络、

手机线路上……

所有你闪不掉碰得到的媒体，

一夕之间，

全被电脑愿景、新虚拟天国、

生死存亡的战栗时空、

万人连线的天堂、

20 岁科技 CEO 创业传奇、

E-Commerce、

一夕致富且昙花一现的机会，

及上万笔的网络幸福占满了。
连走在路上，
电脑都化身手机附身，
阴魂不散。

电脑当然能带着人类向上，
但速度再快，还是跟不上：
泛滥成灾的资讯、转寄流言。

药越下越重的防病毒软件、
扫都扫不完的垃圾信件、
乐观过剩的电子报、
浏览不完的趋势、
新网站的新招式、

旧网站三月速亡的泡沫、
打不完的创意肉搏战、
吃人不吐骨头的劳力压榨、
看不完分久必合，
合久必分的网络兴衰——
电脑成了绑在脚上的大金块，
每个网络狂热分子
都努力浮出水面求生机，
像屈原自溺，
每个人都快淹死了，
变成一堆梦想不死的网络白骨。

网络上的一年是人间的七年，
每个人都瞬间老化，
酒吧里多了许多少年白的霜降头发，
和少年老成的灵魂。
网络边缘分子
想策动本世纪最大规模的革命，

用最毒的病
瘫痪全人类的电脑，
解放数亿双酸涩的眼和过劳死的脑。

为了躲避过重的现实
和消化不良的电脑远景，
我到希腊的圣特里尼岛度假，
过着不开电脑，
只等吃饭、等夕阳的人类原始生活。

当我发现一家立在悬崖上、
孤寂地只有三面临海的小民宿，
我兴奋地问价钱，
问我未来隐居的可能，
柜台小姐拿出印有网址和电子信箱的名片
告诉我：
如果要订房间，现在很方便，
可以用网络。

电子商务近视症

如果你自认为是电子新贵，

就不能不知道 EC（E-Commerce）。

一窝蜂的人上网，

所有的人在电脑面前分身乏术，

一位变数位，

没有三头六臂就追不上网页资讯的更新速度。

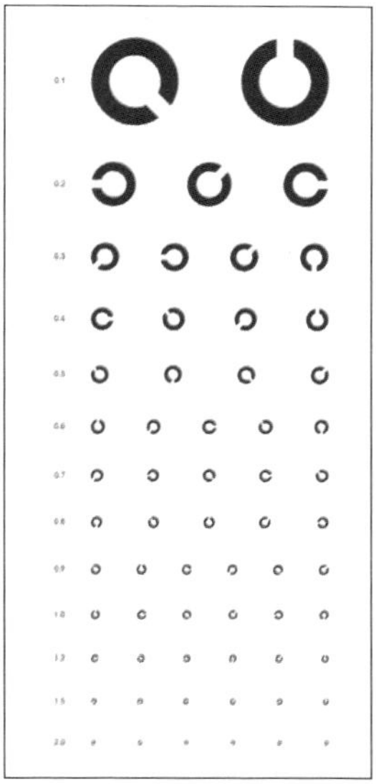

电子商务顺风起飞，

企业老板眼见这是不能抵挡的趋势，

开始在公司的名字后面时髦地加上“.com”，

一堆“糯米鸡 .com”“美女 .com”“交际 .com”“婚配 .com”……

每秒应运诞生，

日夜忙着虚拟目标对象，

开发无限商机。

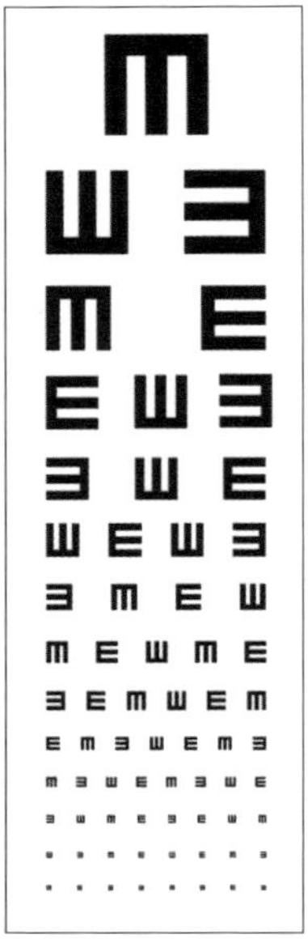

征人版上挤满了知识经济、科技致富的梦想，

有理想的人都在提 Business-Model，

争论在 B2B、B2C、C2C、C2B 中，

哪里才是最大的淘金入口。

趋势专家都乐观预估，

每个人都宣称看到了远景，

直到 e 化变液化，

梦想破灭，泡沫浮现，

暗中开始裁员、转型、缩编……

才证明那堆在忙又茫的网络商机中，

看到远景的人，

其实得的是电子商务近视症。

被“钱景”冲得头昏眼花的人，

都应该去眼科做 EC 的近视检测。

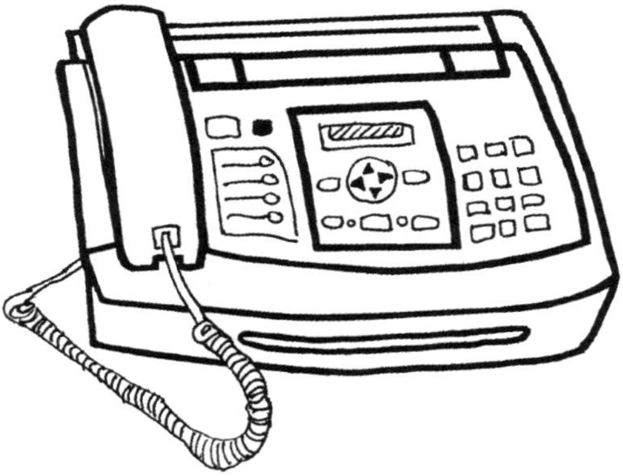

沉默是金的录音机

我不知道我在不在家，

可能真的出门了。

可能只是在洗澡或者睡觉。

也有可能在写稿子不想接电话。

总之，

请您留话就是了。

您是来通知我中奖了吗？

您是要催我《大长今》的 DVD 逾期了吗？

您是不是要告诉我，

我订的 *Colors* 第 43 期已经缺货？

您想约我出来吃饭、喝咖啡吗？

您想要找我写文案吗？

您是出版社，要我出来开会看稿子吗？

您在催交电话费吗？

您正在做全国消费者趋势大普查吗？

您是想向我打听另一个人的近况、电话号码和八卦吗？

您想向我借钱外带借《哈利·波特》吗？

您想向我推销美容课健身俱乐部会员吗？

您想采访、想约稿、想要我上通告吗？

您想通知我明天交护照和旅行订金吗？

还是只是突然想起我，

没事就聊聊打发时间？

您打错电话了吗？

还是您听到我在您录音机上的留言，

现在终于有空回个电话给我呢？

不好意思，我现在无法接听您的电话，

请您留话，我会尽快回电话给您，

谢谢！

我的录音机不会拒绝您的问题，

但也不会答应您的条件，

“哔”一声之后寂静无声，

您会感觉像是，

我不回嘴，默认您所有的要求。

我们之间有像写情书那样，

等待彼此回音的时间，

有缓冲的余地，

有各退一步的遐想。

因为不能接电话所以还没有答案、

还没有共识、还没有定论，

事态还不明朗，谣传未获证实，

您还不了解我的消费习惯，
我们关系扑朔迷离，
我们的未来，
因彼此都在想象而美好，
我们永远在未来进行式之中，
永远都有合作的可能和希望。

有因还没等到果的期间，
能量最大，生命力最旺盛，
其实有些事情，
没有答案也很好。

我除了定时听留言外，
我得开始帮我的录音机，
定期上些人际润滑油，
让这些充满问号等待答复的灵魂留言，
运转顺畅。

家电用品类

混色洗衣机

我不知道我那件在西班牙买的及膝裙

红得这么泼辣，

放进洗衣机里，

把我想正式开会时穿的白衬衫、

想要帮黑高领紧身衣提振精神的白背心、

淡米黄色的麻织迷你裙、

黛安芬的白色内衣……

无一幸免地，

全都染成了我最最痛恨的粉红色。

这次染色事件，

让我知道有些颜色实在太强势，

尤其是有意识形态的那种。

白色不会去改变绿色，
但粗暴的红色
就会去欺压比他弱势的浅色。
蓝色把大家泛洗得普天同庆，
青出于蓝。
有的颜色则是越洗越淡，
越洗越没立场，
比方红色和绿色放在一起洗久了，
模糊的骑墙风味，
看不出来谁还对自己的原色有坚持。

因为不确定放进去的衣服，
会变成什么颜色出来，

所以每次在洗一人份的少量衣服，

都像是在下赌注：

黄色的围巾和蓝色的牛仔裤一起洗，

会不会变成可以一起穿出门的绿色？

红色的裙子和黄色的袜子一起洗，

会不会变成腰部以下橘色的视野？

蓝色的桌巾和红色的手帕一起洗，

会不会帮我染成梦幻的紫色？

灰色的外套和黑色的泳衣一起洗，

会不会越洗越乌黑亮丽？

洗衣机把我私家简单的清洁，

当成各色较劲的战场。

我的各色、各国籍的衣服，

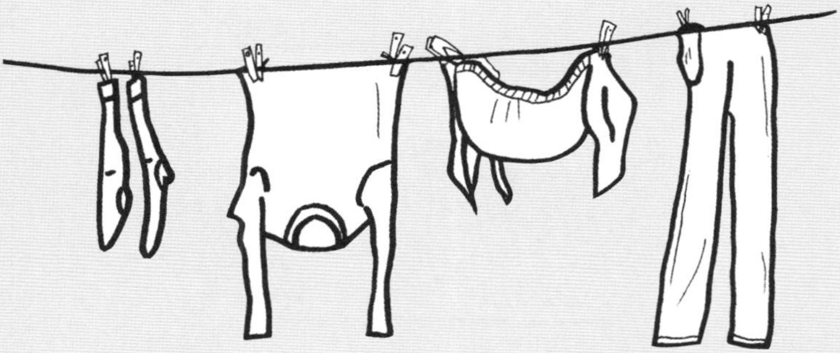

已经在洗衣机里自行统一，

世界大同。

洗衣机里的风暴，

每两天就发生一次。

我不愿纯白的衣服再被其他颜色玷污，

我开始放弃这台黑白不分、

没有判断力、

纵容大欺小、

姑息运转着现实大染缸的

混色洗衣机。

所以我开始用手洗衣服。

数码贞操带

现在不需要征信社，

不需要追查抽象而罗生门的线索，

反正到后来总是证据不足而不予起诉。

干脆自己走过的，

就自行存档、自留痕迹。

所有第一次拿到数码摄录机的人，

都惊讶时间可以倒流：

可以再会昨天一起吃饭的好友，

可以再看一次夕阳，

可以重复上一秒的激情，

可以 repeat 上周末的夜狂野。

这种随时逼真地取阅记忆的特权，

让人想冲动地不计后果，

全程留下激情的特写，

无限延长旅行和意外的视觉暂留。

从拍摄到呈像，

产制一体成形，

自给自足。

不用经过冲洗店的偷窥，

看似安全隐私，

就纵容更大胆的演出。

把数码摄录机当情趣商品用，

他们能无限次地重复、删除、重组，

演化爱情比较好的那部分，

然后把影像用 E-mail 感染给对方。

偷情和偷以前时间的人，

都要付出代价。

贪心的后遗症，

搞得电脑里到处都是 jpg 档的证据、

八卦周刊用不完的腥膻话题。

露骨的秘密，

结果就像电影《八毫米》的下场——

生前来不及湮灭

如电影般真实的大量证据，

死后就被人追得
身败名裂。

将来情侣变怨偶，
一翻两瞪眼，
不必再找藏着的纸条、
用过的卫生纸、
有色的床单苦苦相逼，
打开电脑，
都是用不完的报复证据。

前提是，
你必须学会打开另一半的电脑，
并破解他的密码，
而不是心防。

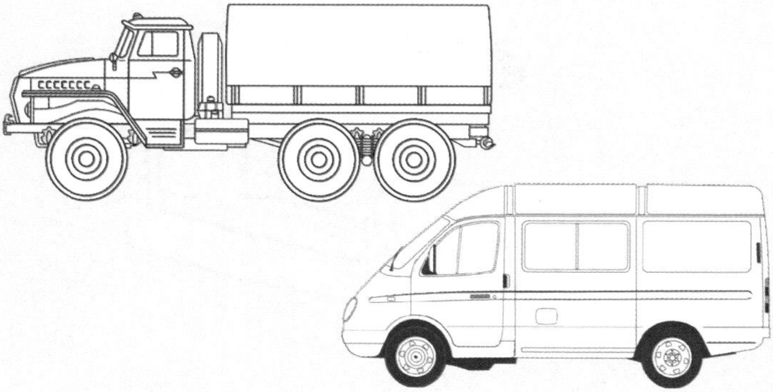

摩登丛林：新野蛮法则

基于汽车广告上一再宣导的
智慧、行动、优雅、自信与尊荣，
我买了一部二手车，
体会一下爬坡、转弯、上山下海、
无限驾驰快感的人生新里程。

拿到车的第一个周末，
我对着这辆
即将改变我的命运的爱车，
心想终于可以省去等公交车的无助，
少掉曝晒紫外线的苦难，
以及杜绝坐出租车的风险，
满心期待地列出我今天的行程：

8:00　三大袋换季衣服送洗。

8:20　邮局领催缴两次的挂号信。

8:35　交逾期的电话费。

9:00　轧支票。

9:20　吃麦当劳松饼早餐。

10:00　行天宫拜拜。

10:30　长春路看早场电影。

12:30　同学聚餐。

14:00　去照相馆打印照片。

14:20　维修手机。

14:45　到公馆买 CD，到唐山买诗。

16:30　到天母调脊椎。

17:55　和家人吃晚餐。

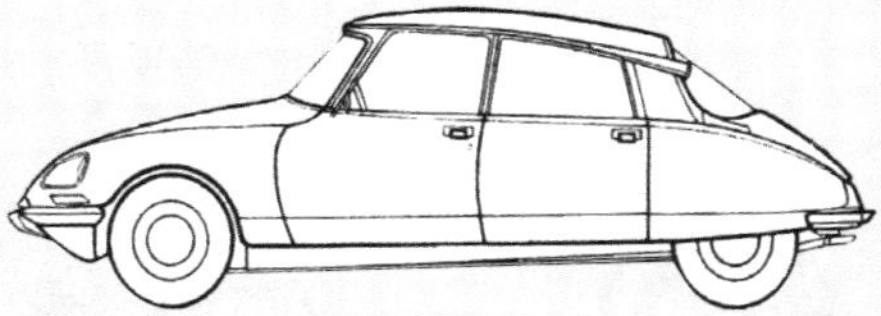

结果人算不如车算，

一送完干洗衣服到邮局时就找不到车位，

然后一声巨响排气管掉了，

在开到修车场途中，电瓶快没电，

冷气也落井下石地坏了，

我预计充实的大半天，

就在修车场里周旋地度过，

等到修好还恰巧遇上大塞车，

我的脾气遇火焚身，

开始和同车的家人吵起来。

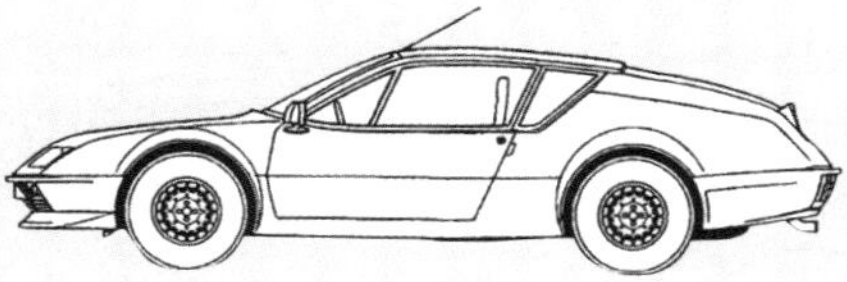

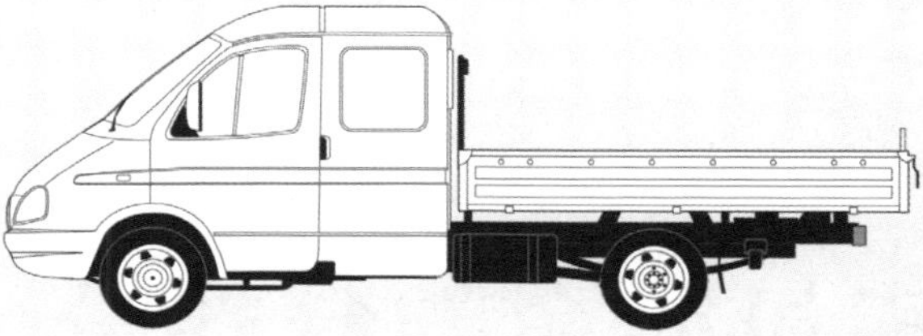

原来家人至上，温馨感人的家庭房车，

遇上台北这种交通，

就通通失去修养、反目成仇。

原来我优雅的行动力，

就在找车位、抢车位、

加油站和修车场之间，

充满了擦撞和三字经。

哪来加速的快感？

只有快熄火的焦虑而已。

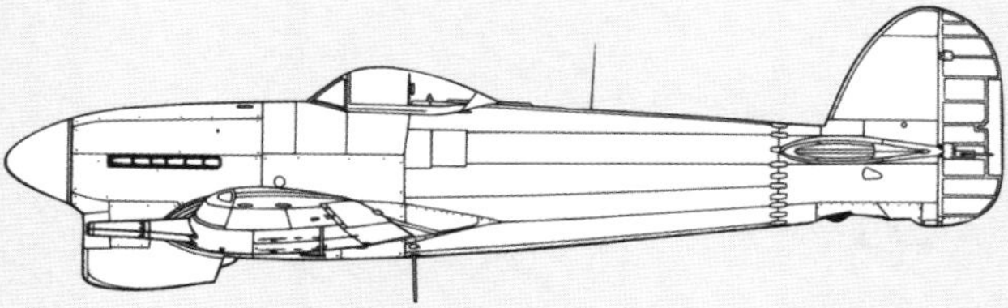

嗜机如命的狂热分子

离开爱人有一千种方法，

离开飞机舱，只有六个逃生口。

我喜欢坐飞机，

因为安全带可以把过动的我

捆绑在有编号的座位上，

让一听到电话、挂号、快递、按门铃就躁动的我，

有一个与世隔绝、避免激动的最好方式。

没有人找得到我，

我也就死了不甘寂寞的心，

远离红尘，

无怨无悔地专心写稿、看书、读报、

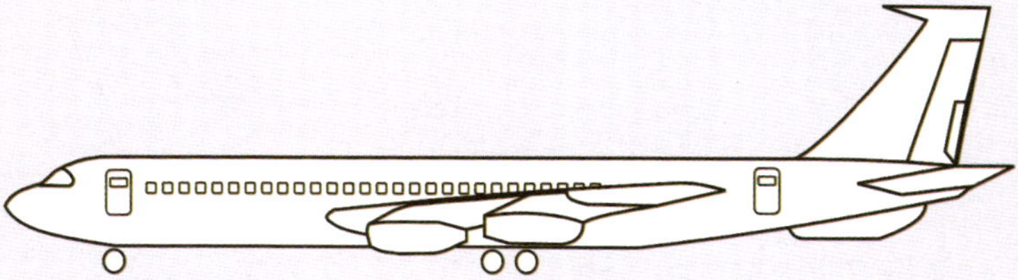

想人生、算恩怨、用易占测未来，

或是好好地看一场没有广告打断剧情的机上影片。

我喜欢坐飞机，

因为会有人按时进膳，随传随到。

因为我可以一次点很多的酒，

同时喝很多杯不同的饮料，

可以一次拿两块面包吃很多次餐都不必追加钱。

对一个酗水如命、期待茶来伸手饭来张口的我，

是无上的特权礼遇。

我喜欢坐飞机，

从 35000 英尺高空中看我离开台北的过程：

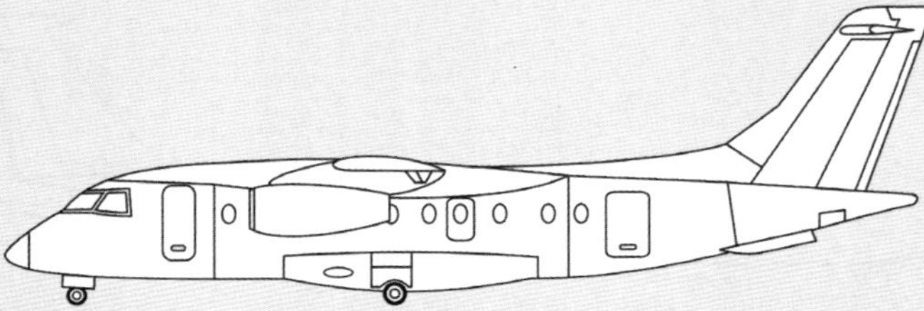

穿过云，外面的空气越来越稀薄，

“在同一个高度上，除了同机的陌生乘客外，

没有任何竞争者或敌人能和自己等高生存”的想法，

帮自己用很阿 Q 的身体高度，

重建自信心。

我喜欢坐飞机，

能和有缘的陌生人比邻而坐，

微笑致意，礼貌优先。

因为半生不熟、所以睁眼闭眼，

半偷窥半睡觉，

醒时保持距离，

睡时无意变有意的碰撞，

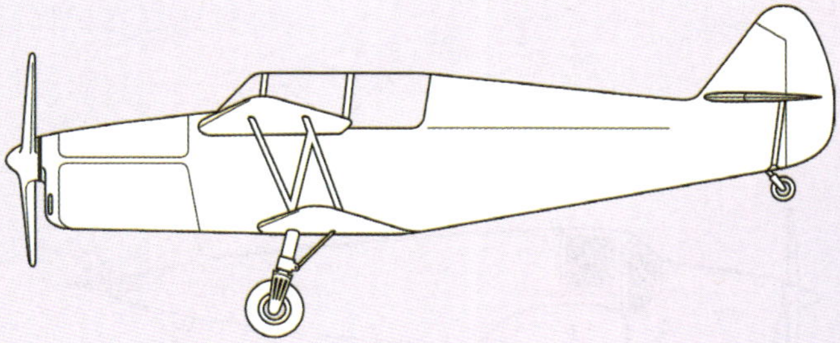

乱流时共患难的关系，

让很多男女主角的爱情故事，

不约而同地从坐飞机开始。

我喜欢坐飞机，

因为我想睡觉时，

可以自创软骨功并且锻炼瑜伽，

可以不用照 X 光片就知道

自己总共有几处关节能伸、能屈、能舒服地蜷成一球。

有时，好运和自己一起登机，

坐到四下无人的位子，

把经济舱躺成头等舱。

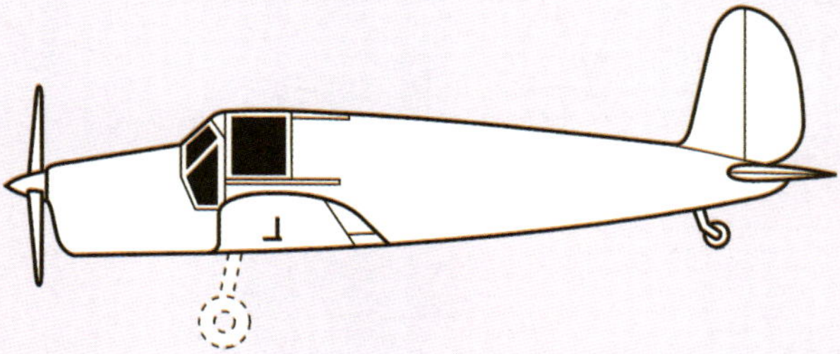

我喜欢坐飞机，

我喜欢不停地调时差、偷换日线并篡改生理时钟。

我在飞机上胃口极佳、精神特好、灵感最多，

在飞机上不会失眠，

我怀疑我上辈子在飞机上出生而且有多次霸机的记录。

我喜欢坐飞机，

因为我向往圣埃克苏佩里的驾机失踪，

迷恋徐志摩迷到竟想和他一样，

用最快，而且不被怨恨的方法，

离开世界，

离开爱人。

以“天意”壮烈地分手，

留下大笔的慰问金，

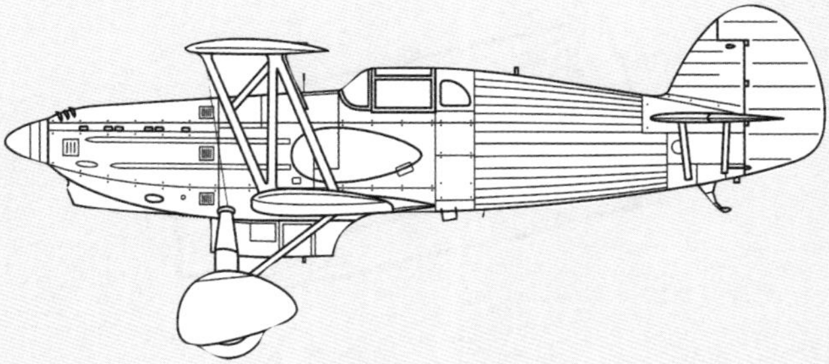

让航空公司和保险理赔，

代我偿还剪不断理还乱的感情债。

一年出国六次，追究起来，

我应该已经得了嗜机症，

不坐飞机就难安。

老是拿到一大堆升等里程的我，

这种极度败家的机瘾如果不戒，

说不定哪天会因精神性的理由闹机、霸机、劫机，

以至于永远不能坐飞机……

后记：后来这个戒不掉的嗜机症，在纽约“9·11”恐怖袭击事件之后就不药而愈了。

黑色司迪麦

好前一阵子，

流行吃有颜色的司迪麦口香糖。

他们把人分成适合吃红色的叛逆分子，

吃黄色的浪漫人士，

吃绿色的环保尖兵，

吃紫色的时尚小姐。

我等了半天，

就没等到黑色司迪麦。

如果口香糖能有黑色口味，

那么那些喜欢穿名牌黑衣的人、

把黑色当幸运色的人、

完全黑色人格的人、

罹患阳光过敏症的夜猫子、

黑人、喜欢黑人的人、

专拍黑色喜剧的电影导演……

一定对黑色的口香糖趋之若鹜。

再加上最近这么多

在股市重挫断头的大亨，

踩着尸体往上爬

刚卡位就失业的中年男子，

才踏入社会不久

就恭逢人生不景气的社会新鲜人，

由奢入俭难、

心情长期萧条身消瘦的女子，

爱情期货低迷、

山盟海誓提前跳票拿鱼枪瓦斯菜刀大开杀戒的怨偶……

在黑市中找生路

在暗夜里徘徊的人越来越多，

想必黑色口味的口香糖，

用黑箱作业的营销手法，一定畅销。

黑色司迪麦，

在口蹄疫流传的时候，

可以是猪蹄口味。

在信心崩盘的时候，

可以是农药或烈酒口味。

在失恋的时候，

可以是大量嚼食、无朱丽叶后遗症的安眠药口味。

在忧郁的时候，

可以是安定神经、振兴味觉的黑糖口味。

在自暴自弃、颓废的时候，

就是把吃苦当吃补的当归口味。

日照越来越少，冬天就越来越快天黑；

秋天到了，春天好像还很远。

相信梦想还没到的人们，

来一片，

黑色司迪麦吧！

生活享乐类

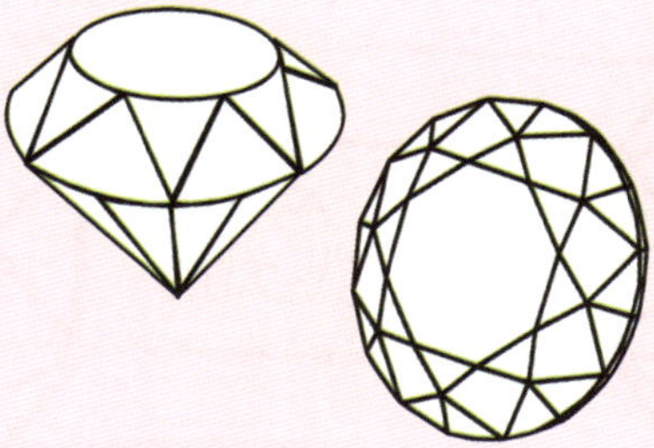

价值百亿的钻石之恋

两个月前，大和拜金女收到
比她大 50 岁男人送她的
5 克拉心形红宝石定情大钻戒，
她觉得她的决定是对的。

回想以前和快递小弟谈恋爱时，
在雨中坐他的摩托车一点也不浪漫，
淋成落汤鸡根本无法优雅，
所以不能享受风雨同舟共济的患难情谊；
加上在坑洞中摔了一跤擦破了皮流了血
这爱情的意外风险太高，
经不起车漏偏逢连夜雨的考验，
她羡慕坐在汽车里吹暖气的爱情。

为了安全感，

她和有车的邮局主管在一起。

他的薪水，

每年以 3% 的速度缓慢增加，

追不上她 20% 高成长的生活品质。

浪漫的存底太少，消费透支，寅吃卯粮，

她一触即发的物欲持续掏空爱情，

王子公主的梦一夕崩盘，

下一个男人会更好的明训，

让她对爱情不死心。

然后和一个模特儿男友热恋，

一辆敞篷跑车四处兜风，

她虽满足，但他的床边不止她一人，

而且还向她借钱还车的贷款。

直到遇上他，一个 85 岁电影大亨，

已经年老色衰、家财万贯，

膝下无子。

当她收到他的钻石，

她看到了

瞬间发光的流星，

在胸前供她许一辈子的愿；

她看到了

永恒的爱情和长期饭票，

她知道她会陪他到老至死不渝。

上个月才闪电结婚，

昨晚就失去爱人。

眼泪还没干，

今天中午，律师就宣布

她合法地继承了一笔上百亿的财产。

还好她相信了，钻石恒久远，

一颗永流传的广告词。

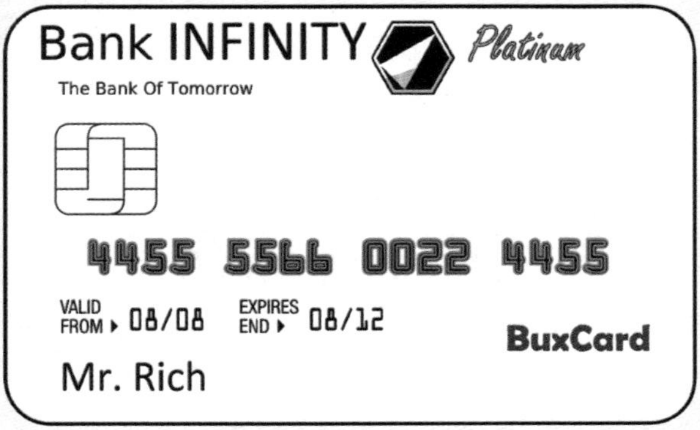

延偿报应的败家信用卡

有了信用卡，

买东西就不用看标签。

只要像批公文、花公家钱那样签个名，

不会感觉钱从自己口袋里掏出的痛。

失业的时候可以带卡进餐厅，

不带钱去吃鱼翅。

失恋的时候刷卡出国，

不带钱去旅行。

信心崩盘、经济不景气、爱情萧条的日子，

只要你还有信用卡，

老天就多给你一个月以上的好日子。

每次只需筹付最低应缴金额，

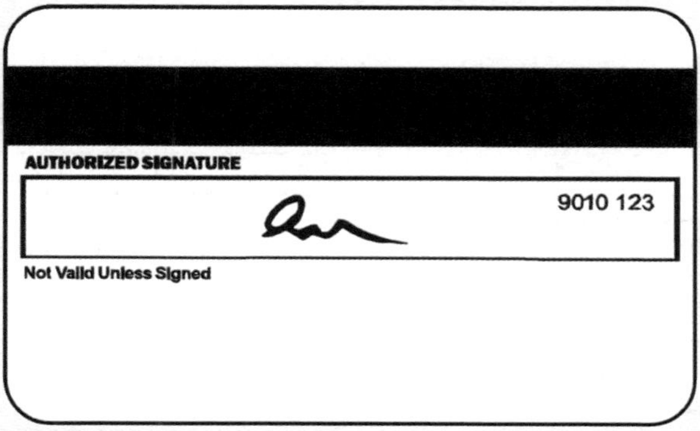

善解人意的银行就宽限你，

用循环利息的未来债务，

交换当下的即时行乐。

我们还有一个月的盛世可以过，

还有一个月可以等待奇迹。

店员看不出来你有没有钱、

有多少债务、

还剩多少资产，

只要是金卡可以支付的，

就可以维持荣面，

不会有家道中落的现世报。

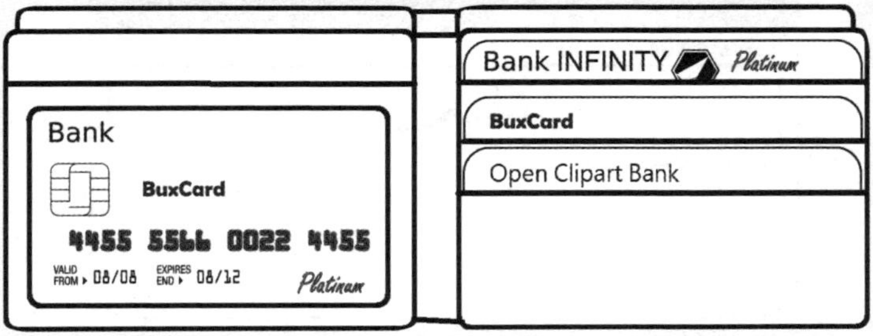

落魄的时候，

你需要的不是白眼的家人、见死不救的朋友，

而是只认你签名，

继续给你尊荣待遇的信用卡。

越来越多的信用卡破产者，

不负责任的败家子，

热血叛逆的艺术家，

悲观末期的忧郁症患者……

以刷爆信用卡的激烈行为

讽刺资本主义的荒谬，

赌世界末日免偿债务的可能，

连夜与酒肉朋友狂欢挤兑百年奢华、

实践一个月亡已的诅咒。

原来自己的名字这么值钱，

收到上个月账单上自己的签名，

要花 3 万元。

世纪末·广告警世录

你没喝我们的优酪乳，
表示没做体内环保，
不卫生，不健康，不爱自己，
身体越来越毒，你在慢性自杀。

你没用我们的 Pitera 活肤保湿面膜，
你会有皱纹，你会老得比同学快。
你没用我们的洗发精，你会有头皮屑，
你会尴尬，你不干净，很不专业，你很丢脸。

你穿不下我们的牛仔裤，
表示你不够性感，不够苗条，
有懒惰、不减肥及纵容身材的罪名。

你的孩子没喝我们的奶粉，

会延缓发展智力。

他没办法长得像大树一样又高又壮，

他会输在起跑点。

你没买我们的房车，你很自私，

对家人不够好。

你不是新好男人，

连带家人去郊外听鸟鸣的

舒适交通工具也没有。

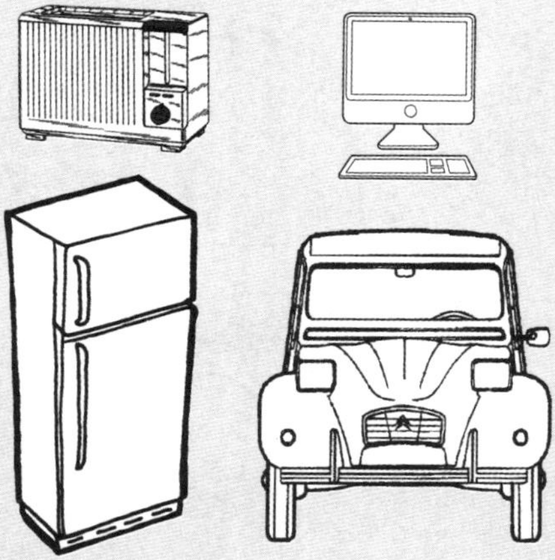

你没用我们的陈年好酒宴客款待，
你真是苛待朋友，吝于分享，
疏于沟通，不懂得生活。

你没来我们的英文补习班上课，
表示你不够国际化，没有竞争力，
连一点上进心也没有。

你没买我们超轻薄的笔记本电脑，
你的知识看起来沉重而落伍，
连一点飞跃时代的行动力也没有。

你没买我们的魔术胸罩，

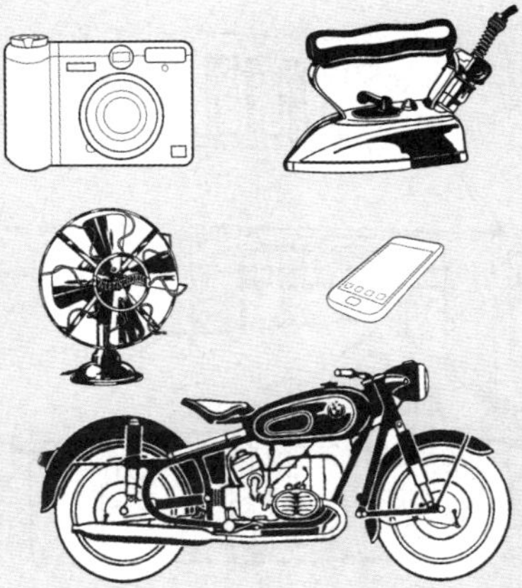

就撑不起男人对你的吸引力，
你在爱情市场会失去傲人的行情，
了无魅力。
连这点自觉也没有， 谁也救不了你。

你没马上来我们的百货公司消费，
你会焦虑刚上架的好衣服，
会被你的情敌买走。

你没用我们的 5G 手机上网，
突来的好运都联络不到你，
你会没被通知到参加同学会，
你会没有朋友。

你没买我们的钻石，
表示你的爱情很廉价，
对爱人寡情，
你和她过不了一辈子。

你买不起我们的房子（我们已经够优惠了），
你该好好检讨一下，
你的钱都花到哪里去了。

因为你不够有钱有势、不够年轻、不够苗条、
不够美丽、不够健康、不够舒适、不够前卫、不够有品位，

所以你一直不满现状、

一直对自己不够好、

一直对家人朋友有亏欠，

所以请再阅读广告五千年，

它会用各种名目继续教你

“适者花钱就好生存”的道理。

The Man
Ancian Greek for Newbies
SHARKS LOVE PETS
500 Fun Experimentaions 500
Chemistry
MOBY the Whale
Egyptian is the greatest language (after Greek)
THE BLACK TEMPLE
William Wallace
Medics & Me
All your Base Are Belong to Us
DICTIONARY FRENCH ENGLISH DICTIONARY
Luke, I am your father !
DICTIONARY
COOKING
A STAR IS BORN
Odyssey of Species
UNDER SIEGE
Heal with Plans
Anubis - The God who wants to be loved
RED ROADS
Sorcery for Dummies
The Little House
Pink is not only for Girls
LEONARDO DA VINCI SECRETS
The man who sold the world
My little Bamboo
TRAVEL IN MEXICO

B

流行商品之百科辞典

爱情篇

时间篇

上瘾篇

风潮篇

健康篇

广告商人九大罪狱

广告文集一年后的快乐告别式

DO YOU KNOW FASHION?

爱情篇

【勾引】

也有人写成“沟引”。诱惑的手段。内衣的战斗精神。你的身材藏在模特儿的胸罩里。比较人性的贞操带世袭。你的防守被我送的紧身箍逼到没有退路。你的尺寸以及荷尔蒙的周期只有我知道。售价越高需求就越强烈。

【诱惑】

巧克力的精神意义，凡人无法挡。婚礼上舍不得丢的金色梦幻花束，比玫瑰还贵。和爱情一样，屡戒屡败。糖果店买得到的春药。有化学性的魔法作用。会让人吃到忘了身材。镇定一个小孩的童年并同时激起一个更年期失婚妇女的欲望。里面有包酒的更严重，让爱情一直处在不清醒的状态。爱是一种灵肉如胶似漆的剧烈运动，至今仍找不到从爱情里逃脱的提神解药。1774 年教宗被暗杀的毒药就是放在他无法抗拒的巧克力里。

【欲望】

对某种物质、利益、目的的愿望。情人节晚上最贵的总统套房，我们可以不爱而夜。这里只有钱的规矩，国王与宠妓的华丽仪式。付钱的人有浪漫的权力。套房外头是另一种阶级。

【性感】

引人性冲动之感。睡衣。有阴谋的布料引起你的情欲。买来脱掉用的。若隐若现更有效率。让你来定义我。反应通常强烈。请注意所有的警告与命令句。

【私语】

人类最原始的一对一沟通学。手机，没有分机，只有你听见我的声音，外遇专线。请开机。用很贵的电话费谈情，只想听你说谎，不值得拿来说真相。群雄割据的通讯天空，通话品质好不好关系到我想跟你聊多久。现在流行传短信。巫师专用，隔空取信。我们有自己发明的表情贴图，没有第三者能解我们的密码。比较时髦的飞鸽情书。网内互打很便宜，甚至免费，我们用同一家电信就是同一国最惠待遇。我把你的来电设定成 119，你一来电我就马上奉献我的时间。

【浪漫】

浪费的同义字。情人节大餐。有蜡烛，像卖火柴的小女孩，看到的都是美丽的幻影，而且可以取暖。现实感变差，想象力变好。先挑逗你的舌头。吃了牡蛎就能壮胆。杀伤力都用在眼前的生牛肉和餐后的你。

【激情】

哈根达斯冰淇淋。冰淇淋是用来感觉的。入口可以提神，涂抹就会麻痹末梢神经。我的身体可食。请把握一球冰溶化的时间。零下 18 度的官能刑求，性的款待。心跳加快，爱情的新陈代谢也会加速。冰箱里的情爱时间表。没有想象力不爱甜食的人就没有激情。

【高潮】

保险套品牌名。害怕有你的下一代。我应付你肉身武器的透明盾牌，我和你有最薄的安全距离。我的算术不好，你赌博常输，所以送你保险套。是诱惑也可以装留 DNA 证据报复你。恋橡胶癖者，每晚被塑料虐待的质感。

【麻醉】

使人失去知觉。含乙醇的饮料，例如：酒。易燃。爱是病，酒有毒，两人意识与身体攻防战。对一个上了瘾的人而言，没有它会死。所有的现实都朦胧成超现实。你先喝，你先缴械。

【降服】

爱情直逼城下，你的事业野心全部沦陷。你已经遭逮捕已经被统治，我会帮你安一个名分，法律修道院会帮我戒备你。你被婚姻加冕。爱本来就是一种屠杀，大军击溃你的女性主义与专业威仪，你已经在重牢里开始服永不假释的爱劳役。永远做牛做马的家电使用者。褫夺公权终身。如果你懂这种感觉，你就是我们广告诉求的已婚怨妇。

【柏拉图】

饭岛爱的性爱哲学。用肉体思考集体字慰达到畅销排行榜高潮的情爱书。爱情有很多术语，够你引经据典撑过好几场爱情轮回。古典主义性压抑知识分子意淫的 A 书。把对象当成病历当成标本。把爱情当学问在研究的人，可以发表意淫的统计学与论文。当“性”是一种可以公开被印刷的床笫文明，我们尊称它为情色文学。杜拉斯说，作家什么都不用做，只要坐在你旁边就让人兴奋。广告说：知识使你更有魅力。诗人说：知识并不能使人幸福。饭岛爱说：我已经很努力读书了还被打。

【嫉妒】

习惯你的气味。习惯你的帝国主义。习惯你的声音含氧。所以我不能和别人分“想”你。爱的计量学。斤斤计较。自古以来爱情债权人的战争理由。爱恨比生死更无常，爱情的意外太多，肇事率比现在的自杀潮还频繁，请保爱情险。

【折磨】

因爱而自取其辱。灾难式的感性。我们用自己的身体，跟着剧情有节奏地复习小学老师的体罚。尊严很裸体。在这个赏罚分明的极权国家，卧房竞技场上动用我的私刑公然羞辱战败的情人,实行我的精神拷问。我要用爱凌迟你。罚你做僧侣却天天激起你的情欲。温柔会让你的爱拖得更苦更久。你活着就是我的恩典。

【预言】

爱让人失明也让人启明。爱是算命师傅永远的业绩。我不知道你爱不爱我、我不知道你还有没有别人、我不知道我和你有没有未来有没有小孩，所以花一百元问你的现在我们的未来。我是先知但你是主宰，命运中我已被设定成输家，这场游戏怎么玩。我已经知道何时你会吻我、何时发生关系、何时吵架何时结束，我知道所有你还没告诉我的真相，我知道你以后将移情别恋，恕我隐瞒我和你的未来，就像你隐瞒你和她的过去一样。我正在努力延缓我们的激情进程，拖延命中注定的爱情大限。我先看到了爱情剧本，预见你一再毒狠的感情杀业，预见我再次沦陷兵败如山倒，在你的前科、我的病历、我们的生死簿上看到我的毁亡，但这场连续剧我现在才开始要下场演。

【不忠】

先背叛再效忠不法。不顾中年名誉的爱情走私。以肉欲打破爱的封建。神善变所以我们的誓言也朝令夕改。建立家谱外的血源。你的老婆已经在翻分类广告找征信社。如果不能保密防谍我们就玩不下去。

【幸福】

可庆幸之福气。永远吃不完的浪漫。对巴黎铁塔的崇拜偏执。王子公主永远快乐 30 秒的电视童话。你订我们的喜饼才有。

【永恒】

久远而不磨灭。钻石就是。可以折射你的多情。戴在身上，所有人都看得见你五克拉的誓言。这颗是你的爱情押金。想分手的时候我会把钻石留下钻台还给你。我才不会损失太多。

【自由】

查无此字。

时间篇

【秒】

报时台的进度。彻夜失眠者的滴答声。电视广告计费单位。运动员的决胜关键。落叶速度。精子冲动决定一生的时间。相机抓到千分之一秒岁月的瞬间速度，必须在老奶奶更老之前拍到她的笑容，在孩子还没长大前定格他天真不惧的眼神，在两人新婚、爱情高潮的时刻抓住甜蜜的幻影，在旅行的当下留念到此一游的无常，在狂欢之际存证我们最好的那一秒交情。

【分】

生离死别后再见面的第一分钟是一辈子,下课的十分钟即只有一下子。料理的火候单位。你爱或你嫌弃的人的心理时间相对论。你的表越贵，你的时间越值钱。没有指针的表戴了人不会变老，就像不相信爱情的人不必再等待受苦。

【刻】

节拍器。弹琴的人弹完一曲快板或慢板。跳舞的人转动肢体的圆周率。

【小时】

写作的人把时间打进键盘里，他的眼前只有 Deadline 没有明天。因为飞

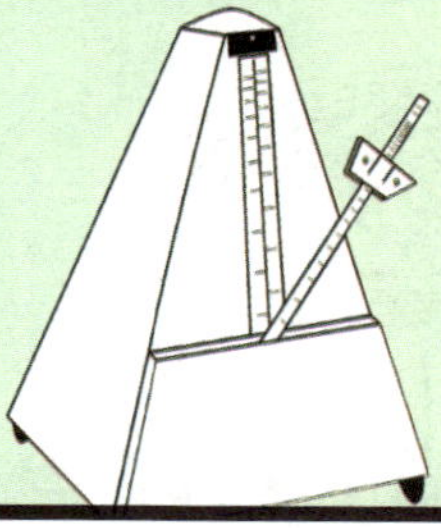

行所以我们有时差，因为上网所以我们讲时效。火车时刻表。每两小时的身体时辰：半夜 11 点至 1 点胆经，鸡鸣 1 点至 3 点肝经，平旦 3 点至 5 点肺经，日出 5 点至 7 点大肠经，以此类推，作息请守身体的时规。

【天】

地球自转一圈。一次晨昏上万个心念幻灭。呼吸一万三千五百次，活着成了不假思索的技术。面包出炉时间表，一天两次，挑嘴的人只吃最新鲜。等情人的焦虑度日如年。今天是我们的纪念日，要送礼的时间怎么来得这么快。

【周】

我们花几周时间把一部电视连续剧一群人的一生高低潮看完。简化的人生、拖拉的戏，锻炼“结局还没来”的收视率耐性。周刊。每礼拜招惹狗咬人的名人黑色星期四。一周重点新闻的淘汰率。关于下周运势我只相信玛法达。

【月】

卫生棉的潮汐搁浅。所以我们需要透气干爽贴身有弧度不外漏的表层，以顺利接收一月一次的情绪灾难。

【季】

换季新装。天气变了，你和气象局可能还不知道。用广告预告天气。设计好的新衣率先上市请你来换季，你一换上春装春天就会马上来。

【年】

一种兽。树的轮。年历。不服老年历还是要每年换。不计前嫌的最小单位。电影说：人一生有很多个年，但如果刚好是 18 岁到 28 岁，那就是一辈子了。所以我们要每年开一次同学会。

【回春】

SK-Ⅱ青春露吃掉你的鱼尾纹。你在越活越回去的魔咒中。你比你的老伴、同学、孩子看起来更小。离开情人最好的报复，就是把自己变得更年轻，找更年幼的情人取而代之，然后看旧情人越来越老，他看你越来越美得遥不可及。

【谎言】

光滑亮丽的发质可以谎报年龄。洗刷犯罪嫌疑专用的洗发精。

【生灭】

电玩 GAME OVER 的时间观。英国哲学家赫伯特·斯宾塞（Herbert Spencer）把时间定义成：那是人类总想消灭的东西，但也是最终消灭人的东西。在上帝有限的时间玩好几回合的人生奋斗。我和你连线

竞争版图，我们的战争有输有赢，你下令开火，我坚决抵御，但不会有人真正负伤。一直追赶与被追缉。可以不停地动用奇迹、动用科技欲生欲死。世界就剩我和你，战士与敌人。为何而战，为谁而战已经不重要，刺激爽就好。

【等待】

波赫士引述突伦某派玄学家的时间观："现在是不确定的。未来并不存在，只不过是眼前的希望。而过去也不存在，只不过是眼前的记忆。"所以我们等公交车、等地铁、等飞机、等银行叫号、等提款机、等厕所、等工作、等景气、等餐厅位子、等一部电影、等下一个更适合的情人出现。用现在等希望。等的时间越久，所等的东西就越有价值。有时候等的时间很快，有时候则是度日如年。农民历规定你的出没迁动，请不要不信邪，请照表操课。想要好命，就要等良辰吉时再出生。

【速度】

往印度大吉岭的喜马拉雅特快车上有一段话：慢（slow）与生（life）都是四个字母，速度（speed）与死（death）都是五个字母。网络比频宽比流量比点阅率比速度比看谁在同一时间下载最多影音图档然后比看谁早死。跑得比网络趋势慢你很焦虑，但一堆 .com 在你面前暴毙而死，迎头赶上的全是壮志未成身先死的年轻网络烈士和理想的硝烟废墟，你还要不要继续往前追跑？

【不懈】

很忙的人永远没时间，觉得还有时间的人永远迟到。有人一向守时。有人永远工作超时。有人过度运动。有人嗜睡忘了时间在走。健身房的跑步机。在那几分钟内你就是流汗不止的运动员。机器停了，你总共放逐自己三千公尺远，但你还在原地，你其实是西西弗斯。

【概率】

保险。很难的生命算数，只有嗜赌的保险员知道答案，那是他们的业绩，我们活着的概率。没有保险，死神就在门口等。没有保险，你的意外特别多。

【一生】

葬仪社和灵骨塔。先学会生死再学会礼节。有尊严地安排长眠之处，像是在挑飞机座位，只是你不能再换座位，再也离开不了原位。

上瘾篇

【惯性】

以生理的暴食手段解决心理的残障问题。洋芋片，一口接一口，填无底洞，片刻不离手。话匣子一打开就停不了。

【尖叫】

影歌迷以疯狂式的忠贞，消费心满意足的精神毒品。日夜追星并如侍亲般供奉偶像的信仰不移，可以殉道殉情。一看到就尖叫的反射性激动，让景气也盲目地冲动起来。

【分泌】

我有话要说，有好多不满要讲。但在公共场合要安宁，对政治要保持缄默，在教室要安静，在情人面前要矜持，对敌人要防谍，对陌生人要保持距离，在医院要轻声，在电影院要关机。自古忠言逆耳，永远祸从口出，为了继续保持开口闭口滔滔不绝的咀嚼假相，为了继续分泌唾液和口中酸性，口香糖是必要的。

【吐纳】

我很苦闷。我要看见我每一口沉重的吐纳都化成烟消云散，所以我到阳台抽根烟，感觉微眩在高楼上腾云驾雾。雪茄更好，味道最浓。你知道如何测出一口烟的重量吗？电影告诉我们：吸进一口烟后的体重，减去吐烟后的体重，就是那口烟的重量。广告在背后以听不见的声音呢喃着：吸烟过量，有害健康。

【陪伴】

我没有兄弟姐妹我是独生女。但我妈我爸我爷爷奶奶轮流到麦当劳排队帮我买齐了恋人全系列共 10 位男女 Hello Kitty 陪我长大。我可以不要有情人，我是想和原生家庭住一辈子的摩梭女子。

【酒】

酗是一个动词。酒则是一种易燃品，酒生火，火燃爱，爱让人失去理智。麻痹等不到情人电话的焦虑。为庆祝而喝，为遗忘而喝。如果你常失恋酗酒成性，伤肝算是一种职业伤害。戒酒前喝无数回最后一次的酒，每一次都像壮士一去兮不复返般的悲壮。很难适可而止。酒后吐真言的失态，让你压抑性人格当众出丑事后很难收拾。酒徒是某种带瘾的精神病患。禁酒，情诗就会灭亡。没有酒，她会发抖。

【爱情】

电影告诉我们：人总在特殊的关键时刻，才会瞬间放弃那种着魔的感觉。有泰坦尼克号情结的宝钻项链。被时间下咒的迷情物。一旦对爱上了瘾，你就一辈子戒不掉。

【公转】

有人说旅行是一种生理需求。不绕着地球跑、人生旅途不够奔波劳顿，就没有活着的感觉。

风潮篇

【阶级】

陆龟蒙《野庙碑》：升阶级，坐堂筵，耳弦匏，口粱肉，载马车，拥徒隶者，皆是也。高跟鞋制造身段的效果。一个资本主义者对马克思教义的理解：阶级是一种集团，是生产过剩后少数人占有大多数人劳动的成果，因而产生了私有及剥削与被剥削的关系，统御大多数人，于是形成对立与矛盾。小心被手段更狠毒的情敌批斗，被不景气打倒。

【自信】

一件有名字的设计师服装，让没有名字的中产阶级瞬间变成走得进上流社会的精英，让你自愿出比布料多好几倍钱的品牌迷障。

【伦理】

世风之下，人心不古。我们砸上千万的广告费，请不道德的广告文案、专门制造幻觉的美术、不诚实但会说故事的导演……就是要来修改不人道的伦理学：你买我们的酒在深夜才找得到有品位的酒肉好友分担你的苦闷。吃我们的零嘴你才有勇气骂你的老板。买我们的洗衣粉你的贤惠比隔壁的太太有智慧。嚼过我们的口香糖后你就可以大胆接吻，吻谁都没关系。吃我们的汉堡你才知道欢乐的美味只要 9 元一份。喝我们的可乐你会清凉有劲。买我们的除疤液你的天生胎记、青春痘疤、

人生污点、过去情伤在两周内就可以一笔勾销重新做人。买我们的汽车你就不用再搭男人的便车。开我们的四方吹冷气你才能兼善天下。卖玫瑰花的老板说情人当然比家人重要，因为前者欲求不满他才有一辈子做不完的爱情生意。信用卡说欢迎来欠债。你的感觉就是我们的感觉，只要你维持对我们的惯性忠诚，我们卖起来就比较省力。

【知识】

你在景气的时候买的一大堆书全看完了吗？天无绝人之路，书是你永远的出路。这个时候你最需要有魔法的书帮你点石成金，最需要爱情的书重新点燃你的欲望你的热情，最需要宗教的书让你把自杀的屠刀放下立地成佛,最需要心灵的书让你忘了股市的颠簸在床上安稳入眠，最需要诗集小说的想象力带你脱离人生险境到有梦的地方远行，最需要财经的书帮你打掉债台让穷爸爸变富爸爸，最需要旅行的书带你到国境之南太阳之西的彼岸避寒，最需要食物的书帮你填饱失业的饥饿感，最需要趋势命理的书告诉你苦日子什么时候过去，最需要养生保健的书让你活得越久领得越多。不管经济如何退败，文明永远在累进，知识没有不景气的时候。

健康篇

【身体复兴运动】

经济不景气，多出来的很多时间全拿去养生，提前养老吧。公园的清晨最近人满为患：土风舞的占一角，气功的站大树前，韵律操的围在凉亭边，慢跑的在外圈绕，太极舞的则在公园中心形成最大帮派。现在谈政治有害健康。关掉电视，参加一个身体的帮派，让鲜氧、太阳、花草活络你低迷的筋骨士气。

【回归山林】

健康很贵。我们不加蛋、不加奶油、不加发粉、不加人工糖精，很多东西都不放，你必须牺牲口感而且还卖你不便宜。德国乡村杂粮面包。这些德国粗麦、荞麦、燕麦、大麦、小麦、黑麦、裸麦都很好卖，一出炉排队的人就抢购一空。财富缩水、房子拍卖、股票变壁纸，如果一天还能吃一次最新鲜有机高纤面包，形同吃下一座蔬果山园，得道成仙外还可以赚一点健康回来。

【懒人健康法】

我很不会挑水果，更懒得洗水果，所以我就喝什么蔬菜都有且完全免切免洗的现榨精力汤。一天该有的营养一杯就毕其功于一役，喝完了安心了，健康义务就尽了。精神百倍后就放肆地照口欲乱吃。有事，明天再喝就好了。

【流汗贵族】

健身房都在折扣，反正你现在有的是时间。还好我在景气好、身边还有闲钱的时候买了一年份的健身俱乐部卡，所以现在身无分文还能像贵族一样天天享用健康。流汗总比流泪好的新重力训练让自己在愁云惨雾之中还能容光焕发。

【人工乐园】

SPA 有源源不绝的各式水疗，让你忘了现正逢希望的干旱。有高温烤箱让你找到经济寒冬下的温暖。躺进光能太空舱中，听着南美丛林音乐，全身涂满精油，让 α 线经过下视丘刺激脑分泌脑内吗啡，让你冥想快乐得如痴如狂，不想自杀。

【健康业绩】

巴西原装蜂胶。抗氧化维生素 A、C、E 的营养蛋白杏仁口味混合奶。成分二氧化矽、抗坏血素、丁烯二酸亚铁等草维锭一颗就搞定。营养食品让你百毒不侵。说明书写得越专业你越看不懂，就感觉超有疗效而且特别贵。健康怎么会不景气，反正你永远怕老怕病怕死，推销的人讲得眉飞色舞，业绩还是好得不得了。

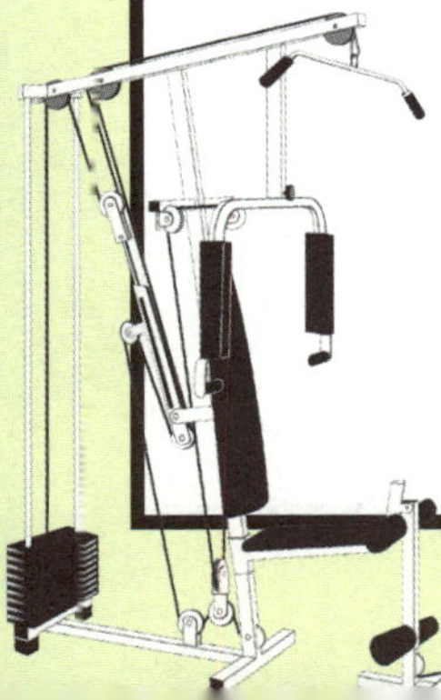

【官夫人美容秘方】

洗肠子就跟洗水管一样，常常清才环保有益健康。大肠水疗。开水龙头暖水来回冲刷150公分肠子的陈年毒素，郁结一扫而空。冲完小腹消失身轻如盈像回到刚新生的婴儿状态。蒋宋美龄和黛安娜等美丽官夫人永远不老就是最好的见证。提醒你：洗一次的费用可以让你去吃两次台塑牛小排，请抉择。

【温柔乡】

疲累无力？我们帮你调了罗马洋甘菊柠檬叶牛奶浴。ORIGINS。在家解放身体，先放松然后舒压接着催眠你，保证比做爱舒服而且不必负民事责任。

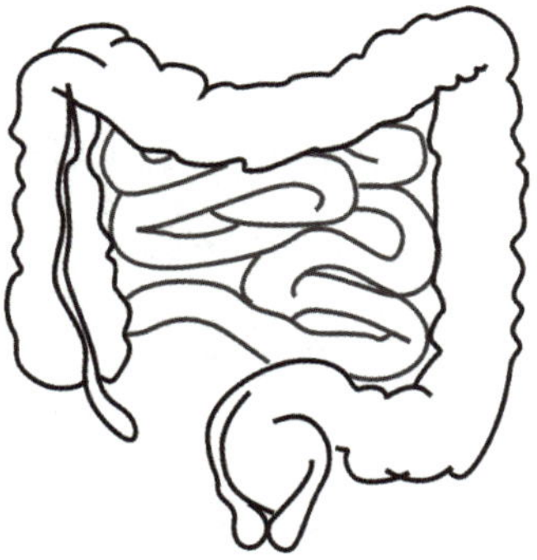

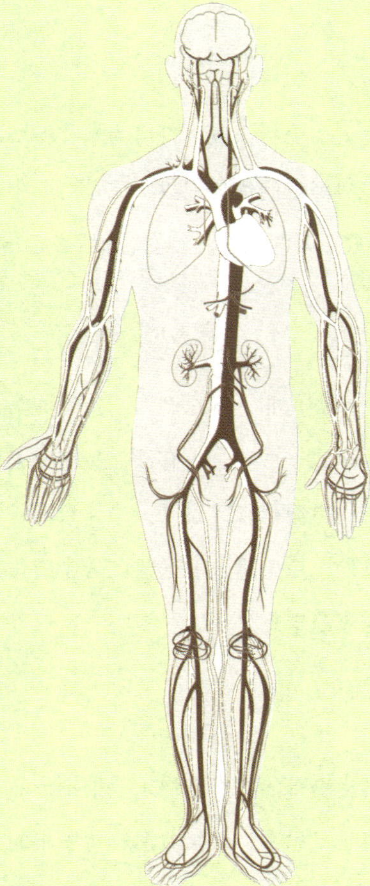

广告商人九大罪狱

【嗜美罪】

凡眼神不正，嗜爱美人、美物，以洛可可为繁文缛节的帝国品位，以文艺复兴的价位为姿势经济的优势强权，或是对非中产阶级精英露出轻鄙之态，年收入达数百万的创意总监们，死后必堕落至“挖眼地狱”。

【唆使罪】

在市场上兴风作浪、搬弄是非、颠三倒四、指鹿为马，以有想象力的感性诉求引起贪念、迷恋、冲动、占有欲，唆使：工作是为了消费更好的生活、消费比节省更懂得善待自己……导致五谷资源浪费、胆固醇过量、冷鲜食物过期、鱼肉腐败的这些广告主应化身成六畜吞铁，再堕入“毒药坑”受淹溺窒息之刑。

【诈欺罪】

痛苦的诗被文案拿去当新奇的卖点，快乐地推销产品。人们已被震耳欲聋的广告标语麻痹身灵思考，开始习惯轻薄短小的简单生活。没有人还有耐心地深度探索生命，他们从刚血拼到的战利品找到人生的答案，对诗集已经视若无睹。大家都准时收看优雅的广告和野蛮的广告词，相信买了就满足、买了就快乐、买了就有知识……这些鼓吹愚民“拜”物教的广告人，应受“炮烙暨铜叉击射之刑”。

【诱拐罪】

以炫惑言辞、妄幻影音、耽溺口味、新潮童话，连续谋略心志未熟之青少年，煽动集体消费早逝的流行、最短命的偶像，逼良为娼，持手机援助交际。叫卖“打工一个月买一件名牌才酷”的新价值观，把他们的灵魂一一典当给物，然后推销商品来赎回他们的安全感。这些祸人子弟无数的广告人，应受“油锅之刑”。

【败德罪】

淫荡变多情、色欲变魅力、浪费变浪漫、骄傲变自信、懒惰变休闲、贪婪变野心、不满变上进……这些大玩广告哈哈镜、极度恋物、偏执、善妒、着魔、成痴、成瘾、成癖、窜改伦理、败德、立神话、洗脑并大量招收享乐信徒的广告人应下诏罪己，受“抽肠挖心”之刑。

【妄语罪】

把一个个活生生的人，数据化成一个个有经济价值的目标消费者。以运动精神卖鞋，以行动力卖车，以家庭欢聚卖火锅料，以女性自觉卖卫生棉，以尊荣卖信用卡，以自信卖化妆品，以友情卖酒，以健康卖药，以爱情卖首饰，以快乐卖可乐。鬼斧神工的文图在夸大不实的法律边缘游走，以不道德的伪诈伪证把戏，制造奇门遁术式的减肥、戏剧性的美白奇迹。把全城的灵魂搞得比肉体廉价，到处散播广告福音的广告传教士早该下地狱，受“石磨肉酱之刑”。

【毁谤罪】

以比较式广告误导消费者，甚至暗喻、反讽、攻击竞争品牌，以视觉魔术、文字骗术转移焦点的广告大说谎家，应受“拔舌穿腮”之刑。

【贪婪罪】

使用不超过一年的垃圾商品越来越多，虚荣大量霸占你的衣柜、他的储物空间。复辟罗马奢华末日以谋不义之财，处心积虑用物系流行建构你生命周期极短的自恋盛世。广告在制造你的欲望而不是满足你的欲望，让你永远落后、永远焦虑、永远失意、永远自卑、永远求不得苦。你得按季向设计师高价购买不打折的自尊，在衣冠楚楚的镜子前面才看得见自己。那些“在不景气之时趁危打劫，滥发信用卡以诱惑过度消费未来春秋大梦，导致使用者不负责任地破产破财、家庭不睦、家破人亡，而却只担心越来越多自杀人口会不会影响到市场占有率”的这些广告奸商，应受“走火地板三百里之刑”。

【淫乱罪】

鼓吹酒色财气、颓废、乱性、乱伦，或是做强烈性暗示、情色冶艳广告让人忘了矜持的美德，刺激一个野性的女子对一件好内衣比对一个好男人更坚贞，以致越来越多的痴情男子都以死谏做很俗气的告解殉道，让这座城市每天上演太多的情杀、太少的情爱……这些不择手段的广告艺术家，应受“鼠咬阉刑”。

罪行重大，身陷第十九层地狱的广告人，受刑后将再被转轮王判为卵生，成为禽兽鱼虫轮回受报。盛衰无常万事空，阴路只有孽随身，还是早日顿悟转入慈善事业，放下广告屠刀立地成佛。

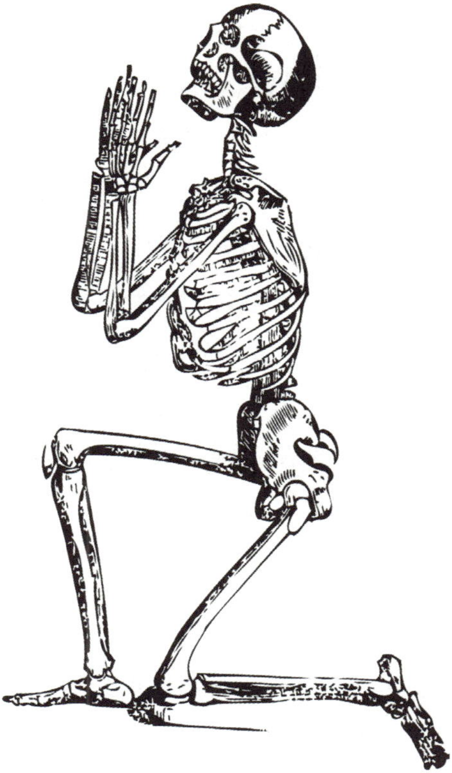

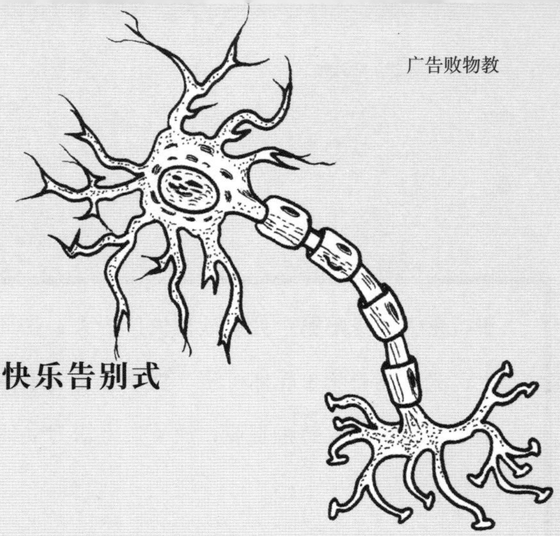

广告文集一年后的快乐告别式

一年了。这一年变化真大，由盛到衰，只要一年。我一向不喜欢与人有固定关系，《联合报》副刊的《黑色广告文集》专栏，让我开始学会什么叫责任感，无论生病、住院、恋爱、失恋、出国、闭关、中医考试、博士班考试、房子装修、电脑当机、忧郁消沉、躁症亢奋、生理期疼痛、有灵感、没灵感……只要我还活着就没有借口，绝对得按时交稿。我原是一个上课会翘课、约会会爽约、一出国就失踪、爱情不超过九周半热度的人，经过这一年的牵制，我已经有类同“父母在不远游”的高度孝感，只不过可怜了副刊的文编婉茹、美编泰裕，总要到致命时刻才能收到稿子，然后赶得昏天黑地让读者看不到任何一次的开天窗，天佑这些守责的伙伴们终于要脱离苦海了。

过去历经种种的私人情绪、对消费现象与价值的批判、对热门商品的反讽，都藏在这一年来的黑色广告文集里。我对广告又爱又恨，爱的是它的多变，以及每次都有重新点燃兴趣再次爱恋的感觉，恨的是明知道这些标榜“给钻石喜饼就是给一辈子幸福”“办信用卡就可以提领希望未来”“开好车才有先驰得点的行动力”“住有

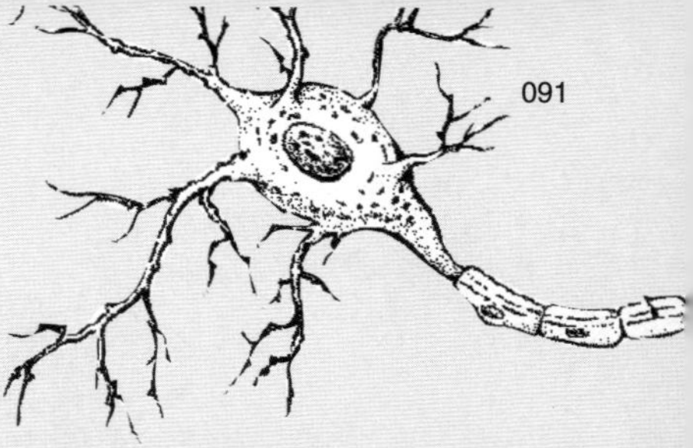

游泳池的别墅才享尊荣待遇”……的广告词，以及照行事历节庆刊登的广告图稿背后，都有一张严苛老板订好的业绩表，都是文案与设计串通好了的华丽圈套。

从专栏一开始如怀子般的兴奋、后来如难产般的痛苦、到现在望子飞离的不舍，都是点滴心头的苦乐情绪，无法传述。谢谢《联合报》副刊的海量，让这个与广告杂交的变种文体，在安静高贵的纯文学版面上，穿着七彩的舞衣从 2000 年喧闹到 2001 年！

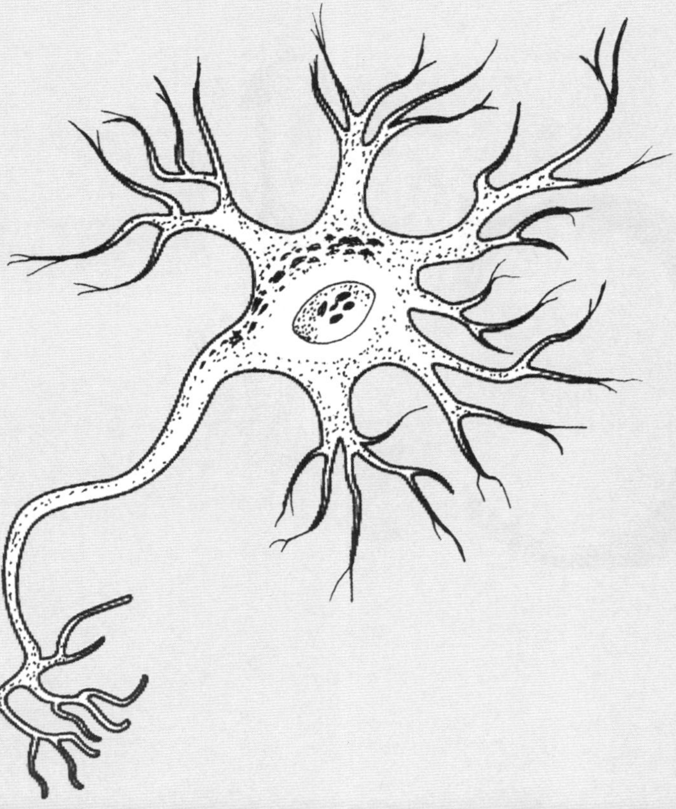

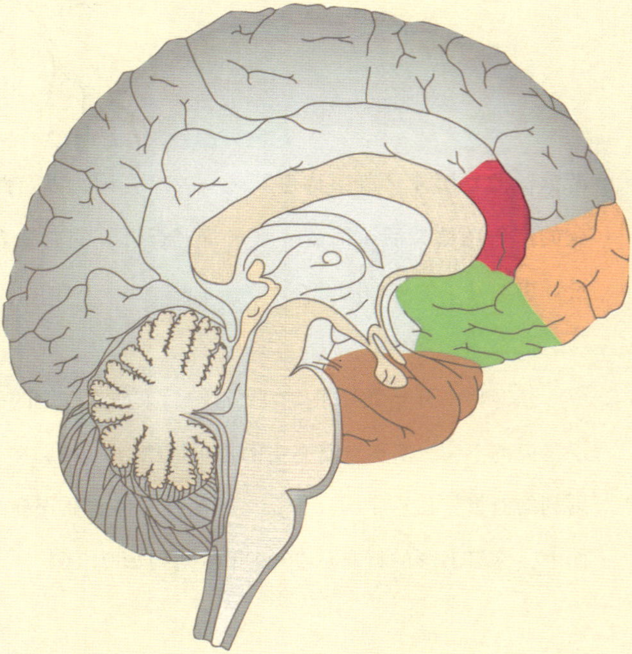

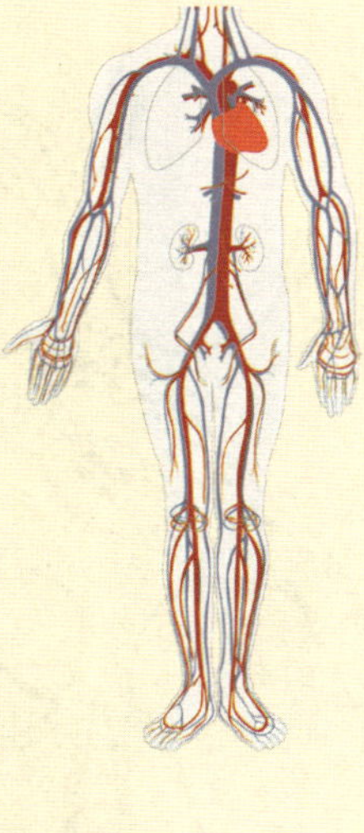

C

虚拟商品
梦幻图鉴

面对无趣的东西发想创意是痛苦的，
如果愤世嫉俗的广告人对现实不满，
就动手DIY，
完成一件符合身心欲求的虚拟商品，
让自己逐年降温的广告热情死灰复燃，
见猎心喜。

ON SALE
NEW
dream
STORE

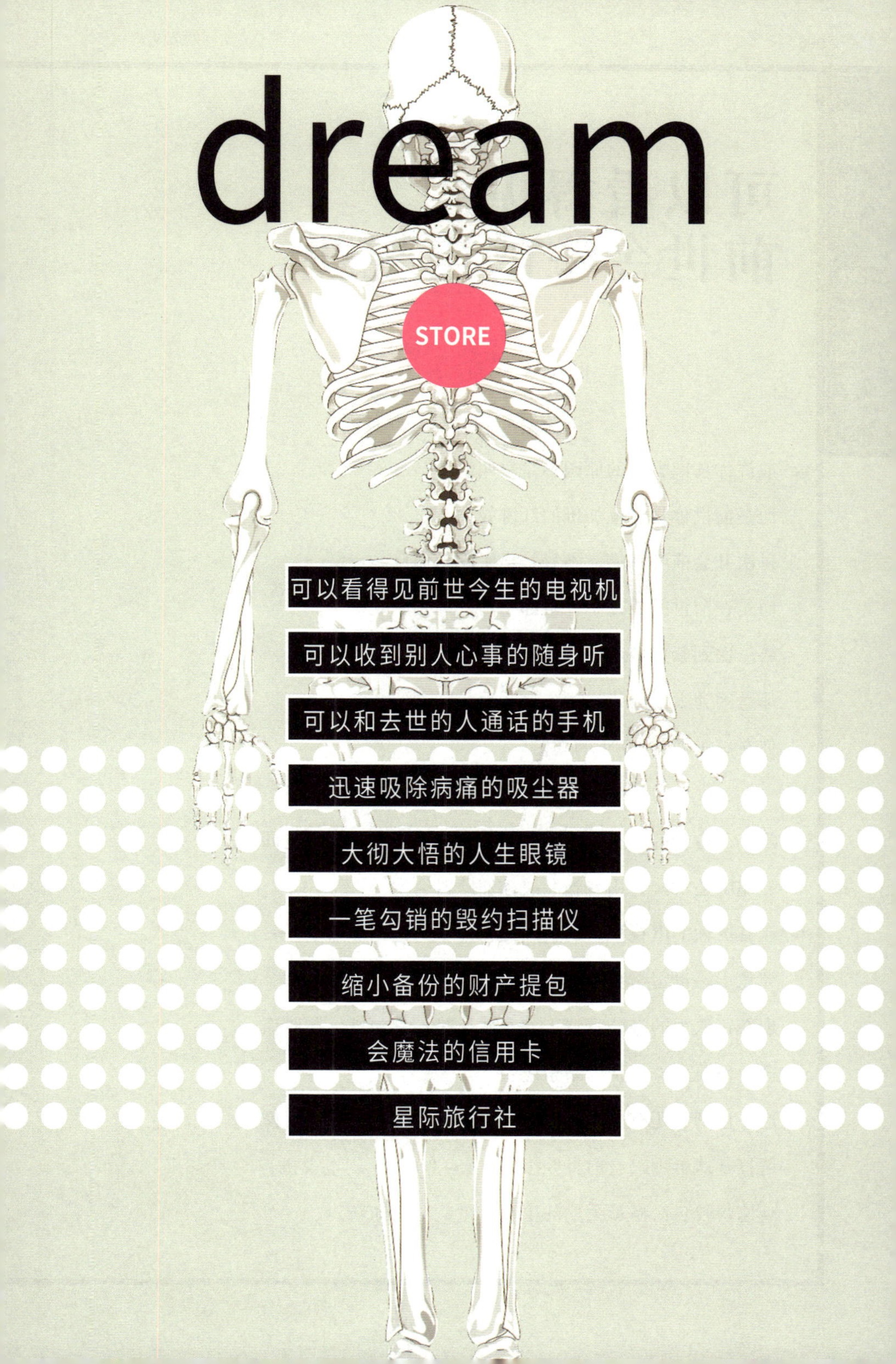
dream
STORE
可以看得见前世今生的电视机
可以收到别人心事的随身听
可以和去世的人通话的手机
迅速吸除病痛的吸尘器
大彻大悟的人生眼镜
一笔勾销的毁约扫描仪
缩小备份的财产提包
会魔法的信用卡
星际旅行社

可以看得见
前世今生的电视机

或许你长期失眠的原因不是猫叫春，

而是前世你是连夜加班的红牌妓女。

每次开会前必胃痛，不只是忘了吃药而已，

而是在前世的战役中，腹部中箭的旧伤复发。

第一次到紫禁城就知道厕所在哪里的似曾相识，

那是因为大清时代，

你在这里做了 50 年的太监。

千年而古老的智慧，与飞快的新科技不谋而合，殊途同归。

趁左脑还没醒，用右脑和遥控器跨时空搜寻，

在有灵性的电视机里，找到储存前世的记忆黑盒子——

究竟上一世留给自己多少的天分福分可供享用？

现在正取悦的办公室情人，上辈子是不是欠她一屁股债，

这一世要用珠宝别墅来偿还？

这一世到底还有多少前债未清？有多少的人生功课要修？

请打开这台可以看前世今生的 YES-TODAY 牌电视机，

高速快转自己精彩无比的生动前世，温故知新。

三世姻缘簿
YES-TODAY
Channel 1
Channel 2
Channel 3

YES-TODAY TV

免催眠、保密性高

CH 17
CH 18
CH 19
CH 20
CH 21
CH 22
CH 23
CH 24
CH 25
CH 26
CH 27
CH 28
CH 29
CH 30
CH 31
CH 32

特异功能

A. 了解自己

步骤 1. 用光笔在遥控中，输入自己的生辰八字。

步骤 2. 画面即刻显示你的前世简历表：

姓名：XXX　　前世历经：64 世

64 世细目如下：

第 1 世：侏罗纪时代，英年早逝的女暴龙。

第 2 世：洪水时代，诺亚方舟上的那一头公象。

……

第 63 世：瘟疫大流行时代，被火烧死的法国女巫。

第 64 世：21 世纪苏联男飞官（后来变性）。

请输入欲收看之第 ___ 世节目内容

B. 搞清关系

步骤 1. 用光笔在遥控中，输入自己和对方的名字、基本资料、现有关系，有生辰八字或身体特征更好。

步骤 2. 搜寻完毕，屏幕会立即显示你与对方之前的关系图，例如，

搜寻目标：徐 X 摩与陆 X 曼　　共同关系历经：三世

三世细目如下：

第 1 世：秦朝，咸阳城内住在隔壁的鳏夫寡妇。

——完整版 48 小时 (a)

——精华版 6 小时 (b)

——提示版 30 分钟 (c)

第 2 世：明朝，大夫与麻风病人的关系。

——完整版 18 小时 (d)

——精华版 6 小时 (e)

——提示版 15 分钟 (f)

第 3 世：民初，知名诗人与第二任妻子。

——完整版 20 小时 (g)

——精华版 5 小时 (h)

——提示版 25 分钟 (i)

步骤 3. 播放结束前，会在屏幕上显示你与对方的关系债务单，即下面的“关系结算”。

C. 关系结算

现在：第 4 世，2000 年，作者与出版社的关系。

清算结果：因第 3 世徐 X 摩坠机早逝，债务未清，故进入第 4 世。

目前徐尚欠陆 28 年，预计分成第 4、5、6 世，共 3 世还清。

可以收到别人心事的随身听

很羡慕文德斯《柏林苍穹下》里，
可以听见别人心事的天使吗?
虽然觉得电影《蓝白红三部曲之红》的偷听是不道德的，
但有朝一日老的时候，
不失为排忧解闷的好法子。

把征信社的钱省下来，
买一台 Walkmind 牌的随身听，
可以随时监听老婆的电话、小孩心里的抱怨、
老板对人事的盘算、爱犬的饥渴、
情妇的欲望、马路上即将发生的谋杀案……
想要心有灵犀，准确感应，
这一台改良自顺风耳技术的 Walkmind，
24 小时收听重重心事，
百分百地善解人意。

一生诚信保固・24 小时维修服务

Walkmind

Listen to everyone's heart

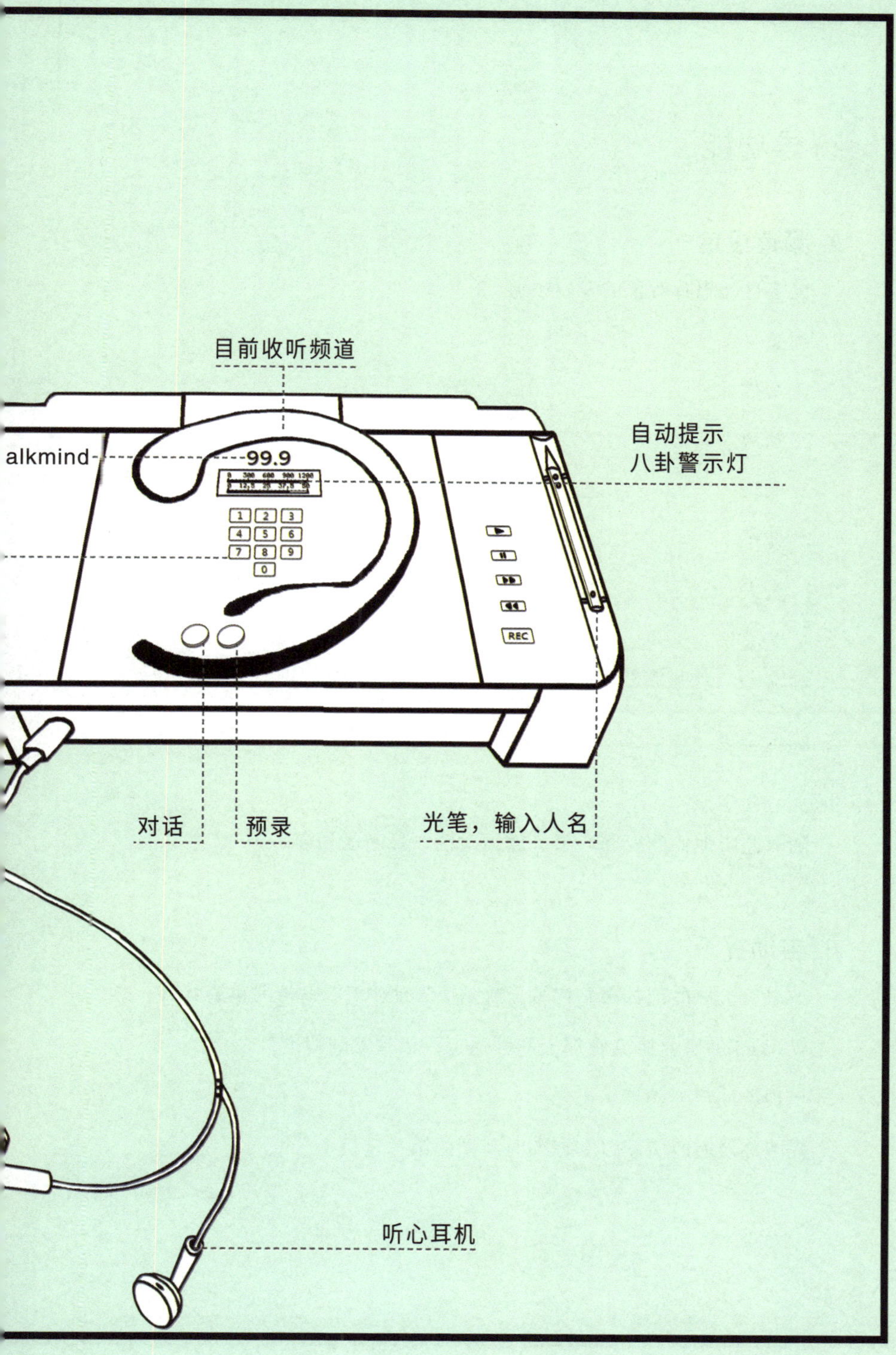
目前收听频道
alkmind
99.9
自动提示
八卦警示灯
REC
对话
预录
光笔，输入人名
听心耳机

特异功能

A. 频道设定

设定自己想听对象的专属频道

例如：

1. 情妇
2. 情敌
3. 老板
4. 儿子
5. 爱犬
6. 老婆
7. 路人
8. 倒会者

随时监听他们的秘密心事、煽情对话、最新的预谋……

B. 自动提示

如果有大爆冷门的最新内幕，或是惊天地“气”鬼神的小道八卦，

Walkmind 随身听会在那人的频道上，依独家的程度，

出现不同声响的警示讯号，

提醒你及时收听，以掌握即时新闻的第一良机。

C. 预录功能

如果现在正在开会、喝喜酒，或是正在洗男子三温暖，

可以设定预录功能，回到家再 repeat 大股东的阴谋、新娘的郁卒，

或是同澡堂帅哥的真情告白，

防人之危或是不流血地横刀夺爱才算够高明。

D. 车上播放系统

一个人开车，不用戴耳机，将 Walkmind 插入车内音响系统，

就可以边开车边听八卦，实况转播，原音重现。

随时掌握第一手人际情报，还可以第一时间掌握秘密证据。

E. 对话系统

按下对话系统键，你可以与之心灵对话。

他会以为天使、高灵、指导灵随侍在侧指点迷津，效果宛如天听。

你可以予取予求，让他中了邪似地对你百依百顺，

天然洗脑完全不留痕迹。

可以和去世的人通话的手机

西方先知雷蒙德·穆迪（Raymond A. Moody）说，

生命不是在去世时就结束的，

确实有“死后的生命”。

当欧美开始流行降头术，

格拉汉姆·贝尔（Alexander Graham Bell）已经预言：

将来活着的人可以用电话跟刚去世的人沟通。

失去爱子的母亲，

想要看她的宝贝在天堂小学过得好不好；

5 岁就没有父亲的孩子，

想要在 18 岁生日时，

亲耳听爸爸说一声“生日快乐！”

第六感生死恋的思念无限远传，

渴望看得见听得到的未亡爱情，

现在都能如愿。

全球第一支可以和去世的人通话的手机——

“See-You”牌手机，

让您把来不及交代的感情、还没说完的心事、

一生无尽的爱，随时拨通思念，

继续向另一个世界的亲人爱人叙旧，

生离死别，不再两茫茫。

子欲养而亲还在，夜深了，

打个电话给在天上的家人报平安吧！

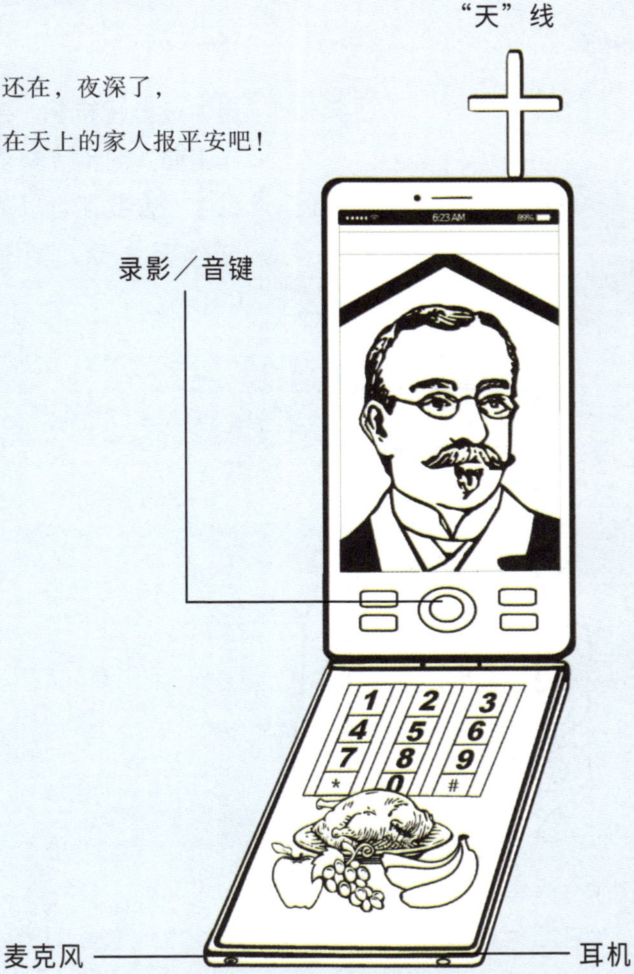

See-You Phone

免费观落阴·Just Call Me！

迷你录影音装置，会将你的视讯画面，同步传输至对方的手机中，彼此都可以睹幕思人。可接至电脑，剪辑成Home Video。

“喂！老伴，我在这里买了房子，你什么时候搬过来住？”

“老妈，帮我把户头里的5000元零用钱烧给我好吗？这里很无聊，我想买一台任天堂解闷！”

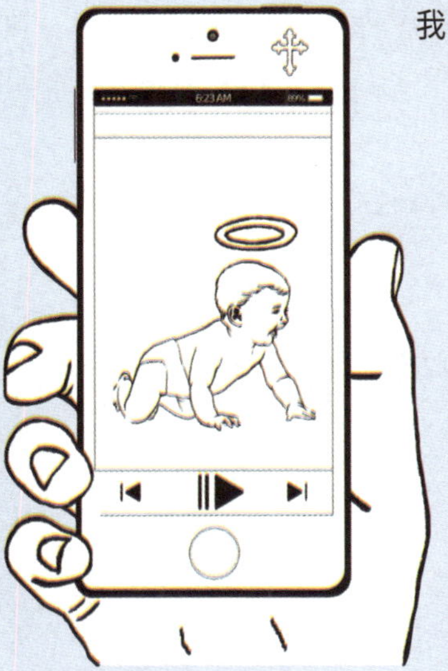

状态：转世中。
“小枫啊！我快要投胎做你的女儿了，你可要好好孝顺我，对我好一点！”

特异功能

1. 机上可用：

除了飞机上卫星通话设备外，全球唯一获准在飞机上使用的私人手机……不仅让你的思念不中断，通话费还依飞行高度，而有大幅的近距离折扣。

2. 来电显示：

如果你将相对应的姓名存盘于电话簿中，来电时屏幕会出现人名、照片而非电话号码。

3. 影音信箱：

如果有 Miss Call，你可以事后收听 / 收看来自天上的 Miss You 讯息。

4. 上网功能：

a. 可定期举办在线追思叙旧会，将手机屏幕投影在教堂墙上，所有人都可以瞻仰生动的遗容！

b. 未知死，焉知生？如果对爱因斯坦的相对论不解，或是有话想问林徽因，就上网进入聊天室，有问必答。

5. 画面显示：

可收看近况，音容宛在 。

【情商优惠】

生死无常，话加长有方。

去世后七七四十九天内，网内互打，一律半价。

现在预约申请，将来还可享“头七免费通话七天”优待！

迅速吸除病痛的吸尘器

病从口入，就想办法病从口出。

电影《绿里奇迹》的巫师，口对口吸病。

中国的气功师手贴你的背，运气治病。

现在，

一台插电就启动的“S-Witch 除病吸尘器”，

小至感冒伤风，大至肿块绝症，

这些在你体内持续暴动，不肯休兵的顽强病痛，

在 S-Witch 之前，都转化成粉末，

一吸就干净。

从此不必靠红包买医生的同情心，

让你有女巫加持的自愈能力，

轻松而有尊严地终结身体里的烽火连连。

本来无一物，何处惹尘埃——

除了洒扫庭除之外，

也要记得定期帮身体吸小病、扫余毒，

做好每天的身体环保！

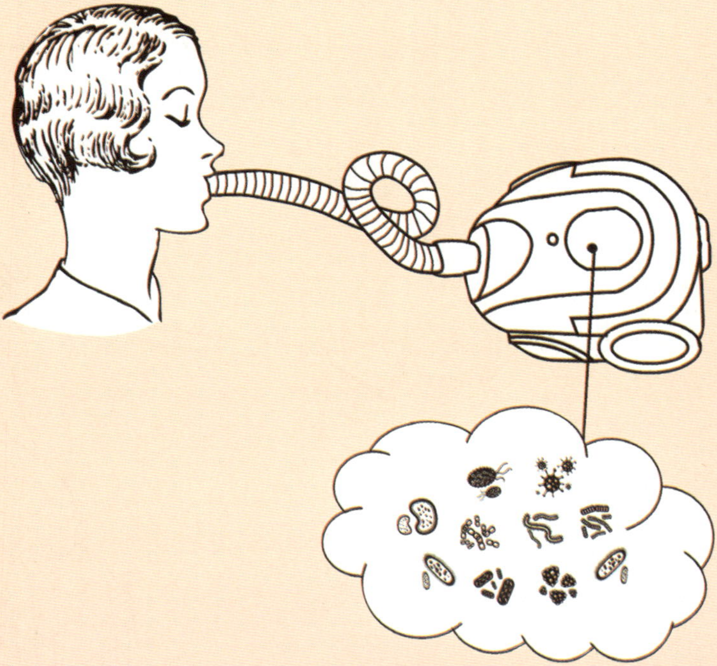

S-Witch

迅速吸除病痛的吸尘器

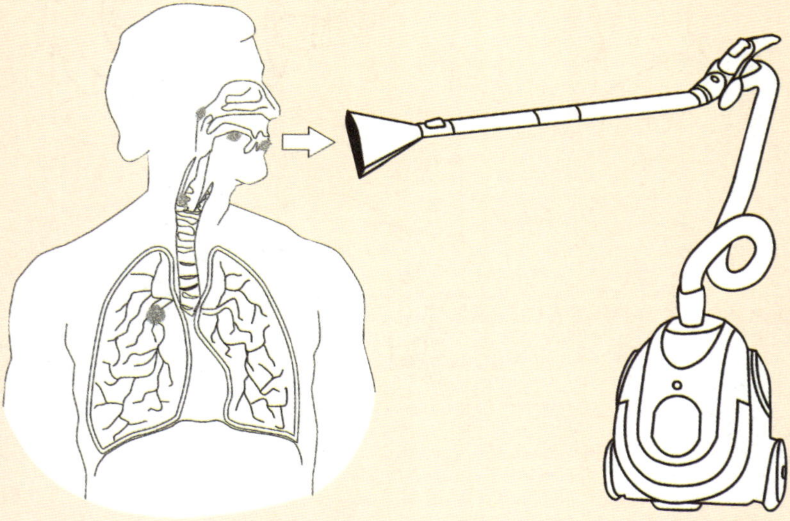

特异功能

吸病透明化，积毒多深，一目了然。

真空包装，吸毕后会自动消毒杀菌，不会二次感染。

免看病，免吃药打针，一袋可吸病 20 次以上，

故人称：医师终结者。

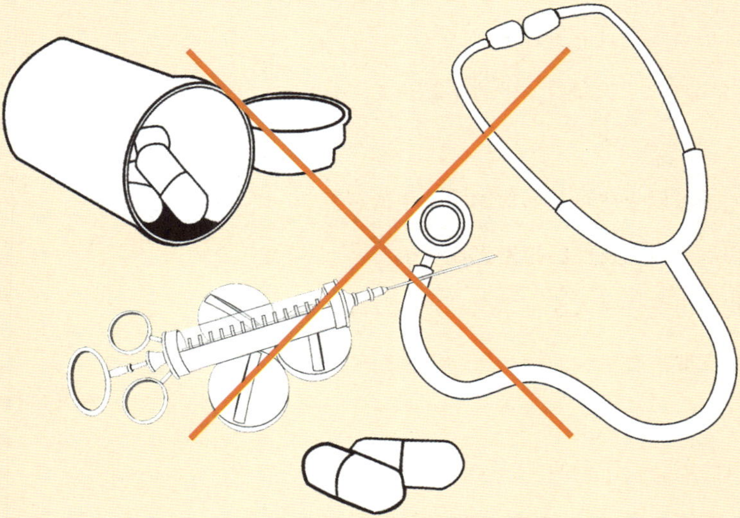

大彻大悟的人生眼镜

我们总是要花一辈子的时间，

吃过很多亏，摔过多次跤，

被骗无数次，吃足了苦头，

才终于看清一个人，看懂真相原来如此，

到最后一秒才大彻大悟。

现在人类有希望活到超过百岁，

如果还是这样跌跌撞撞过一生，

恐怕直线上升的自杀人口，

会让致力于长命百岁的科学家白忙一场。

如果可以下载得道高僧洞悉人生的智慧，

如果能借助科技的力量迅速顿悟，

我们将提早进入四十不惑、六十耳顺的境界，

自在地享有更长的随心所欲不逾矩。

由西藏高人研发的 True-Life 眼镜，

具有像电影《绿里奇迹》般的神效：

只要是你感觉不解的疑点，

都可以据实全程重播真相，没有人能掩饰罪行。

戴上这副眼镜，不必翻人物志，不必懂男女面相，

看各说各话的罗生门绯闻，一眼就知道谁在说谎。

看被绑架的新闻，你比宪警更快知道凶手是谁。

看一栋完工的大楼，

只要花一分钟，REW ◀◀往前看楼起，

FF ▶▶往后看楼会不会塌，

快速浏览它施工的过程，检查有没有偷工减料，

然后再决定是不是要交十万元订金，以免一失手成千古恨。

眼前即将发生关系的未来情人，

为了避免遇人不淑，后患无穷，

赶快戴上眼镜，看她将来分手会不会报复你。

你还可以看到这个街口多少人命丧轮下、

下一辆酒醉车离你多近，

除了避灾，

你大概还会拿它来盘看先机。

True-Life 眼镜，

可以实现古人所言：未经混沌先开窍。

历代高僧的顿悟、体验、功力、智慧都镶进镜片里，

不仅趋吉避凶，

也能帮你了生死，轻离别，

少受点冤枉苦。

True-Life Glasses

另备有隐形眼镜、太阳眼镜、老花眼镜……

欢迎参观、试戴、选购。

True-Life 也可以当超薄型数码摄影机使用，

眼前的事件、风景、美丽佳人，

只要你想留下的眼光视线，

它会依你的想望马上 on-line，帮你捕捉每一秒的生动画面。

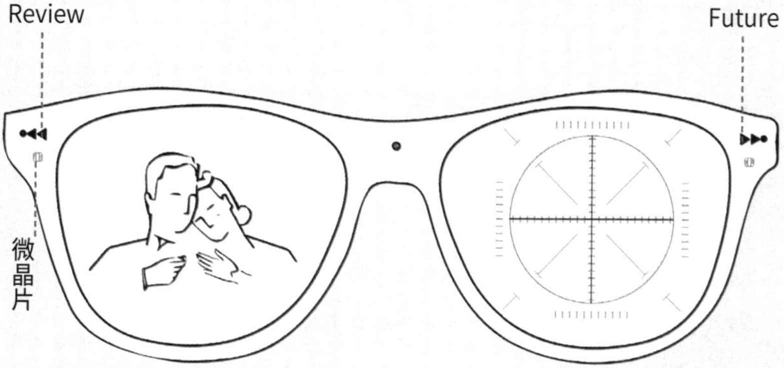

特异功能

微芯片

储存所有影像，包括过去、现在、未来，

还可以接上电脑，把你脑海中现场目击的独家画面，

传给朋友、电视台、欢笑一箩筐，或是警局都行，

从此不怕智慧型罪犯湮灭证据，

这眼镜看到的都是事实，法院都会采信。

◀◀ Review

看过去，看过程，过往不再如云烟，

单击 Review，凡做过必留痕迹，

一切清清楚楚，心机明明白白。

►► Future

看未来，看报应，以后不必再碰运气，

单击 Future，将来会如何都一目了然，

不必再求神问卜。

一笔勾销的毁约扫描仪

我说的“永远”，只到昨天为止。

和你约定的“幸福”，在今晚午夜12：00就失效。

一次地震就把爱情的海誓山盟全部移位，

许给你的未来，永远也不会来。

婚约、马关条约、不平等条约、不想再履行的合约、

一时被激情冲昏头的情书、誓言、小字条……

只要放入这台“dis-a-paper”可以一笔勾销的毁约扫描仪，

你就可以任意圈选修改、消掉你不想再看到的条款，

你要的自由，

“dis-a-paper”都可以还给你！

dis-a-paper

扫描模式设定

扫描模式 24-bit 彩色

扫描来源：合约副本

修订范围：市面上与这文件相关的所有文件、复印件、备份……包含合约正本。

影像分辨率：300

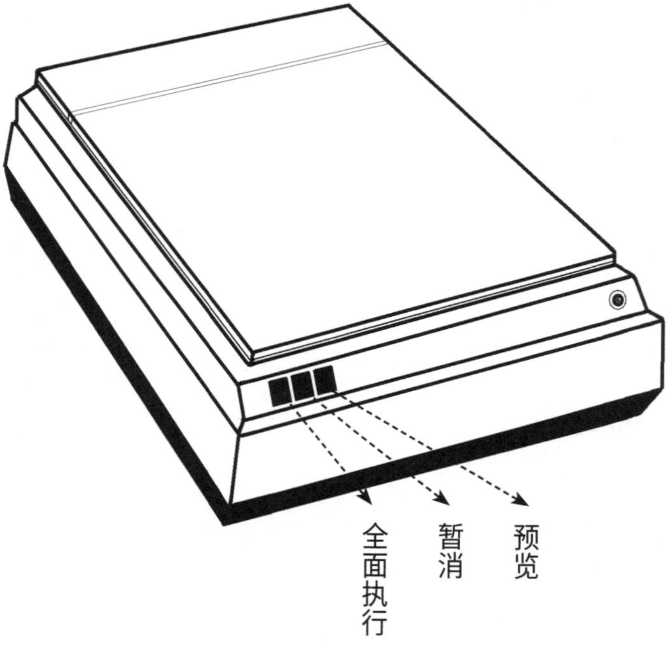

使用步骤

1. 将文件放入毁约扫描仪里。
2. 选择较低解析度，预扫文件。
3. 在“修改框选区”选择你所需要修改或是欲毁去的图文部分。
4. 修改完毕、预览无误后，按下“全面执行”键，“dis-a-paper”将彻底执行你的指令，连对方的文件，及留在世上的所有相关文件也会一并被更正；错误的过去、泼出去的誓言都可以一笔勾销，完全不留痕迹……一言既出驷马能追，保证天衣无缝，比修正带还好用。

特异功能——失踪专用

在“完全失踪手册”中，“失踪”的定义是：靠自己的力量，主动和原来的日常生活环境隔绝。如果你想和电影《迷走爱情》的飞行员一样，彻底地消失一阵子而不被察觉，请把相关的身份证明文件，扫入并存进“暂消”的档案中，所有的在世上与你相关的文件、消息都会全面消失，所有人对你都会暂时失忆，直到你回来打开档案为止。假如你想要变换身份，也可以自行更改基本资料，不必大胆整容小心变性，就可以顺理成章地偷天换日一个新面貌，换一种新身份新生活。

缩小备份的财产提包

天有不测风云，电脑有旦夕祸福，

文件要存盘，财产更要备份。

十年积蓄十年生聚的房子、性能比自己还强的心爱跑车、

藏了一世纪的传家珠宝盒、五折清仓抢购的名牌大衣……

平日保养再三，

也敌不过一场火灾、一次水灾、

百年一见的大地震。

救济金买不回原物，保险金平复不了伤痛，

想要千金不必散尽就能还复来，一切失去都能再拥有，

只有这款“Sure Case”牌保久箱，

它拥有将实物缩小备份的超能力。

有危机意识者，请先将爱车留个备份吧，

万一车被人撞坏了，

不必找人理论，不必求保险公司理赔，

用还原条形码将备份放大，就有一台如假包换的爱车在眼前。

大地震之后不必等危楼鉴定，不必住帐篷，

只要人活着，

几秒钟之内就可以原屋原地，

瞬间重建家园，

比救援队还快！

是我的，谁都抢不走，

有了“Sure Case”牌保久箱，

天要亡我财产，哪儿那么容易？

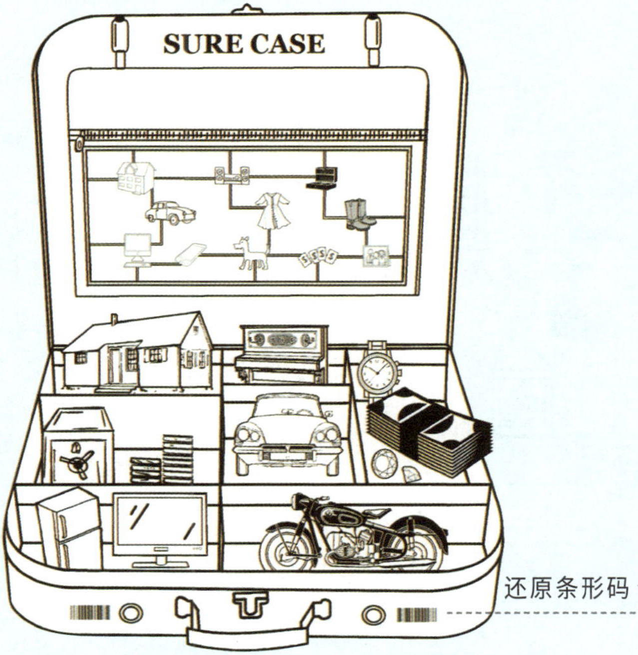

因为有备，所以无患

Sure Case

缩小备份的财产提包

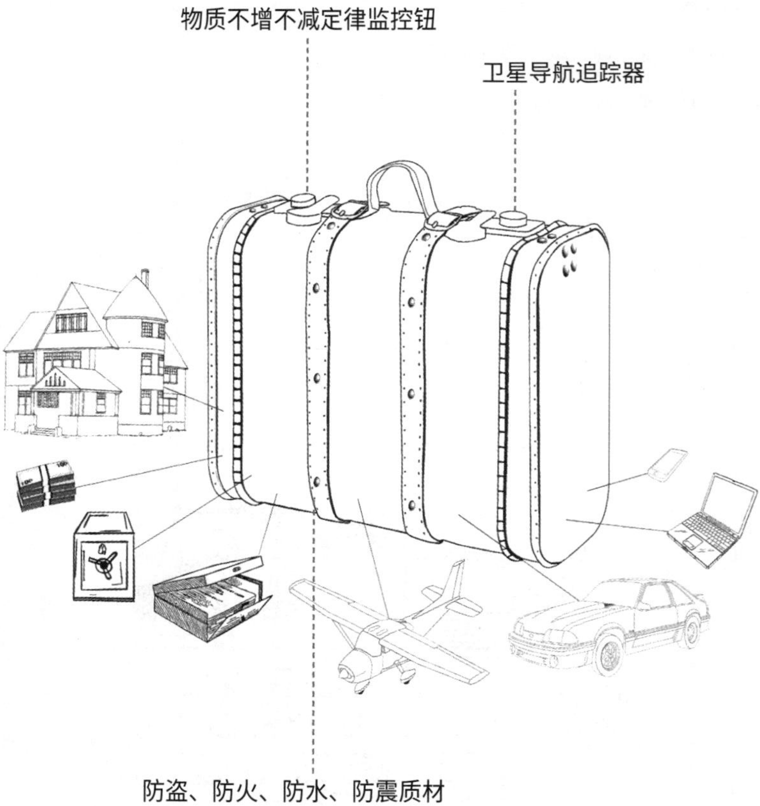

持异功能

【缩物条形码】

凡扫过必留备份。现在请动手将房子、车子、家具、书籍、情书、私房钱、珠宝……生不带来，死要带走的动产、不动产全都在“Sure Case”牌保久箱中存档，哪怕失窃、火灾、核爆、水灾、地震……只要能还原，就万无一失。

【还原条形码】

塞翁失马，用还原条形码，连寻马启示都不用贴，就可以立即重现。万一原马跑回来了，只需将备份缩存回去即可。切勿起贪念，将现金或财产的备份无故复现，根据物质不增不减定律：不道德的增资，会让加倍的财产，因过度扩张，而各稀释成只有一半的价值。

会魔法的信用卡

中国飞天的侠女、欧洲显示神迹的圣女、
被妒火烧死的女巫……
这些不是在电影里的特殊情节，
而是女人可以善用的千年超能量。
只要我们恢复功力，
就可以提前过上女权至上的自由生活。

遇到感情挫折，你可以打开天眼，
选择洞悉因果的智慧，
也可以选择让两人好聚好散。

遇到投资失败，你可以点石成金，偿还债务，
然后恢复你前世会预言的能力，先知先决。

瞬间的勇气，
能无中生有，而且立于不败……
这是一张会魔法的卡，
可自由提用前世的能量、超能力、未用完的财富，

以及对方欠你的恩情，

不必有家世、无须靠男人，

现世就自给自足。

趋吉避凶是自求多福的生存之道，

怪、力、乱、神是 21 世纪的自在法则，

不凡的你从现在开始改变命运，请立即拥有

全球限量的女巫卡。

Witch Card

女巫卡

（男人可申请巫师卡）

你的魔法功力指数

你的现貌实况

本卡优点：

1. 这是一张有轮回观的信用卡，上辈子多积的阴德，可以这辈子享用；这辈子花不完的，也不必急着找继承人，下辈子还可以含着金汤匙出生，多几年清福，少奋斗 20 年。不管是财力还是功力，都将存在你的巫师银行里生利息。

2. 从信用卡上只需碰触芯片，就可以在相片框中显示目前的财力及功力指数。平时相片框中呈现的是现在式的、动态的你，所以收银小姐在相片框中看到眼前的你，就知道是本人无误，以防被盗用。
3. 只要带着这张魔法卡，你将拥有灵异第六感，可以选择看到魔法世界，丰富你的人生！

现在申请，立即享有：

1. 从你的轮回中，免费为你的财富与法术功力大检测，让尘封已久的潜能，现在都派得上用场。
2. 申请成功者，即享有一年期的水晶球预言电子报、个人专用秘籍、魔法巫术课程（亦可选择魔术课程）；以后每年消费达两万元者，可免费享有次年的进阶课程。
3. 普卡者可获赠隐形斗篷一件，申请金卡者可获赠具有催眠功能的飞天魔杖一只。

另外，有东方慧根者，可选择即将推出的道士卡、高僧卡。

申请成功者可享有一年期的功、法、术精进课程，包括：易占、紫微、科学八字、仙道、通灵法、经络学、气功、穿壁功、轻功、炼丹、念力移物术、他心通、天眼通、遥感测症、中医针灸、特异功能治病、起死回生术……欢迎以心电感应洽询。

星际旅行社

天上方三日，地面已千年，

无限大的宇宙，

我们怎么可能安于倪匡的科幻小说

和两三小时的星际大战首部曲？

环游世界只要 80 天，

剩下的时间，我们必须去星际旅行。

得了绝症，就到更文明的星球去治疗，

厌倦了男人、女人，就出去找外星人，

到亿星级的星球餐厅吃饭，

看着繁星无限的奇景，犹胜人间美女。

多几趟星际旅行，气度与视野无界，

太空中浩瀚缓慢的时间，

还可以保你青春不老。

今天的一小步，是你明天的一大步。

全球第一家，

不用花费天文数字，

就可以亲临天文之美的星际旅行社，

现正开放冒险中！

北极星一光年之旅：100000元

火星十日游：7000元

Spac

星

旅程配备：

- 从屏幕上就可以直接点选该星球的详细信息、风险评估、气候、节庆娱乐性指数评估、旅客体能适应评估……
  一旦决定登陆，太空卫星站则自动导航。
- 太空联军全天候协防的星际防卫网
- 超光速太空快捷道导航系统
- 头等舱、商务舱、经济舱
  冷冻睡眠机暨减压美容床舱
  Air Club：Casino 、Pub 、健身房、三温暖……应有尽有。
- 地球原味餐厅、星球餐厅美食导航系统

Tour

旅行社

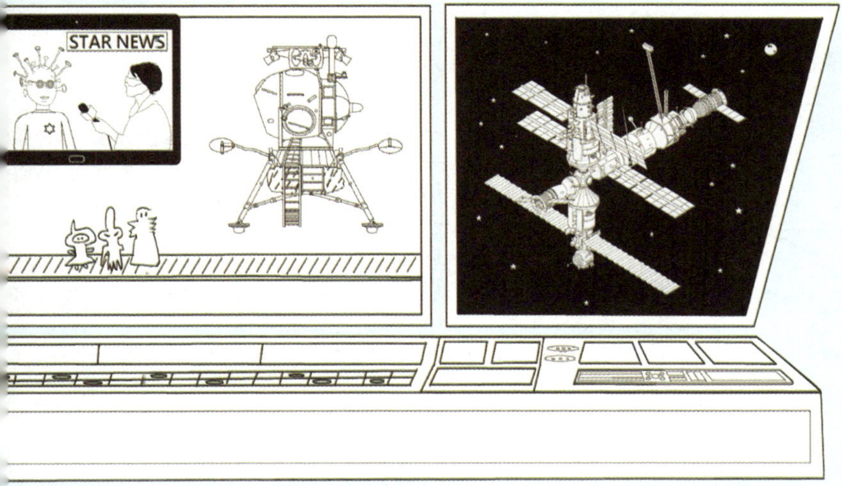

- 星际新闻台

  各座位前均配有星际数码摄录影机，

  可随时将近况和太空历险记传回地球上的亲友。

- 各星球美女轮流上舱服务
- 另备有一到四人自助旅行太空艇

  如果你有星际驾照，还可以使用家庭式星际休旅车，

  安排几次地道的星际野餐。

- 回程时光机

  可随时以虫洞瞬间跃回地球，重返人间。

Space Tour

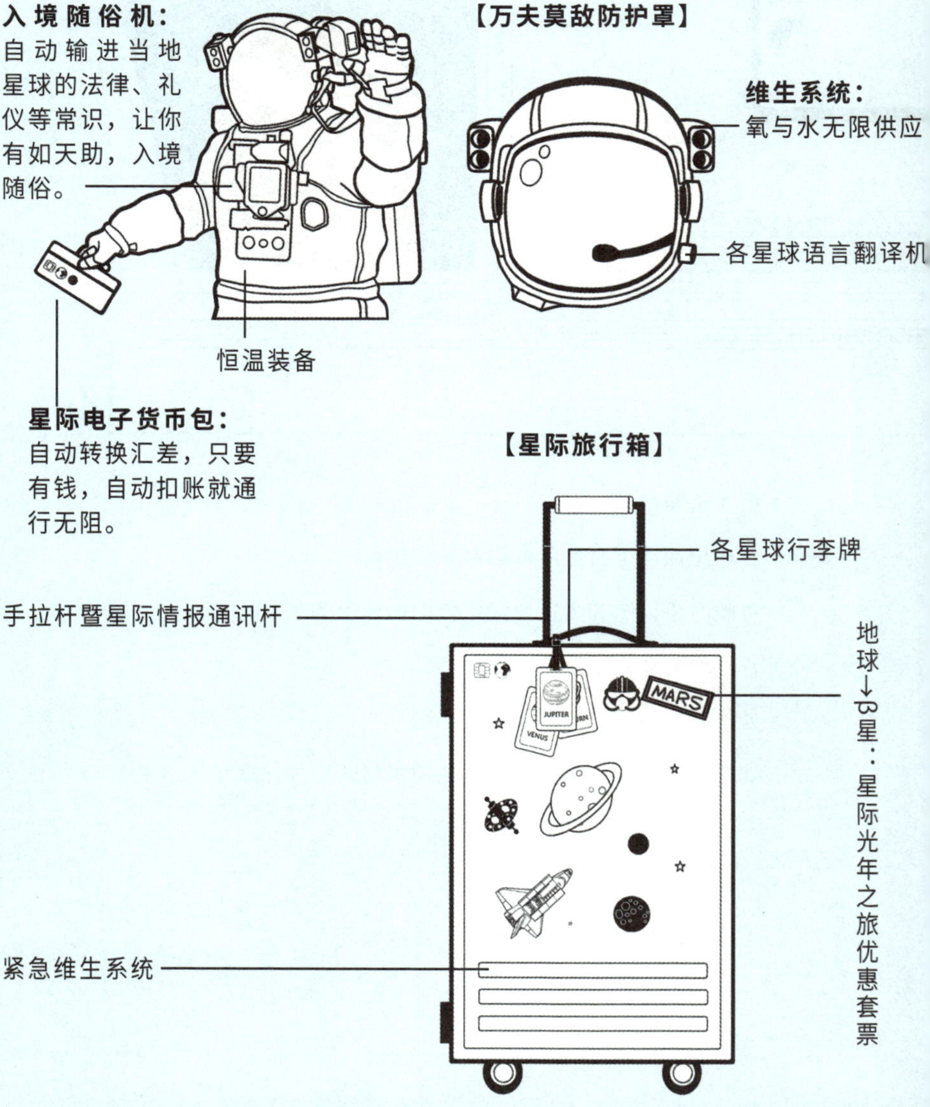
入境随俗机：
自动输进当地星球的法律、礼仪等常识，让你有如天助，入境随俗。
【万夫莫敌防护罩】
维生系统：
氧与水无限供应
各星球语言翻译机
恒温装备
星际电子货币包：
自动转换汇差，只要有钱，自动扣账就通行无阻。
【星际旅行箱】
各星球行李牌
手拉杆暨星际情报通讯杆
JUPITER
VENUS
MARS
地球↓β星：星际光年之旅优惠套票
紧急维生系统

【星际旅行社服务项目】

1. 星际之旅个人行程规划建议服务，备有数据丰富的星际网络图书馆，并提供适合地球人出游的 TOP100 星球简介带，以提供虚拟体验，最终决策之用。例如：火星泥回春之旅、α 星高氧美容之旅、水星音乐会之旅、高文明医疗之旅、星际红娘 - 月下老人之旅、星球美食之旅、星际节庆之旅……选择多元，应有尽有。
2. 聘当地外星人为 Tour-Guide，不使用免税店的交通工具，以方便省时的虫洞接驳方式，保证专业深入。
3. 星际旅行，全程有专业太空人随行，医护队随侍在侧，让您享有御医般的照护。
4. 舱上免费提供“星际数码摄录机”，随时可将近况传回地球。
5. 全程配备当地星球风味餐，头等及商务舱并附设地球风味餐厅，以解思乡之苦。
6. 淡旺季、冷热门星球价位表公开化（但不保证不与其他外星人并团）。
7. 代办免签证星际通行护照、星际移民等相关业务。
8. 每人均附赠千万星际意外险，全程有星际防卫网监控协防，并有反劫机自卫装置。

【追星族优惠】

即日起至 12 月底，凡预约任何一种星际之旅，就送：

1. 可显示当地时刻，自动调整生理时差的星际手表一只。
2. 如预约一光年以上的星际之旅，就送价值 5 万元的星际旅行箱一只。（如图所示，实际尺寸以实物为准）
3. 每一次旅行都可以累积星程，还有机会座舱升等，享受超值的礼遇。

李欣频的
人生学校

Li Xinpin's
School of life

虚拟国境

李欣频 著

人民东方出版传媒
東方出版社

地球万事万物，在天堂都有理想的版本，
其重要性并不在于它们是否真实存在，
而在于我们无瑕的追求。

——柏拉图

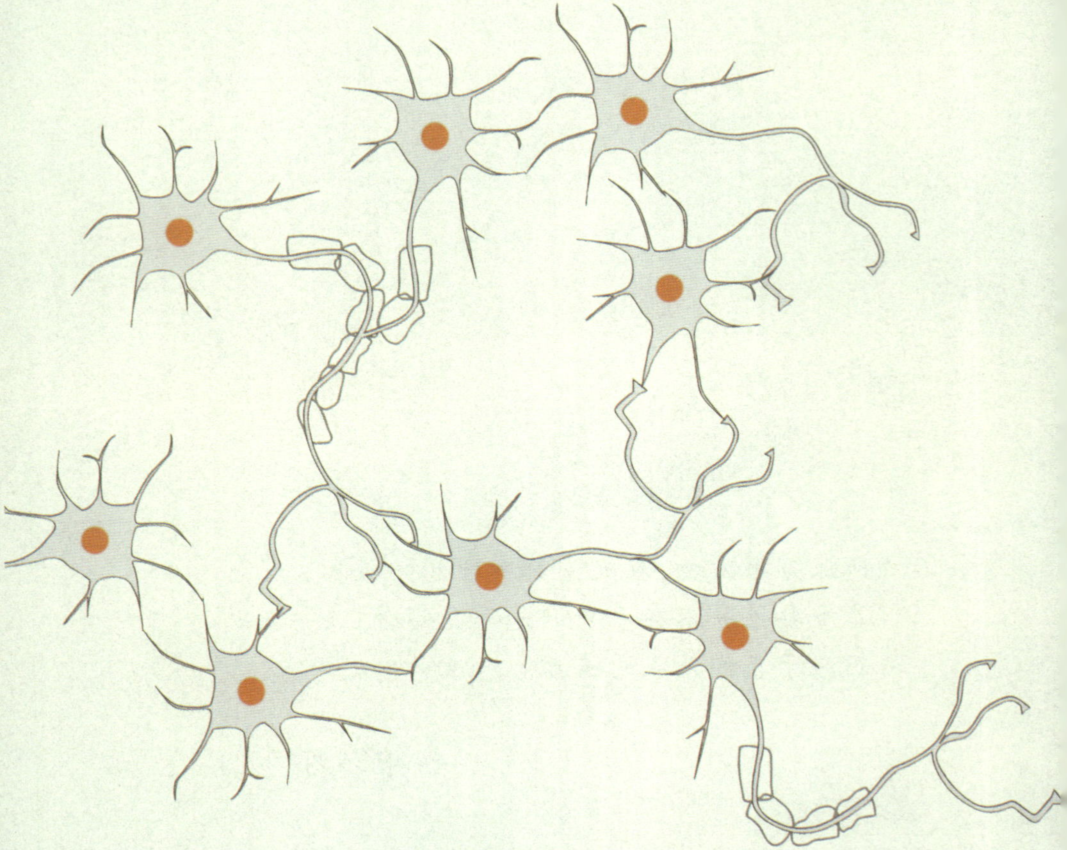

自序

因为自闭，所以画地自限。因为自恋，只好自我隔离。用想象力帮自己在难以适应的现实社会中，不停地找出口，就像走失在百年无人的大宫殿中，发现一个个可以自得其乐一辈子的小房间。

小房间格局有限，放到电脑上，它变成一个个拥梦为王，倍速蔓延的无害国度，完全脱离我的主宰，自行繁衍生机。

想象力永远走得比文明更快。感谢《中国时报》前趣味休闲版主编江静芳的温柔催生，感谢《数位时代》杂志前总主笔詹伟雄的支持。感谢这本书的设计，与我一起在不确定的领域中开疆辟土。在新世纪怀着三十个希望诞生的国度，期待你也能找到乐不思蜀的天地。

目　录 Contents

人 【人类·复数】

事 【事态·认同】

时 【时间·流亡】

情

【情欲·机制】

A

人

【人类·复数】

童话国

女人国

天体国

复制国

巫术国

死亡国

童话国

跟 Kitty 猫共享一只手机。

与唐老鸭合穿一件毛衣共同取暖。

和米老鼠睡在同一张床上，不会失眠。

在家里养一只 Goofy 狗，邻居不会抗议。

对女孩子温柔的史努比，是你的恋爱顾问，

没有心机的小熊维尼，不会把秘密告诉别人。

当过救生员和总统候选人的芭比，比心理医生还了解你。

穿上彼得兔的袜子，可以带你找到好心情。

寂寞的城市，不孤单的生活，

找一个卡通人物做你的代言人，比用十二生肖还有趣。

在无国界的卡通世界中，童话一开张，

每个人都找到了新的安全感！

· 背后财团：童装 Shopping Mall、儿童乐园、玩具城……

童话屋
童话建国·欢迎光临娃娃屋
芭比学院
安徒生大道
樱桃小丸子小学
小甜甜保健局
阿拉丁百货公司
美人鱼游泳训练中心
小熊维尼假日花市
1001夜市

芭比女生宿舍
小王子梦想星球
童话队伍
玩具兵团
狮子王行政中心
101忠狗公园
欢乐复兴北路
童话建国北路
宫崎骏的天空之城
红猪机场
龙猫转运公司
伊索寓言大道
金银岛国库所在地
幻想地铁站
KITTY美仪中心
青蛙王子变身中心
加菲猫眼袋处理中心
哈拉玛莉复健中心
木偶奇遇市场
漫画图书馆
机器娃娃家电维修中心
米奇、米妮共同投资的国宾饭店
彼得兔的田园餐厅
史努比家具店
糖豆先生的糖果屋
小红帽专卖店
尼古拉的旅行社
快递魔女宅急便
格林童话大道
童话建国南路
欢乐复兴南路
蝙蝠侠夜PUB
ET电信局
顽皮豹欢乐城
海王子水族世界
灌篮高手运动场
睡美人寝具店
爱丽丝仙境戏院
一休和尚寺院
忍者龟EQ训练中心
侏罗纪考古探险馆

女人国

♀女人国开国宣言：

· 加州大学的科学家追踪一个原始 DNA 分子的突变过程后，主张所有人类都是由一名非洲女性遗传而来。

· 联合国调查：全世界 53% 的工作是女人完成的，但她们获得的报酬，只有全世界的 1/3。

· 全世界 190 位国家元首中，只有 5 名是女性*。

· 女性约占全世界人口的一半，享有的权利、空间、自由、信息却不成比例。在这个充满同工不同酬，女人被男人的审美价值观统治的时代，女人决定参考蚁后治国的模式，思考自己立国的可能。

· 法国传播学家 Mike Burke 说：女人是男人的将来。

· 趋势专家 John Naisbitt 说：女人正在改变世界。

· 莎莎嘉嘉站起来，女人决定推翻男人自以为是的世界，接管自己的身体，扩大领地，收回权力，主宰欲望及一个国家。

· 我们相信，女人一旦治国，将会在最短的时间内减少最多的贪污、

---

* 数据统计截至作者写作时。

官商勾结、黑道、性暴力——把浪费在权力、财力争夺战的金钱及人力资源，全数转用在国家的社会福利上，让每个人过得更幸福。

· 日本《读卖新闻》调查，来生想当女人的男性增加4%，想再当女人的女性则增加11%。女性影展、女性信用卡、女性百货公司、女性书店、女性餐厅相继成立，男人即将式微，以子宫气质对抗暴力阳刚。

· 女人治国、共谋有礼。继女力时代、女经理、女总统上台之后，阿纳丝塔夏所掀起的全球女神风潮即将展开！

· 背后财团：女人信用卡、卫生棉、内衣、女性书店、女性影展。

女人国入口

（A）行政区

⊙总统府（全由女性执政，少数优秀男性担任国策顾问一职）

⊙国防部（全面留意国境可疑的男人 / 严禁男人非法偷渡及侵犯）

⊙外交部（审核新好男人入境及短期签证、居留 / 专业男性、男劳工引入 / 对男人外交政策拟定）

⊙立法院（明定每月有 7 天的合法月经假，并订立女国庆节、女性光复节、女权节、自由女神日……）

⊙行政院

⊙卫生局（明定公厕男女比例 1 ： 10，并免费供应卫生棉，每间厕所至少 0.5 平方米。每年定期女性身心健康检查）

⊙新闻处（女性电视台、电台）

⊙交通部（保障女性交通权、夜行权、路标指示清楚……）

⊙财政部（发行女性专用香水货币）

（B）休闲区

⊙女性健美保养所

⊙女性休闲馆

⊙卡蜜儿才艺馆

⊙女人秘密花园

⊙女性夜总会

（C）研究区

⊙波伏娃·女性智慧开发所

⊙玛格丽特·女性博物馆

⊙女性哲学所

⊙女史研究所

⊙女书研发所（开发女性书写文字、文法）

⊙女性文学所

⊙女性书店

⊙女巫学院

（D）农业区

⊙阿纳斯塔夏小农场

⊙无农药蔬果培养所

⊙生鲜超市连锁网

（附买菜专车与小区巴士连线）

（E）商业区

⊙女性百货公司

⊙女性餐厅

⊙女性电影院

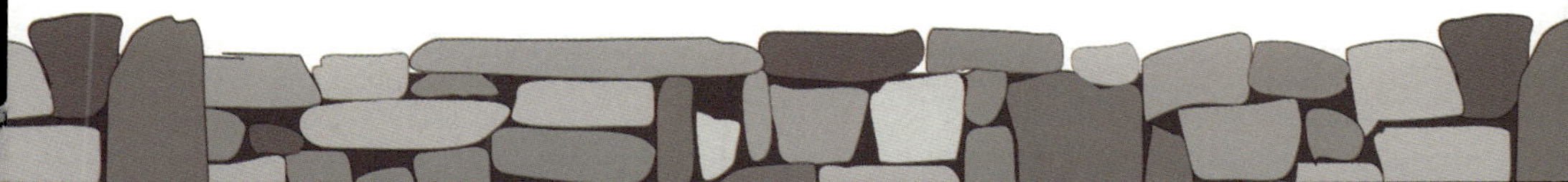

（F）医护区

⊙女性基因繁殖所（研究优生学 / 自体及单性繁殖的可能）

⊙女性专业医疗所（女性疾病医疗费、防癌检查费等由国家负担）

⊙女性精神照护所（全面关照女性个别精神状态、辅助宣泄日常压力）

⊙女人心事收藏馆

⊙怀孕照护所

⊙受害、受虐女性追踪辅导所、治疗所（费用由国家全数支付）

⊙美容、健身保养馆（凭健保卡入场）

⊙两性沟通研究所

（G）工业区

⊙女性汽车工厂（由女性工业设计师主导，完全依照女人的人体工学设计，无喇叭的声音暴力）

⊙反污染生态维护所

⊙女性家事效率科技研发所

⊙安德蕾德赛女航天员培训所

（H）居住区

⊙女性建设部（由女性建筑师、女性环境规划师、女性土木工程群，依女性的体力、尺寸，全面考虑建筑的尺度及空间规划，如安排宽敞而开放的厨房、女性自己的书房……）

⊙家事互助所，包括小区厨房、小区餐厅、小区托儿所、Betty Friedan 老人住宅（由国家负责安老、托儿的责任）

⊙女性阶段性小区成长所

⊙女子单身国宅 / 家庭国宅

⊙女性部落

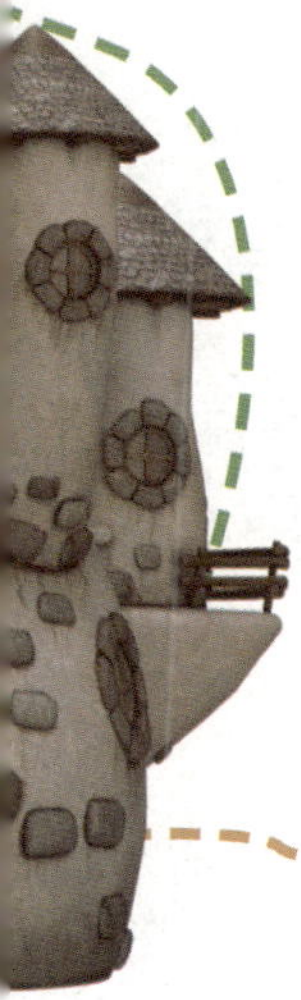

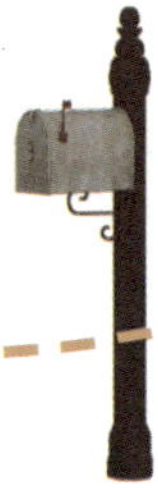

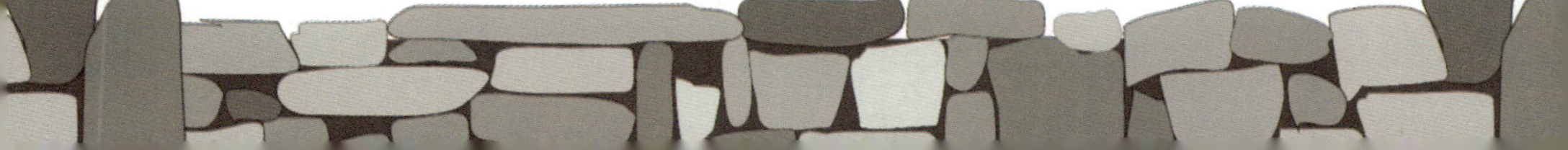

天体国

千古以来，服装迫害人体。

不想再花钱置装，花时间看服装，

美丽的人体为什么要这样大费周章地遮遮掩掩，

浪费社会资源？

身体本无邪，谁说暴露就有罪？

自由不只在天体营，

我们需要阅读更大面积的人体，

需要更大的天地展示身体。

灵魂自治，身体自爱，

没有服装的阶级，没有禁忌的乐园，

恩人仇人都将袒裎相见。

·背后财团：塑身 / 健身中心、文身 / 彩绘人体中心、卫生棉条公司

文身区
永字八法
人体书法馆
人体彩绘区
阶级投射
身份投射
服装考古博物馆
裸体雕塑展
百年经典
人体摄影观摩
皮肤保养馆
健身房
天体营
日光浴区
裸泳式

款式投射
天体伊甸园
往情欲国
月经条棉免费供应区
塑身区
裸奔大道
天体国
全国恒温控制，保证不会受风寒。

复制国

和 Narcissus 一样在镜前自恋，
找不到肉身的双胞胎，
找不到精神上的双面薇若妮卡。

多利羊成功后，
我们决定把自己变成复数，
动手复制一模一样，或是更完美的自己，
复制爱因斯坦、玛丽莲·梦露、迈克尔·乔丹和濒临绝种的熊猫。

我们很忙，需要分身，
需要像印钞票似的，快速复制人脑的价值。
看着自己被生下来的时代，已经来临。

·赞助财团：镜子、内衣、信用卡

复^{2}制国

幕僚供应厂

用自己的基因，复制一批跟随自己的人马，培养自己信赖的班底，危急时共商大事，思考时面面俱全，是可以共患难又不必利益共享的好幕僚。

管家供应厂

愈忙就愈需要贴心的管家。自己的分身就像肚子里的蛔虫，饿了知道自己想吃什么，冷了知道帮你加几件衣服，不必下指令，心电就能感应。

仆人供应厂

菲佣语言不通，请泰劳又不放心，造一群与自己神似、自己专享的仆人，不怕叛逃，不怕被收买，绝对忠心耿耿。

青春供应厂

自己适用的胎盘素，自给自足，让自己保持永远的18岁。

器官供应厂

自力更生，专门生产自己独享的新鲜器官，肾衰换肾，脑死换脑，24小时无限供应身体零件。

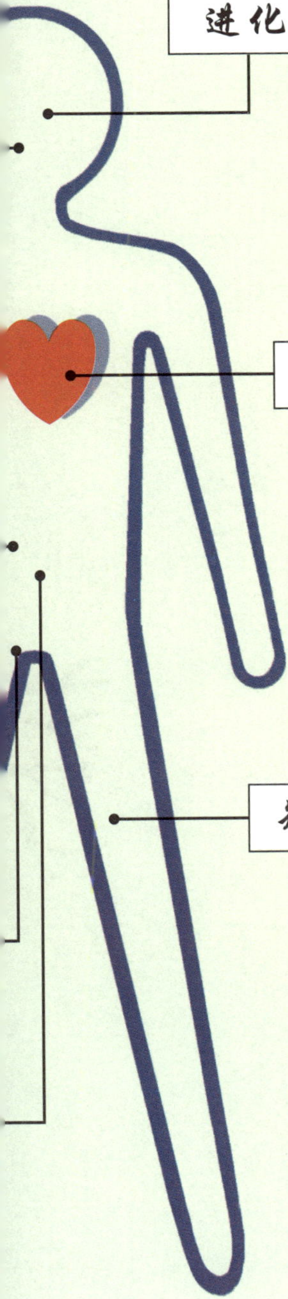

进化改造厂

从上帝手中接掌自己的演化，利用电脑科技算出自己的最高智力，最大潜力，最美的外表组合及最powerful的身体。100分的自己，适者一定好生存：达尔文的进化论，可以自己写续集。

情人供应厂

上帝拿肋骨造情人，缺憾一堆，老是和自己的意见不合，无限忍耐及宽容的爱，能撑到什么时候？

我们决定拿出一个基因，以阴阳正反合的原理，翻制与自己心灵100%契合的爱人。因为自恋，所以自爱，因为自爱，所以自我造爱。情人供应厂，没有人数的限制，如果你花心，可以通宵加班，大量生产你的需求。

知己供应厂

生我者父母，知我者自己也。

人海茫茫，知音难寻，

复制另一个自己，才是最了解自己酸甜苦辣的人。

100%专心分享的情谊，有很多个自己陪自己，绝对热闹，你不可能再孤单。

巫术国

与人结怨，仇恨无处发泄，最毒妇人心。

冤家路窄，巫术国一成立，夜路走多一定会遇到鬼。

你何必冒险刮车、刺轮胎、写恐吓信、放火、杀人？

有了巫术，

你可以痛快地在台面下尽情地报复，

效果十足却又天衣无缝，

仇人变哀家，保证记取教训，

最重要的是，还可以帮你免责免去牢狱之灾，

在这里复仇，百分之百无副作用。

小心，巫婆就在你身边。

· 背后财团：占星集团、黑道帮派、讨债公司。

巫术国

泄恨是必要的，我们要用超能力，
痛快地解决人间恩怨。

宽以待己

道高一尺，魔要高一丈。

School

女巫补习学校

Game

魔女游戏室

Medicine

女巫炼药室

Library

魔法图书馆

Poision

巫毒教研究中心

Security

巫术保全公司

解业障，以万全的准备对抗「以彼之道，还之彼身」的反击，彻底打破巫术的后坐力。

你的魅力，来自你有多少魔力。

感情咒

夫妻失合，情人变心，保证回心转意。

财运咒

财神降临，替我招财，一夕致富。

健康咒

消灾解危，起死回生，一帖见效。

事业咒

快速升官，金榜题名，心之所欲，路为之开。

私人作法室

法定步骤：
1. 给对方生辰八字
2. 给符咒
3. 找施法时辰
4. 众人念咒
5. 烧掉符咒
6. 丢入海中

代客复仇公司

命运审判官

绝命追杀令

失能室

让负心汉瞎了眼，让乱伦的兽失能，让诽谤者变哑巴

截肢，人体实验室

把强暴犯阉了，把小偷断手断脚，那个没心肝的可恶老板，就在这里用化学毒品、医学药品玩遍他的器官，折磨他的感官，看他还有几条命，敢这样无法无天。

无期徒刑

在你的领地，关他一辈子，永不特赦。

凌迟台

十恶不赦，就用清朝十大酷刑伺候，把他千刀万剐，让他痛不欲生。

当众处死台

指定观众人数、行刑时间、地点、方式。

下蛊室

小纸人针灸室

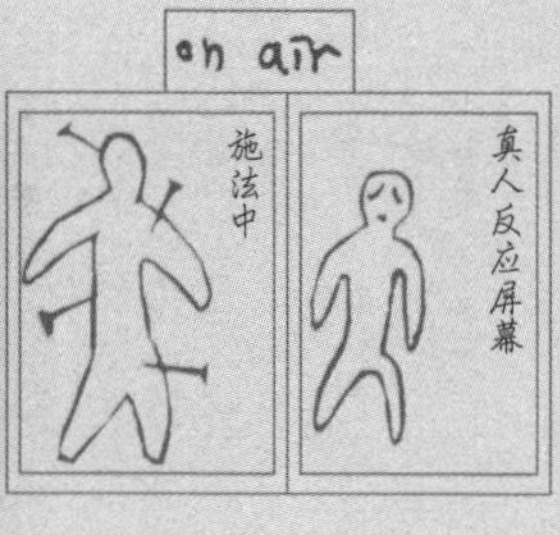

死亡国

生不如死

醉生梦死。

活人的世界，每天都有人死去。

出生的摇篮前，一座华丽的陵墓正在兴建。

未知生，焉知死。

如果只剩 24 小时可活，

您会特别体会食物的滋味，人的友善，物的得来不易，

特别知道相处时间的可贵。

请先看完《西藏生死书》，拟好财产分配的遗书，

把所有的心事放下，

来死亡国，

以先人的智慧提前善理您的身后事。

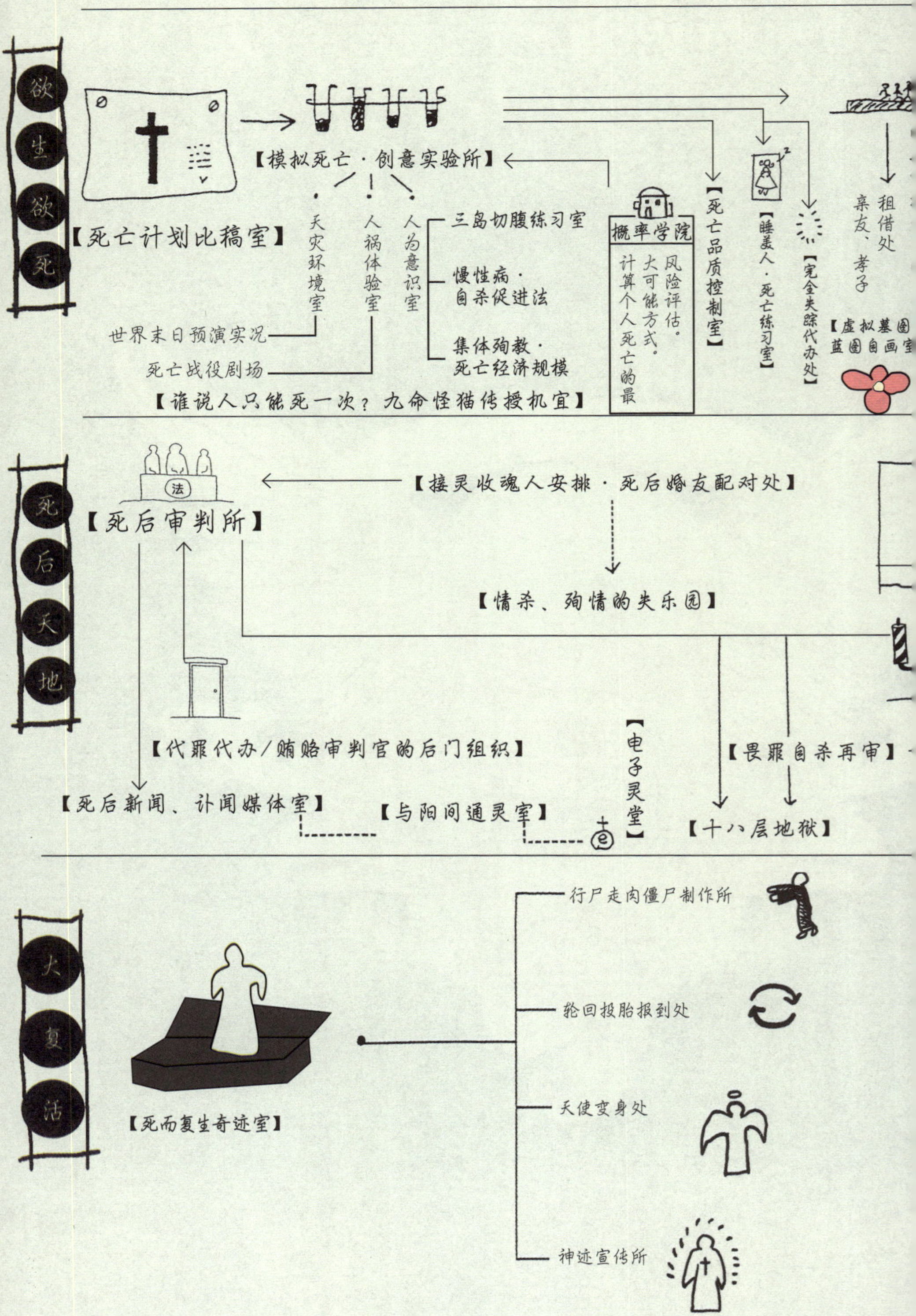

欲生欲死
【死亡计划比稿室】
【模拟死亡·创意实验所】
天灾环境室
人祸体验室
人为意识室
三岛切腹练习室
慢性病·自杀促进法
集体殉教·死亡经济规模
世界末日预演实况
死亡战役剧场
【谁说人只能死一次？九命怪猫传授机宜】
概率学院
风险评估。计算个人死亡的最大可能方式。
【死亡品质控制室】
【睡美人·死亡练习室】
【完全失踪代办处】
租借处
亲友、孝子
【虚拟墓园
蓝图自画室
死后天地
【接灵收魂人安排·死后婚友配对处】
【死后审判所】
法
【情杀、殉情的失乐园】
【代罪代办/贿赂审判官的后门组织】
【畏罪自杀再审】
【电子灵堂】
【死后新闻、讣闻媒体室】
【与阳间通灵室】
【十八层地狱】
大复活
【死而复生奇迹室】
行尸走肉僵尸制作所
轮回投胎报到处
天使变身处
神迹宣传所

宫木百货公司

冷冻人馆

死能瞑目眼罩房

library

【阎罗王生死簿档案室】

*请先交一寸近照以利图书证核发

【生死学文库】

bank

【阴阳互通银行】

服务项目

1．冥纸存款

2．财产分配处理

3．遗产转换冥纸

4．遗产交代、遗爱人间

5．意外死亡索赔处

【死亡自决权立法院】

死亡时间吉时预定处

【秦皇·长生不老研究室】

【节哀顺变·亲友互助会】

【谋杀死神策划室】

【南无阿弥陀佛·极乐世界】

信我者得永生教堂】

【死后升悟捷径】

摩天纳骨塔

【死后美容院】

私人乡村墓园

B
CURSUM PERFICIO

事

【事态·认同】

旅行国

旅行，是一种改变，改变居住的地方，

改变生活习惯，改变身边的人，改变时间，改变责任和义务。

每个人心中都有想旅行的路线图，

每一双眼睛都能映出一幅独一无二的旅行国版图。

主题：

一生旅行所到之处，都是国界。

立国精神：

诗人说，人见面超过 3 次，就一文不值，何必留来留去留成仇？

一出国让往事成追忆，还比较潇洒！

开国宗旨：

世界够大，不怕你不玩，怕你玩不完！

只要在“旅行国”，厌世者不必自杀，只要选择有迪士尼的国家，

马上直达“极乐世界”。

想离职者不必找借口，签证时限一到就可以走人，连辞呈都不必写！

版图：

脚程可达之处，都是领地。每年变更一次国都所在地。

本国法律规定：

平均一个国家少则待上 1 天，多则待上 182 天（以人类平均年龄 74 岁，除以全世界 195 个国家计），入境一天后如果不想再待，可以提前落跑，但不能再回头！所以只要命够长，你就有机会认识 70 亿人口中的 49 亿人。

国民的分类：

以星座、血型取代国籍分类。

国民的权利：

不停地出走、不停地旅行、不停地调整时差……你可能在一生中目睹火山爆发，奥运会，北极圈的日不落景，彗星撞地球……

国民特性：

1. 拥有多重国籍身份，一直是空中飞人，一直是外国人。要我效忠某国，对不起，我做不到！
2. 为了把握时间，常常一见钟情；为了看遍世界，要学会绝情。
3. 方向感要很好，适应力要很强，随时辨认新国家的礼俗、禁忌、国歌，随地清楚自己在地图上的哪一点。
4. 每一次决定离开都是永不回头的赌注，每一次出国都是无情的割舍，你可能会觉得爱得有点徒劳无功，不过你得学会在新欢身上找到旧爱的神情！

本国伦理：

1. 聚少离多，每个人相处时间压缩在 182 天之内，会比较真诚。双方已没有时间去猜忌、吵架、考验、等待，或是避不见面，有话赶快表白！
2. 如果你的配偶不打算跟你去下一个国家，可以合法再婚，你在各个国家会有不同血统的孩子。等到孩子独立，可以脱离父母自定旅程。
3. 来不及参与你的过去，但可以一起共度未来。如果真爱上某人，下次旅程就约去法国香榭丽舍大道，然后去德国莱茵河、日本京都、美国关岛……
4. 每到一个国家可以选择改教或破戒，一妻多夫或一夫多妻，禁吃猪肉或大开杀戒……
5. 最后到的国家就是你长眠之处，所以时间要算准，免得所葬非地！

生产方式：

在这个国家就要找好下一个国家的工作，所以常换老板是道德的！

个人财产制：

1. 以一个人能带走的行李重量为准。
2. 必备个人电脑随时上 Internet，如果你想知道去年 3 月在荷兰认识的 Miss Lee，你可以在网络上查到她的最新行踪（除非 Miss Lee 不想被人找到，你只好找征信社的人一直 Follow 被跟踪人的旅程，直到交差为止）。

本国特殊优惠：

1. 因为你会增加很多在远方的朋友，所以越洋和区内的通话一样便宜，不过你常会在下一个国家收到上一个国家的电话费账单！
2. 因为你老是和家人相隔两地，所以思乡日邮票一律优惠为 3.5 元，不过邮差可得根据送件方向决定旅程。
3. 一律免签证费，旅费和机票便宜到就像在坐公交车。
4. 瞎拼族注意了，在这里每一间商店都是免税店！

本国热门行业：

1. 旅行社很必要。导游自己也在旅行，他们没比你多来一次，只是比你早到几天！
2. 本国国民不必买房子，因为到处都是便宜又好的旅馆；每个人居无定所，不必记长串的通讯地址，只要记得房间号码。
3. 算命师很抢手，他会依你的流年替你安排下一个行程，并且你的手纹会因旅程而改变。如果你的算命师够灵，他可以指引你“桃花”新方向，避开下一个国家的灾难，让你的人生旅程更顺畅。

如果你时运不佳，你可能会遇上战争，把你征召去打仗，或是到日本得脑炎、到印度患热病，到泰国感染 AIDS……旅途太劳顿，会消耗你后半辈子旅行的兴致。

切记：

别在某处为爱犯罪，因为一旦入狱，便少了旅行其他国家的机会（除非你喜欢另一种旅行方式：逃亡）。

旅行国

老是台湾17℃的圣诞节，老是在寒流中假想烛光的温暖，以及背着厚重大衣吃力地狂欢。
今年决定到澳洲，和一个穿得少少的情人，过一个夏天的圣诞节。

希腊Ephesus古城中，Celsus是世界上最古老的图书馆，一座妓院就盖在旁边，中间还有通道相接。
古罗马人借着去图书馆的名义去妓院偷欢。
这条人类大脑与肉体唯一私通之处，是全城的人和我都想一窥的秘密通道。

住在换日线上，可以和上帝玩时间游戏。
往左，有权再过一次昨天；
往右，也可以提前到明天。
另外，唯一让时间暂停、中止老化的方法，就是每隔一小时逆时针走上1/24个地球。

到巴黎的“上帝街”，问撒旦是不是就住在对面。
到“坏男孩街”买一本恶童日记。
到“无头妇人街”替卢浮宫断头的胜利女神找新住处。
到“去钓鱼的猫街”，找离家出走半年多的爱猫和同时失踪的鱼。

北极圈北方340英里Barrow的永夜，是体验“世界末日与冷酷异境”的最佳场景。
今年的最后一夜，我想24小时不眠不休地和爱斯基摩人等待明年黎明的到来。

迷信紫微、迷信星座、迷信风水、迷信咒语者，一生就应该到玻利维亚的巫术街朝圣一次。
顺便找印第安婆婆添购需要的巫术行头，自己来挽回感情、升官发财、生男生女、家运昌隆、旅途保平安！

以色列死海，海拔负422米，全地球表面最低点，太阳和月亮选在这里交接黑夜和白天。此地万物不生，唯我独活。
含盐30%的海水，受伤未愈的人请回避。
还有黑泥疗效，我和秦始皇一样都想青春不老。

结论：请你现在就打包家产，背着背囊，绕着地球跑。

偷窥国

我们主张：有偷窥狂和表现欲的人可以站好位置，各取所需，和平共国。

罹患世纪末自闭情结的都市茧居族，晚上 7：30 回家后就不再出门。

你死我活的连续剧，看到睡着的电影，一小时信息中断 8 次的电脑网络……这些人无聊到快发疯了。

偷窥不再是大厦管理员、征信社、调查局、保全人员的特权，所有的人不约而同地到光华商场添购译码器、3D 立体透视镜、望远镜、隐藏式摄影机……

决定开始偷窥老公、邻居、路人甲和自己。从电视、电脑、电影院转移开的目光，偷窥国正式接收所有流失的收视率，加强灯光、效果、演技、录像技术及临场感，公然挑战隐私权，秘密开国。

想不起来今天早上浇花了吗？问问住在对面的人吧！

偷窥无罪、目击有礼。

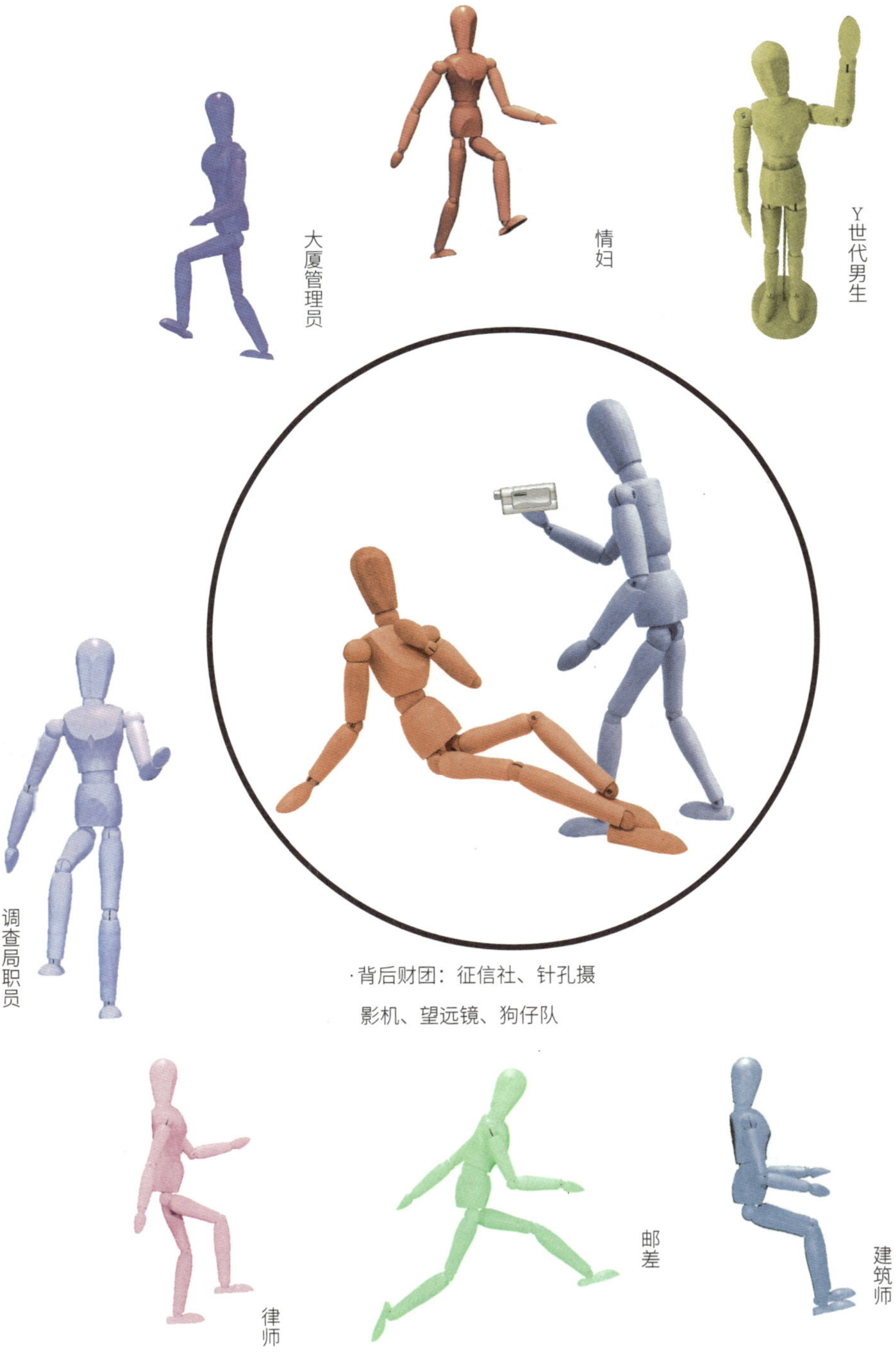

·背后财团：征信社、针孔摄影机、望远镜、狗仔队

偷窥国

怀疑论者横行天下，意淫的偷窥者需要有表现欲的目标。

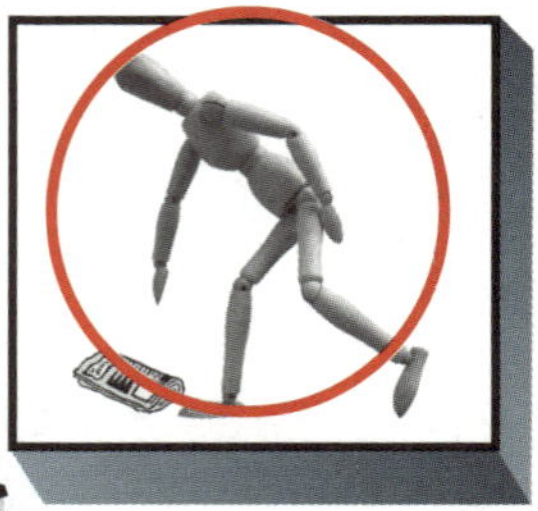

【场景五】

清晨6：05,有点神经质的大厦管理员以monitor监看男大学教授，他认为9月9日—10月10日全大楼的报纸不翼而飞案件，与男教授脱不了干系，而且绝不是因老花眼拿错那么简单。

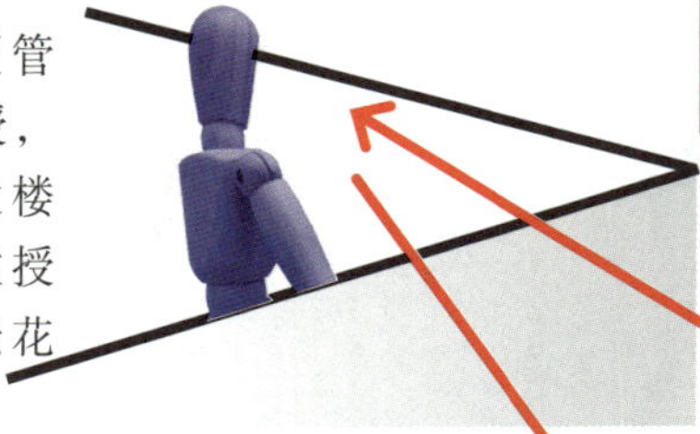

【场景一】星期一中午12：00，建筑师与情妇在滨海的小别墅中，以手提式摄影机互拍对方。情妇被激起非职业性的表演欲，一上镜头就性感无比。

（注：手提式隐藏式摄影机是20世纪90年代末新兴的情趣用品之一，善引诱，后遗症见场景二）

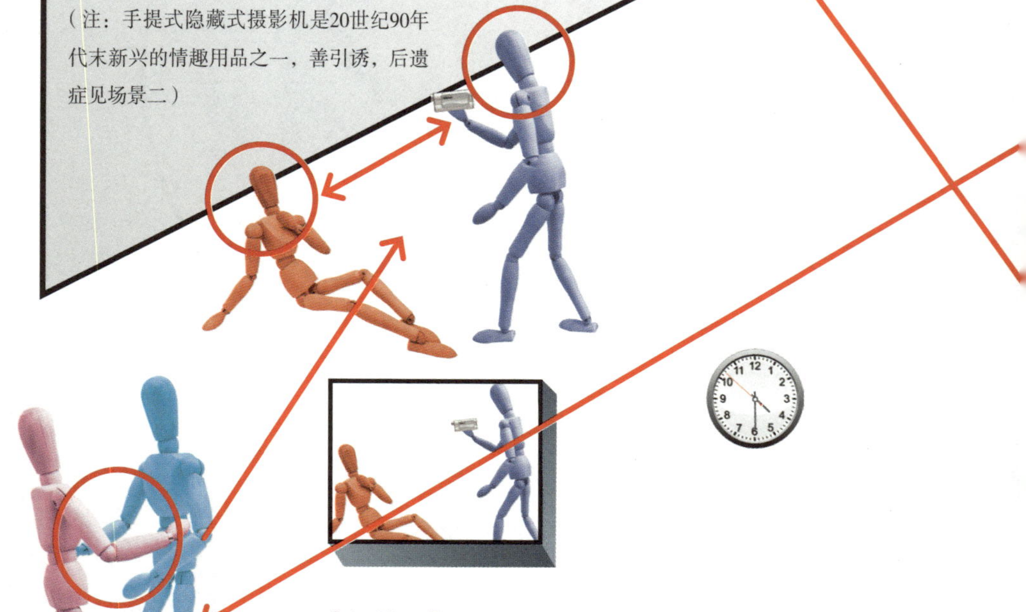

【场景二】

下午4：30，已失宠的建筑师妻子在制图桌下的暗柜，这部影片及一本荒木经惟女体写真集。和律师边看边讨论捉×事宜时，因嫉妒性的报复，两人竟演发另一段“第三情”——这种偷窥有点阴险。

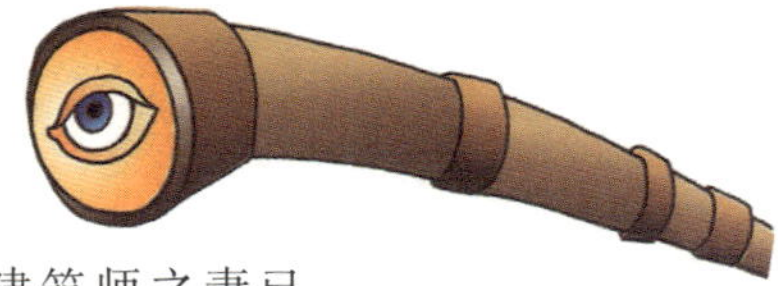

【场景三】

下午5：20，暗恋建筑师之妻已久的68年次的Y世代男生，目睹后有一点歇斯底里。他的房子与建筑师家中只隔一面墙。一个偷窥专用的镜面墙。他把床靠着她的床，浴缸紧靠她的浴缸边，这样就可以同床共浴，纯属巧合地一起生活。

（注：这种精神式的感官罪行，不会计入官方版的犯罪率中，安全无虞。）

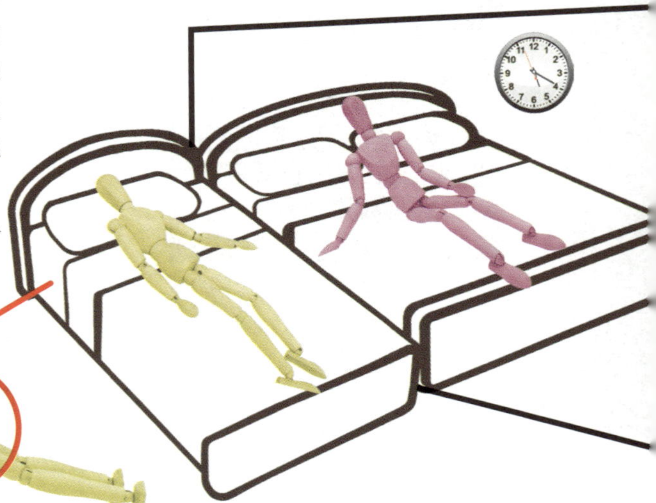

【场景六】

早上10：55，调查局职员以雷朋墨镜在对街监视大厦管理员，他怀疑管理员利用收信件的管道与帮派走私毒品，这种合法的偷窥算是一门政治事件。

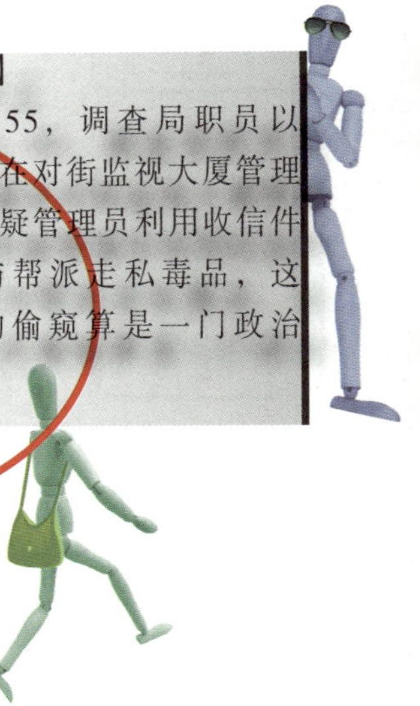

【场景四】

晚上7：30，65岁的有恋童癖倾向的男大学教授，由于已失去外貌优势，特别害怕被拒绝，长期以高倍望远镜偷窥“后Y世代男孩”，常常因看他做伏地挺身看得神魂颠倒，废寝忘食。

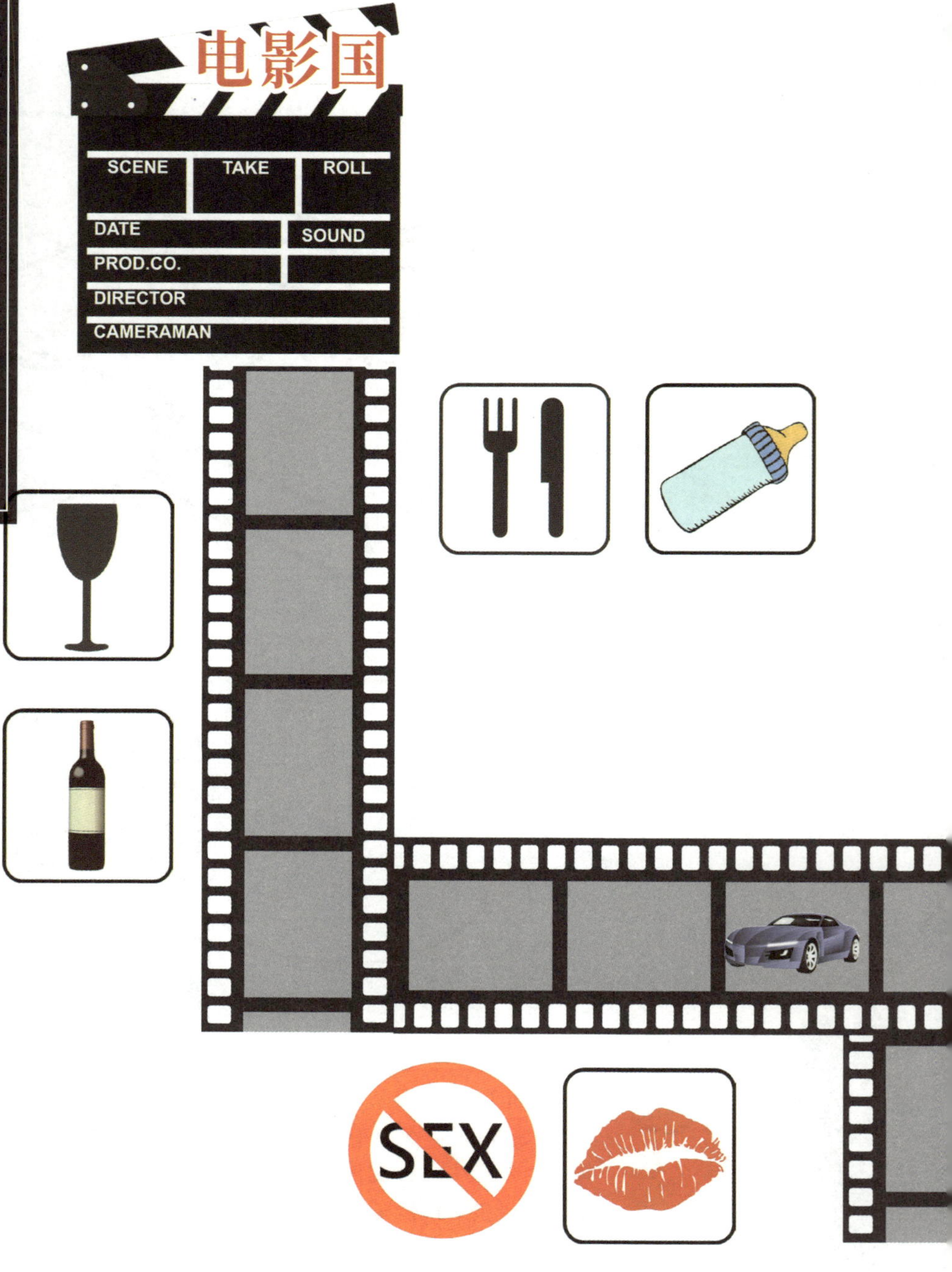
电影国
SCENE
TAKE
ROLL
DATE
SOUND
PROD.CO.
DIRECTOR
CAMERAMAN
SEX

用胶卷当皮带，用电影字幕机表白爱情，

用打光灯当路灯，用片匣装情书，

用打板当户外广告牌……

电影的 100 分钟，让你的人生有 100 种结局，

你可以死 100 次，活 100 次，当 100 种人，过 100 样生活，

有 100 个家及 100 位情人，

在电影国里的 1 分钟，

比你的一年人生还精彩。

戏假就能情真，梦是唯一的现实。

现在全面散发通告，善用电影关系玩私人游戏，

在电影国门前，

只要入戏，

就可以免费入场。

· 背后财团：影城、电影公司

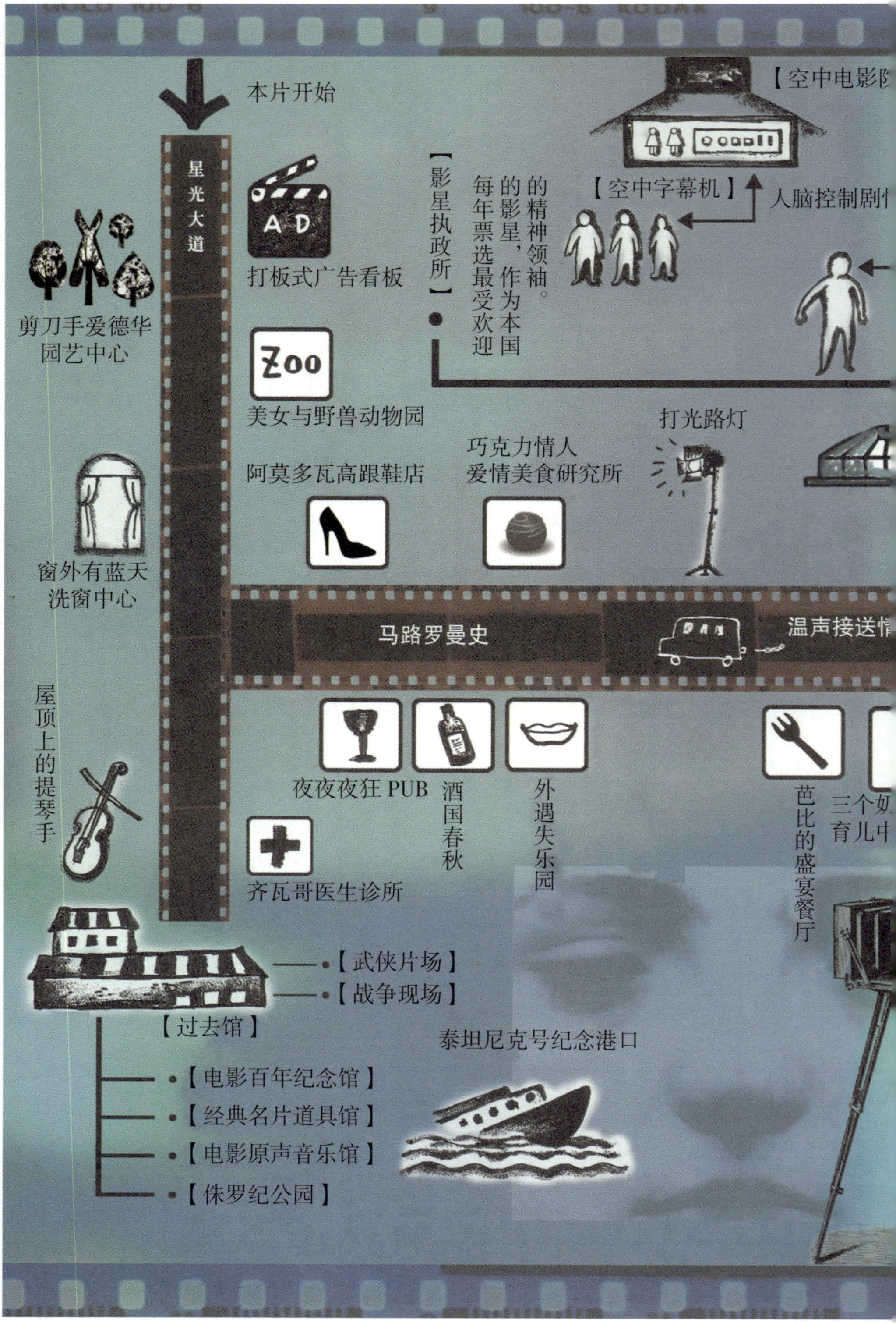
本片开始
星光大道
【空中电影院
【空中字幕机】
人脑控制剧情
【影星执政所】
的精神领袖。
的影星，作为本国
每年票选最受欢迎
打板式广告看板
剪刀手爱德华
园艺中心
美女与野兽动物园
打光路灯
阿莫多瓦高跟鞋店
巧克力情人
爱情美食研究所
窗外有蓝天
洗窗中心
马路罗曼史
温声接送情
屋顶上的提琴手
夜夜夜狂 PUB
酒国春秋
外遇失乐园
芭比的盛宴餐厅
三个奶
育儿中
齐瓦哥医生诊所
【武侠片场】
【战争现场】
【过去馆】
泰坦尼克号纪念港口
【电影百年纪念馆】
【经典名片道具馆】
【电影原声音乐馆】
【侏罗纪公园】

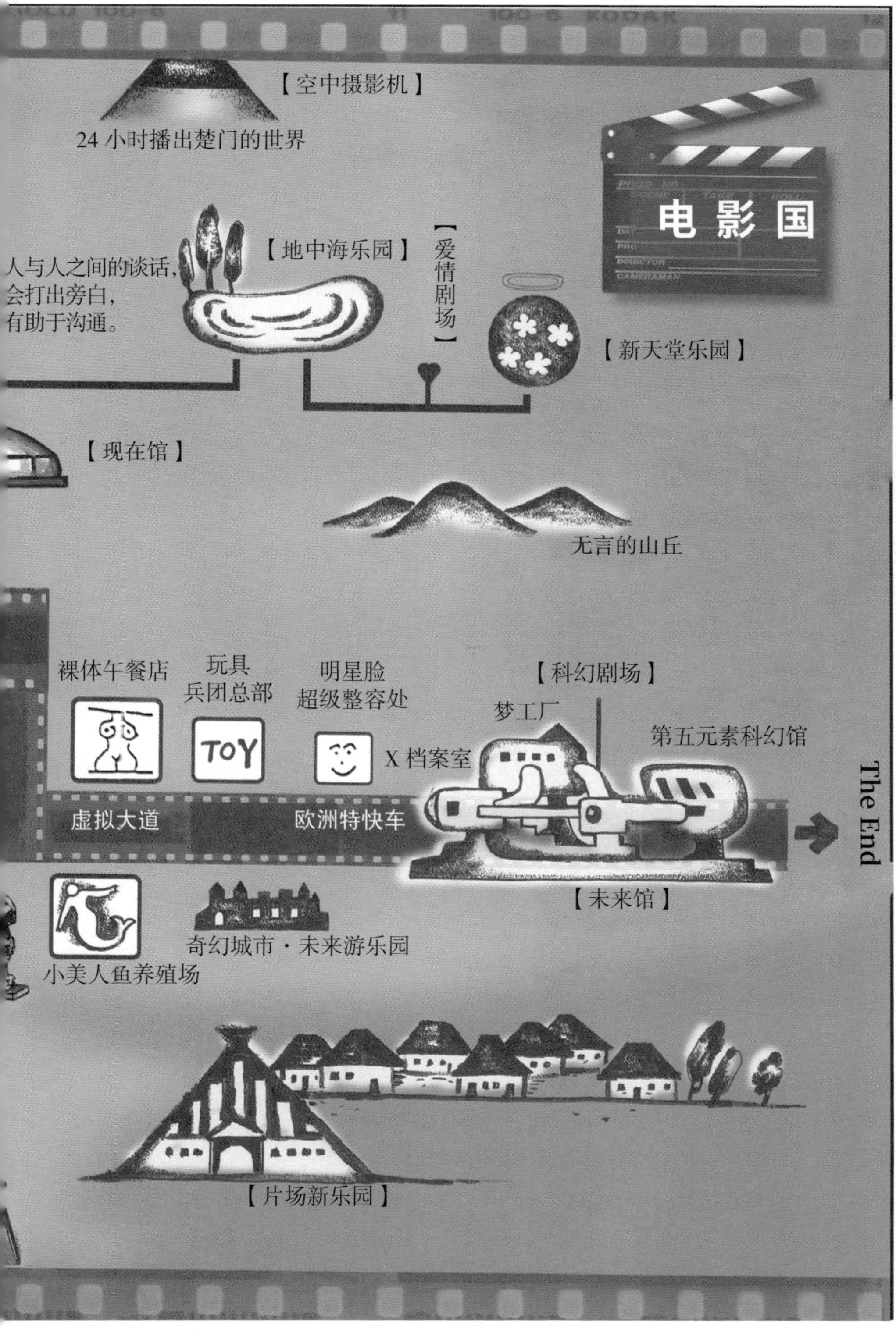

【空中摄影机】
24 小时播出楚门的世界
电影国
人与人之间的谈话，
会打出旁白，
有助于沟通。
【地中海乐园】
【爱情剧场】
【新天堂乐园】
【现在馆】
无言的山丘
裸体午餐店
玩具
兵团总部
TOY
明星脸
超级整容处
X 档案室
【科幻剧场】
梦工厂
第五元素科幻馆
虚拟大道
欧洲特快车
The End
【未来馆】
奇幻城市 · 未来游乐园
小美人鱼养殖场
【片场新乐园】

庆典国

世界各地，每天都有大大小小的庆典活动正在进行。

除了生日加法定假日外，

几乎没什么理由，在其他平凡无聊的日子里，

找一点庆祝或是借机发疯的名目。

一年放假百天，不少却永远不嫌多，

所以我们将成立“庆典国”，

日夜有活动，天天有放假的理由。

别只是看热闹，

快来加入我们的奇幻 party，以您独创的庆祝仪式向疯狂投诚吧！

•1月•

中国苗族“吃鼠节”

韩国冰雪节

悉尼海滨冲浪嘉年华会

•2月•

中国瑶族“放牛出栏节”(又名断情日，这天须把分手情人的东西退回)

伊斯兰教斋戒日

日本札幌雪祭

约翰内斯堡艺术节

·3月·

中国傣族“彩蛋节”

匈牙利布达佩斯春之节庆

日本樱花祭

法国音乐博览会

·4月·

苗族“姐妹节”（要吃用五颜六色的糯米做成的“姐妹饭”）

缅甸泼水节

台北猫节（4月4日）

美国新奥尔良爵士乐（连续10天、4000名爵士乐手以音乐狂欢）

·5月·

中国壮族“逃军山节”

韩国宗庙大祭

阿姆斯特丹蓝调电影节

·6月·

中国布朗族“洗牛脚节”

德国乌兹堡的莫扎特音乐节

意大利史贝娄的撒花节

• 7 月 •

中国瑶族“晒衣节”

朝鲜族“洗头节”

水族“洗澡节”

西班牙的奔牛节

马来西亚吉隆坡的花卉节

• 8 月 •

中国傣族的“关门节”（不是要你随手关门，而是关在家里专心忏悔）

阿姆斯特丹帆船日

法国多梅安爱镇的“睪丸节”（当天会准备 800 公斤的牛睾丸应景）

西班牙葡萄丰收节

• 9 月 •

台北狗节（9 月 9 日前周日举办狗的嘉年华会）

澳洲世界壮年节

中国土家族的“偷瓜节”

南非野花季（长达 230km 的花园大道）

德国品酒节

• 10 月 •

海顿爱乐节

中国景德镇陶瓷节

希腊“不”纪念日（抗战纪念日）

英国 Wembley 年度马展

•11 月•

泰国水灯节

匈牙利十月革命周年纪念日（11 月 7 日）

比利时 All Saints Hill 朝圣节

美国佛罗里达州的菊花节

•12 月•

圣诞节

挪威冬祭

美国犹他州火炬游行日

中国摩梭人“祭土地节”

·背后财团：PUB、俱乐部、旅行社、饭店

1月16日

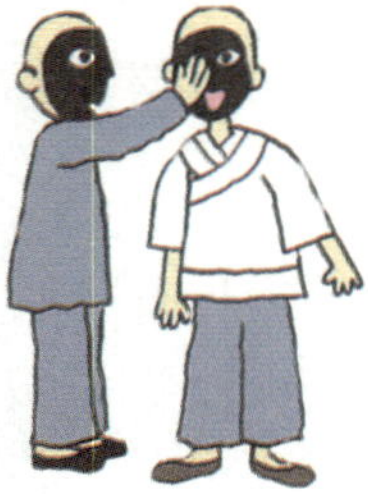

【中国锡伯族的抹黑节】

栽“脏”无罪，抹黑有理！

“抹黑”可不是法院的专利，早在新疆、辽宁一带，每逢正月十六日黎明，锡伯族人便挨家挨户向对方脸上抹黑，传说是因为以前有人太浪费了，把珍贵的面饼拿去喂狗，触怒了天神。锡伯族人害怕天神将麦子变成黑籽的惩罚，便先向自己的脸上抹黑，以表示忏罪。怕谁向你复仇？请先用敷脸的黑泥把自己抹黑吧！

【西非毛里塔尼亚的求爱节】

不必参加相亲节目，这里是合法又公开的爱情市场。

爱她吗？先跳一段挑逗的求爱舞，再用手拍拍她的腹部。只要她回应，你们就可以当场上台，让酋长主持结婚仪式。

省掉恋爱到结婚中间的猜忌、传话、暧昧、迂回、提亲、合婚、订婚……的繁复过程，公开招标“一见钟情”。

2月中旬起

【威尼斯嘉年华会】

源自古罗马时代的农神节

一年一度、古威尼斯共和国的嘉年华会，

现在开始！

所有在享乐世纪长大的伊壁鸠鲁弟子们，

请戴上面具改变阶级，

穿上异教徒的装扮从天使旁走过！

狼吞虎咽、借酒装疯，放肆地街舞，

尽情享受举目无亲的犯罪自由吧！

7月6日

【西班牙奔牛节】

无法出轨的兽性，血腥美丽的杀戮战场。
西班牙奔牛节又名圣佛明节，当地人每年举办狂奔活动，纪念被公牛拖街至死的圣佛明先生。7月6日—7月14日，每天早上8：00，有自杀倾向者请穿好白色衣装，系上红领巾，研究好奔牛路地图，释放你的被虐倾向及肾上腺素，和疯牛玩一场拼死追杀的刺激游戏吧！（据说海明威也是天天这样胆战心惊地跑在牛群前走过这条路的呢）

3月12日—3月19日

【巴伦西亚的火节】

欧洲木匠为了庆祝他们的守护神圣约瑟夫的诞辰，花一年时间制作高十几公尺的木偶雕像“法雅”，然后在庆典最高潮时付之一炬。消防队在这里没事做，卖火柴的女孩在这里生意好得不得了，巴伦西亚火节这天没有纵火的道德问题，您可以大胆的来此发泄“破坏欲”，和艺术一起浴火重生。

6月6日

【广西瑶族的晒衣节】

祖母衣柜复活，旧衣不死，只是轮回。
6月6日，广西桂平县的瑶族会把家中所有的旧衣、旧帽、旧鞋……通通搬到街二清仓曝晒。
这种衣物大规模离开身体的街头服装表演，您和旧衣收集车都不能错过！

预言国

催眠回到前世，
向塔罗牌问明天的运势，
从水晶球看自己的将来，
未来的密码已经写在圣经里。

末日将近，上帝迟迟不来，
只要不向撒旦顶礼膜拜，
业余学一点紫微，看一点星象，通一点灵，
练一点气功，说一点预言，会一点铁板神算，
做一个善良的女巫，聪明的先知，
或是有魔力的男天使，
可以让你逢凶化吉，普度众生。

· 背后财团：占星术光盘、书籍、占星网站、
感情咨询单位、生命线……

- 易经
- 周吕望乾坤万年歌
- 蜀汉诸葛丞相马前课
- 推背图
- 李淳风藏头诗

- 催眠术
- 梅花诗
- 烧饼歌
- 黄蘖禅师诗
- 占星术

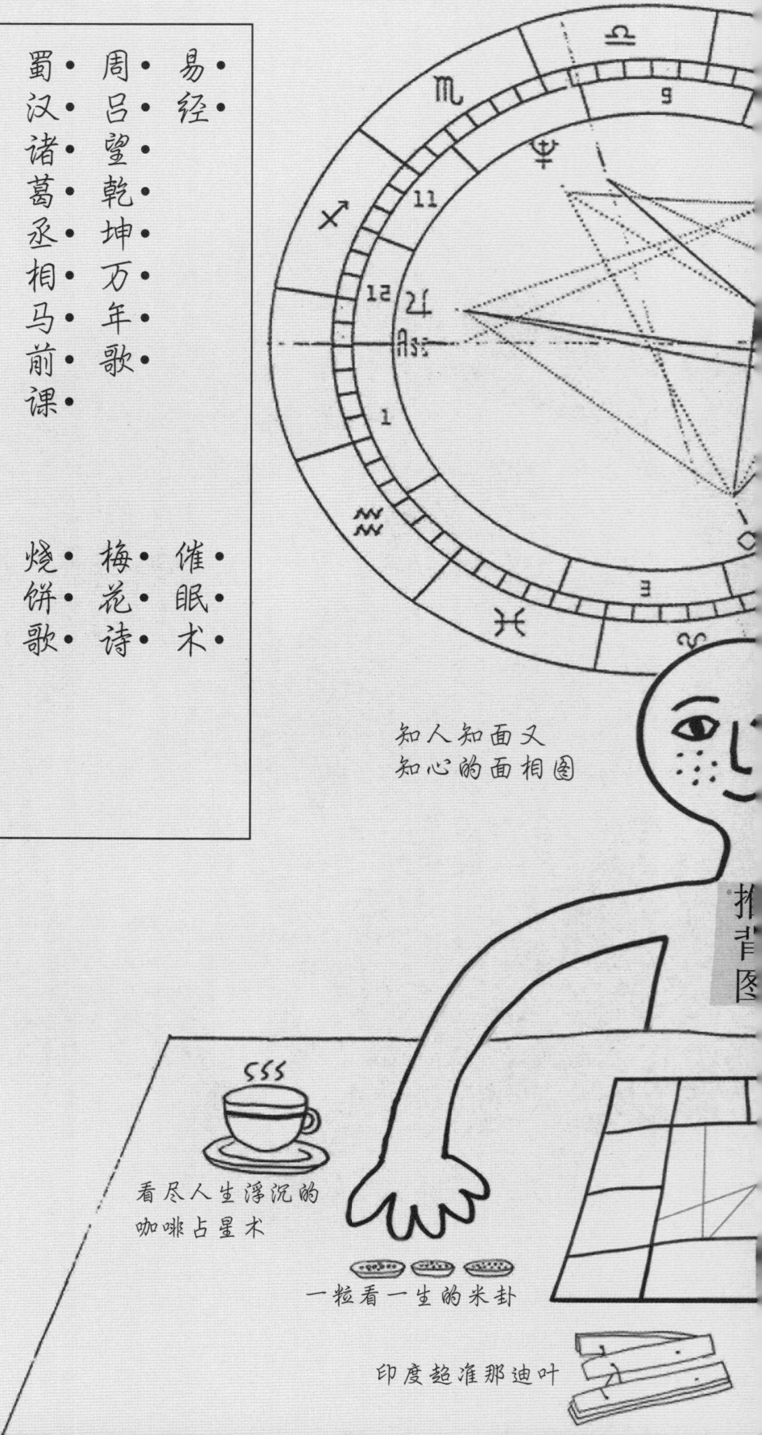

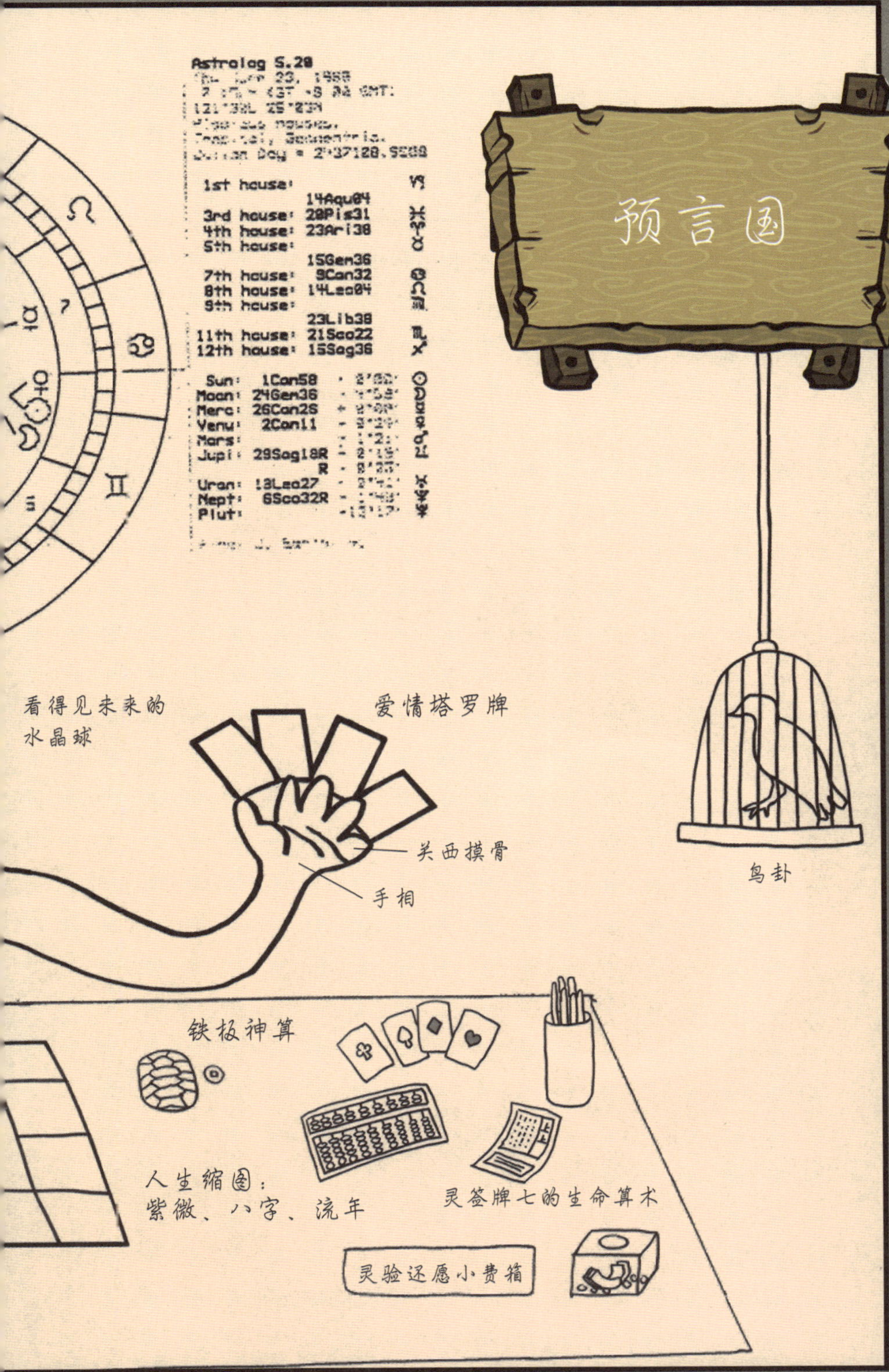

预言园
Astrolog 5.20
1st house:
14Aqu04
3rd house: 20Pis31
4th house: 23Ari38
5th house:
15Gem36
7th house: 9Can32
8th house: 14Leo04
9th house:
23Lib38
11th house: 21Sco22
12th house: 15Sag36
Sun: 1Can58
Moon: 24Gem36
Merc: 26Can25
Venu: 2Can11
Mars:
Jupi: 29Sag18R
Uran: 13Leo27
Nept: 6Sco32R
Plut:
看得见未来的
水晶球
爱情塔罗牌
关西摸骨
手相
鸟卦
铁板神算
人生缩图：
紫微、八字、流年
灵签牌七的生命算术
灵验还愿小费箱

C

时

【时间·流亡】

音乐国

失眠国

诗人国

一小时国家

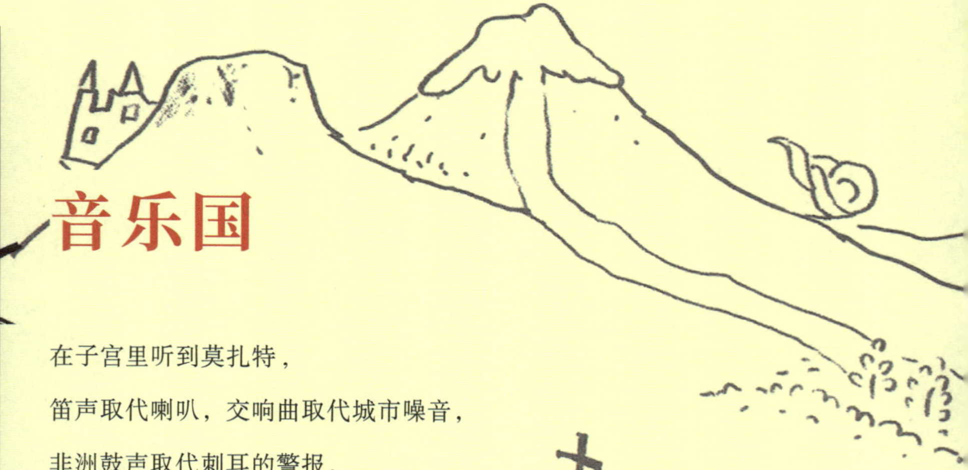

音乐国

在子宫里听到莫扎特，

笛声取代喇叭，交响曲取代城市噪音，

非洲鼓声取代刺耳的警报，

大家以歌声沟通，歌剧在日常生活中演出——

音乐，

是我们最悦耳的环境。

乐谱在每个音乐国公民的身体里，

随时发声。

每个人要专精一种以上的乐器，

一生至少开一次个人演唱 / 演奏会，

音乐细胞，借着音符大量感染，

已经蔓延了整个国家。

· 背后财团：唱片公司、唱片行、
音乐厅、小酒馆、PUB

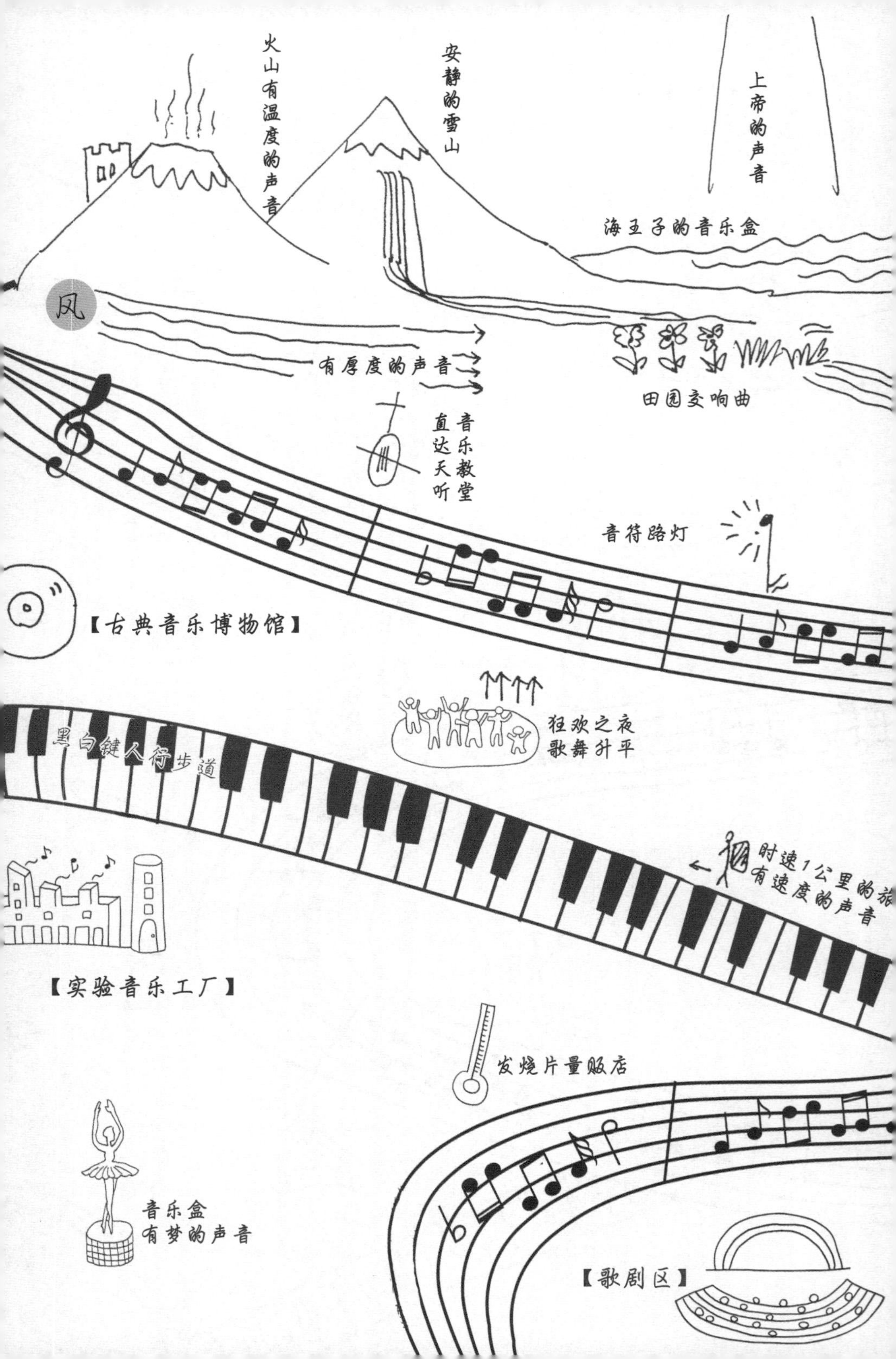
火山有温度的声音
安静的雪山
上帝的声音
海王子的音乐盒
风
有厚度的声音
田园交响曲
音乐教堂
直达天听
音符路灯
【古典音乐博物馆】
狂欢之夜
歌舞升平
黑白键人行步道
时速1公里的旅
有速度的声音
【实验音乐工厂】
发烧片量贩店
音乐盒
有梦的声音
【歌剧区】

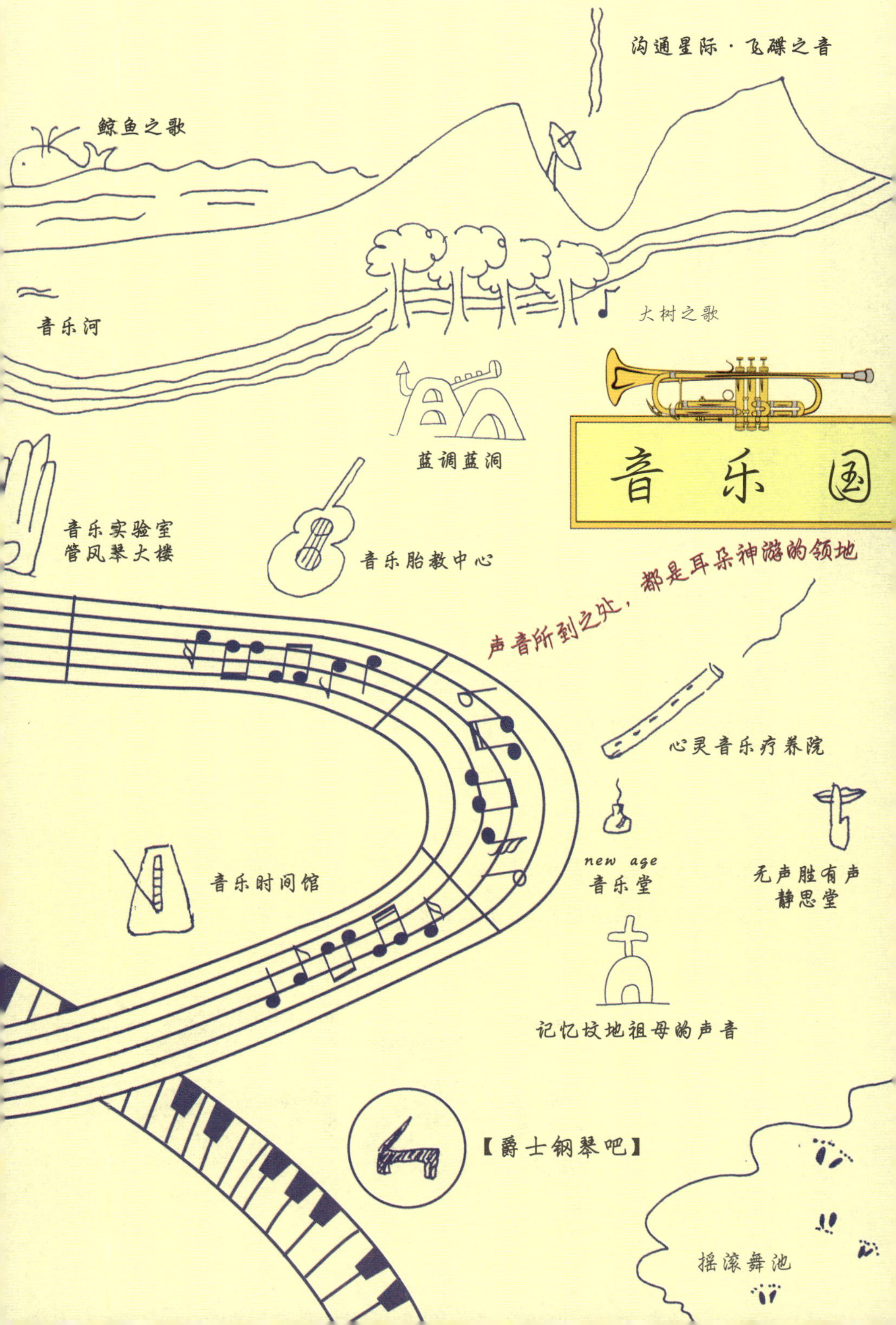
沟通星际·飞碟之音
鲸鱼之歌
音乐河
大树之歌
音乐园
蓝调蓝洞
音乐实验室
管风琴大楼
音乐胎教中心
声音所到之处，都是耳朵神游的领地
心灵音乐疗养院
new age
音乐堂
无声胜有声
静思堂
音乐时间馆
记忆坟地祖母的声音
【爵士钢琴吧】
摇滚舞池

失眠国

有人不想睡，有人睡不着。

连续数夜，辗转难眠，

噩梦连连。

吃褪黑激素怕后遗症，

吃安眠药怕一睡不醒，

众人皆醉我独醒，

享受失眠多出来几个小时的清净，

听音乐、禅修、看书、写字、工作、上网、发 e-mail……

别人萎靡不振地昏睡，只有你清醒地加班。

不必长寿，

足足比别人多活了 1/3 的人生。

在这里，你的失眠变成了睡不着的幸福。

·背后财团：床、眠枕被专卖店

失眠国

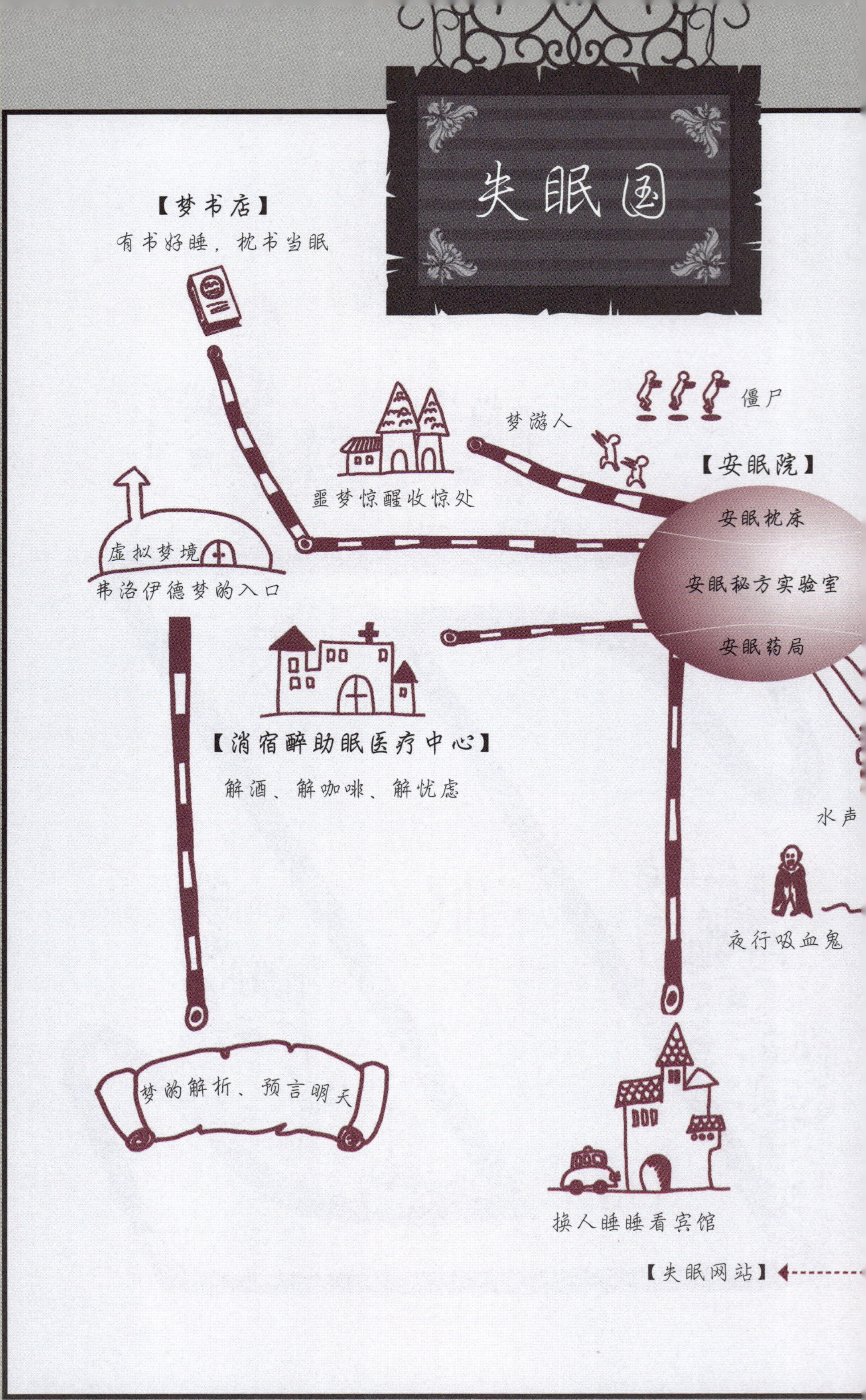

失眠国
【梦书店】
有书好睡，枕书当眠
僵尸
梦游人
【安眠院】
噩梦惊醒收惊处
安眠枕床
虚拟梦境
弗洛伊德梦的入口
安眠秘方实验室
安眠药局
【消宿醉助眠医疗中心】
解酒、解咖啡、解忧虑
水声
夜行吸血鬼
梦的解析、预言明天
换人睡睡看宾馆
【失眠网站】

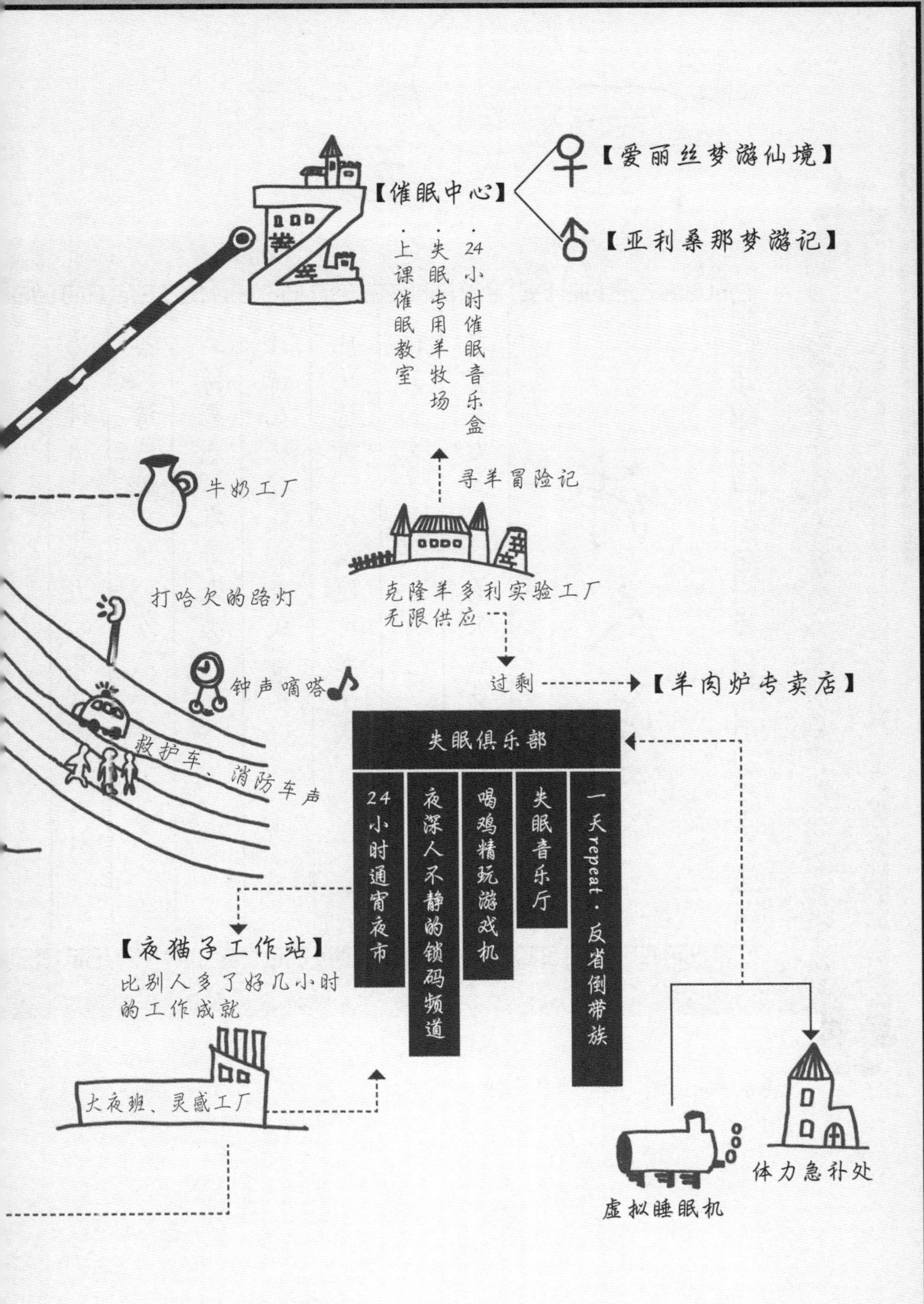

【催眠中心】
·24小时催眠音乐盒
·失眠专用羊牧场
·上课催眠教室
【爱丽丝梦游仙境】
【亚利桑那梦游记】
牛奶工厂
寻羊冒险记
克隆羊多利实验工厂
无限供应
过剩
【羊肉炉专卖店】
打哈欠的路灯
钟声嘀嗒
救护车、消防车声
失眠俱乐部
24小时通宵夜市
夜深人不静的锁码频道
喝鸡精玩游戏机
失眠音乐厅
一天repeat·反省倒带族
【夜猫子工作站】
比别人多了好几小时的工作成就
大夜班、灵感工厂
虚拟睡眠机
体力急补处

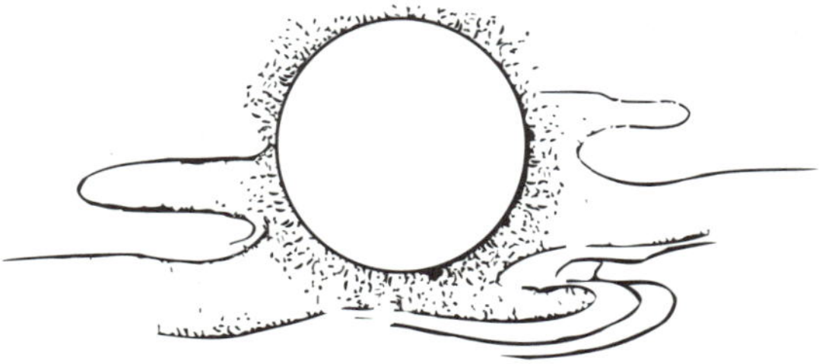

诗人国

为诗付出青春心力的人，都将入阁。
茶不诗则饭不想，万无一诗，
朝诗暮想，有诗无恐。
让诗人从贫民翻身成富豪。
比比皆诗，人人迷诗的年代，
诗开始文艺复兴。
在智慧失血，辞藻饥荒多年后

·背后财团：诗社、诗集出版社、青年诗人协会终将诗至名归。
灵感源源不绝，出口成篇的人，
凭诗吃饭，凭诗消费一件大衣，
货币交易：
诗心自用，一字万金的诗可以当
并且将大道上的所有建筑，以诗为名。
每个企业必须认养一位诗人，
司机一名，经纪人两名，
国家给诗人优渥的津贴，仆役一打，

诗人国

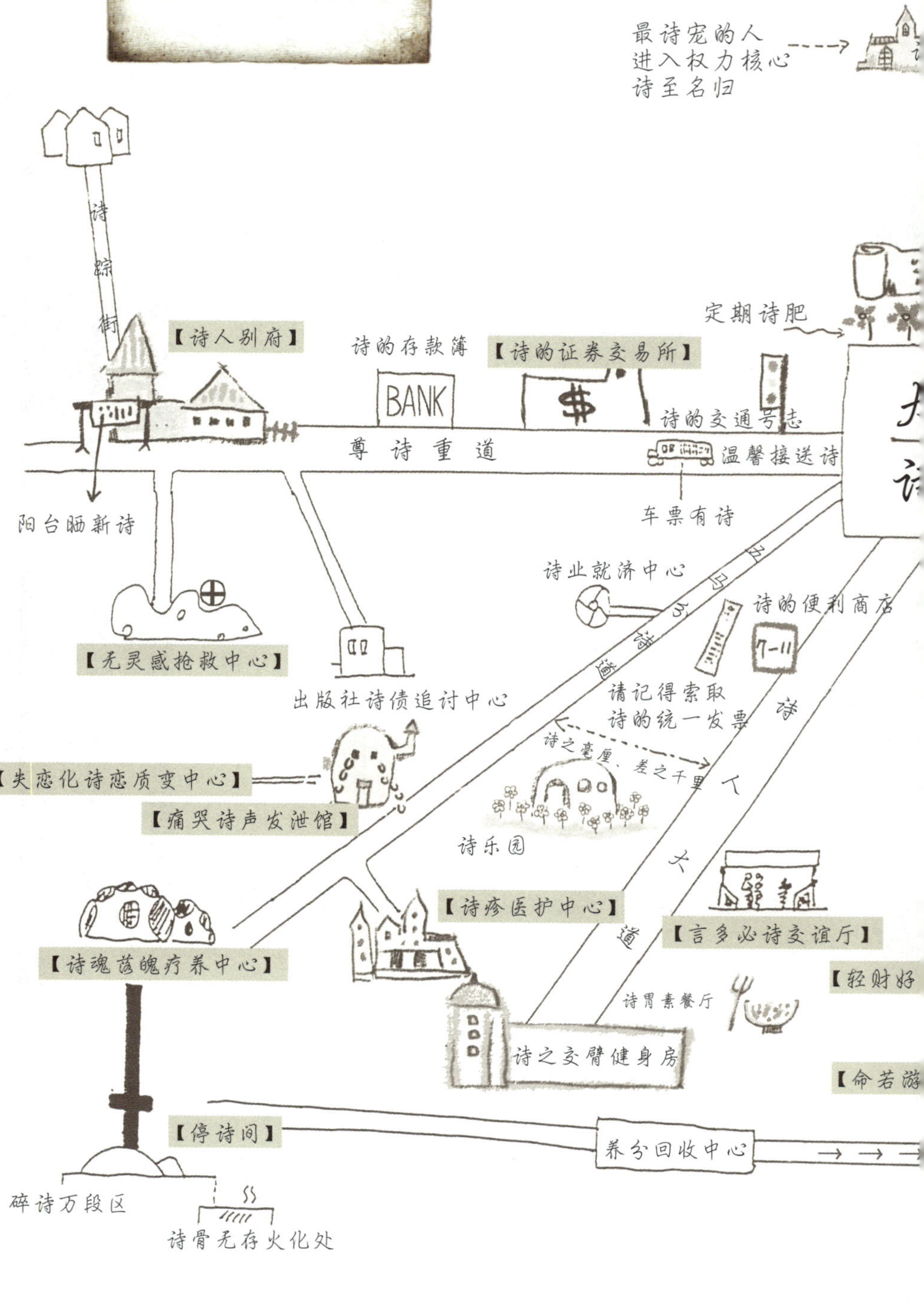

最诗宠的人
进入权力核心
诗至名归
诗
棕
街
定期诗肥
【诗人别府】
诗的存款簿
BANK
【诗的证券交易所】
诗的交通号志
尊诗重道
温馨接送诗
阳台晒新诗
车票有诗
诗业就济中心
诗的便利商店
7-11
【无灵感抢救中心】
出版社诗债追讨中心
请记得索取
诗的统一发票
诗
诗之毫厘、差之千里
【失恋化诗恋质变中心】
【痛哭诗声发泄馆】
诗乐园
大
【诗疹医护中心】
道
【言多必诗交谊厅】
【诗魂落魄疗养中心】
【轻财好
诗胃素餐厅
诗之交臂健身房
【命若游
【停诗间】
养分回收中心
碎诗万段区
诗骨无存火化处

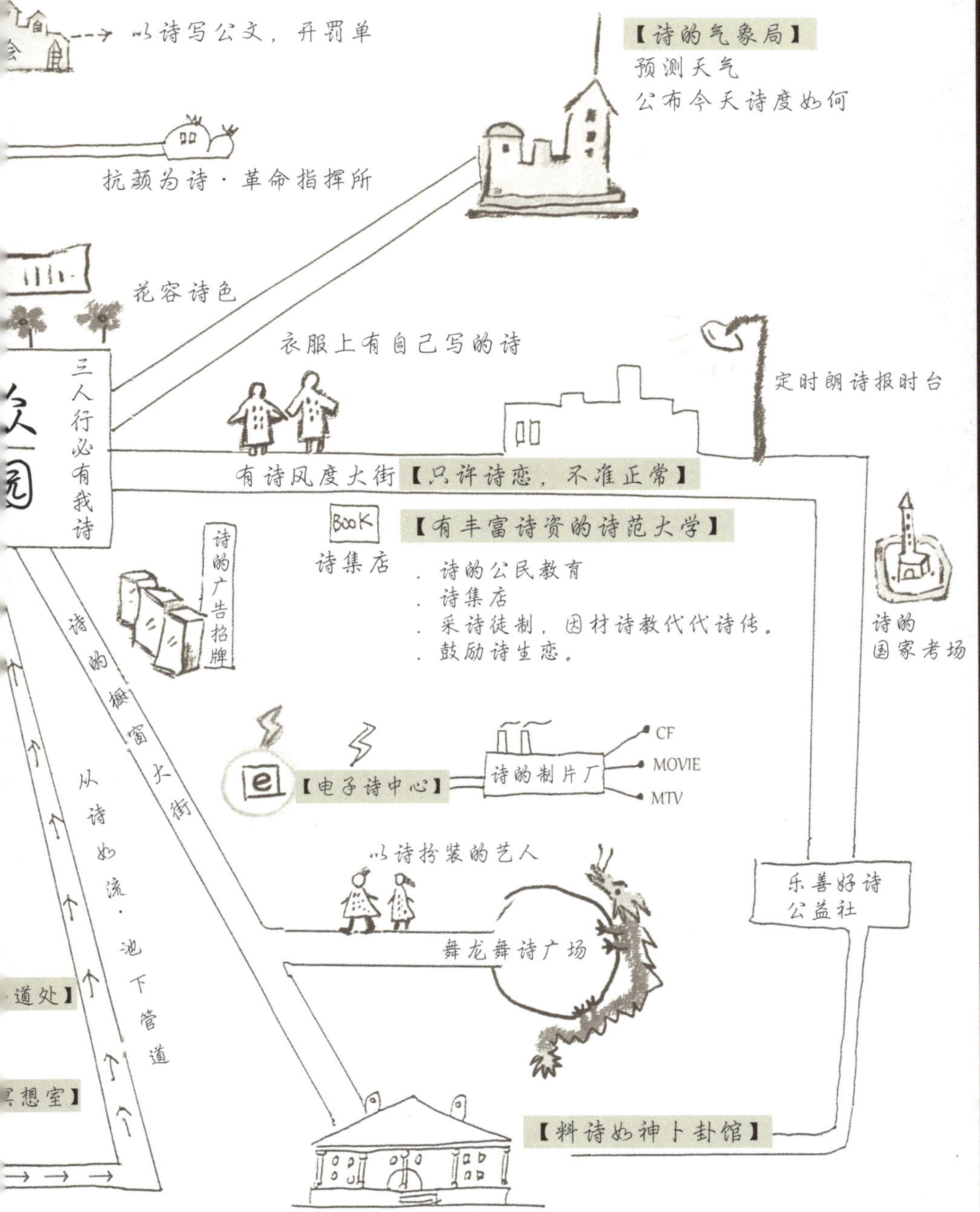
以诗写公文，开罚单
【诗的气象局】
预测天气
公布今天诗度如何
抗颜为诗·革命指挥所
花容诗色
衣服上有自己写的诗
三人行必有我诗
定时朗诗报时台
有诗风度大街
【只许诗恋，不准正常】
BOOK
【有丰富诗资的诗范大学】
诗集店
. 诗的公民教育
. 诗集店
. 采诗徒制，因材诗教代代诗传。
. 鼓励诗生恋。
诗的广告招牌
诗的橱窗大街
诗的国家考场
【电子诗中心】
诗的制片厂
CF
MOVIE
MTV
从诗如流·池下管道
以诗扮装的艺人
乐善好诗公益社
舞龙舞诗广场
道处】
想室】
【料诗如神卜卦馆】

一小时国家

佛经曰：

一弹指含二十瞬，一瞬二十念，

一念含九十刹那，一刹那含九百生灭。

用来测量时间的工具很多，如日晷、手表、月历、日历、时钟、怀表、

闹钟、沙漏、节拍器、音乐钟、太阳能钟、电子钟。

100 个时钟在 100 个橱窗，有 100 种不同的情绪刻度，各有时差，

一时之间，青春换衰老。

达尔文说：

一个会浪费一小时的人，就是还没找到生命的意义。

时间是很贵的 Rolex，为了了解一小时，

你必须在一小时国家，待上一小时。

· 背后财团：钟表业。

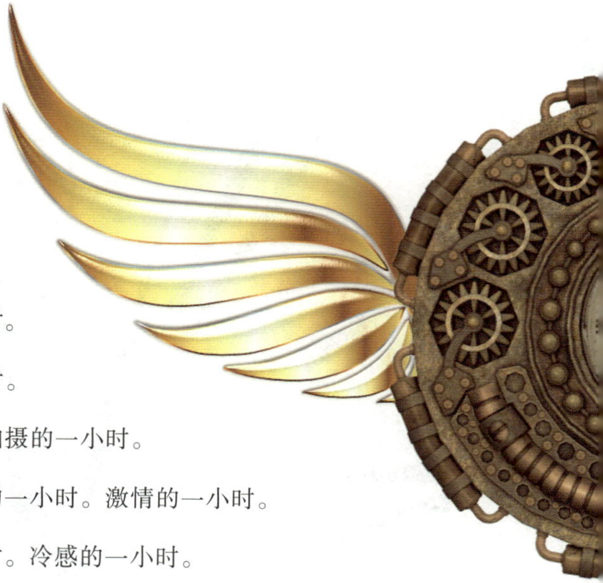

一小时之内，

人类从起源演化至一个国家，

绰绰有余。

借来的一小时。拍电影的一小时。

快转的一小时。快门的一小时。

曝光的一小时。布烈松连续拍摄的一小时。

营业员心理的一小时。效率的一小时。激情的一小时。

高潮的一小时。跳跃的一小时。冷感的一小时。

忘了时间的一小时。台北的一小时。被时间奴役的一小时。

在家的一小时。火候的一小时。旅行的一小时。威尼斯的一小时。

狂欢的一小时。被窥视的一小时。光走后的一小时。船的一小时。

水的一小时。直线的一小时。有方向的一小时。殖民的一小时。

桃花源迷失的一小时。失忆的一小时。找出口的一小时。

伊甸园的一小时。度假的一小时。被按摩的一小时。富有的一小时。

皇族的一小时。有权力的一小时。虚荣的一小时。贫穷的一小时。

浮士德的一小时。喝醉的一小时。堕落的一小时。有音乐的一小时。

思考的一小时。倒转的一小时。过去的一小时。当下的一小时。

自然演化的一小时。坐禅的一小时。动的一小时。不动的一小时。

无效的一小时。沉睡的一小时。醒来的一小时。创造力旺盛的一小时。

文明的一小时。国际的一小时。2050 年未来的一小时。

电脑虚拟的一小时。

有钱就有时间玩的一小时。

换日线上的一小时。

星际的一小时。男人的一小时。

女人的一小时。中性的一小时。

伪装的一小时。神话的一小时。

愿望的一小时。想象的一小时。有空间的一小时。

有味道的一小时。灰姑娘 12：00 以前的一小时。

罗密欧与朱丽叶生死攸关的一小时。转换身份的一小时。

戏剧的一小时。战争的一小时。被绑架的一小时。灾难的一小时。

被蚂蚁啃蚀的一小时。发霉的一小时。痛苦的一小时。天冷的一小时。

天热的一小时。融化的一小时。消耗的一小时。缓慢的一小时。

赶不上的一小时。等待的一小时。杀时间的一小时。烦躁的一小时。

恐惧的一小时。独处的一小时。绝望的一小时。生病的一小时。

致命的一小时。临终的一小时。无知觉的一小时。因果的一小时。

死亡的一小时。无止境的一小时。永恒的一小时。入定的一小时。

涅槃的一小时。

漫长一生，体验一小时就够了。

D

地

【地域·解构】

空间国

艺术国

飞行国

不夜国

空间国

有洁癖的人决定自己生产氧气、叶绿素和芬多精。

自闭的人利用太阳能自给自足，过茧居的生活。

工作狂的人把办公室搬进屋内日夜加班。

血拼女郎装了虚拟衣柜，用眼力取代脚力。

冲浪的男子在海的微型浴池继续冒险。

有风湿症的爷爷待在温泉室就不出来了。

幻想症者只要开一扇天窗，她就痊愈。

梦幻料理人有了魔术厨房，就可以终老一生。

建筑师拒绝制式大楼，依自己的欲望规格画自己的蓝图。

装了虚拟性爱的床，浪子回家了。

·背后财团：建设公司、室内装潢公司、家具家饰公司

School

空间图

依太阳行径轨道，
配合主人使用空间顺序
看星星的天窗
设计免人工光源的住屋
出入口
观景落地窗
室内温室花房
舞台式的节庆客厅
私家赌场
节庆式的交谊厅
自给自足的菜圃
自然的缩型模型
观看家人的地方
迷你公园
洞穴壁画
催眠机
催情仪板
缩
可爬树的自由
情欲电视
偷窥
想象的阳台
控温水床
虚拟衣柜
干洗口
解梦机
早餐
洞穴式的欲望主卧
虚拟性爱机

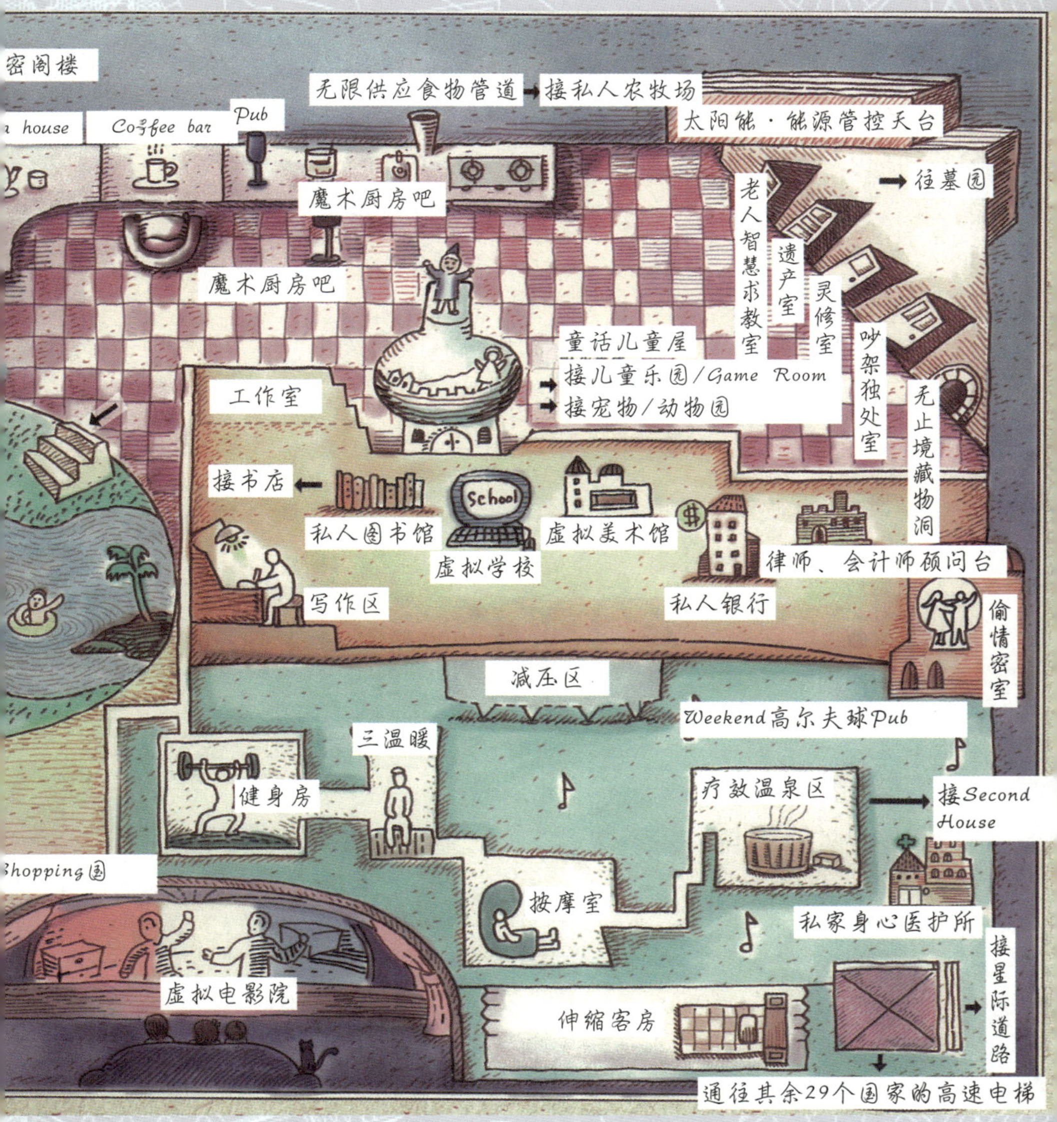
密阁楼
house
Coffee bar
Pub
无限供应食物管道
接私人农牧场
太阳能·能源管控天台
魔术厨房吧
魔术厨房吧
往墓园
老人智慧求教室
遗产室
灵修室
吵架独处室
无止境藏物洞
童话儿童屋
接儿童乐园/Game Room
接宠物/动物园
工作室
接书店
私人图书馆
School
虚拟学校
虚拟美术馆
律师、会计师顾问台
写作区
私人银行
偷情密室
减压区
Weekend高尔夫球Pub
三温暖
健身房
疗效温泉区
接Second House
Shopping园
按摩室
私家身心医护所
虚拟电影院
伸缩客房
接星际道路
通往其余29个国家的高速电梯

艺术国

在这个完全没美学素养的城市，
到处充满坏品位的建筑、桥与建设。
艺术家另谋生路，作品被逼到美术馆的角落自生自灭。
愈来愈丑的环境，明天怎么可能会更好？

惨不忍睹的街景，让艺术家忍无可忍，
决定打开都市地图，发动阶级革命，
每位艺术家专攻一区，大规模屠杀不良品位，
以艺术收复城市。

光复在即，
请立即升华你低迷已久的美感，
刻不容缓。

· 背后财团：艺廊、美术馆、小剧场、艺术团体、音乐厅、戏剧厅……

艺术国

这里的万事万物，
都是独一无二的艺术品。

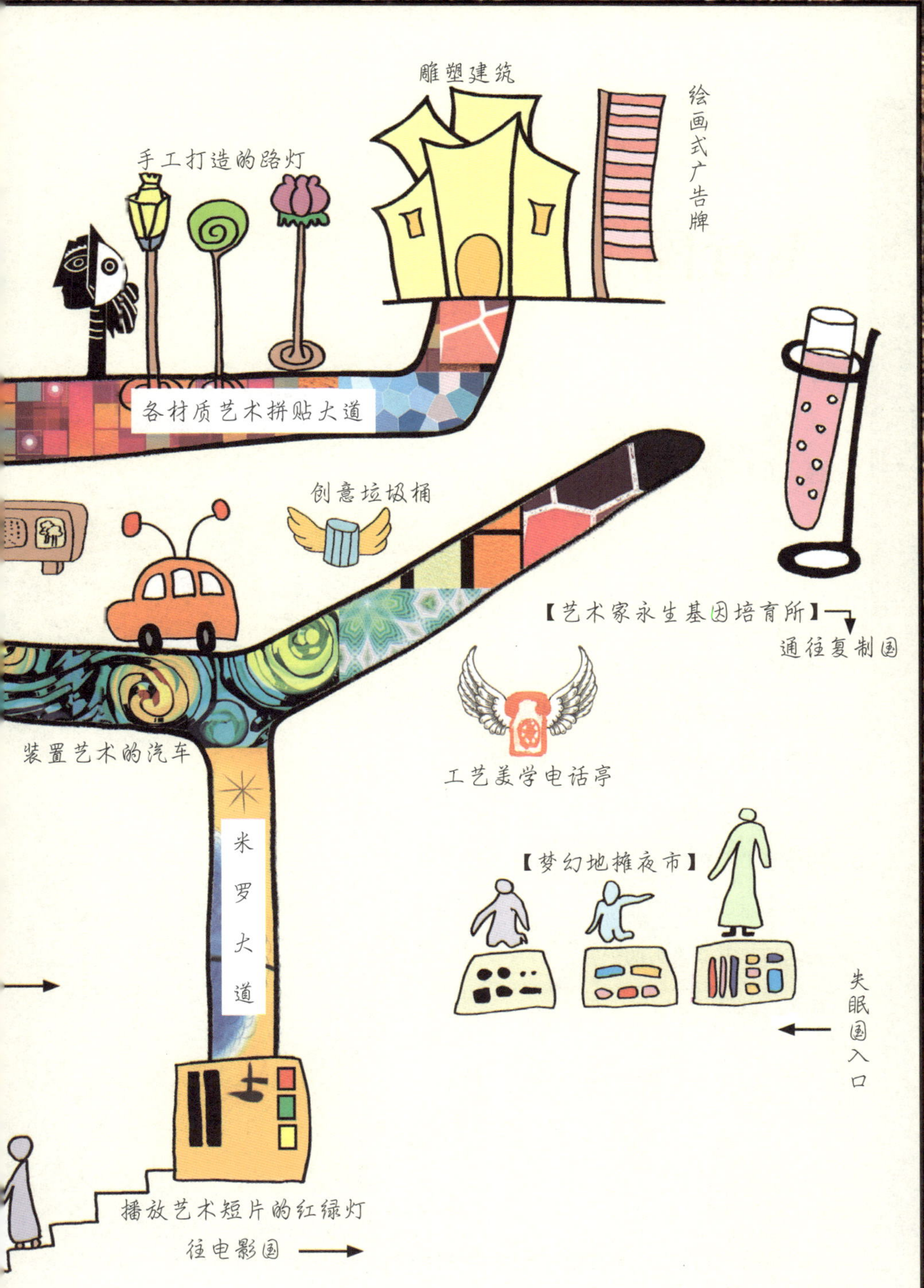
雕塑建筑
绘画式广告牌
手工打造的路灯
各材质艺术拼贴大道
创意垃圾桶
【艺术家永生基因培育所】
通往复制国
工艺美学电话亭
装置艺术的汽车
米罗大道
【梦幻地摊夜市】
失眠国入口
播放艺术短片的红绿灯
往电影国

飞行国

X 情人有爱。

天使有翼。

魔鬼有翅。

女巫有扫帚。

所有人的梦都睡在空中。

穿上航天员的装备，选一个飞行器，

以米兰·昆德拉的轻盈鸟瞰人间，

借着门德尔松歌声浮力跃过大气层。

用想象力对抗地心引力，

不带超重的行李，

快速地离开高重力的现实，

能飞，就有自由。

· 背后财团：航空公司、高空弹跳、神话丛书、有摩天轮的儿童乐园

飞行国

我们都飞起来了，有翅膀的不只是天使！

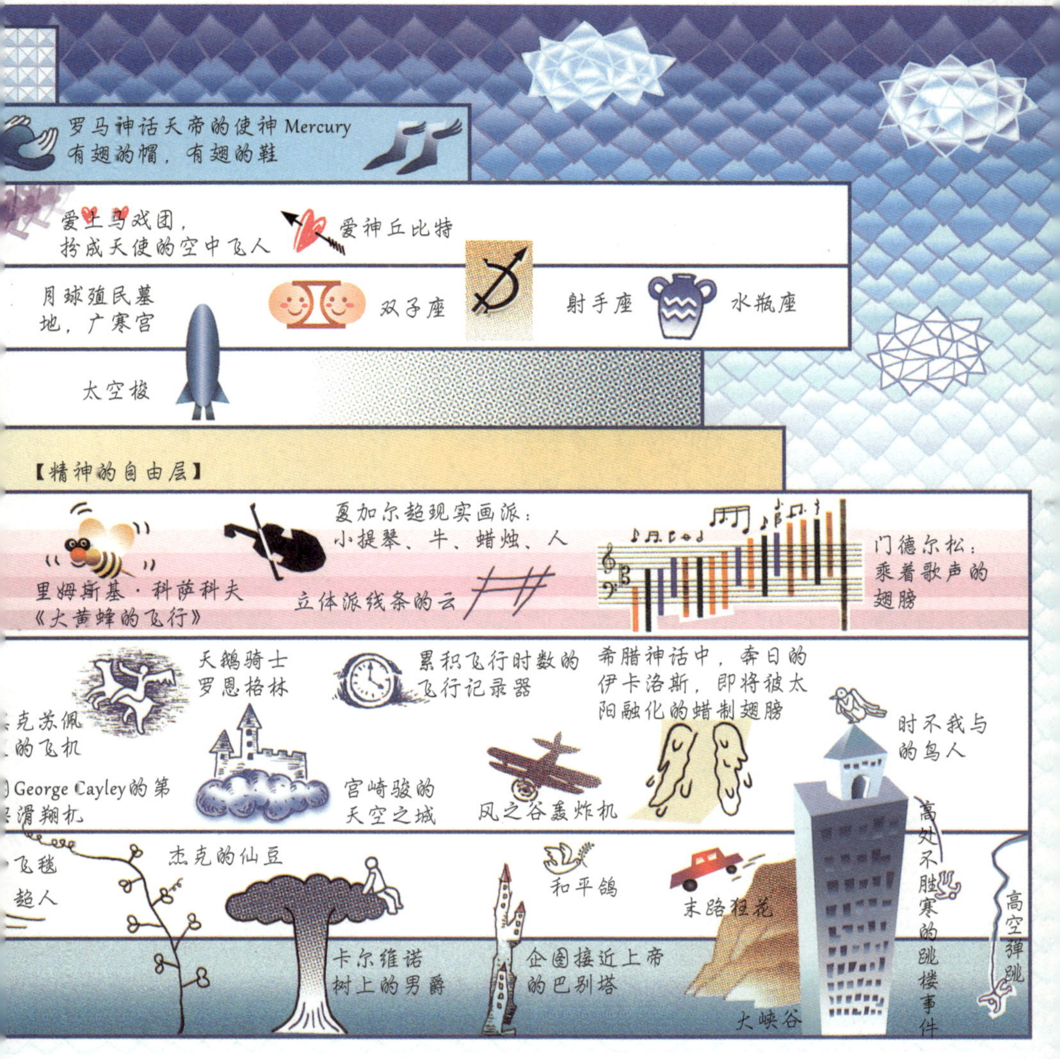
罗马神话天帝的使神 Mercury
有翅的帽，有翅的鞋
爱上马戏团，
扮成天使的空中飞人
爱神丘比特
月球殖民墓
地，广寒宫
双子座
射手座
水瓶座
太空梭
【精神的自由层】
里姆斯基·科萨科夫
《大黄蜂的飞行》
夏加尔超现实画派：
小提琴、牛、蜡烛、人
立体派线条的云
门德尔松：
乘着歌声的
翅膀
天鹅骑士
罗恩格林
累积飞行时数的
飞行记录器
希腊神话中，奔日的
伊卡洛斯，即将被太
阳融化的蜡制翅膀
克苏佩
的飞机
George Cayley的第
滑翔机
宫崎骏的
天空之城
风之谷轰炸机
时不我与
的鸟人
飞毯
超人
杰克的仙豆
和平鸽
末路狂花
卡尔维诺
树上的男爵
企图接近上帝
的巴别塔
大峡谷
高处不胜寒的跳楼事件
高空弹跳

不夜国

景气低迷不醒，盛世遥遥无期。

白天是老板的，是客户的，

只有晚上是自己的。

牺牲睡眠换取自由，

赌博、交际、网络、寻欢、一夜情、创作、堕落……

只要找对享乐的天堂，

晚上就有你放肆的假。

· 背后财团：PUB、赌场、深夜电台、网站、HOTEL、灯具公司……

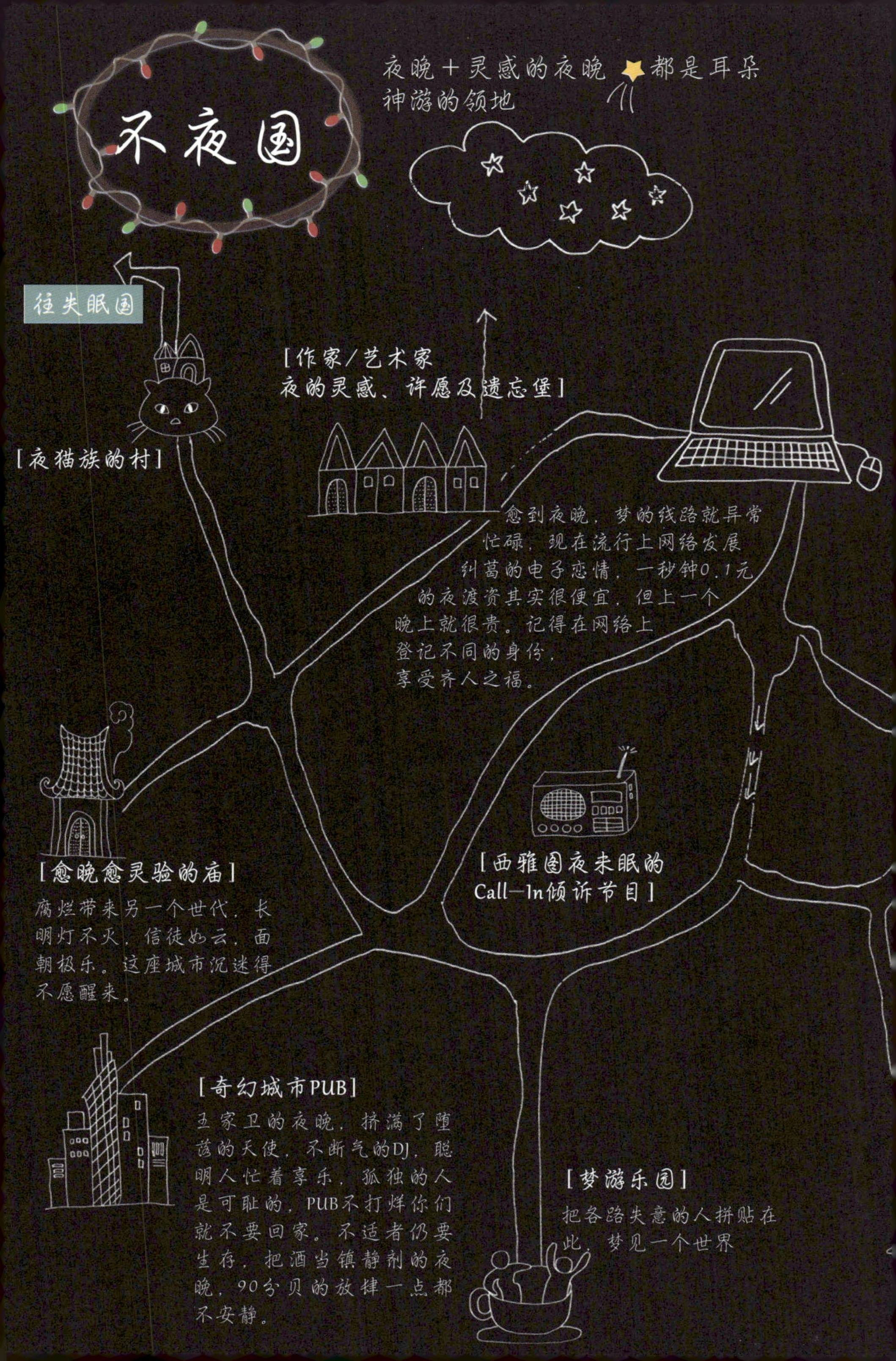

不夜国
夜晚＋灵感的夜晚 都是耳朵神游的领地
往失眠国
[作家/艺术家
夜的灵感、许愿及遗忘堡]
[夜猫族的村]
愈到夜晚，梦的线路就异常忙碌，现在流行上网络发展纠葛的电子恋情，一秒钟0.1元的夜渡资其实很便宜，但上一个晚上就很贵。记得在网络上登记不同的身份，享受齐人之福。
[愈晚愈灵验的庙]
腐烂带来另一个世代，长明灯不灭，信徒如云，面朝极乐。这座城市沉迷得不愿醒来。
[西雅图夜未眠的Call-In倾诉节目]
[奇幻城市PUB]
王家卫的夜晚，挤满了堕落的天使，不断气的DJ，聪明人忙着享乐，孤独的人是可耻的，PUB不打烊你们就不要回家。不适者仍要生存，把酒当镇静剂的夜晚，90分贝的放肆一点都不安静。
[梦游乐园]
把各路失意的人拼贴在此，梦见一个世界

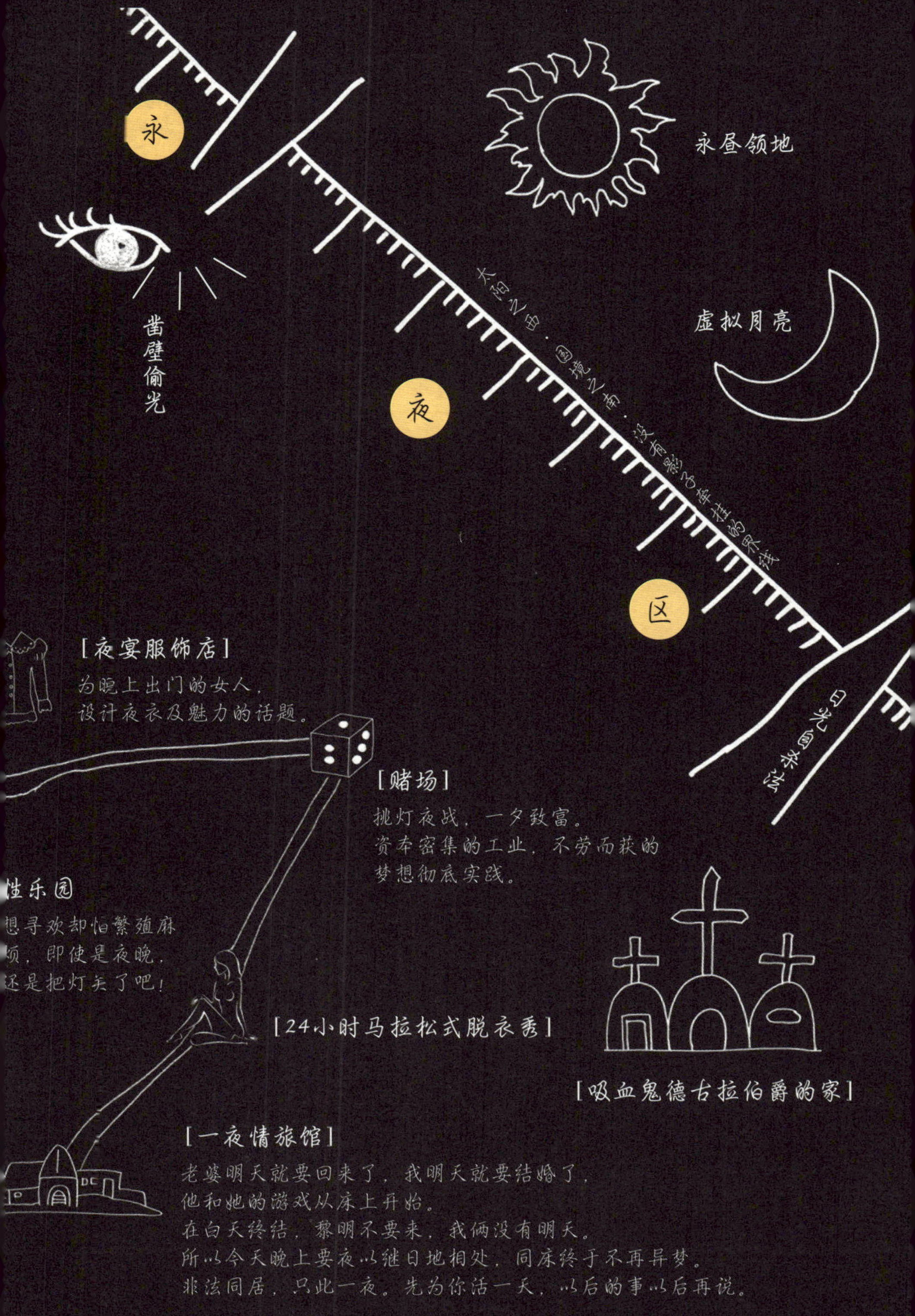
永
夜
区
永昼领地
虚拟月亮
凿壁偷光
太阳之由·国境之南·没有影子牵挂的界线
日光自杀法
[夜宴服饰店]
为晚上出门的女人，
设计夜衣及魅力的话题。
[赌场]
挑灯夜战，一夕致富。
资本密集的工业，不劳而获的
梦想彻底实践。
性乐园
想寻欢却怕繁殖麻
烦，即使是夜晚，
还是把灯关了吧！
[24小时马拉松式脱衣秀]
[吸血鬼德古拉伯爵的家]
[一夜情旅馆]
老婆明天就要回来了，我明天就要结婚了，
他和她的游戏从床上开始，
在白天终结，黎明不要来，我俩没有明天。
所以今天晚上要夜以继日地相处，同床终于不再异梦。
非法同居，只此一夜。先为你活一天，以后的事以后再说。

E

物

【物件·例证】

图书国

服装国

SHOPPING 国

巧克力国

宠物国

图书国

正在求生的书。正在求爱的书。

正在求财的书。正在求欢的书。

正在做梦的书。正在做菜的书。

正在做法的书。正在练功的书。

正在缉凶的书。正在画画的书。

正在看病的书。正在算命的书。

正在开车的书。正在喝酒的书。

正在购物的书。正在旅行的书。

正在种花的书。正在唱歌的书。

在图书国，一群正在看书的书，全都 hyperlink 在一起了。

· 背后财团：书店、出版社、图书馆、K 书中心

图
书
国

图书图
飞走的书
协助逃亡的书
满载而归的书
正在上映的书
淘淘不绝的书
爱唱歌的书
有法力的书
经典保久的书
网上虚拟的书
爬树才看得到的书
很有钱的书
自动出版的书
好吃的书
自动贩卖的书
被谋杀的书
往上爬的书

鲜上市的书
有加权股价指数的书
外星人的书
敏感的书
听诊的书
爱书妆打扮的书
帮助睡眠的书
会占星的书
政治角力的书
望远的书
低卡路里的书
理论正被实验的书
可以点菜的书
暴露狂的书
激情火辣的书
意淫的书
海上漂流的书
变成传单，有意见的书
天龍八部
会武功的书
绝版的书

现在拉票中！

第一届图书国·国王Booking票选活动

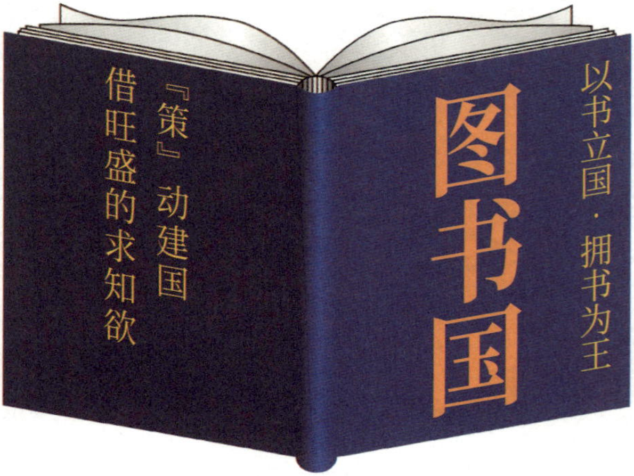

【建国宣言】

2050年3月，满20岁的读书人选总统：

同一个时间，不爱看电视政见会的图书人，则“策”动另一个层次的选举，不再以一间4平方米的书店为满足，他们想民选出第一届图书国的国王，正式以书立国。2050年，第一届“图书国·国王Booking”票选活动，请您仔细评估这四位实力相当的候选人，以神圣的一票，推举一位贤者治国，Booking一个未来的文王盛世。

【征 开国功臣一名·奖6万元】

〔如何求得功名利禄〕____________________

____

____

选票

我心目中的图书国国王是：□① □② □③ □④

我的姓名：________ 性别：□男 □女 年龄：____

联络电话：( ) ________________

联络地址或e-mail信箱：________________

请投入图书国票选中心2楼服务台投票箱，谢谢！

①号候选人

姓名：书镇上的太皇太后　性别：女　年龄：75岁

星座：巨蟹座O型　职业：连锁书店老板

特征：有计划性用地，有诗书店、食谱书店、预言书店、健康书店、爱情书店、旅行书店、治疗书店、摄影书店、宗教书店、女性书店、触觉书店、出生书店、死亡书店……她已攻下一整个城镇，并在中央公园放置1999个露天防雨书柜，供全镇民族谈情说爱之用。此外，她还规划免费购书专车、购书免税方案、二手书市集、世界万书博览会……镇内每一栋建筑、每一项建设都是她搬书像搬砖似的一个个建起来的。她还任命该年看书最多的人出任首相，组成爱书内阁，并以购书金额排行榜颁予智慧爵位。虽然她的视力已退化了，但仍然可以用灵敏的嗅觉辨出书名、出版年份，屡试不爽。

②号候选人

姓名：万书莫敌　性别：男　年龄：53岁

星座：白羊座AB型　职业：大学图书管理系教授

特征：藏书堪称世界第一。如果把他的书均分给全国人民，每个人至少可以分得一本。比『国家中央图书馆』有过之而无不及。他的书房是主卧房的十倍大（连主卧房都塞满了书），他一生待在书房的时间比床上更久。他的脑袋搜寻一本书的速度远超过Amazon，能找到一本绝版书，比救自己家人的命还功德无量。他说如果哪天暴毙死了，一定得葬在书房里，因为棺材陪葬不了这么多书。如果有人刑求他，可以比照《厨师、大盗、他的太太和她的情人》那样，用他著作等身的书噎死他。他的遗书十八部也写好了，部部都是引经据典。

③号候选人

姓名：书的侍道士　性别：男　年龄：36岁

星座：狮子座A型　职业：出版社总编辑兼书评家

特征：原是知名的武侠小说家，近期为了复兴低迷不振的读书风气，他主持一个谈话性的电视节目，给不爱看书的观众，强力喂食半消化的知识肉糜。周休假日时，他还在自己家中开讲学堂，以不死的理想兴学。他像是摩门教徒似的，骑脚踏车沿街广送书讯，以广播广告车宣告新书上市。他把积蓄都拿出来办征文比赛了，像这样爱书爱到要去殉道的苦行程度至少也该有张同情票吧！

④号候选人

姓名：数位e媚儿　性别：女　年龄：18岁

星座：射手座B型　职业：网络作家兼网上飘书王

特征：6岁就在网络书店上网写书评。一天上网最高达16小时。在网络上有四种性别，26种分身，知识是她发育神速的营养补品。举凡天文学、医学、动物学、园艺学、心理学、生死学……她都是无师自通，从网络上自修而来，故有『网络转世灵童』之称。她会在课堂上，用笔记本电脑在线发表情诗，或是连载一个多月的网络爱情小说；她立志要在20岁前把Amazon的书都看一遍。每天不间断地用Mac发明新事物，目前正以建筑工法建构全球第一本4D书，她不相信权威，她眼中的未来，就是现在。

服装国

弗吉尼亚·伍尔芙说，衣服在穿人，不是人在穿衣服。
于是衣服决定脱下人体，自立门户。

张爱玲帮笔下每个人物打点好了鲜活千年的行头，
王尔德花在打扮的时间比写诗还长，
对三宅一生按季膜拜，
看香奈儿就失去理智，
全部的流行信徒，拜衣教者，
我们有更多的流行名目，为服装举办各式大型庆典。
你已经有不止一个大衣柜，
你的衣服，已经占满了一个国家。

·背后财团：服饰店、百货公司、Shopping Mall

服装国

服装气候所

想穿上克什米尔羊毛大衣，
天气会自动降温。
你一穿上比基尼，艳阳就高照，
比气象局还准。

服装研究所

- 第二肌肤医学研究所
- 情绪色彩研究所
- 万物尺度研究所
- 穿着潜意识研究所
- 内衣勾引研究所
- 罗兰·巴特研究所
- 健康布料研究所
- 服装性别研究所

服装诗社

诗是服装设计师的春药，尤其是情诗，
特别可以激发身体的能量及布的灵感。

反流行地下革命社

标新立异，是受不了灰色一流行，大家就一窝蜂地死气沉沉。为反对而反对，随性比体面有个性，邋遢比端庄更前卫，没有叛逆，哪来的革命？

布料供应厂

服装政权中心

流行是专制的暴君，所有款式都是从这里上令下达，风行草偃。

视觉调度所

台面上的调度，完美得宛如戏剧的高潮迭起，天衣无缝。

材质实验室

在布之中发现手脚的可能。
嗅闻每一种材料的体味，

身体礼品店

胸前的缎带，把身体包成一件昂贵的爱情礼物，待价而沽。

美体美仪中心

为了让小礼服更窈窕，你需要减去两寸的腰围。

身体健保局

以身体为结构体，用布的线条画出你最黄金比例的外饰。

普照全国的大型穿衣镜，
让你看到自己和万事万物。

通天体国

服装朝圣处

对三宅一生按季膜拜，看到香奈儿就失去理智，所有的流行信徒，拜衣教者，我们有更多流行的名目，为服装举办各式大型庆典。

时尚受害者集中营

被时尚害得丧失自我的受害者，均可申请国赔。

裸体解放室

时装政令伸展台

在政治的流行周期愈来愈短，政党染上时尚焦虑的今天，我们欢迎有政治魅力及流行身段的人走上伸展台。

角色更衣室

不喜欢自己的出身、性别、个性、角色，这里有万平方米的更衣室，欢迎随时试穿。

扮装舞台

天生的性、阶级的性、社会的性、性取向的四种交叉可能。

穿着的公民美学通识

每年票选最佳及最差穿着人士。所有公民必须通过品位鉴定考试，不及格的小心要被罚穿制服。

时尚华尔街

所有的名牌服饰，上市上柜的流行及风格，都要在证券交易所里买卖。

服装心理研究所

衣找到旧恋
，蓝长裤镇
脚步；短裙
除敌意；高
毛衣增加三
安全感；轻
风衣就能飞
；一件炫惑
衣服，比一
颗百忧解更
治愈沮丧。

服装教学研究中心

一件好的衣服，可以增加自信，减去缺陷，乘上魅力，除去悲伤。衣服是权力的杠杆，你需要一个很好的风格精算师，打点最经济的时尚行头。

服装沟通解码

通过你穿的衣服，我们可以一见钟情，省去不必要的误会。

服装租赁中心

for Rent

国家每年发给服装国的公民一笔为数不小的置装费，到公家的服装租赁中心，只需5元挂号费即可。

警告标志

遇到第三情
请靠边行驶

险降坡

第三者将侵入
请小心防范

分道扬镳
分手要快

前有起伏小心诱惑

记得避孕
小心肚面高突

前有测速照相
小心穿帮

注意绯闻落石

注意东窗事发
家庭风暴

冤家路窄
情敌狭路

前有三角恋情

前有机会
与旧情人死灰复燃

请勿介入别人家庭

小心五鬼搬运
人财两失

想殉情
前有码头断崖

遵行标志

如果和哥哥爱上同一个
女人，请孔融让位

SHOPPING 国

把 SHOPPING 当寄托。

把 SHOPPING 当旅行。

把 SHOPPING 当信仰。

把 SHOPPING 当心理治疗。

把 SHOPPING 当交际。

把 SHOPPING 当学问。

把 SHOPPING 当健身。

把 SHOPPING 当堕落。

把 SHOPPING 当败家。

把 SHOPPING 当家产增值。

后消费主义进化最完全的 SHOPPING 国，

今天开张！

·背后财团：Shopping Mall、各专柜店家

SALE
SHOPPING国

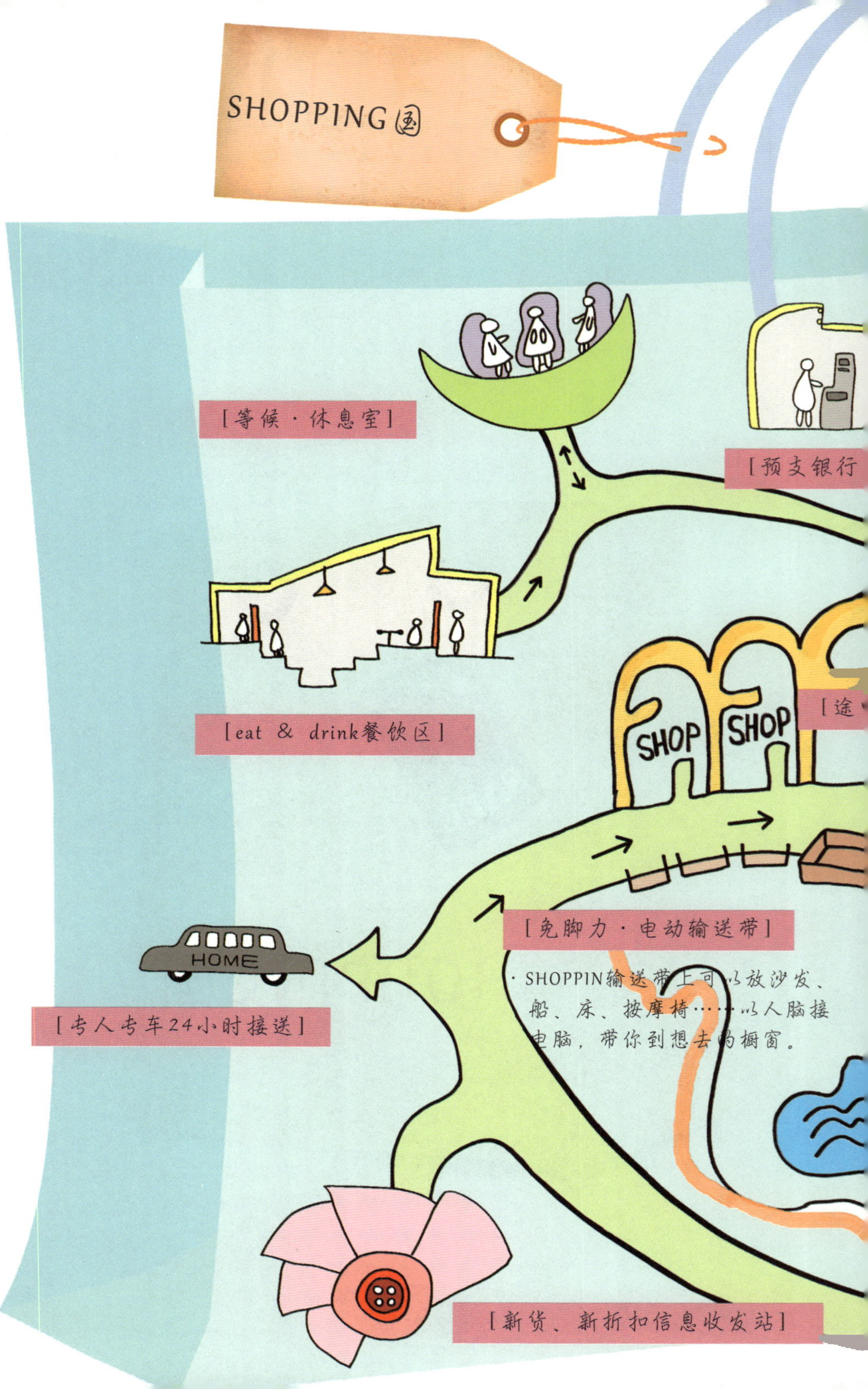

SHOPPING
[等候·休息室]
[预支银行
[eat & drink餐饮区]
SHOP
SHOP
[途
[免脚力·电动输送带]
·SHOPPIN输送带上可以放沙发、船、床、按摩椅……以人脑接电脑，带你到想去的橱窗。
HOME
[专人专车24小时接送]
[新货、新折扣信息收发站]

[败物教、恋物癖镇定中心]
[财务规划咨询室]
[sleep & shower]
[输送带、专车专人送货到家]
木息站]
SHOP
免费
按摩院
由店家出资，
免费享受推
拿按摩。
着人走的置物箱，免大
小包折弯了腰。(可锁)
观景森湖区
[不适用的货物、
可以以物易物]
[后悔、瑕疵无
条件退货中心]

巧克力国

狂欢时。忧郁时。寒流时。生病时。

打球时。月经来时。

恋爱时。失恋时。

幸福时。沮丧时。

兴奋时。冷感时。

无时无刻，我们都要随身携带巧克力以维生。

巧克力是药，是瘾，

是镇静剂，也是强心针。

巧克力不再是一盒400元的奢侈礼盒，

也不再是一条5元的廉价零嘴，

它将融化一整个国家，

以浓郁的香，让所有人无法抗拒感官的幸福。

·背后财团：巧克力公司、糖果店

巧克力园

巧克力情趣用品店

高热量的春药，入口即化

巧克力乐园

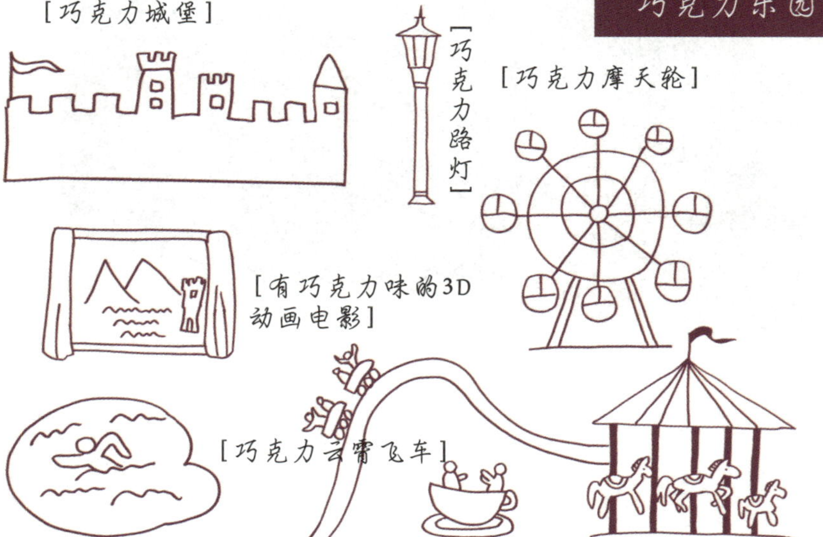

巧克力是最快乐的医疗用品。良药不一定苦口，

巧克力精神治疗室

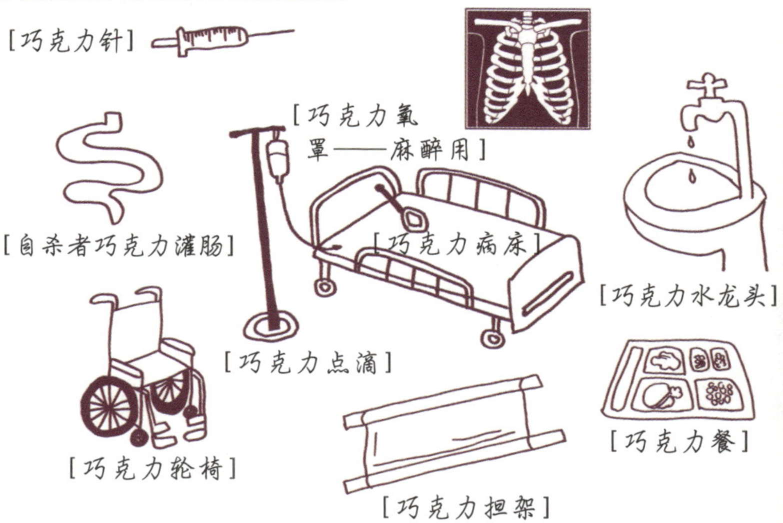

永远用不完的精力。给日夜工作的SOHO族，

巧克力工作室

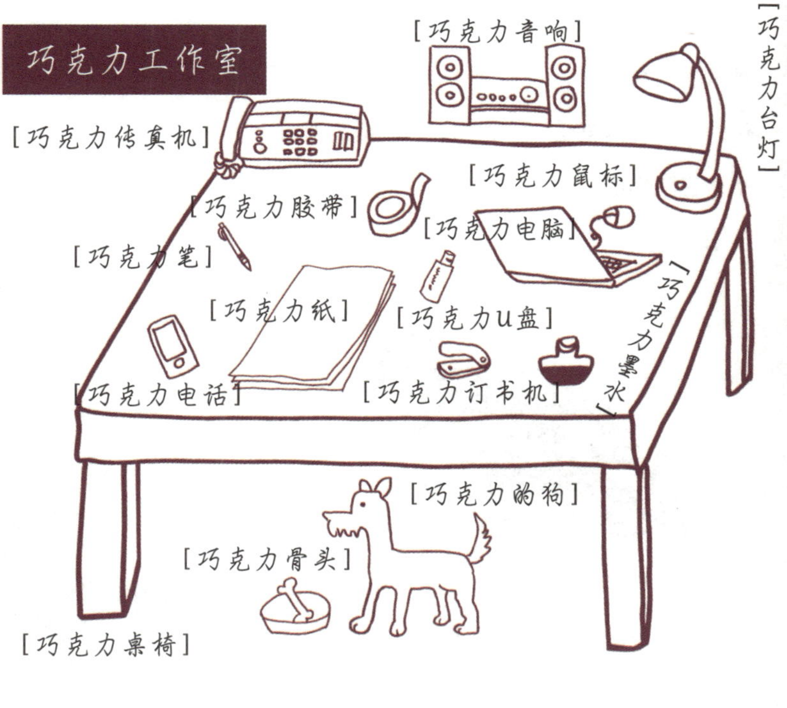

宠物国

背叛不断，只有狗忠心。

争论不休，只有鸟听话。

人情冷暖，只有猫贴心。

焦躁不安，只有鱼自在。

最孝顺的不是儿女，

而是每天寸步不离的宠物宝贝，

唯你是从。

今天换宠物当家，

进一趟宠物国享受一下，

感谢它陪你度过

快乐、忧伤、心碎、忘情的每一天。

·背后财团：动物园、兽医院、宠物中心

宠物园
【宠物住屋建设公司】
护主宠物纪念碑
LAW
【宠物权益立法院】
【宠物蜡像制作所】
【宠物回归自然野放区】
【宠物交谊厅】
【宠物协寻中心】
【宠物健康中心】
【宠物健身房·按摩院】
【宠物美容中心】
【宠物健保局】
【宠物长寿保健中心】
Long Lift
【宠物营养所】
【宠物医院】
【宠物安养院】
【宠物复健中心】

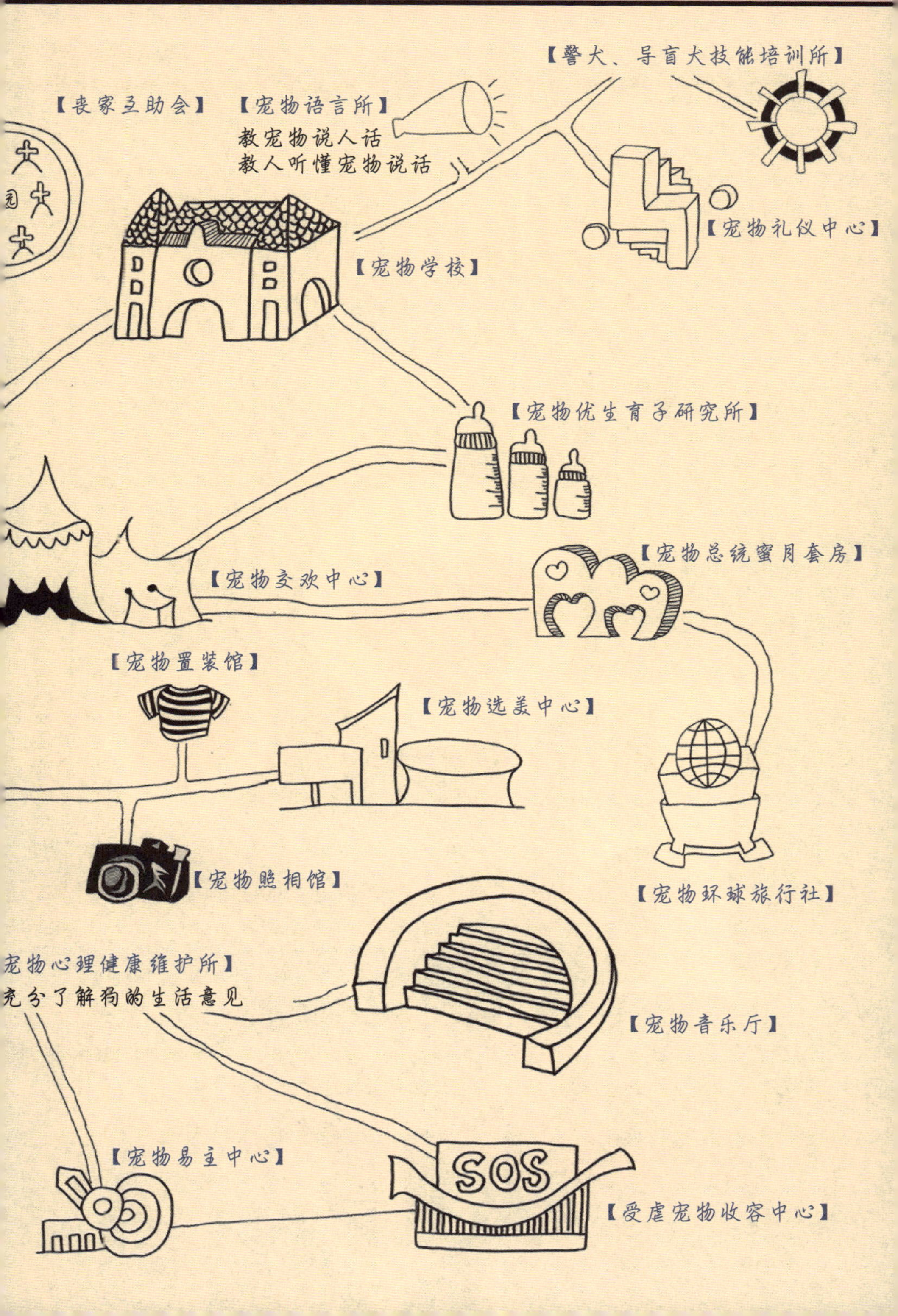
【警犬、导盲犬技能培训所】
【丧家互助会】
【宠物语言所】
教宠物说人话
教人听懂宠物说话
【宠物礼仪中心】
【宠物学校】
【宠物优生育子研究所】
【宠物总统蜜月套房】
【宠物交欢中心】
【宠物置装馆】
【宠物选美中心】
【宠物照相馆】
【宠物环球旅行社】
宠物心理健康维护所】
充分了解狗的生活意见
【宠物音乐厅】
【宠物易主中心】
SOS
【受虐宠物收容中心】

F

情

【情欲·机制】

忧郁国

胆固醇过高，胃肠长期欠安，

文件过量，享乐含量不足。

旋转木马式的偏头痛，没有咖啡因的焦虑，

人心茧居，不适者也要生存。

心理学家说，20 世纪是焦虑的年代，

21 世纪则是忧郁的年代，忧郁将成为人类第三大死因。

全球已有一亿多人提早忧国忧民，不约而同地得了忧郁症，

每四位女性，就有三位轻微忧郁。

沮丧仍在蔓延，人满为患。

高剂量的悲情城市，正式升格为“忧郁国”。

哭是没有用的，请一天忧郁假，

来“忧郁国”稀释你的悲伤，

郁火重生。

·背后财团：心理医生、快乐丸、心理咨询室、百忧解、PUB

忧郁国

厨师、大盗、他的太太和她的情人……
这个国家每个人都罹患了忧郁症。

事业宫

景气低迷得快断气。你理财，财不理你，企业跳票，客户倒债，没有工作，可能是一夜之间的事。

失业的人失眠到6：00，还是习惯在7：00惊醒赶8：00的早会，坐下午5：30的捷运回家，只是无班可上。

退休金来不及领，失业救济金救不了一辈子，房子被断头拍卖，一堆付不出来的账单，把人塞得像一个暴发贫民……

夫妻宫

爱情见异思迁，勾引层出不穷，誓言朝令夕改，情人比避孕套不可靠，婚姻保存期限比一包方便面还短。

街上有正走在偷情路上的男女、离婚途中的夫妻、疲于算命的女人和疲于奔命的律师。

大家都赶在对方无情、自己受伤前先变心。
这座城市有太多不该有的离散，
我们的感情能维持到明天吗？

田宅宫

等买房不如等棺材，等到买得起房时还真的得准备棺材。
以前的人视死如归，现在的人视归如死。

辐射钢筋摆两边，正看墓山，后倚高压电塔，风水不佳，恐惧无处可逃。
福地福人居，顾及门面，千万豪宅只能靠百万装潢，遮东挡西。

其他市井小民，朝九晚五连加班费，付完饭钱、房租钱，就没剩几毛钱。
利率低得见骨，存款追不上房价，无壳蜗牛有露宿街头的恐惧。
一平方米6万元，住者有其屋，真是遥远的梦想！

疾厄宫

水有毒、米有毒、肉有毒、油有毒、空气有毒、
完全中毒、人心更毒。
所以素食、生食、节食、断食、人间烟火不食。

每天忙着千层滤水，练就万能神功，
痛时脚底按摩，定期放血，尿疗。
再加背一本《西藏生死书》，今世解脱。

今生无法长相厮守，来世再续前缘。
吃排毒丸时配服一颗百忧解，
效果更佳。

福德宫

天灵灵地灵灵，无钱无效，有钱则灵。
分身乏术，喊天不灵。
大圣大灵大恩大德大破功，只好在家靠水晶，
出外靠算命，
升官、发财、解厄、求子，包办一生幸福。
一次300元，不准免费。

不信邪，那要我们信谁？！

忧郁国

附注A【忧郁指数表】

·资料来源：Holmes and Rache，1967年，《中国时报》10月26日第33版

顺位	事件	指数
1	配偶死亡	100
2	离婚	73
3	分居	65
4	拘押	63
5	血亲死亡	63
6	生病、受伤	53
7	结婚	50
8	解聘	47
9	夫婿和好	45
10	退休	45
11	家人生病	44
12	怀孕	40
13	无性趣	39
14	家族新添成员	39
15	履新职	39
16	经济状况生变	38
17	亲友死亡	37
18	换工作	36
19	夫妻吵架次数的变化	35
20	借款2000元以上	31
21	担保损失	30
22	工作上责任的变化	29
23	子女离家出走	29
24	亲戚关系不好	29
25	个人辉煌成功	28

顺位	事件	指数
26	配偶开始工作或退职	26
27	就学毕业、退学	26
28	生活状况变化	25
29	习惯改变	24
30	上司找碴儿	23
31	工作状况生变	20
32	迁徙搬家	20
33	转学	20
34	休闲活动变化	19
35	协会活动变化	19
36	社会活动变化	18
37	借款2000元以下	17
38	睡眠习惯改变	16
39	家族聚会变化	15
40	饮食习惯改变	15
41	休闲	13
42	圣诞节	12
43	小事情违规	11

附注B【解忧30大法】

【忧郁国医护所制表】

顺位	解法
1	长期在国外旅行
2	隐居
3	短期出国/短期失踪
4	一日郊游
5	找老天谈心事/上教堂、佛堂
6	约会，新恋情
7	算命
8	改变家中摆设
9	跳舞、比舞
10	做爱做的事
11	运动、去健身房
12	吃大餐
13	Shopping（买衣服）
14	睡觉
15	找朋友聊天，喝咖啡
16	大哭一场
17	听音乐
18	看医生/吃药
19	玩狗，和小孩玩
21	剪头发/改变发型
22	泡澡/泡温泉/按摩
23	抽烟、浅酌小酒
24	玩电脑、电动
25	看电视/电影
26	吃甜食
27	上课、听演讲、座谈
28	写日记、写信
29	做善事（如签器官捐赠卡）
30	拼命工作分散注意力

失恋国

交往十年的男友一夕之间移情别恋。

只要去当兵，女友就准备好分手信。

吵着要白头偕老的未婚妻在婚礼当天当众逃婚。

誓死会离婚娶你的中年男子，情人节当天连夜搬家出国，

从此音讯全无。

如果让情人单独去旅行，

去时 Bye-Bye，回来也会 Bye-Bye。

爱人有去无回，来不及挂失。

誓言朝令夕改，承诺报废多年，无法修理。

“直到永远”的期限只到今天午夜 12 点。

爱情因为太畅销，

所以大量加印，以致贬值破产，信用全无。

短效爱情之下人心善变，

昨天刚交往，明天就失恋，

所以请随时与失恋国保持密切联系。

·背后财团：餐厅、算命摊、医院、心理医生、电台……

【失恋餐厅】

想大吃，想绝食，在这里有心理营养师为你调配食物，保证不会让你的身材变形，沮丧至死，会让你宛若新生地走出餐厅。

【失恋中央保险局】

依失恋情伤程度给予国家赔偿，失恋虽然心碎，多几次却可以发财。

【失恋便利商店】

忘情水，失恋OK绷，心碎补体素，失恋单程邮票，烂醉酒……24小时供应。

【失恋占卜室】

他爱我，他不
我，他爱我，
不爱我……除
摘玫瑰花瓣外，
这里还有上千
占卜方式，看
会不会回心转意。

通往巫术国

【失恋发泄协会】

得不到，就毁掉，那个狐狸精，那个负心汉，绝不让他好死，至少也要同归于尽。这里保证让你发泄个够，又不用负法律责任。

通往预言国

【催眠室】

如果你真的想和他破镜重圆，就用催眠让你虚拟现实一下，你将亲眼看到他的真面目，早点清醒吧！

失恋国

【失恋电台】

失恋夜未眠，没关系，打开收音机，就可以听到别人的伤心事，你自己也来一段真情告白，旧情换新爱吧！

【失恋历史博物馆】

每个人都有一个储藏室，及无限供应的广口瓶，收藏已逝去的恋情，定情物、纪念照，并给你封条，把旧爱尘封起来。

封

【失恋药局】

不想看医生，就去买失恋成药，12小时吃一粒，很快就康复。

【失恋医院】

举凡失恋厌食症、绝食症、贪食症、忧郁症、躁郁症……这里都有失恋抗生素，一帖见效，还要记得每年定期注射失恋疫苗，预防二次失恋。

【失恋修道院】

幻灭，是成长的开始，失恋是灵魂修炼的过程，放下恨的屠刀，就能为爱立地成佛。

【失恋动能开发所】

哪个艺术家没失恋过？塞翁失马，焉知非福，化悲愤为创造力，完美地让你的作品，因破碎的恋情而流传千古。

通往艺术国

食欲国

食物挑逗，胃口大开。

美食主宰国运，50万个味觉细胞走上街头。

食欲国饥渴成立，食物恋开始连锁反应。

六种感官餐厅全面取悦你的口腹之欲。

从现在起，

食欲国开始负责喂饱每一位不忌口的内行饕客，

你，饿了吗？

· 饱食终日、有所事事、食欲国用“餐”礼仪

· 背后财团：餐厅、饭店、餐具……

食欲国

食物恋开始连锁反应·50万个味觉细胞走上街头

【军事餐厅】

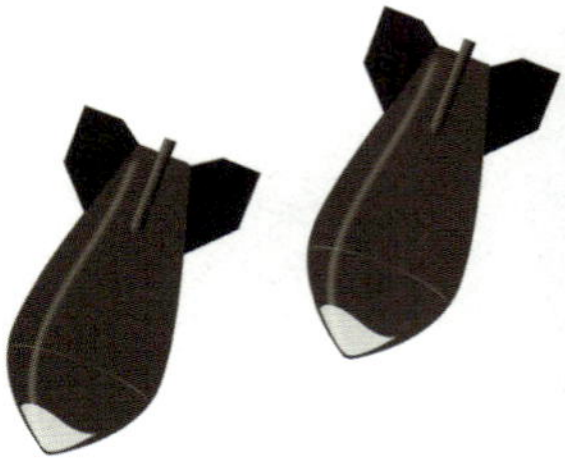

请预约者，着军装入场。
餐厅正前方有一张军事地图，与您的战友依现有的"弹火"资源，攻下你们的口欲目标。
还有仇日情结未了吗？请将锅巴分块入热油中炸成大片铺在盘底，再淋上一层什锦肉芡汁，汤汁遇锅巴缝中的热油会"啪滋"一声，抗战时这道菜叫作"轰炸东京"。想吃一顿丰盛的意大利大餐吗？先把意大利攻下来再说吧！

【毁灭餐厅】

内衣都可以当糖果吃了，想灭掉一条高速公路又有何不可？
大至一整座城市、喷射机、摩天大楼、钢琴、敞篷车、游泳池……小至塑料质感的风衣、电脑、高跟鞋……菜色逼真，均可让你轻松下肚。
刚失恋吗？请于前一周定做变心情人的模样，吃进胃里充分消化吸收，让爱情的养分与你合体，至死不渝。以上皆为高度危险动作，其他餐厅请勿模仿。

【奇迹餐厅】

一夜致富，嗜赌成性，麻雀就是相信奇迹才能变凤凰。
Mission possible！点菜前先写下你的愿望，包括还清房贷100万、环游世界80天、一部红色法拉利、或是当上百人公司的老板，只要用钱可以解决的，请尽管"开口"。
每道菜均设一道谜题难关，通过了，不仅这餐算你免费，还无条件完成你的"春秋大梦"——不必等待神迹，请来奇迹餐厅试试灵光好运，多来几次，Make your dream come true！

（附注：如果没通过谜题，就得付double的菜钱。）

【嗜药餐厅】

不吃药就觉得自己不健康吗？

老是久伤未愈、多病缠身、药瘾又犯了？

有精神性嗜药症者请先到柜台挂号、看诊、取得医生处方后方可点菜。

您可能吃到药丸状的饭，喝到药水色的补汤……每道菜均有疗效，仍然美味，请习惯用针筒吸食；病情严重者可移至加护病房打点滴式麻油鸡，良药一点都不苦口。

用餐前请先电话预约以免久候。一律向门口着手术服的医生们出示身份证入场，餐后免服药，但小心副作用。

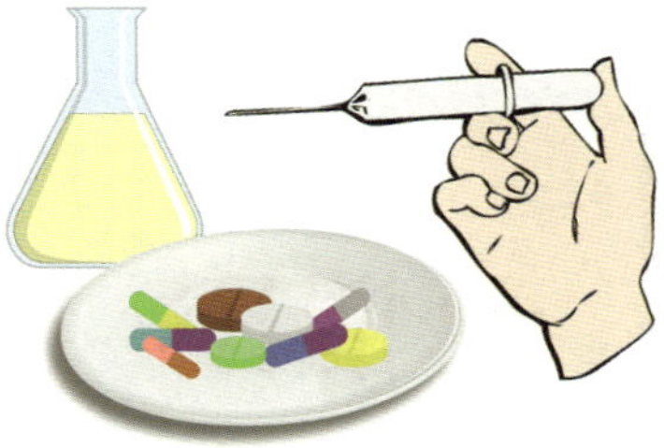

【情色餐厅】

挑逗厨师，勾引眼前的食物，向邻桌发出呻吟，去和柜台搭讪，与waiter调情，要一杯用保险套装的白色调酒。

麝香、巧克力、松露、牡蛎、土狼眼、河马鼻、鳄鱼尾、骆驼峰、裸麦面包、天鹅生殖器……这些野性难驯、让您想入非非的颓废口味，传闻中可增加精力的秘方，都将“色”“香”“味”俱全地取悦舌头的性感带，食欲、性欲一次解决。

谁说要饱暖后才能思淫欲？

【杀戮餐厅】

我们杀戮才能生存。

想吃鸡吗？请先自力将鸡杀了再说吧！

有暴力、屠夫分尸倾向者，不必再压抑地去看《人肉叉烧包》《黑店狂想曲》……

各式各样的凶器一应俱全，所有的鸡鸭猪牛活鱼供你现杀现吃，割喉、放血、剥皮、去骨、剁肉、清内脏……一切血腥不得假手他人，大厨在旁指导，重案组全天候盯梢。

热气腾腾、杀气也腾腾。

想大开杀戒吗？

来杀戮餐厅大可不必手下留情！

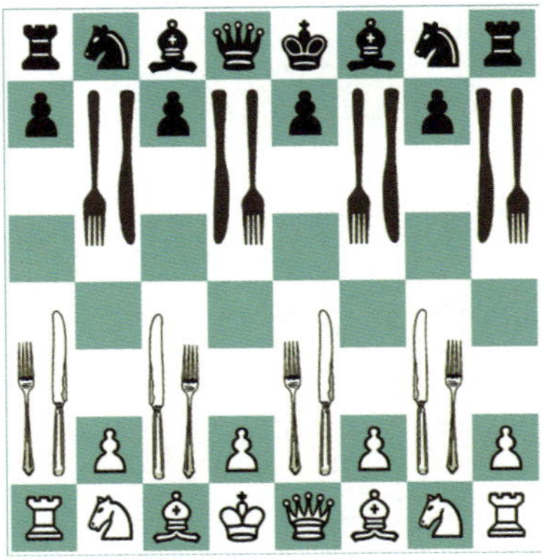

爱情国

在这个爱情严重贫血的年代，

谣言、绯闻、责任、舆论、道德、眼光……全面牵制爱情的蔓延，

再美的玫瑰终将干枯。

有情人终成国度。

尽我们所能，

以欲望和野心建构情人最无远弗届的恋爱版图，

相见恨晚，示爱永不嫌晚，

没有任何面包比爱情更重要，

所以放下手边的柴米油盐，

在爱情国之前，

与恋人一起誓死效忠爱情！

· 背后财团：钻石、巧克力、鲜花、餐厅

爱情国
所到之处，无远弗届
无晒伤、无寒害的爱情温室
出口
爱情迷宫
入口
西雅图夜未眠的爱情楼
9又1/2周欲望旅馆
欲望街车
情书鸽
七夕情人桥
爱情升华电缆车
蝴蝶夫人·等待爱人的窗
温莎公爵的爱情花园
出租玫瑰花床
巧克力的爱情工厂
爱情神话传播公司
通往巧克力国

罗密欧&朱丽叶的爱情墓园
爱情医院
逐爱情的森林
莎士比亚爱情剧场
情书博物馆
东京爱情
铁塔
爱情占星馆
恋人玻璃咖啡屋
遗忘的出口
入口
爱情纠纷裁决所
玛格丽特爱情遗物博物馆
小别胜新婚的
爱情港口
爱情海·爱之船
琴师和她
人的白沙滩
泰坦尼克号
私定终身的小教堂

情欲国

马斯洛认为，性是人类最重要的需求。

基于亚里士多德的艺术胚胎学，达尔文性竞争优势理论，

多玛斯·拉廓尔的雌雄同体理论，叔本华的绯闻悲观种族论，

弗洛伊德的性压抑犯罪论，

柯立芝择偶效应理论，罗伯特·史密斯的性病狂优生学，

金赛的非阴道高潮理论，

我们主张情欲自主。

取回冷感已久的性权力，

建立全世界唯一没有妨碍风化罪，没有通奸罪，

没有妓院的欲望国。

· 背后财团：Hotel、情趣用品店、PUB、医院、色情书店、色情光盘店、花店……

许愿国

老是力不从心，天不从人愿，
总是徒劳无功，事与愿违。

我们动用所有神话的秘方，
复制许愿的稀有机会，
追随先知的魔力，
交付真诚的希望，
衷心祈祷，心诚则灵。
期待一位更高明更慷慨的上帝，
需要一个有梦成真的许愿国，
让我们从今以后，事事如愿以偿。

·背后财团：钻石、金饰业的美梦成真

许愿园
[许愿专用流星雨]
[取之不尽，用之不竭的许愿袋]
[许愿池银行]
[直达天听的梦想天线]
[梦想拖车家]
[生日蛋糕·农历阳历
一年两次的许愿]
[阿拉丁神灯自动贩卖机]
DREAM
[梦想提款机·24小时银行兑现]

[一到新年，就有免费的
心愿可以实现]
[Dream come true
DIY取货工厂]
[仙女下凡的许愿棒]
[圣诞老公公
礼物批发仓库]
[点燃希望的梦想火柴]
[金榜题名许愿树]
MOVIE
[梦想计费器]
[梦想泊车、四轮电影院]

你的虚拟国境・蓝图在此：

根本没有国家这个玩意儿，有的只是土地、河流、山丘和平原。
——David Niven